DIREITO DO TRABALHO
Elementos Práticos e Científicos

Fábio Túlio Barroso

Advogado. Professor da Universidade Católica de Pernambuco – UNICAP (graduação e PPGD).
Professor da Faculdade de Direito do Recife, da Universidade Federal de Pernambuco FDR-UFPE (graduação e PPGD).
Professor da Faculdade Integrada de Pernambuco – FACIPE (graduação).
Especialista em Direito do Trabalho pela UNICAP.
Doutor em Direito pela Universidad de Deusto, Espanha.
Pós-doutor em Direito pela Universidad de Granada, Espanha.
Presidente honorário da Academia Pernambucana de Direito do Trabalho – APDT.
Membro do Instituto dos Advogados de Pernambuco – IAP.
Líder do grupo de pesquisa cadastrado no CNPQ "Efetividade das Normas Trabalhistas na Pós-modernidade".
Organizador.

DIREITO DO TRABALHO
Elementos Práticos e Científicos

LTr®

EDITORA LTDA.

Rua Jaguaribe, 571
CEP 01224-001
São Paulo, SP – Brasil
Fone: (11) 2167-1101
www.ltr.com.br
Agosto, 2015

Versão impressa: LTr 5298.4 – ISBN 978-85-361-8513-2
Versão digital: LTr 8772.7 – ISBN 978-85-361-8533-0

Dados Internacionais de Catalogação na Publicação (CIP)
(Câmara Brasileira do Livro, SP, Brasil)

Direito do trabalho : elementos práticos e científicos / Fábio Túlio Barroso, organizador. — São Paulo : LTr, 2015.

Vários autores.
Bibliografia.

1. Direito do trabalho 2. Justiça do trabalho 3. Relações de trabalho 4. Relações sociais I. Barroso, Fábio Túlio.

15-05534 CDU-34:331

Índice para catálogo sistemático:

1. Direito do trabalho 34:331

Agradecimentos

Agradeço a todos os colaboradores: Ana Maria Aparecida de Freitas, Arthur Coelho Sperb, Camila Vieira Marinho, Elis Helena Leão de Sabóia, Erivaldo Henrique de Melo Medeiros, Flávia Marcela Ferrão Xerita Maux, Jorge Augusto Cavalcanti Beltrão, José Pandolfi Neto, Julie Ana Gusmão Pôrto de Farias Barroso, Leonardo Sales de Aguiar, Maíra Yasmin Félix Silva, Maria Azevedo Ximenes, Maria do Perpétuo Socorro Wanderley de Castro, Roberta Corrêa de Araújo, Tácio Oliveira Paes, Tatiana Cesarina Tôrres Costa e Ulisses Dias de Carvalho. Foi uma verdadeira satisfação poder discutir o Direito do Trabalho com cada um em suas especificidades e momentos. Obrigado e parabéns pelos excelentes trabalhos!

Sumário

Prefácio

Fábio Túlio Barroso(*)

Organizar uma obra jurídica sempre é uma tarefa difícil, levando-se em conta o pluralismo temático que envolve a seara jurídica e qualquer limitação que se tenha por pretensão realizar seria naturalmente mera baliza formal no universo material. Ademais, a hermenêutica e aplicação sistemática que deve fazer parte do Direito acaba por tornar o objeto da investigação ainda mais amplo.

No caso deste livro, o tema foi livre e de acordo com os mais variados elementos juslaborais que seus autores pretendiam discutir e levar para a comunidade jurídica ao expressarem suas preocupações com os institutos pesquisados e sintetizados em suas investigações, tendo como pano de fundo apenas a atualidade das respectivas temáticas abordadas. A única exigência foi a discussão da temática no sentido de dar efetividade às normas trabalhistas neste momento de tantas modificações materiais e formais, com discussões das mais variadas, de acordo com os mais díspares interesses envolvidos na pluralíssima sociedade pós-moderna.

Contudo, a tarefa além de ter sido agradabilíssima foi na verdade compensadora. Consegui reunir nesta obra vários ex-alunos com sues excelentes trabalhos de magnífica importância jurídica. Não preciso nem me delongar muito sobre a felicidade de vê-los caminhando ainda mais nas suas continuadas formações jurídicas. Para um docente, esta realidade é uma satisfação absoluta.

Tive a oportunidade de orientá-los em sua maioria nos cursos de pós-graduação *stricto sensu*, nas conclusões de curso, também na iniciação científica ou, ainda, apenas em disciplinas ministradas em programas de pós-graduação em Direito: mestrado e doutorado.

O livro alberga textos de doutores, mestres, especialistas, graduados em direito, todos formatados no seio da academia, nesta extraordinária expansão qualitativa que ocorreu no país nos últimos anos, mas, que ao mesmo tempo, aliam suas práticas profissionais na aplicação do Direito, visto que possuem atividade profissional como advogados, procuradores, juízes, desembargadores do trabalho e servidores, o que torna o livro uma fonte ímpar de informações sobre os fenômenos trabalhistas estudados, aliando de forma interativa a teoria e a prática jurídica.

Assim, o título não poderia ser mais significativo e sugestivo: *Direito do Trabalho, Elementos Práticos e Científicos*. Sua construção permeia um grande espectro de temas relacionados ao dia a dia da disciplina jurídico laboral, com rigor científico e discernimento prático, conjugando estas duas situações que por vezes são entendidas como "mundos díspares" ou "realidades distintas", mas que precisam estar ataviadas para que a consecução da justiça social seja verdadeira, não apenas formal.

Ao aliar o teórico ao prático, os temas abordados também são relevantes pelas suas respectivas atualidades. Os textos abordam os fenômenos jurídicos de acordo com a mais atual doutrina, jurisprudência e elementos normativos, o que acaba por ser uma importante fonte de consulta e objeto de estudos para as mais variadas atividades relacionadas à matéria trabalhista, desde a leitura para concursos públicos, passando pela fonte de estudos para os cursos de pós-graduação, quando os elementos juslaborais forem exigidos. Também por suas características, poderá ser utilizado para as atividades forenses, fundamentando teses e decisões.

Por sua vez, cabe registrar ainda nesta obra as funções e finalidades do professor, que é transmitir e multiplicar conhecimentos. Faz-se necessário sempre a oxigenação da doutrina com novos valores comprometidos com a seriedade e o rigor científico, o compromisso com a verdade e a indeclinável responsabilidade com as informações prestadas ao público.

Ao publicar esta obra, em que pese alguns dos autores já terem a experiência editorial e docente, tenho como realizado uma de minhas obrigações como educador, uma de minhas "funções sociais", incentivar a cientificidade e abrir espaço para que novos valores se apresentem à comunidade jurídica, dando continuidade ao eterno e naturalmente inesgotável caminho do conhecimento.

Desta forma, foi com muita honra e satisfação que coordenei e apresento a presente obra: *Direito do Trabalho: Elementos Práticos e Científicos*. Espero que tenham uma boa leitura.

(*) Pós-doutor em Direito, *Universidad de Granada*, Espanha. Doutor em Direito, *Universidad de Deusto*, Espanha. Especialista em Direito do Trabalho, UNICAP. Professor Universitário: UNICAP (pós-graduação *stricto sensu*), FDR-UFPE e FACIPE. Professor da Especialização em Direito Judiciário e Magistratura do Trabalho da Escola Superior da Magistratura Trabalhista da 6ª Região – ESMATRA VI. Colíder nacional do grupo de jovens juristas da Sociedade Internacional de Direito do Trabalho e da Seguridade Social. Líder do Grupo de Pesquisa cadastrado no CNPq: Efetividade das normas trabalhistas na pós-modernidade. Presidente Honorário da Academia Pernambucana de Direito do Trabalho – APDT. Advogado.

A Contribuição Previdenciária no Âmbito da Justiça do Trabalho: a dignidade e o valor social do trabalho espelhados na arrecadação desse tributo

Ana Maria Aparecida de Freitas(*)

1. Introdução

Com a competência material conferida à Justiça do Trabalho para executar a contribuição previdenciária decorrente de suas sentenças, primeiramente, por intermédio da Emenda Constitucional n. 20, de 15 de dezembro de 1998, e, posteriormente, pela Emenda Constitucional n. 45, de 8 de dezembro de 2004, muitos questionamentos surgiram acerca dos procedimentos que deveriam ser adotados, a partir de então, nos processos que já estavam em curso e nas ações judiciais que se seguiram, nas hipóteses de condenação ao pagamento de parcelas de natureza salarial e de reconhecimento de vínculo de emprego.

A partir de experiência exitosa ocorrida no exercício da jurisdição perante as Varas do Trabalho do Tribunal Regional do Trabalho da 6ª Região, conseguiu-se proceder à vinculação ao banco de dados do trabalhador, perante a Previdência Social, do recolhimento da contribuição previdenciária na lide trabalhista, por intermédio de um instrumento já utilizado pelos empregadores para informar o valor da contribuição previdenciária e do Fundo de Garantia do Tempo de Serviço — FGTS, de sorte que o obreiro, ao mesmo tempo em que tem solucionada a lide trabalhista, também resolve a questão previdenciária que permeia a relação de trabalho, podendo ter acesso aos benefícios previdenciários, dentre eles, as aposentadorias por idade/contribuição e invalidez, auxílio-doença, auxílio-doença acidentário, auxílio-acidente, reabilitação profissional, dentre outros.

Este estudo foi fruto de pesquisa no Curso de Mestrado na Universidade Católica de Pernambuco, com a orientação do professor doutor Fábio Túlio Barroso, findando na publicação de obra de mesmo nome deste artigo, cuja síntese passa-se a expor(1).

A Contribuição Previdenciária e a Competência da Justiça do Trabalho: a evolução histórica da competência da Justiça do Trabalho e a contribuição previdenciária

Com a edição da Lei n. 7.787, de 30 de junho de 1989(2), foi conferido ao magistrado do trabalho o dever de velar pelo recolhimento da contribuição previdenciária, nos casos de extinção de processos trabalhistas de qualquer natureza, inclusive decorrente de acordo entre as partes, conforme a dicção do art. 12. Ainda não havia a competência material da Justiça do Trabalho para executar a contribuição previdenciária, mas, apenas, o dever de a autoridade judiciária velar pelo recolhimento do tributo, sem qualquer poder de coerção, nas hipóteses em que o devedor não procedia à comprovação do recolhimento, nos autos.

Posteriormente, seguindo a mesma esteira de raciocínio do legislador infraconstitucional, foi editado o novo Plano de Custeios e Benefícios da Previdência Social, prevendo, originariamente, o art. 43 da Lei n. 8.212, de 24 de julho de 1991(3) que o recolhimento da contribuição previdenciária nos casos de extinção do processo trabalhista deveria ser realizado incontinenti.

Com as alterações promovidas pela Lei n. 8.620, de 5 de janeiro de 1993(4), os arts. 43 e 44 da Lei n. 8.212/91 passaram a prever a necessidade de discriminação da natureza jurídica das parcelas e a expedição de ofício ao Instituto Nacional do Seguro Social - INSS, dando-lhe ciência dos termos da sentença ou do acordo celebrado.

Não é difícil concluir que essa sistemática findava causando grande evasão fiscal, na medida em que era muito mais vantajoso para o mau pagador, além de não honrar os créditos trabalhistas, fazendo isso somente por intermédio da ação judicial trabalhista, ainda deixar que o Fisco viesse

(*) Juíza do Trabalho. Mestre em Direito Processual pela UNICAP-PE. Diretora da Escola Superior da Magistratura Trabalhista da 6ª Região nos biênios 2008/2010 e 2010/2012 e vice-diretora nos biênios 2006/2008 e 2012/2014. Coordenadora adjunta da Escola Judicial do TRT 6ª Região entre 03/09 a 02/13. Diretora da Academia Pernambucana de Direito do Trabalho. Especialista em Direito Previdenciário e em Direito Judiciário e Magistratura do Trabalho. Professora universitária e de pós-graduação. Aluna do Curso de Doutorado Internacional da Universidade de Buenos Aires — Argentina.

(1) FREITAS, Ana Maria Aparecida de. *A Contribuição Previdenciária no âmbito da Justiça do Trabalho:* a dignidade e o valor social do trabalho espelhados na arrecadação desse tributo. Recife: Esmatra, 2010.

(2) BRASIL, Lei n. 7.787, de 30 de junho de 1989.

(3) BRASIL, Lei n. 8.212, de 24 de julho de 1991.

(4) BRASIL, Lei n. 8.620, de 5 de janeiro de 1993.

a cobrar a contribuição previdenciária decorrente da ação trabalhista por intermédio de ação específica, perante a Justiça Federal comum.

É apenas com a EC n. 20, de 15 de dezembro de 1998, ao dar nova redação ao art. 114, que foi estabelecida a competência de a Justiça de Trabalho executar a contribuição previdenciária decorrente das sentenças proferidas: "art. 114 (...) § 3º Compete ainda à Justiça do Trabalho executar, de ofício, as contribuições sociais previstas no art. 195, I, *a*, e II, e seus acréscimos legais, decorrentes das sentenças que proferir."

Em vista disso, a partir dessa Emenda Constitucional, foi acrescida mais uma competência material, passando o magistrado trabalhista a executar as contribuições sociais previstas no art. 195, inciso I, alínea *a*, e inciso II, ou seja, a proveniente da folha de salários e demais rendimentos do trabalho pagos ou creditados, a qualquer título, à pessoa que presta serviços, mesmo que sem vinculação empregatícia, e do trabalhador e demais segurados da Previdência Social, sendo editada, posteriormente, a Lei n. 10.035, de 25 de outubro de 2000[(5)], dando nova redação aos arts. 831 e 832 da Consolidação das Leis do Trabalho — CLT, com o estabelecimento dos procedimentos de execução das contribuições devidas à Previdência Social, no âmbito da Justiça do Trabalho.

Significa dizer que as decisões cognitivas ou homologatórias proferidas pelo juiz trabalhista passaram a indicar as parcelas de natureza salarial, executando de ofício os créditos previdenciários decorrentes da decisão proferida.

Após a EC n. 20/98, mais tarde, em 8 de dezembro de 2004, mais uma vez o legislador constitucional reafirma a importância de o Judiciário Trabalhista permanecer com essa competência, prevendo a EC n. 45 a seguinte redação para o inciso VIII do art. 114: "VIII – a execução, de ofício, das contribuições sociais previstas no art. 195, I, *a* e II, e seus acréscimos legais, decorrentes das sentenças que proferir".

Com a edição da denominada Lei da Super Receita — Lei n. 11.457, de 16 de março de 2007[(6)] —, vários dispositivos da Consolidação das Leis do Trabalho — CLT foram alterados ou acrescidos, estabelecendo o parágrafo único do art. 876 a execução de ofício das contribuições sociais devidas em decorrência de condenação, inclusive sobre os salários pagos durante o período contratual reconhecido, o que significa dizer, em outras palavras, que a Justiça do Trabalho passou a ter competência para execução da contribuição previdenciária *ex officio* não apenas das parcelas pecuniárias de natureza salarial deferidas na sentença, mas, ainda, a competência para executar a contribuição previdenciária do tempo trabalhado na informalidade, mesmo sem a condenação ao pagamento de salários desse período.

O Tribunal Superior do Trabalho — TST, inclusive, inseriu no texto de sua Súmula de jurisprudência n. 368, o entendimento contido na Orientação Jurisprudencial (OJ) n. 141 da Sessão de Dissídios Individuais I (SDI I), afirmando ser competente a Justiça do Trabalho para determinar o recolhimento da contribuição previdenciária incidente tanto sobre as parcelas de natureza salarial da condenação, quanto do período trabalhado na informalidade e reconhecido pelo juiz.

Todavia, a grande celeuma surgida com o disposto no art. 876, parágrafo único, da CLT, com a redação dada pela Lei n. 11.457, de 16 de março de 2007, passou a girar em torno da seguinte questão emblemática: embora a Justiça do Trabalho executasse a contribuição previdenciária, inflando os cofres públicos, esses valores não eram individualizados no Cadastro Nacional de Informações Sociais — CNIS, banco de dados da Previdência Social, com as informações de todos os salários-de-contribuição e meses de competência do trabalhador.

Apenas para se ter noção dos valores arrecadados, dados apurados em estatística elaborada pelo TST entre os anos de 2003 aos primeiros cinco meses de 2010, destacando-se que, em 2003, os créditos pagos nesta Justiça Especializada para os trabalhadores foi de R$ 5.038.908.649,29 e de contribuição previdenciária o valor de R$ 668.029.016,40. Em 2009, o valor dos trabalhadores foi de R$ 10.327.683.988,96 e de contribuição previdenciária, o valor de R$ 1.669.614.741,99, e, em 2010, para os trabalhadores o valor de R$ 1.221.377.255,87 e para a Previdência Social, o importe de R$ 2.278.789.741,93.

A Justiça Especializada tornava-se, segundo o entendimento de alguns, como mero órgão arrecadador da Previdência Social, levando ao Egrégio TST alterar a redação de sua Súmula de jurisprudência pela Resolução n. 138, de 23 de novembro de 2005, no sentido de a competência da Justiça do Trabalho para a cobrança da contribuição previdenciária ser limitada às sentenças condenatórias em pecúnia que proferir e aos valores objeto de acordo homologado que integrem o salário de contribuição.

Observe-se, então, a mudança substancial de entendimento da Suprema Corte Trabalhista, primeiro em 1998, ao concluir acerca da competência para execução das "contribuições previdenciárias das parcelas integrantes

(5) BRASIL, Lei n. 10.035, de 25 de outubro de 2000.

(6) BRASIL, Lei n. 11.457, de 16 de março de 2007.

do salário de contribuição, pagas em virtude de contrato de emprego reconhecido em juízo, ou decorrentes de anotação da Carteira de Trabalho e Previdência Social — CTPS, objeto de acordo homologado em juízo", e, posteriormente, após as conclusões preliminares de falta de vinculação ao trabalhador dos valores recolhidos ou executados nas ações trabalhistas a título de contribuição previdenciária, para limitar a competência "às sentenças condenatórias em pecúnia que proferir e aos valores, objeto de acordo homologado, que integrem o salário de contribuição".

Com efeito, o que se observa, a partir de então, é o próprio Judiciário Trabalhista, por intermédio do entendimento de alguns magistrados, repelir a competência que lhe foi dada pelo Poder Legislativo.

Contudo, não há sombra de dúvidas de existir o desejo dos demais poderes da federação de a Justiça do Trabalho ter a atribuição de exigir a contribuição previdenciária decorrente de suas sentenças. Por intermédio da Medida Provisória n. 449, de 3 de dezembro de 2008, posteriormente transformada na Lei n. 11.941, de 27 de maio de 2009, os arts. 43 e 44 da Lei n. 8.212, de 24 de julho de 1991 passaram a prever, especificamente, sobre as ações judiciais trabalhistas e o recolhimento da contribuição previdenciária, de acordo com a legislação previdenciária.

Pelo visto, ao prever a Administração Pública a queda na arrecadação da contribuição previdenciária, na Justiça do Trabalho, a partir de decisões judiciais reiteradas no sentido da incompetência material na execução do tributo, ao reconhecer o magistrado o vínculo de emprego na informalidade, ou, ainda, ao considerar o fato gerador somente o pagamento, o resultado foi a promulgação da Lei n. 11.941/09, descrevendo exatamente a hipótese de incidência e o fato gerador da contribuição previdenciária decorrente das sentenças trabalhistas ou nas conciliações.

Evidentemente, que em se tratando de contribuição previdenciária, o fato gerador do tributo - ao contrário do que ocorre com o imposto de renda que segue o regime de caixa - ocorre no momento da prestação do serviço, de acordo com a definição contida no art. 114 do Código Tributário Nacional: "Fato gerador da obrigação principal é a situação definida em lei como necessária e suficiente à sua ocorrência", prevendo o § 3º do art. 43 da Lei n. 8.212/91, com a redação dada pela Lei n. 11.941/09, que "§ 3º As contribuições sociais serão apuradas mês a mês, com referência ao período da prestação de serviços, mediante a aplicação de alíquotas, limites máximos do salário de contribuição e acréscimos legais moratórios vigentes relativamente a cada uma das competências abrangidas, devendo o recolhimento ser efetuado no mesmo prazo em que devam ser pagos os créditos encontrados em liquidação de sentença ou em acordo homologado, sendo que nesse último caso o recolhimento será feito em tantas parcelas quantas as previstas no acordo, nas mesmas datas em que sejam exigíveis e proporcionalmente a cada uma delas."

Partindo desse raciocínio, o fato gerador da contribuição previdenciária decorrente da sentença trabalhista não é a própria sentença, ou, como ainda pensam alguns, o pagamento do crédito do trabalhador, mas, sim, "a totalidade dos rendimentos pagos, devidos ou creditados a qualquer título", conforme previsão contida na Lei n. 8.212/91, art. 28, inciso I.

E não poderia ser diferente, pois, na realidade, ao reconhecer o juiz do trabalho o vínculo de emprego, ou a falta de pagamento das horas extras, noturnas, adicionais, dentre outras parcelas de natureza salarial, ou mesmo declarar a rescisão imotivada e condenar ao pagamento de saldo salarial ou 13º salário proporcional, não é a sentença que faz surgir o fato gerador da contribuição previdenciária, mas sim a ocorrência dos fatos, lá no passado, momento em que o trabalhador dispôs de sua mão de obra, excedeu sua jornada, submeteu-se a agentes insalutíferos.

É que a noção de rendimentos pagos, devidos e creditados prevista na Lei não está ligada unicamente à ideia do que é pago ao trabalhador, assim como ocorre no imposto de renda, conforme já frisado acima, mas, ainda, aos valores que lhe eram devidos e simplesmente não foram pagos.

Não é da decisão judicial que resultam direitos, mas da existência de um direito que foi lesado, e não é nem a sentença e nem o termo de conciliação que são o fato gerador da contribuição previdenciária[7].

Entretanto, segundo a interpretação de alguns juristas, o art. 28 da Lei n. 8.213/91 violaria o disposto no art. 195, inciso I, letra *a*, da CF/88, em razão de o texto constitucional não prever o financiamento da Seguridade Social sobre a folha de salários e demais rendimentos **devidos** à pessoa física, mas somente **pagos ou creditados**, o que seria contrariado pelo artigo de lei.

A prevalecer esse entendimento, a falta da expressão "**devidos**" no texto constitucional levaria à impossibilidade de incidência da contribuição previdenciária sobre verbas que, apesar de devidas, não foram pagas no momento oportuno.

A matéria em questão é de imprescindível importância, por considerar que a competência conferida ao Judiciário Trabalhista para executar, de ofício, as contribuições sociais

(7) CASTRO, Carlos Alberto Pereira de; LAZARI, João Batista. *Manual de Direito Previdenciário*. 8. ed. Florianópolis: Conceito Editorial, 2007. p. 334-335.

previstas no art. 195, I, *a*, e II, e seus acréscimos legais, decorrentes das sentenças que proferir (art. 114, inciso VIII, da CF/88, com a redação dada pela EC n. 45/2004) enaltece a Justiça Especializada, que num dado momento histórico esteve prestes a ser extinta[(8)], mas, talvez em reconhecimento à sua presteza na entrega da prestação jurisdicional e o tipo de interesses tutelados, teve seu âmbito de competência ampliado com a citada reforma constitucional.

Entretanto, a prevalecer a tese de inconstitucionalidade do art. 28 da Lei n. 8.212/91, haveria grande limitação na competência da Justiça do Trabalho para a execução da contribuição previdenciária decorrente das sentenças proferidas pelo magistrado trabalhista — contrariando, assim, o próprio texto constitucional que prevê competir à Justiça do Trabalho processar e julgar "a execução, de ofício, das contribuições sociais previstas no art. 195, I, *a*, e II, e seus acréscimos legais, decorrentes das sentenças que proferir" (art. 114, inciso VIII) —, pois a expressão **devidos** diz respeito ao crédito devido ao trabalhador e ainda não pago, como ocorre nas decisões proferidas na Justiça do Trabalho, quando reconhece tempo trabalhado na clandestinidade ou, ainda, quando compreende ser devida parcela de natureza salarial não paga no curso do contrato de trabalho que altere o salário de contribuição.

Ao que tudo indica, a interpretação do texto constitucional da forma literal como acima está demonstrado levaria a grande prejuízo da massa de trabalhadores que procura a Justiça Especializada. E o prejuízo, por evidente, estende-se não apenas aos cofres públicos, mas, ainda, aos próprios trabalhadores. O Direito tem sua "gênese em normas que nascem fruto de premências sociais, promulgadas por autoridades que foram legalmente empossadas para o exercício de tal mister."[(9)]

Não há como ser aferida a constitucionalidade ou não do art. 28 da Lei n. 8.212/91 sem, antes, ser interpretado o contexto social em que a CF/88 está inserida e a evidente intenção de o legislador reformador passar para as mãos do Judiciário Trabalhista também a incumbência de executar a contribuição previdenciária decorrente das sentenças que proferir, quer quando reconhecem o trabalho na informalidade, quer quando condenam ao pagamento de parcelas de natureza salarial.

No Estado Democrático de Direito vigente nestes tempos de pós-modernidade, a efetividade das normas pertinentes aos direitos humanos dependem de um permanente processo de problematização, porque "a premissa de seu pensar e operar dogmático encontra-se consubstanciada no discurso dos direitos humanos, constitucionalmente positivado pelos princípios da dignidade humana, da diversidade, da inclusão e do Estado Democrático de Direito, explicitados na Constituição da República Brasileira de 1988."[(10)]

José Joaquim Gomes Canotilho[(11)], ao tratar sobre controle da constitucionalidade das leis, defende a ideia de que é a própria Constituição que dá a resposta para a indagação acerca da constitucionalidade ou inconstitucionalidade de determinada norma, bastando para tanto observar se há infringência de qualquer norma ou princípio já consagrado na própria Constituição.

Por essa linha de raciocínio, é evidente que não há qualquer infringência a dispositivo ou princípio contido na Carta de 1988, a falta da expressão "**devidos**" no texto constitucional, mas previsto no art. 28 da Lei n. 8.212/91, até porque ao legislador constitucional se assemelha impossível a previsão de todas as situações fáticas existentes. A bem da verdade, o ser "devido" é natural da própria relação jurídica disciplinada. Toda estrutura jurídica é nesse sentido e a folha de salários (art. 195, I, *a*) decorre do dever de pagar no prazo do art. 459 da CLT. A norma previdenciária, neste caso, é necessariamente subsequente da relação laboral, que por sua vez, disciplina o liame jurídico em questão, justamente nos termos do art. 459 consolidado.

Aliás, não haveria como existir tal abrangência em texto constitucional — e a Constituição da República não se presta para isso — e as leis, leis complementares, decretos, provimentos e outras normas de hierarquia inferior objetivam suprir essas lacunas deixadas na redação do texto constitucional.

A interpretação do texto constitucional é uma tarefa jurídica e não política, submetendo-se aos cânones da racionalidade, objetividade e motivação. A Corte Constitucional "não deve ser cega ou indiferente às consequências políticas de suas decisões", inclusive a fim de obstar resultados injustos ou danosos ao bem comum: "Contra

(8) Instalada a Comissão Especial da Câmara dos Deputados, em 30 de março de 1999, foi designado como relator do Projeto de Emenda à Constituição n. 96-A/92 o Deputado Aloysio Nunes Ferreira (PSDB/SP), que propunha a extinção da Justiça do Trabalho e o julgamento das causas trabalhistas pela Justiça Federal comum.

(9) AGRA, Walber de Moura. Neoconstitucionalismo e superação do positivismo. *In:* DIMOULIS, Dimitri; DUARTE, Écio Oto (Coords.). *Teoria do direito neoconstitucional:* superação ou reconstrução do positivismo jurídico? São Paulo: Método, 2008. p. 432.

(10) ARCELO, Adalberto Antonio Batista. Condições de possibilidade do discurso do positivismo jurídico no paradigma do Estado Democrático de Direito. *In:* DIMOULIS, Dimitri; DUARTE, Écio Oto (Coords.). *Teoria do direito neoconstitucional:* superação ou reconstrução do positivismo jurídico. São Paulo: Método, 2008. p. 28.

(11) CANOTILHO, J. J. Gomes. *Direito Constitucional e Teoria da Constituição.* 7. ed. Coimbra: Almedina, p. 920.

o direito o juiz não deve decidir jamais. Em caso de conflito entre o direito e a política, o juiz está vinculado ao direito."[12]

No tocante ao tema de supremacia da Constituição, as normas jurídicas ordinárias devem ser interpretadas em consonância com o texto constitucional, em face da necessidade de interpretação conforme a Constituição, o que enseja a presunção de constitucionalidade da lei, "fundada na ideia de que o legislador não poderia ter pretendido votar lei inconstitucional."[13]

A jurisprudência do STF posiciona-se no sentido de a interpretação conforme a Constituição ter limites, pois resultam tanto da "expressão literal da lei quanto da chamada vontade do legislador."[14] Na dúvida, há de se reconhecer a constitucionalidade da lei[15].

Esse também é o entendimento de Luís Roberto Barroso[16], segundo o qual todas as normas dependem de interpretação, ocasião em que é revelado "o conteúdo, o significado e o alcance da norma, tendo por finalidade fazê-la incidir em um caso concreto." Para ele, não é comum o próprio texto constitucional conter regras sobre a sua interpretação, podendo-se utilizar das regras contidas na Lei de Introdução ao Código Civil como meio de interpretação.

É de se atribuir a crescente importância dos julgados nos tribunais em decorrência de dois fatores relevantes, quais sejam o desajuste entre as leis positivadas e as exigências socioeconômicas resultantes do impacto tecnológico e a crescente participação do poder público nos domínios econômicos, já que é possível perceber a importância dada pelos tribunais brasileiros e dos órgãos administrativos superiores, ressalvando que existem dois fatores relevantes, como:

> "(...) o desajuste entre certas leis vigentes e as exigências sócio-econômicas imprevisíveis e a crescente participação do poder público nos domínios econômicos, gerando formas de conflito que só com grande engenho podem ser regidos por textos legislativos elaborados para disciplinar relações estritamente privadas."[17]

Num momento histórico em que a sociedade clama por um Judiciário célere e efetivo (art. 5º, inciso LXXVIII, da Constituição Federal), imprescindível a visão vanguardista que proceda à entrega da prestação jurisdicional plena. A interpretação de uma norma jurídica prescinde da observação do elo que há entre o fato social e o fato jurídico. Um texto incompleto "não pode decidir por si só, pois o tempo da interpretação literal já passou"[18], havendo a necessidade de a interpretação considerar o tempo do legislador, na criação da norma, e o tempo do fato social e suas consequências[19].

Hoje, os tempos são outros e as normas jurídicas existentes, por mais que pretendam prever e regrar todas as situações de um mundo globalizado, dinâmico, da era da cibernética e da *internet*, não conseguem suprir todas as necessidades de uma sociedade dita pós-moderna.

Compreende-se, então, que ao ser conferida competência material à Justiça do Trabalho para executar as contribuições previdenciárias decorrentes de suas sentenças, evidentemente torna-se devida a contrapartida de os valores arrecadados não serem destinados a um simples "fundo comum", como habitualmente é dito, mas também integrarem o banco de dados daquele trabalhador específico junto à Previdência Social, como tempo de contribuição, servindo-lhe para todos os fins de natureza previdenciária.

Com isso, fica assegurado ao obreiro o amplo acesso à Justiça idealizado por Mauro Cappelletti[20], quer na esfera trabalhista, quer na esfera previdenciária, quando, numa única demanda, as duas questões são solucionadas, bastando a utilização de instrumentos processuais já existentes e que necessitam, somente, ser manejados da forma adequada pelo aplicador do Direito.

Observe-se, portanto, que sendo as realidades do legislador e do magistrado totalmente distintas, em razão de somente o juiz ter em suas mãos os casos concretos, individualmente considerados, e o poder de valorar e de decidir, a este cabe o papel principal de efetivar a Justiça.

---

(12) BARROSO, Luís Roberto. *Interpretação e aplicação da Constituição:* fundamentos de uma dogmática constitucional transformadora. 3. ed. São Paulo: Saraiva, 1999. p. 112.

(13) MENDES, Gilmar Ferreira. *Jurisdição Constitucional:* o controle abstrato de normas no Brasil e na Alemanha. 5. ed. São Paulo: Saraiva, 2005. p. 349.

(14) *Ibidem*, p. 346-347.

(15) *Ibidem*, p. 347.

(16) BARROSO, Luís Roberto. *Interpretação e aplicação da Constituição:* fundamentos de uma dogmática constitucional transformadora. 3. ed. São Paulo: Saraiva, 1999. p. 103-105.

(17) STRECK, Lênio Luiz. *Súmulas no Direito Brasileiro:* eficácia, poder e função. Porto Alegre: Livraria do Advogado, 1995. p. 92.

(18) VERDÚ, Pablo Lucas. *O Sentimento Constitucional.* Aproximação ao Estudo do Sentir Constitucional como Modo de Integração Política. Trad. de Agassiz Almeida Filho. Rio de Janeiro: Forense, 2006. p. 35, 178-179.

(19) *Idem.*

(20) CAPPELLETTI, Mauro. *Acesso à Justiça.* Colaborador GARTH, Bryant. Trad. de NORTHFLEET, Ellen Gracie. Porto Alegre: Sérgio Antonio Fabris, 2002. *passim.*

Hipótese de incidência e fato gerador da contribuição previdenciária na lide trabalhista

Conforme já frisado anteriormente, a partir da EC n. 20/98, a Justiça do Trabalho passou a ter mais uma competência material, passando a executar as contribuições sociais previstas no art. 195, inciso I, alínea *a*, e inciso II.

Entretanto, surgiram dúvidas sobre quais ações trabalhistas em tramitação haveria aplicação imediata da lei, em face das várias fases processuais em que os processos foram alcançados na edição da Lei n. 10.035/00 e o TRT da 6ª Região, por intermédio do Ofício Circular GCR n. 10/01, procurou disciplinar a matéria, recomendando aos magistrados a adoção das seguintes regras, as quais podem ser assim resumidas:

a) execução apenas das contribuições previdenciárias decorrentes de sentenças proferidas após a publicação da Emenda Constitucional n. 20, de 16 de dezembro de 1998, desconsiderando-se a data do pagamento ao reclamante como parâmetro para definição da competência;

b) sentença prolatada até 15 de dezembro de 1998, não há execução da contribuição previdenciária pelas Varas do Trabalho;

c) sentença proferida após a EC n. 20/98, mas até a publicação da Lei n. 10.035/00 (26.10.2000), devem ser observados os Provimentos n. 05/99 e 05/00 da Corregedoria, e, após a publicação da Lei n. 10.035/00, as contribuições previdenciárias são calculadas de conformidade com as normas contidas no art. 879 da Consolidação das Leis do Trabalho;

d) contribuições previdenciárias incidentes sobre as verbas salariais já auferidas durante o período de labor clandestino, caso haja reconhecimento de vínculo em acordo ou sentença e em favor de terceiros (SENAC, SENAI, SESC etc.) — não executadas por falta de competência;

e) necessidade de o termo de conciliação ter a discriminação da natureza jurídica e o valor correspondente de cada parcela (remuneratória e/ou indenizatória), de modo que a soma das parcelas coincida com o total acordado;

f) conciliações após a homologação dos cálculos ou ao trânsito em julgado de decisões líquidas devem prevalecer os valores especificados nas contas ou na sentença líquida.

Por parte da própria Previdência Social, foi instituída a Ordem de Serviço Conjunta INSS/DAF/DSS n. 66, de 10 de outubro de 1997, expressamente revogada pela Instrução Normativa n. 3/2005, prevendo no item 12 que o fato gerador da contribuição previdenciária seria o pagamento de valores correspondentes a parcelas integrantes do salário de contribuição, à vista ou parcelado, resultante de sentença condenatória ou de conciliação homologada, efetivado diretamente ao credor ou mediante depósito da condenação para extinção do processo ou liberação de depósito judicial ao credor ou seu representante legal.

Destacava, ainda, que o fato gerador deveria ser verificado no processo já findo, ou seja, quando esgotadas todas as possibilidades recursais, observando, inclusive, as alterações posteriores à sentença e verificando a correspondência entre o pedido, o deferido e o acordado.

Todavia, em se tratando de contribuição previdenciária, o fato gerador do tributo — ao contrário do que ocorre com o imposto de renda que segue o regime de caixa — ocorre no momento da prestação do serviço, de acordo com a definição contida no art. 114 do Código Tributário Nacional acerca do fato gerador: "Fato gerador da obrigação principal é a situação definida em lei como necessária e suficiente à sua ocorrência".

E o art. 22 da Lei n. 8.212/91 já contemplava que a apuração da contribuição previdenciária, a cargo da empresa, deveria observar o regime de competência, uma vez que é devida pela empresa sobre o total das remunerações pagas, devidas ou creditadas a qualquer título, durante o mês.

Partindo desse raciocínio, o fato gerador da contribuição previdenciária decorrente da sentença trabalhista não é a própria sentença, mas, sim, "a totalidade dos rendimentos pagos, devidos ou creditados a qualquer título", conforme previsão contida na Lei n. 8.212/91, art. 28, inciso I ao definir o que é salário de contribuição.

O que se constata com a confrontação do disposto no art. 28 da Lei de Custeio da Previdência Social acima transcrito e a redação da Ordem de Serviço Conjunta INSS/DAF/DSS n. 66, de 10 de outubro de 1997 ao tratar, expressamente, que o fato gerador da contribuição previdenciária seria o pagamento de valores correspondentes a parcelas integrantes do salário de contribuição, à vista ou parcelado, resultante de sentença condenatória ou de conciliação homologada, e verificado com o processo já findo, é, além de uma evidente antinomia, a extrapolação dos limites de uma simples ordem de serviço afrontando uma lei ordinária que trata sobre matéria de natureza tributária, e, portanto, adstrita aos princípios que norteiam o Direito Tributário.

E não poderia ser diferente, pois, na realidade, ao reconhecer o juiz do trabalho o vínculo de emprego, ou a falta de pagamento das horas extras, noturnas, adicionais, dentre outras parcelas de natureza salarial, ou mesmo declarar a rescisão imotivada e condenar ao pagamento de saldo salarial ou 13º salário proporcional, não é a sentença que faz surgir o fato gerador da contribuição previdenciária, mas sim a ocorrência dos fatos, lá no passado, momento em que o trabalhador dispôs de sua mão de obra, excedeu sua jornada, submeteu-se a agentes insalutíferos.

É que a noção de rendimentos pagos, devidos e creditados prevista na Lei não está ligada unicamente à ideia do que é pago ao trabalhador, assim como ocorre no imposto de renda, conforme já frisado antes, mas, ainda, aos valores que lhe eram devidos — já que houve a força física do trabalhador — e simplesmente não foram pagos.

Aliás, até mesmo com relação ao imposto de renda a ser retido na fonte, após decisões reiteradas do Superior Tribunal de Justiça, o Procurador Geral da Fazenda Nacional emitiu o Ato Declaratório n. 1, de 27 de março de 2009, em conformidade com os argumentos expostos no Parecer/PGFN/CRJ n. 287/2009, dispensando a interposição de recursos e a desistência dos já propostos nas situações em que o rendimento é pago cumulativamente e decorra de ações judiciais, de forma que a apuração do tributo é realizada mês a mês, atualmente matéria disciplinada na Instrução Normativa n. 1.127, de 7 de fevereiro de 2011, da Receita Federal do Brasil.

O trabalhador, ao prestar serviços extraordinários, tem por fato gerador da contribuição previdenciária, não a elaboração da folha de pagamento ou o pagamento, mas a prestação de serviços. Sobre o tema, confira-se a lição de Carlos Alberto Pereira de Castro e João Batista Lazari(21) ao destacarem a diferença entre a decisão judicial ao reconhecer direitos trabalhistas e a ocorrência do fato gerador da contribuição previdenciária.

Não importa, aqui, se esse crédito do trabalhador será pago espontaneamente pelo empregador; de forma administrativa, por meio de autuação fiscal; ou mesmo por reconhecimento judicial: trabalhando o obreiro, nasce nesse exato momento o fato gerador da contribuição previdenciária, mesmo que ele não receba seu crédito trabalhista, nem espontaneamente, nem pelos meios administrativos ou judiciais, ou mesmo chegue a perdoar a dívida.

E por que não importa?

Não importa pela simples razão de a lei dizer que o fato gerador da contribuição previdenciária é a prestação do serviço.

Diante da exposição supra, são necessários mais alguns esclarecimentos doutrinários acerca do que seria a hipótese de incidência da contribuição previdenciária e o fato gerador desta.

Segundo o entendimento de Geraldo Ataliba, "A h. i. é primeiramente a descrição legal de um fato, é a formulação hipotética, prévia e genérica, contida na lei, de um fato... É formulado pelo legislador fazendo abstração absoluta de qualquer fato concreto. Por isso é mera 'previsão legal'"(22).

É dizer: a hipótese de incidência de um tributo é a descrição genérica, em tese, uma previsão legal do legislador acerca da descrição de determinado fato que, caso concretizado, fará surgir a obrigação tributária, ao passo que o fato gerador, também denominado fato imponível, é a concretização da hipótese de incidência.

A norma tributária geral liga um fato considerado abstratamente a uma consequência também abstratamente estatuída, sendo esta a hipótese de incidência, correspondendo "ao complexo de pressupostos abstratos contidos em normas de Direito Tributário a cuja ocorrência *in concreto* o ordenamento tributário vincula determinadas consequências."(23)

Observe-se, então, que é a norma positivada que tem a atribuição de dizer, hipoteticamente, abstratamente, a hipótese legal da tributação, e, ocorrido *in concreto* o fato, nasce a obrigação tributária.

Ora, qual a hipótese de incidência da contribuição previdenciária nas ações trabalhistas? A resposta está no art. 43 da Lei n. 8.212, de 24 de julho de 1991, com a redação dada pela Lei n. 11.941, de 27 de maio de 2009:

> Art. 43 – Nas ações trabalhistas de que resultar o pagamento de direitos sujeitos à incidência de contribuição previdenciária, o juiz, sob pena de responsabilidade, determinará o imediato recolhimento das importâncias devidas à Seguridade Social.
>
> § 1º Nas sentenças judiciais ou nos acordos homologados em que não figurarem, discriminadamente, as parcelas legais relativas às contribuições sociais, estas incidirão sobre o valor total apurado em liquidação de sentença ou sobre o valor do acordo homologado.
>
> § 2º Considera-se ocorrido o fato gerador das contribuições sociais na data da prestação do serviço.
>
> § 3º As contribuições sociais serão apuradas mês a mês, com referência ao período da prestação de serviços, mediante a aplicação de alíquotas, limites máximos de salário de contribuição e acréscimos legais moratórios, vigentes relativamente a cada uma das competências abrangidas, devendo o recolhimento ser efetuado no mesmo prazo em que devam ser pagos os créditos encontrados em liquidação de sentença ou em acordo homologado, sendo que nesse último caso o recolhimento será feito em tantas parcelas quantas as previstas no acordo, nas mesmas datas em que sejam exigíveis e proporcionalmente a cada uma delas.

(21) CASTRO, Carlos Alberto Pereira de; LAZARI, João Batista. *Manual de Direito Previdenciário*. 8. ed. Florianópolis: Conceito Editorial, 2007. p. 334-335.

(22) ATALIBA, Geraldo. *Hipótese de incidência tributária*. 3. ed. São Paulo: Revista dos Tribunais, 1984. p. 56.

(23) BORGES, José Souto Maior. *Lançamento Tributário*. 2. ed. São Paulo: Malheiros, 1999. p. 82.

(...)

§ 5º Na hipótese de acordo celebrado após ter sido proferida decisão de mérito, a contribuição será calculada com base no valor do acordo.

A hipótese de incidência é a prestação onerosa do serviço pelo trabalhador, conforme previsão abstrata da lei.

E o fato gerador?

O fato gerador ocorre na data em que o serviço foi prestado, concretizando a previsão da lei. O que era previsto apenas hipoteticamente, passa para o plano da concretude, a realização. Observe-se que a lei não condiciona a ocorrência do fato gerador ao pagamento da contraprestação, embora exija que o trabalho prestado não seja gracioso ou voluntário.

É até compreensível que os juristas tenham enfrentado certa confusão mental para definição da hipótese de incidência e fato gerador da contribuição previdenciária nas ações trabalhistas, em vista, principalmente, das várias alterações legislativas ocorridas, conforme anteriormente já especificado, em breve levantamento histórico.

Destaque-se que o próprio Judiciário Trabalhista teve que proceder a inúmeros ajustes de procedimentos, treinar seus servidores, aprofundar seus estudos na área tributária, assim que surgiram os primeiros dispositivos constitucionais e legais, principalmente em razão das várias etapas processuais em que os processos foram alcançados, citando-se como exemplo o que foi elaborado pelo TRT da 6ª Região, ao editar o Ofício Circular n. 10/01, e já visto linhas antes.

E é da verificação de um fato jurídico tributário que irá surgir um ato administrativo concreto, o lançamento, que é a individualização ou concretização das normas individuais, conforme bem exposto por Borges[24]:

> À verificação da ocorrência do fato jurídico tributário (CTN, art. 113, § 1º) segue-se um ato administrativo concreto — o lançamento (CTN, art. 142, *caput*). O lançamento, enquanto ato administrativo individual é, inclusive, no procedimento de sua criação, abstratamente determinado pelas normas tributárias de caráter geral (leis complementares, leis ordinárias, regulamentos etc.). Consequentemente, a produção do lançamento implica a individualização ou concretização das normas gerais a aplicar.

Todavia, após a edição da Lei n. 11.941/09, é incompreensível entendimento que altere no tempo o momento da ocorrência do fato gerador da contribuição previdenciária, como ocorre em certas decisões judiciais que trazem o fato gerador do tributo para o momento da prolação da sentença, ou, ainda, o recebimento do crédito tributário.

A Súmula de Jurisprudência n. 14 do Tribunal Regional do Trabalho da 6ª Região[25]

Em 30 de setembro de 2009, por intermédio da Resolução Administrativa TRT — 025/2009, foi publicado o teor da súmula de jurisprudência n. 14 do TRT 6ª Região:

> SÚMULA n. 14 – A HIPÓTESE DE INCIDÊNCIA DA CONTRIBUIÇÃO SOCIAL PREVISTA NO ART. 195, INCISO I, LETRA "A", DA CONSTITUIÇÃO DA REPÚBLICA FEDERATIVA DO BRASIL OCORRE QUANDO HÁ O PAGAMENTO OU O CRÉDITO DOS RENDIMENTOS DE NATUREZA SALARIAL DECORRENTES DO TÍTULO JUDICIAL TRABALHISTA, RAZÃO PELA QUAL, A PARTIR DAÍ, CONTA-SE O PRAZO LEGAL PARA O SEU RECOLHIMENTO, APÓS O QUE, EM CASO DE INADIMPLÊNCIA, COMPUTAR-SE-ÃO OS ACRÉSCIMOS PERTINENTES A JUROS E MULTA MENCIONADOS NA LEGISLAÇÃO ORDINÁRIA APLICÁVEL À ESPÉCIE.

A partir de uma leitura mais detalhada do entendimento cristalizado por intermédio da súmula de jurisprudência anteriormente transcrita, a primeira observação a ser feita é que parece ocorrer certa "confusão jurídica" quanto aos conceitos técnicos de hipótese de incidência e fato gerador, quando define: "A hipótese de incidência da contribuição social prevista no art. 195, inciso I, letra *a*, da Constituição da República Federativa do Brasil ocorre quando há o pagamento ou o crédito dos rendimentos de natureza salarial decorrentes do título judicial trabalhista."

Ora, Geraldo Ataliba[26] considera a hipótese de incidência como sendo a "formulação hipotética, prévia e genérica, contida na lei, de um fato", ao passo que, a concretização da hipótese é conceituação de fato gerador: "Fato imponível é o fato concreto, localizado no tempo e no espaço, acontecido efetivamente no universo fenomênico, que por corresponder rigorosamente à descrição prévia, hipoteticamente formulada pela h. i. — dá nascimento à obrigação tributária." (a redação consta dessa forma no original)

Outra questão diz respeito ao momento da ocorrência do fato gerador do tributo, ou seja, o entendimento que findou prevalecendo, perante esse Egrégio Tribunal, é que o fato gerador ocorre apenas com o pagamento do crédito trabalhista, quando então, segundo essa ótica, surge a obrigação tributária de o sujeito passivo recolher a contribuição previdenciária que deixou de reconhecer

(24) BORGES, José Souto Maior. *Lançamento Tributário*. 2. ed. São Paulo: Malheiros, 1999. p. 82.

(25) FREITAS, Ana Maria Aparecida de. Súmula de Jurisprudência n. 14 do Tribunal Regional do Trabalho da 6ª Região. *Revista da Amatra VI*, ano XI, n. 33, p. 33-37, set. 2010. As ideias destacadas neste tópico desta obra foram apresentadas na coluna Data Venia desta Revista.

(26) ATALIBA, Geraldo. *Hipótese de Incidência Tributária*. 3. ed. São Paulo: Revista dos Tribunais, 1984. p. 56.

durante todo o período de labor, quer em sentenças de reconhecimento de vínculo de emprego, quer em sentenças condenatórias de parcelas de natureza salarial.

E tem mais: no final da tramitação processual da ação trabalhista, ao ser pago o crédito ao trabalhador, é que passa a contar o prazo legal para o recolhimento, ou seja, no dia 20 do mês posterior ao efetivo pagamento na ação trabalhista, e, caso não recolha, somente a partir de então passa a ser inadimplente o devedor trabalhista da contribuição previdenciária e os juros e correção monetária passam a ser contados.

A prevalecer essa tese, os empregadores que mantêm seus empregados na clandestinidade, não pagam os direitos trabalhistas e não recolhem os tributos serão beneficiados em detrimento do trabalhador que labora ao longo de vários anos na clandestinidade, à margem da sociedade; dispensado, tem que propor ação trabalhista, e, na eventualidade de comprovar seu tempo de serviço e seus direitos trabalhistas — o que não é tão simples assim, já que necessita apresentar provas de suas alegações —, o empregador recolhe o tributo quando quer e contra ele não correm juros, multa, correção monetária alguma da contribuição previdenciária de anos que deixou de recolher, uma vez que "a hipótese de incidência da contribuição social ocorre quando há o pagamento ou o crédito dos rendimentos de natureza salarial decorrentes do título judicial trabalhista", segundo o entendimento majoritário do Tribunal Regional do Trabalho (TRT) da 6ª Região.

Observe-se que o Código Tributário Nacional — CTN não apenas definiu o fato gerador de cada tributo, mas, ainda, que a "obrigação tributária ou penalidade surge com a ocorrência do fato gerador".[27]

Destaque-se que o art. 201 da CF/88 consagra que "a previdência social será organizada sob a forma de regime geral, de caráter contributivo e de filiação obrigatória, observados os critérios que preservem o equilíbrio financeiro e atuarial...".

Sendo um dos pilares do Sistema da Previdência Social, o caráter contributivo e a filiação obrigatória, com observância de critérios que preservem o equilíbrio financeiro e atuarial, esta previsão constitucional coaduna-se com o disposto no art. 195, inciso I, letra *a*, que, por sua vez, é complementada com o art. 28 da Lei n. 8.212/91.

E a previsão contida no disposto no art. 201 da Constituição da República não teria como ser suportada pela Previdência Social — equilíbrio financeiro e atuarial —, beneficiando os maus pagadores em detrimento daqueles que mantêm suas obrigações trabalhistas em dia.

Segundo o entendimento do Desembargador Federal do Trabalho Nelson Soares Junior, nos autos do Incidente de Uniformização n. 00381-2003-020-06-85-2 e que findou ensejando a redação da Súmula n. 14 antes transcrita, a Lei n. 8.212/91, ao ter a redação do art. 22, que trata sobre a contribuição previdenciária devida pelo empregador, alterada pela Lei n. 9.876, de 26 de novembro de 1999[28], teria criado um novo tributo, uma vez que teria inserido uma contribuição incidente sobre os salários **devidos**, ao passo que a Constituição da República previa essa contribuição incidente sobre os salários pagos e creditados.

Ora, o trabalhador que não recebe a contraprestação que lhe é devida, nem por isso deixa de possuir um crédito salarial, sendo-lhe devido o pagamento. Mesmo que o trabalhador não receba a contraprestação devida pelo trabalho prestado, basta que esse valor seja lançado contabilmente como devido e, mesmo que nunca venha a ser pago o salário do obreiro, nem por isso a contribuição social deixa de ser devida.

Posteriormente, ainda no transcorrer de seu voto, afirma que "a cláusula 'nos termos da lei', constante do *caput* do art. 195 da Constituição da República, não é uma autorização em branco para ela, a União, instituir novas espécies de contribuições para a seguridade social, por meio de lei ordinária, vez que se refere, exclusivamente, ao respectivo financiamento e não às contribuições sociais instituídas nos incisos desse preceito constitucional".

Deixa claro o julgado que haveria sido criado um novo tributo ao ser modificada a redação originária do art. 22 da Lei n. 8.212/91 para inserir como hipótese de incidência da contribuição previdenciária os valores devidos ao trabalhador. Segundo o entendimento que prevaleceu, haveria duas contribuições previdenciárias devidas pelos empregadores e empregados: a primeira, contida no art. 195 da Carta Magna e relativa a "salários pagos e creditados", considerando que salário pago é aquele que o trabalhador recebe em espécie, e, creditado, aquele que é depositado em conta bancária, e a outra contribuição previdenciária seria aquela que surgiu com os "salários devidos", prevista no art. 22 (contribuição patronal) e 28 (conceito de salário de contribuição) da Lei n. 8.212/91.

(27) BALEEIRO, Aliomar. *Direito Tributário Brasileiro*. 10. ed. Rio de Janeiro: Forense, 1994. p. 455. Para esse autor, o fato gerador tem por efeitos consequentes ou integrantes a identificação do momento em que nasce a obrigação tributária, a determinação do sujeito passivo, a determinação dos conceitos de não incidência, incidência e isenção, a determinação do regime jurídico da obrigação, alíquota, base de cálculo, a distinção entre os tributos *in genere* e em espécie, a classificação dos impostos em diretos e indiretos, eleição do critério de interpretação da lei tributária, determinação dos casos concretos e evasão em sentido estrito, o estabelecimento dos princípios ativos da discriminação constitucional de rendas no Brasil.

(28) BRASIL, Lei n. 9.876, de 26 de novembro de 1999.

Parece haver equívoco, contudo, nesse entendimento, pois nenhum outro tributo foi criado, mas, apenas esclarecido na norma positivada que, até mesmo nas hipóteses de o trabalhador prestar o serviço e não receber a contraprestação que lhe é devida haverá a incidência da contribuição previdenciária, obrigação de elaborar a folha de pagamento, lançar contabilmente e recolher, conforme disposto no art. 32 da Lei n. 8.212/91.

Em outro trecho do voto, atribui a necessidade de qualquer nova contribuição social ser instituída por meio de lei complementar, e, sobre isso, tem absoluta razão, em vista do que dispõe o art. 154, inciso I, da CF/88.

O equívoco está na compreensão de que a expressão "creditado" teria relação com o pagamento por intermédio de crédito em conta bancária, quando, na realidade, cuida-se de expressão contábil — débito/crédito —, inexistindo, por evidente, distinção contábil se o pagamento do salário ocorreu em dinheiro, diretamente nas mãos do trabalhador, ou por meio de cheque, com depósito em conta salário deste. A partir desse entendimento, o fato gerador que a lei diz ser a prestação do serviço (já que o fato de o trabalhador não receber a contraprestação devida não exime o empregador do dever de informar e recolher o tributo), passaria a ser o recebimento do salário, ensejando toda ordem de medidas protelatórias nas ações trabalhistas por aqueles que não desejam recolher tal tributo, por evidente.

O Superior Tribunal de Justiça já tem pensamento pacificado acerca da ocorrência do fato gerador, conforme julgamento proferido no Recurso Especial n. 221.365/RS, publicado no DJ, de 17.12.1999. E do corpo do voto proferido pelo Ministro Relator José Augusto Delgado, extrai-se ainda que é a prestação do serviço o momento de ocorrência do fato gerador.

> (...) O acórdão recorrido não merece censura. Está correto, ao meu entender, quando assenta que o fato gerador da contribuição dos empregados para a seguridade social é determinado, materializado, pela prestação de serviço e situado, quanto ao tempo, no mês em que tal foi prestado, por, a partir da conjugação desses dois elementos, surgir o direito à remuneração (...).

Tudo indica que se olvidou o Egrégio Tribunal acerca da necessidade de uma interpretação sistêmica da Constituição, pois, da forma como prevaleceu o entendimento no Incidente de Uniformização, há um choque fatal com o disposto no art. 201 do mesmo texto constitucional, já que de forma alguma haveria o equilíbrio atuarial necessário para a própria sobrevivência do sistema previdenciário, pois, se o fato gerador da contribuição previdenciária ocorre apenas com o pagamento do crédito trabalhista, além de haver sido transmudado o regime de competência típico dessa contribuição social para o regime de caixa — o que, obviamente, cria desequilíbrio das contas públicas —, ainda afronta a Lei e a Constituição.

Para que a Constituição possua uma "eficácia concretiva integral, impedindo que as normas constitucionais se choquem, provocando antinomias normativas, é necessário interpretá-las de maneira sistêmica, compatibilizando os princípios com os valores sociais".[29] Da forma como interpretado o art. 195, inciso I, alínea *a* da Constituição em conjunto com o art. 22 da Lei n. 8.212/91 findou gerando essa "antinomia". Há, pois, a necessidade de ser dada interpretação à norma pelo operador jurídico, já que esta é criada de forma abstrata, geral e impessoal.[30]

Portanto, não se atinou para o fato de o texto constitucional dever ser conciso, a fim de prever abstratamente o maior número possível de casos, e, ao interpretar a expressão "devidos" contida no art. 22 da Lei n. 8.212/91 como a criação de uma outra contribuição social, findou concluindo ser necessária essa criação por meio de lei complementar, conforme os termos do art. 154, I, CF/88, aqui, sim, corretamente interpretado o dispositivo constitucional. Mas, repita-se: somente na hipótese de haver sido criada uma nova contribuição previdenciária, o que não ocorreu.

Demais disso, as normas constitucionais não têm por fim o disciplinamento acurado das matérias contidas no seu texto, pois objetivam oferecer um direcionamento geral e que deve ser especificado pelas normas infraconstitucionais, as quais não usufruem da imutabilidade relativa, podendo ser modificadas mais frequentemente, a fim de poder melhor se adequar às evoluções consequentes da sociedade: "A principal função da linguagem constitucional é evitar o envelhecimento dos mandamentos da Lei Maior"[31].

Portanto, os efeitos jurídicos de uma sentença trabalhista de reconhecimento do vínculo jamais poderiam ser a partir de sua prolação, uma vez que os fatos ocorridos estão lá, no passado, deitaram suas raízes ali, resultaram em consequências do dever de prestar o serviço, por parte do trabalhador, e dever de remunerar o serviço, por parte do empregador. Dessa mesma forma, ocorre quando o magistrado declara a existência de labor em horário extraordinário ou o dever de o trabalhador ser indenizado por dano moral decorrente de assédio. Os fatos estão todos lá, no passado, e o fato de o juiz apenas declarar isso, no

(29) AGRA, Walber de Moura. *Curso de Direito Constitucional*. 5. ed. Rio de Janeiro: Forense, 2009. p. 67.

(30) *Idem*.

(31) *Ibidem*, p. 70.

presente, não significa dizer que apenas no presente o dever de pagar as horas extras ou de indenizar pelo dano moral surgiu.

Nas hipóteses de reconhecimento de vínculo de emprego, o magistrado, ao mesmo tempo em que reconhece a vinculação empregatícia que se desenvolveu na informalidade, determina como obrigação de fazer o registro funcional desse trabalhador, inclusive em sua Carteira de Trabalho e Previdência Social, com o salário respectivo e suas alterações, determinação que, aliás, sequer depende de pedido expresso do trabalhador, em vista da questão de ordem pública que a envolve.

É a partir dessa determinação judicial que se torna possível saber o salário de contribuição e determinar o recolhimento da contribuição previdenciária respectiva, inclusive com a expedição das GFIP — Guia de Informações Sociais e Previdência Social, documento emitido mensalmente e que objetiva alimentar o banco de dados do CNIS, da Previdência Social e cuja natureza jurídica é declaratória e de confissão de dívida. Nessas guias, há a descrição individualizada de cada trabalhador, com seu nome completo, número do NIT/PIS, da Carteira de Trabalho e valor remuneratório.

Já a partir da Lei n. 9.528, de 10 de dezembro de 1997 (conversão da MP n. 1.596-14, de 1997), que alterou dispositivos das Leis ns. 8.212 e 8.213, ambas de 24 de julho de 1991, houve a previsão de ser criada a GFIP, conforme é possível observar o art. 1º, ao alterar o art. 32 da Lei n. 8.212.

Naquela ocasião, havia apenas a previsão legal de ser informada, mensalmente, ao INSS, "por intermédio de documento a ser definido em regulamento, dados relacionados aos fatos geradores de contribuição previdenciária." A falta de apresentação desse documento ensejaria a autuação da empresa, e as informações contidas nessa documentação comporiam a base de cálculo das contribuições sociais e a base de dados para fins de cálculo e concessão de benefícios previdenciários.

Posteriormente, regulamenta a expedição da GFIP o Decreto n. 2.803, de 20 de outubro de 1998 (posteriormente revogado pelo Decreto n. 3.048, de 6 de maio de 1999), prevendo o art. 1º a obrigatoriedade de entrega mensal ao INSS, "por intermédio da Guia de Recolhimento ao Fundo de Garantia do Tempo de Serviço e Informações à Previdência Social — GFIP ...", a fim de informar "... dados cadastrais, todos os fatos geradores de contribuição previdenciária..."

A GFIP passa a informar, não apenas a realização de serviços por intermédio de mão de obra empregatícia, mas, também, do trabalhador avulso, sendo responsável pelo preenchimento e entrega dessas guias, nesta hipótese, o Órgão Gestor de Mão de obra. Passa a existir a previsão de entrega do documento pelo meio magnético, consistindo confissão de dívida, caso não recolhido o tributo, sendo inscrita em dívida ativa, dispensado o processo administrativo contencioso.

A obrigatoriedade de expedição da GFIP, então, passa a ocorrer a partir do mês de competência de janeiro de 1999, com a edição da Resolução n. 637, de 26 de outubro de 1998, pelo Presidente do Instituto Nacional do Seguro Social.

Curioso observar que, atualmente, a Previdência Social tem considerado que são os dados constantes no CNIS que valem como prova de filiação, tempo de contribuição e salários-de-contribuição, conforme disposto no art. 19 do Decreto n. 3.048, de 6 de maio de 1999, com a alteração dada pelo Decreto n. 6.722/08. Antes, o documento hábil para demonstrar a prova de filiação era a Carteira de Trabalho e Previdência Social. De igual sorte, o art. 29-A da Lei n. 8.213/91 também cuida da obrigação de o empregador expedir esse documento declaratório.

Portanto, nas lides trabalhistas onde há o reconhecimento do vínculo de emprego e/ou a condenação ao pagamento de parcelas pecuniárias de natureza salarial, cumpre ao magistrado determinar ao (ex)empregador a expedição das GFIPs como meio de solução da questão previdenciária do trabalhador.

Nesse pensar, a contribuição previdenciária executada nos autos da ação trabalhista, que, em princípio, seria destinada para o fundo comum dos cofres da Previdência Social, terá destinação específica para o trabalhador, na medida em que o empregador prestou as informações necessárias no tocante aos meses de competência (tempo de serviço) e salário de contribuição(parcelas remuneratórias de natureza salarial) para o Cadastro Nacional de Informações Sociais — CNIS.

Em contrapartida, considerando-se o disposto no art. 201 da CF/88, esse procedimento preservaria os pilares do Sistema da Previdência Social, com observância do caráter contributivo e da filiação obrigatória, mantendo-se o equilíbrio financeiro e atuarial, por um lado, e, por outro, os trabalhadores teriam os dados relativos aos seus contratos de trabalho, na parte que interessa à Previdência, lançados no Cadastro Nacional.

O crédito tributário das contribuições é constituído por intermédio de confissão da dívida nas hipóteses de apresentação da GFIP, quando não houver recolhimento integral do valor confessado, ou quando reconhecer a obrigação tributária, mediante assinatura do lançamento de débito confessado, consistindo a GFIP como documento declaratório de valores devidos à Previdência

Social, dispensado o processo administrativo de natureza contenciosa.[32]

O procedimento automático de filiação decorre da obrigatoriedade contida no art. 201 da CF/88 de a Previdência Social exercer seu direito de crédito e a inscrição de segurado obrigatório se dá pelo preenchimento da GFIP.

Destaque-se que a falta de apresentação da GFIP enseja autuação fiscal, com lavratura de auto de infração e impede a expedição de Certidão Negativa de Débito — CND pela autoridade competente, sendo, inclusive, de responsabilidade da autoridade judicial, quando esta adota o procedimento de exigir a GFIP do devedor tributário, a comunicação disso para a Secretaria da Receita Federal do Brasil, a fim de negativar o devedor, conforme previsão contida no art. 26 da Lei n. 11.941, de 27 de maio de 2009, que alterou o art. 32 da Lei n. 8.212, de 24 de julho de 1991 (Lei de Custeio da Previdência Social).

Portanto, não há sombra de dúvida de que se constitui como obrigação de fazer na lide trabalhista, sempre que houver reconhecimento de vínculo de emprego ou acolhimento de parcelas pecuniárias de natureza salarial, que venham a alterar o salário de contribuiçãodo trabalhador, a determinação judicial de expedição da GFIP, pois, com isso, além de ser alimentado o banco de dados daquele determinado trabalhador, junto à Previdência Social, esse documento constitui confissão de dívida a ensejar, inclusive, a negativação da empresa junto à Secretaria da Receita Federal do Brasil.

Com o aperfeiçoamento desse instrumento de informações, mais recentemente, foi criado o Sistema de Escrituração Fiscal Digital das Obrigações Fiscais, Previdenciárias e Trabalhistas — eSocial[33], cujo objetivo é viabilizar a garantia de direitos previdenciários e trabalhistas aos trabalhadores brasileiros; simplificar o cumprimento de obrigações; e aprimorar a qualidade de informações das relações de trabalho, previdenciárias e fiscais.

Conclusões

O legislador pátrio, com seu poder de reformar o texto constitucional, conferiu competência para a Justiça do Trabalho executar as contribuições previdenciárias decorrentes de suas sentenças, quer quando há o reconhecimento do vínculo de emprego, quer quando há condenação ao pagamento de parcelas de natureza salarial que venham a aumentar o salário de contribuição, devendo a Justiça Especializada servir não apenas como meio de arrecadação desse tributo, mas, também, como meio de impor ao empregador que informe ao banco de dados da Previdência Social, no Cadastro Nacional de Informações Sociais — CNIS, os valores do salário de contribuição (quando reconhecido o vínculo de emprego), mas, também, no aumento deste (em hipóteses de condenação ao pagamento de parcelas de natureza salarial que alterem o salário de contribuição).

Não há vício de inconstitucionalidade no disposto nos arts. 22 e 28 da Lei n. 8.212/91 quando versam sobre a hipótese de incidência da contribuição previdenciária ser a totalidade dos rendimentos pagos, devidos ou creditados, se afrontados com o disposto no art. 195, inciso I, alínea *a*, da Constituição da República pelo simples fato de o texto constitucional não conter a expressão "devidos", pois, ao contrário do que restou pacificado no entendimento cristalizado pela Súmula n. 14 do Egrégio Tribunal Regional do Trabalho da 6ª Região, não houve a instituição de um outro tributo com a edição da lei n. 8.212/91, e, portanto, não havia a necessidade de a referida lei ter *status* de lei complementar (art. 195, § 4º, combinado com o art. 154, I, da CF/88).

Outra constatação é que a hipótese de incidência da contribuição previdenciária apurada em sede de ação trabalhista é a totalidade dos rendimentos pagos, devidos ou creditados e o fato gerador surge com a prestação de serviços, conforme os termos do art. 43 da Lei n. 8.212/91, com a redação dada pela Lei n. 11.941/09, e, nessas condições, há a necessidade de ser observado o princípio da irretroatividade das leis tributárias para definição, no tempo, de surgimento da obrigação tributária na lide trabalhista.

E isso em razão de não ser o fato gerador da contribuição previdenciária a sentença, mesmo nas hipóteses de o magistrado apenas declarar o vínculo trabalhista, pois, mesmo nessas situações de sentença declaratória, seus efeitos deitam suas raízes no passado, no momento em que o trabalhador despendeu sua força de trabalho, evidentemente, e não na data em que a sentença foi proferida.

Outra conclusão a que se chegou — e este é o âmago de todo estudo empreendido — é que existe instrumental capaz de vincular a contribuição previdenciária ao trabalhador, a fim de que o esforço resultado da execução da contribuição previdenciária não deságue no denominado "fundo comum" dos cofres públicos, beneficiando o trabalhador, quer com relação ao tempo de serviço e contribuição, quer para fins de obtenção dos inúmeros benefícios e serviços oferecidos pela Previdência Social.

Consiste na determinação judicial de o empregador, após inexistir mais qualquer controvérsia quanto aos valores devidos a título de crédito trabalhista e crédito

(32) GOES, Hugo Medeiros de. *Manual de Direito Previdenciário*. 3. ed. rev., amp. e atual. Rio de Janeiro: Ed. Ferreira, 2009. p. 400-401.

(33) Ver o manual disponível no sítio do Ministério do Trabalho e Emprego.

previdenciário, expedir as Guias de Informações da Previdência Social — GFIP, de cunho eminentemente declaratório e de confissão de dívida, a fim de alimentar o banco de dados do trabalhador junto ao Cadastro Nacional de Informações Sociais — CNIS, e, com isso, ter ali lançados todos os valores dos salários-de-contribuição, mês a mês, quando há o reconhecimento do vínculo de emprego, ou as alterações do salário de contribuição, quando apenas houve a condenação ao pagamento de parcelas de natureza salarial do curso do contrato de trabalho.

Com essa determinação de ser cumprida obrigação de fazer pelo empregador, o obreiro não necessita mais, após definir sua ação trabalhista, bater às portas da Administração Pública ou mesmo da Justiça Federal comum para ter seu tempo de serviço ou salário de contribuição reconhecidos.

Referências bibliográficas

AGRA, Walber de Moura. *Curso de Direito Constitucional*. Rio de Janeiro: Forense, 2009.

________. Neoconstitucionalismo e superação do positivismo. *In:* DIMOULIS, Dimitri; DUARTE, Écio Oto (Coords.). *Teoria do direito neoconstitucional:* superação ou reconstrução do positivismo jurídico? São Paulo: Método, 2008.

ARCELO, Adalberto Antonio Batista. Condições de possibilidade do discurso do positivismo jurídico no paradigma do Estado Democrático de Direito. *In:* DIMOULIS, Dimitri; DUARTE, Écio Oto (Coords.). *Teoria do direito neoconstitucional:* superação ou reconstrução do positivismo jurídico? São Paulo: Método, 2008.

ATALIBA, Geraldo. *Hipótese de Incidência Tributária*. 3. ed. São Paulo: Revista dos Tribunais, 1984.

BALEEIRO, Aliomar. *Direito Tributário Brasileiro*. 10. ed. Rio de Janeiro: Forense, 1994.

BARROSO, Luís Roberto. *Interpretação e aplicação da Constituição:* fundamentos de uma dogmática constitucional transformadora. 3. ed. São Paulo: Saraiva, 1999.

BORGES, José Souto Maior. *Lançamento Tributário*. 2. ed. São Paulo: Malheiros, 1999.

BRASIL, *Constituição da República Federativa do Brasil*.

________. *Decreto n. 3.048, de 6 de maio de 1999*. Aprova o Regulamento da Previdência Social, e dá outras providências.

________. *Lei n. 7.787, de 30 de junho de 1989*.

________. *Lei n. 8.212, de 24 de julho de 1991*. Dispõe sobre a organização da Seguridade Social, institui Plano de Custeio, e dá outras providências.

________. *Lei n. 8.213, de 24 de julho de 1991*. Dispõe sobre os Planos de Benefícios da Previdência Social e dá outras providências

________. *Lei n. 8.620, de 5 de janeiro de 1993*.

________. *Lei n. 9.876, de 26 de novembro de 1999*.

________. *Lei n. 10.035, de 25 de outubro de 2000*.

________. *Lei n. 11.457, de 16 de março de 2007*.

________. *Lei n. 11.941, de 27 de maio de 2009*. Conversão da Medida Provisória n. 449, de 2008. Altera a legislação tributária federal relativa ao parcelamento ordinário de débitos tributários; concede remissão nos casos em que especifica; institui regime tributário de transição.

CANOTILHO, J. J. Gomes. *Direito Constitucional e Teoria da Constituição*. 7. ed. Coimbra: Almedina, 2003.

CAPPELLETTI, Mauro. *Acesso à Justiça*. Colaborador GARTH, Bryant, tradução NORTHFLEET, Ellen Gracie. Porto Alegre: Sérgio Antonio Fabris, 2002.

CASTRO, Carlos Alberto Pereira de; LAZARI, João Batista. *Manual de Direito Previdenciário*. 8. ed. Florianópolis: Conceito Editorial, 2007.

FREITAS, Ana Maria Aparecida de. *A Contribuição Previdenciária no âmbito da Justiça do Trabalho:* a dignidade e o valor social do trabalho espelhados na arrecadação desse tributo. Recife: Esmatra, 2010.

________. Súmula de Jurisprudência n. 14 do Tribunal Regional do Trabalho da 6ª Região. *Revista da Amatra VI*, ano XI, n. 33, set. 2010.

GOES, Hugo Medeiros de. *Manual de Direito Previdenciário*. 3. ed. rev., amp. e atual. Rio de Janeiro: Ed. Ferreira, 2009.

MENDES, Gilmar Ferreira. *Jurisdição Constitucional:* o controle abstrato de normas no Brasil e na Alemanha. 5. ed. São Paulo: Saraiva, 2005.

STRECK, Lenio Luiz. *Súmulas no Direito Brasileiro:* eficácia, poder e função. Porto Alegre: Livraria do Advogado, 1995.

VERDÚ, Pablo Lucas. *O Sentimento Constitucional. Aproximação ao Estudo do Sentir Constitucional como Modo de Integração Política*. Trad. de Agassiz Almeida Filho. Rio de Janeiro: Forense, 2006.

Sindicalismo e Integração dos Conflitos de Classe: corporativismo, neocorporativismo e concertação social

Arthur Coelho Sperb[(*)]

1. A história da formação operária no Brasil: uma breve abordagem para a compreensão das políticas de Estado e dos reflexos no movimento operário

Contar a história do movimento operário brasileiro é contar, em grande parte, a história da formação social do Brasil.

Não é minha intenção fazer uma digressão histórica do trabalho para os primórdios da sociedade brasileira[(1)], mas apenas colocar o leitor em um espaço histórico que o permita compreender em plenitude as transformações sociais pautadas pela relação capital-trabalho e, mais, como a transformação do trabalho contribuiu para a formação da sociedade atual, principalmente a sociedade do trabalho.

Pois bem, desde a colonização, a implementação do trabalho como valor de troca (trabalho-valor)[(2)] em contraponto ao trabalho para o uso (valor de uso), passou a fazer parte da cultura brasileira, e a transformação da sociedade que trabalhava para a sobrevivência para a sociedade que trabalhava para a geração de excedentes (mais-valia)[(3)] produziu uma transformação social impactante.

A expropriação dos meios de trabalho e a troca do trabalho por um salário (trabalho-valor, mercadoria), aumentou a produtividade e deu uma guinada no modelo de produção, que passou de rural/camponês/manufaturas para ser industrial/fabril/operariado.

Essa realidade inverteu os pesos da equação econômica vigente e os operários se viram em condições muito piores das que já haviam enfrentado anteriormente.

A história contabiliza que na época da Independência do Brasil os operários ingleses viviam em condições tão precárias quantos os mais explorados escravos da América[(4)(5)]. Nas fábricas inglesas, os operários trabalhavam em média 14/16 horas por dia, entretanto, ao contrário dos donos de escravos, os donos das fábricas não tinham que alimentar e cuidar dos inválidos e podiam demiti-los quando quisessem. Esse modelo contribuiu para o aumento do lucro e, de forma direta, o aumento da exploração do trabalhador/operariado.

Aos poucos, a economia rural/da cana/cafeeira foi se transformando em industrial, razão porque foi necessário importar trabalhadores europeus para o Brasil, europeus que estavam passando ou haviam passado por influências ideológicas emancipatórias, tendo forte repressão por parte do Estado.

Ora, muitos desses trabalhadores vinham imbuídos de ideologias emancipatórias comunistas/anarquistas/socialistas, presentes nos países da Europa no início do século XIX. Essas ideologias contribuíram de modo substancial ao agrupamento de trabalhadores na intenção de emancipação social e de luta contra o sistema de exploração.

Esse contexto histórico do movimento operário, onde se vê claramente a transformação da mão de obra rural/escrava para a fabril/assalariada é importante para que se trace o recorte histórico-legislativo-político imposto ao sindicalismo autônomo e surgido das entranhas convulsionadas dos movimentos sociais, na intenção de inseri-lo no sistema normativo e impor contenção ao seu crescimento.

A liberalização do trabalho para a industrialização nascente desenvolveu relações de trabalho voltadas para incrementar a produção industrial, centradas na autonomia da vontade , no âmbito privado, e controladas pelas normas penais, no âmbito público. Não trabalhar era tipo penal, passível de encarceramento.[(6)]

A partir daí começaram a surgir produtos normativos que visavam, por um lado, responder aos anseios da classe proletariada, criando *status* básicos de direitos que resguardavam um mínimo de dignidade aos trabalhadores

(*) Mestrando em Direito pela Universidade Federal de Pernambuco - Programa de Pós-Graduação em Direito – CCJ da Universidade Federal de Pernambuco. Advogado.

(1) OLIVEIRA, Luciano. *Não fale do Código de Hamurabi!* A pesquisa sócio-jurídica na pós-graduação em Direito. Recife. UFPE – Programa de Pós-Graduação em Direito. Disponível em: <http://www.uniceub.br/media/180293/Texto_IX.pdf> Acesso em: 10 jan. 2014.

(2) ANTUNES, Ricardo. *Os sentidos do trabalho*. Ensaios sobre a afirmação e a negação do trabalho. São Paulo: Boitempo, 2011.

(3) MARX, Karl. *O Capital*. São Paulo: Boitempo, 2013. Vol. I, Parte III, Capítulo VII, Processo de Trabalho e Processo de Produção de Mais Valia, Seção 2: O Processo de Produção de Mais Valia.

(4) ENGELS, Friedrich. *A Situação da Classe Trabalhadora na Inglaterra*. Trad. de B. A. Schumann. São Paulo: Boitempo, 2008.

(5) SÜSSEKIND, Arnaldo. *Instituições de Direito do Trabalho*. 19. ed. São Paulo: LTr, 1997. vol. 1, p. 32-33.

(6) ANDRADE, Everaldo Gaspar Lopes de. O Direito do Trabalho na filosofia e na Teoria Social Crítica. Os sentidos do trabalho subordinado na cultura e no poder das organizações. *Revista do TST*, Brasília, vol. 78, n. 3, jul./set. 2012.

(como exemplo, as normas que restringiam o trabalho de crianças e mulheres) e, por outro lado, barrar a revolta de classes exploradas ao sistema econômico-social implementado, voltado para a produção e garantidor de plena autonomia e liberdade.

É daí que parte o interesse do texto em relação às políticas corporativas e de concertação, pois foi justamente com a intenção de, por um lado: garantir direitos individuais que resguardassem um status mínimo de dignidade e, por outro, criar empecilhos de ordem coletiva, que atuavam em contrapartida aos interesses do capital produtivo, que as normas de caráter trabalhista foram sendo implementadas em escala global.

Tais políticas de Estado dão enfoque ao que se pretende discutir aqui, pois foi a partir delas que se desenvolveu o retrato do sindicalismo hoje vigente. Esse pano de fundo histórico dos quais se impuseram políticas corporativas é necessário ser compreendido, a fim de se identificar a *intenção* que se destina à criação das normas jurídicas trabalhistas de fundo corporativas que serão estudadas a seguir.

2. A situação do operariado e a pauta do movimento operário antes do Estado Novo, as ideologias dominantes e os resultados obtidos

Dado o recorte histórico do movimento operário, a fim de criar no leitor uma figura da formação do trabalhador brasileiro (sua feição originária, a mudança do escravo-rural para o operário-fabril), chegamos agora no momento político-histórico crucial para a formação do sistema de organização sindical brasileiro, onde a grande massa de direitos individuais foram criados e o sistema de organização de trabalhadores foi institucionalizado.

No contexto social da década que antecedeu o golpe de 1930, após a implosão de diversas greves (como a greve geral de 1917), os militantes anarquistas, socialistas e comunistas eram constantemente perseguidos pela polícia, pois suas ideologias eram tidas como ameaçadoras à política nacional.

Apesar da perseguição, as forças políticas pautadas nessas ideologias formaram uma força ativa, encabeçando diversos protestos contra as mazelas sociais presentes e advindas das políticas econômicas originadas na elite cafeeira e do café-com-leite (revezamento da chefia do país por elites agropecuárias de Minas Gerais e São Paulo).

Segundo leciona Fernanda Barreto Lira, "as duas correntes mais expressivas dessa militância foram o anarcocomunismo e o anarcosindicalismo. Esta última predominante em São Paulo."(7)

Nessa época, a vida do operariado industrial estava em condições precárias, o salário não garantia um mínimo necessário para a sobrevivência, o preço dos produtos básicos de subsistência estavam altíssimos. O trabalho das mulheres era perversamente explorado, com salários inferiores aos dos homens pela mesma jornada de trabalho. Da mesma forma o trabalho infantil, que chegava a representar metade da mão de obra ocupada no país.(8)

Foi então que se instaurou um movimento nacional, a greve geral de 1917, com uma pauta imediata, reivindicando: aumento salarial, limitação de jornada de trabalho de 8 horas, adicional de 50% quando ultrapassado esse limite (adicional de horas extras), garantia eterna de emprego, liberdade de associação, abolição do trabalho para menores de 14 anos e proibição de trabalho noturno para as mulheres e os menores de 18 anos, e uma pauta geral/ampla, como a redução do custo de vida, barateamento dos gêneros alimentícios de primeira necessidade, redução de 30% dos valores dos aluguéis, não execução de despejos por falta de pagamento.

O clima de descontentamento social era geral e a "questão social" não podia mais ser deixada de lado, de maneira que a classe proletária estava cada dia mais consciente do antagonismo de classes e a adesão aos movimentos operários anarquistas e comunistas era enorme.

De lado com o pluralismo ideológico, vinham também as doutrinas de integração social, pautadas no movimento de políticas fascistas já praticado em alguns países, (Itália, França) como, por exemplo, a *Carta de Vichy* (França) que suprimiu os antigos sindicatos e criou comitês mistos, e o *Pacto del Pallacio* Vidoni (Itália), que estimulou a instituição de sindicatos fascistas para substituir aqueles originários e representativos. Surgiria a figura do sindicato único (na Itália), em 1926, com o reconhecimento do Estado, e com os conflitos absorvidos para o interior da jurisdição estatal e a tão falada *Carta del Lavoro* italiana, que engessou as entidades sindicais com políticas de Estado.

Os donos do capital se sentiram ameaçados, a saúde econômica estava em jogo e o Estado foi compelido a se posicionar.

3. O Estado Novo e a Era Vargas: o roubo da fala(9)

Como o objeto deste texto é tratar do corporativismo e das políticas de concertação social, esse tópico se reveste

(7) LIRA, Fernanda Barreto. *A greve e os novos movimentos sociais.* Para além da dogmática jurídica e da doutrina da OIT. São Paulo: LTr, 2009. p. 112.

(8) SÜSSEKIND, Arnaldo. *Instituições de Direito do Trabalho*. vol. 1. 19. ed. São Paulo: LTr, 1997. p. 32-33.

(9) PARANHOS, Adalberto de Paula. *O roubo da fala.* Origens da ideologia do trabalhismo no Brasil. São Paulo: Boitempo, 1999.

de maior importância neste estudo, pois, a partir das políticas implementadas no Brasil na chamada Era Vargas (1930-1945), o sindicalismo tomou um contorno diferente daquele para o qual se originou, e é justamente a partir desse momento histórico que se desenvolvem os estudos sobre corporativismo no Brasil.

Philippe Schmitter, pesquisador membro do departamento de ciências políticas e sociais da European University Institute, mundialmente conhecido pelo seu estudo acerca das políticas corporativistas, traz distinções entre corporativismo estatal e societal, sendo a primeira fruto de uma política de estado e a segunda emergida de interesses da sociedade. Para fins desse estudo, importa apenas a conceituação de corporativismo estatal, já que tais políticas foram implementadas no Brasil com o advento do Estado Novo, a fim de controlar a pluralidade ideológica dos grupos de interesses relacionados com o capital e trabalho.

Segundo Philippe Schmitter, o Corporativismo Estatal ressalta o papel central do Estado enquanto agente controlador das organizações de interesse, em particular daquelas vinculadas ao capital e ao trabalho. O termo define estruturas impostas pelo Estado com as seguintes características: unicidade sindical, monopólio de representação assegurado pelo Estado e rígida ordem hierárquica.(10)

A política do Estado Novo (implementada por Getúlio Vargas em 1937, após a revolução de 1930) tratava de promover a regulamentação dos fatores de produção como condição indispensável para a manutenção da "paz" e "harmonia social", caminho que conduziria à colaboração de classes, sem a qual não haveria a devida garantia de desenvolvimento econômico do país.(11)

A disciplinariedade do trabalho, entendida no seu sentido mais amplo — desde a definição de regras claras para regerem o regime de trabalho fabril até a articulação da legislação sindical à legislação trabalhista e previdenciária — era a palavra de ordem.

Tal como era admitido pelas fontes oficiais, sem a disciplinariedade das relações de trabalho emergiriam graves problemas para a preservação da "ordem social" e para o "progresso econômico" do Brasil. Na verdade, muito embora os governantes não concordassem que tomavam partido (para o capital), disciplinar o fator trabalho era um pensamento "para o capital".(12)

O conceito de corporativismo remete-nos a uma teoria de organização da sociedade por órgãos (*corpus*) de representação de classes sociais (capital e trabalho), todos em colaboração com o Estado, que exercerá o controle de suas atividades com o objetivo de "harmonizar" as classes sociais em benefício do desenvolvimento econômico e industrial. Tal como foi trazido, também, por Philippe Schmitter no artigo *Still the Century of Corporatism?*

Não se diz aqui, por lógico, que a elaboração da legislação social brasileira teve como único intento o apaziguamento dos antagonismos de classe, mas, sim, que embora tenha sido elemento desenvolvido em decorrência de forte pressão da sociedade, vem como um apropriamento da voz da classe operária, reelaborando-a, tanto quanto possível, aos interesses das classes dominantes.

O discurso do trabalhismo (atuação populista de Vargas), teve a sua expressão na "outorga" das leis "protetoras" do trabalho (como que uma dádiva que cai do céu na cabeça dos operários); entretanto, a sua força está associada a uma "concessão" de direitos imediatos aos anseios da classe dos trabalhadores, sendo que tal concessão fazia parte de uma estratégia geral que fugia aos olhos e propósitos do movimento operário.

Por um lado, criava-se a figura idealizada do "pai que dá direito aos seus filhos" (o "pai dos pobres"), afastando a massa popular dos seus verdadeiros representantes (os movimentos operários), e de outro, o Estado empreendia forte repressão aos agentes politizados do operariado sob o argumento de ir de encontro à política nacional de desenvolvimento do setor produtivo.

É aí que se esclarece a função desempenhada pela imposição da legislação sindical.

De um lado, a legislação sindical imposta no primeiro governo Vargas tinha como alvo garantir ao Estado o controle político da classe operária, decretando a "sentença de morte" da autonomia do movimento dos trabalhadores. E de outro, a legislação trabalhista do período passou a ser vinculada à legislação sindical e, por consequência, integrada à política oficial de controle das classes trabalhadoras.

A obtenção de uns tantos benefícios — reais ou imaginários — proporcionados pela legislação trabalhista ficou na dependência da ação dos sindicatos submetidos ao jugo estatal.

A criação de normas que institucionalizavam o movimento operário (o sindicato), o transformou em um órgão de colaboração com as políticas de desenvolvimento da

(10) SCHMITTER. Philippe C. Still the Century of Corporatism? *The Review of Politics*, 1974, p. 85-131. Disponível em: <http://www.bresserpereira.org.br/Terceiros/Cursos/09.Schmitter_C_Philippe_Still_the_Century.pdf> Acesso em: 10 jun. 2014.

(11) PARANHOS, Adalberto de Paula. *O roubo da fala*. Origens da ideologia do trabalhismo no Brasil. São Paulo: Boitempo, 1999.

(12) Palavras do Ministro do Trabalho da fase final do Estado Novo, ao discursar durante a sua posse e apresentar as linhas mestras do seu programa de trabalho. MARCONDES FILHO. Trabalhadores do Brasil! *Revista Judiciária*, Rio de Janeiro, 1943, p. 6, *apud*, PARANHOS, Adalberto de Paula. Ob. cit.

nação — ou pelo menos aquilo que o setor produtivo/governante achava que era o desenvolvimento —, e fez com que se estabelecessem regras rígidas de controle dessas entidades.

As regras que foram implantadas na política brasileira vinham de experiências estrangeiras, como já citado anteriormente, de políticas fascistas, com especial relevo para a *Carta del Lavoro* (Itália) que engessou o movimento sindical italiano às políticas de Estado.

Giuliano Mazzoni[(13)] registra como principais características das normas corporativistas: o reconhecimento jurídico dos sindicatos como pessoas jurídicas de direito público; a representação legal exclusiva para toda a profissão com funções delegadas ao poder público por parte do sindicato reconhecido pelo Estado; a vigilância e tutela das autoridades administrativas sobre as associações reconhecidas; a existência de limitações legais à autonomia sindical antes e depois do reconhecimento da entidade; a eficácia obrigatória inclusive para os não inscritos na associação, dos contratos coletivos (Convenções e Acordos) celebrados pelos sindicatos reconhecidos e a proibição de greve considerado delito penalmente punível.

Também, Wilma Keller, no artigo "Neocorporativismo e Trabalho: a experiência brasileira recente", ratifica tais características, acrescentando:

> As características desse modelo, que definiu um espaço rígido para a organização dos trabalhadores, são: o monopólio de representação dentro de cada categoria ocupacional, assegurado pelo Estado através do reconhecimento de um sindicato por base territorial; uma estrutura vertical baseada em sindicatos municipais e federações estaduais por categorias ocupacionais e confederações nacionais por setor econômico; o poder de intervenção do Ministério do Trabalho; contribuição sindical compulsória; uma relação institucionalizada entre empregados e empregadores, destinada a prevenir conflitos, através da intermediação do Estado e julgamento pela justiça trabalhista, o que colocou obstáculos à negociação coletiva.

A experiência brasileira corporativista caracterizou-se pela exclusão dos trabalhadores das decisões governamentais, ao passo que os interesses empresariais garantiram sua representação no aparelho estatal.

Coloca Sayonara G. C. L. da Silva:

> O Estado passou a exercer um papel primordial na coordenação das forças econômicas, atuando como um "ente comunitário sobreposto aos demais" (Vianna, 1999a, p. 163) na promoção do desenvolvimento econômico e na organização das bases sociais e institucionais para o desenvolvimento. Embora a legislação social no país tenha surgido no pré-30, após a revolução adquiriu uma outra intensidade, integrada à perspectiva de criação de bases normativas capazes de impulsionar o desenvolvimento do país, enquanto promovia paralelamente a integração regulada das classes trabalhadoras no cenário público e construía um ideário de consenso e de harmonia de interesses pretensamente comuns para o desenvolvimento e a consolidação do Estado Nacional.

Tais políticas traçam um panorama muito acurado para aquilo que se chama de corporativismo dentro das relações coletivas de trabalho.

A exigência de aprovação ministerial prévia dos estatutos sindicais, para que se processassem o reconhecimento da entidade e a aquisição da personalidade jurídica própria, assim como o envio ao Ministério do Trabalho (órgão estatal criado para gerenciar as organizações) do número e nome de todos os associados, qualificados, e com a indicação dos locais e empresas onde exerciam a sua atividade profissional advindos do Decreto n. 19.770 de 1931.

A unicidade sindical imposta pelo referido decreto de 1931 e a permanente vigilância ministerial na intenção de impedir manifestações políticas e a criação de obstáculos para a participação de estrangeiros na vida sindical, que contribuiu para o afastamento de fortes lideranças operarias.

Todas essas ações demonstravam a interferência do Estado nos movimentos operários, que serviam de instrumentos de aplicação de políticas voltadas para o desenvolvimento econômico, e que se intensificaram na ditadura presente na Carta de 1937.

O art. 138 da Constituição de 1937 trouxe ao Brasil a experiência já praticada na Itália e é o texto literal do que diz a *Carta del Lavoro* (1927), produto da política fascista-corporativa de Mussolini, atrelando a atividade sindical às políticas de Estado.

Na realidade, se as associações profissionais poderiam ser livres, no reino desta liberdade o Direito não lhes reconheceria nenhuma função e prerrogativa de ação, nem de representação sindical. Os sistemas jurídico e institucional só admitiriam faculdades para aqueles sindicatos que fossem reconhecidos pelo Estado e que exerceriam funções delegadas do Poder Público.

(13) MAZZONI, Giulliano. *Relações Coletivas de Trabalho*. São Paulo: Revista dos Tribunais, 1972, *apud* LEONARDO DA SILVA, Sayonara Grillo Coutinho. *Relações Coletivas de Trabalho*. Configurações Institucionais do Brasil Contemporâneo. São Paulo: LTr, 2008. p. 52.

Esse são os conceitos que estruturavam o sistema de organização sindical no chamado Estado Novo: a) representação legal da categoria; b) contribuições de natureza tributária obrigatória; c) funções delegadas pelo Poder Público.

Tais sistemas, ainda perduram em grande parte, como forma estruturante do sistema de organização sindical brasileira, principalmente no conceito básico de políticas corporativas.

4. Reflexos da política de Estado implementada: a fragmentação operária e as crises do sindicalismo brasileiro

Falar com completude da crise do sindicalismo brasileiro nos dias atuais demandaria um aprofundamento teórico que não se adéqua a esse estudo. Além do mais, o foco deste texto está em analisar as políticas atuais neocorporativistas e os instrumentos de concertação social utilizados para apaziguar os antagonismos de classe.

Entretanto, é importante para este estudo a análise dos reflexos da política de Estado corporativista na organização sindical, a fim de se ter uma noção da estruturação atual das políticas *neo*corporativistas e de como são aplicadas.

A herança maldita da organização sindical atrelada ao Estado, do modelo fascista-varguista, corporativista e de cooperação com o poder público, impediu, ao longo dos quase 40 anos seguintes (até a década de 1970/80), o movimento sindical de evoluir, segurando a luta social e acalentando as irresignações do operariado.

As políticas de harmonia entre as classes sociais permitiram, por um lado, um enfraquecimento do movimento operário e um afastamento do trabalhador do seu representante, e, por outro, a criação de um terreno fértil para a dominação massiva do capital industrial.

A chancela do Ministério do Trabalho para o nascimento da entidade sindical atrela de modo afrontoso (à liberdade sindical) o movimento dos trabalhadores ao Estado, de modo que toda e qualquer entidade sindical criada deve passar pelo crivo (político) da pasta comandada pelo Poder Executivo.

O modelo estrutural verticalizado de organização dos sindicatos, federações e confederações cria uma estrutura na qual o Estado pode controlar as entidades de grau superior e, "de quebra", subordinar as de base (neocorporativismo).

A contribuição sindical obrigatória devida por todos os trabalhadores àquelas organizações sindicais autorizadas pelo Ministério atrela o trabalhador ao sindicato que não tem qualquer compromisso/disputa de representação (pois a unicidade sindical e a proibição de criação de mais de um sindicato por base territorial limita e impede a liberdade de representação), pois a receita virá independentemente do que fizer, e, mais, as negociações coletivas são aplicáveis a todos os trabalhadores, independente de terem participado ou não, o que cria uma acomodação.

Todas estas são criações corporativas e que permanecem na estrutura sindical atual, causando um engessamento das relações de trabalho e uma atuação desconforme das organizações sindicais.

Em entrevista à Revista *Valor Econômico*, em 1º.3.2011[(14)], Philippe Schmitter colocou exatamente os objetivos de tal política:

> **"Valor: Em sua origem, o corporativismo tem essa característica: a de controlar o conflito social.**
>
> **Schmitter:** *Neutralizar e controlar a formação de associações de classe etc., pelo Estado, normalmente por um ministério como o do Trabalho. No caso do Brasil, esse foi o instrumento. O que me intriga é que, agora, mais uma vez, houve uma redemocratização do Brasil, que é ainda mais profunda e significativa do que a de depois de 1945, e a pergunta é: por que o Brasil não mudou do corporativismo para o pluralismo? Por que sobreviveu todo esse aparato, expresso, por exemplo, pelo imposto sindical, mas também por outros tipos de instituições como Sesi, Sesc etc. (...)"*
>
> **Valor:** ***E por que continuou?***
>
> **Schmitter**: *É obviamente fácil de entender por que [Getúlio] Vargas no Estado Novo impôs esse sistema. Era muito comum nos anos 1930. Ele copiou de [Benito] Mussolini [ditador da Itália entre 1922 a 1943]. A primeira questão difícil é: por que isso sobreviveu nos anos 40, 50 e persistiu até o golpe militar de 1964? Eu consigo entender por que a ditadura militar gostaria de continuar esse sistema. Na verdade, os militares o ampliaram para as áreas rurais, porque o sistema de Getúlio era apenas para as áreas urbanas. Não havia sindicatos rurais. Foram os militares que os criaram, pois queriam controlá-los.*

Mas mesmo após a redemocratização (1984), e o chamado "novo sindicalismo", com eclosão de greves e intensa atividade, o processo de reorganização sindical manteve o modelo corporativista, com alterações sensíveis, introduzidas num novo modelo de políticas de concertação.

5. A reorganização do movimento sindical a partir da redemocratização: o "novo sindicalismo" brasileiro

No interregno democrático que durou de 1946 até 1964, o movimento operário teve "altos e baixos", tendo

(14) Disponível em: <http://www.valor.com.br/arquivo/875241/o-brasil-nao-precisa-mais-do-corporativismo> Acesso em: 1º ago. 2014.

passado por sérias repressões e perseguições no governo Dutra (1946-1951) e mais políticas corporativas no novo governo Vargas (1951-1954), enquanto se reorganizava com o aumento do operariado fabril de 250 mil para quase 3 milhões no governo JK (1956-1961).

O período de 1960-1964 foi de grande efervescência para os sindicatos, embora a estrutura corporativista da CLT estivesse em vigência, os sindicatos buscaram se renovar, vivia-se um período de grande politização em torno do qual o projeto de país e de sociedade se consolidaria após as transformações políticas e sociais do país, a luta por "reformas estruturais" passou a ser o centro das discussões do movimento operário.

A integração dos trabalhadores rurais à luta dos operários unificou a atuação do sindicalismo, dando significante aumento de força à atuação sindical, às greves dos portuários, ferroviários, dos 700 mil foram provas da reorganização do movimento sindical, que iria ser alvo de fortes repressões nos anos de chumbo da ditadura militar (1964-1985) mas que se "renovaria" a partir da década de 1970/80 com a Conferência Nacional da Classe Trabalhadora — CONCLAT e a criação da Central Única dos Trabalhadores (CUT).

A Central congregava várias tendências ideológicas e tinha uma característica intersindical. Foi criada a partir das ideias de melhorias de condições de vida e de trabalho da classe trabalhadora e com forte crítica ao modelo de sindicalismo corporativo e à estrutura sindical, mas mantendo um perfil reformista em contraponto às tendências sindicais revolucionárias do início do sindicalismo da década de 1930 e 1960.

As greves dos Sindicatos dos Metalúrgicos de São Paulo (ABC Paulista) marcam esse novo formato do movimento sindical, tendo como ponto de convergência a atuação da Central Única dos Trabalhadores. As Centrais Sindicais ganhariam expressão e se projetariam na cena pública do país, da crise do autoritarismo surgiria um movimento sindical forte e com amplo poder social.

Com a promulgação da Constituição de 1988 a afirmação e inclusão no texto constitucional de referências à autonomia coletiva, liberdade sindical, proibição de interferência e a intervenção do Estado na organização sindical comprovou o crescimento e tendência vivida pelo sindicalismo na época.

Entretanto, mesmo após a promulgação da Carta de 1988, a manutenção das estruturas básicas corporativas demonstram o que está por vir, pois, segundo leciona o professor da Faculdade de Direito do Recife, Fábio Túlio Barroso(15):

> (...) a fase da autonomia sindical inaugurada com a Constituição de 1988, parece que vem seguindo um caminho inverso, não de condução para a plena liberdade, mas sim de um novo corporativismo, em que o Estado ratifica a sua vontade política e ideológica de controle da atividade associativa, principalmente sobre as organizações profissionais, inclusive no tocante à administração e funções.

Corrobora Wilma Keller, trazendo de Almeida(16) o seguinte:

> o "novo sindicalismo" expendiu-se através de uma estratégia confrontacional baseada na intensa atividade grevista, pondo por terra os controles mais autoritários sobre o movimento sindical . (...) O processo chamado recorrente ao "pacto social" durante a nova república expressava a perspectiva de inclusão dos sindicatos de trabalhadores nos processos decisórios. No entanto, isso não ocorreu, devido à permanência durante as duas fases da transição democrática de elementos centrais da antiga tradição corporativista.

6. Neocorporativismo e Concertação Social: uma nova receita para legitimar a vontade do Estado

A questão do neocorporativismo tem pouca literatura nacional, principalmente do ponto de vista jurídico, sendo de difícil compreensão por ser fruto de políticas de governo recentes, sobretudo após a eleição (2003) do líder sindical que encabeçou as grandes manifestações operárias do período pré e pós-88.

O Neocorporativismo tem como delimitação material a implementação de políticas de social-democratas e, contraditoriamente, outras de caráter neoliberal, que convergem para uma instrumentalização de controle das atividades sindicais pelo Estado para uma integração de classes, no sentido de um desenvolvimento econômico.

Na literatura estrangeira, principalmente de Philippe Schmitter e Gerhard Lehmbruch, os conceitos de Neocorporativismo se relacionam com um modo particular de articulação entre o Estado e grupos de interesse, combinando dois aspectos centrais: a intermediação de

(15) BARROSO, Fábio Túlio. *Neocorporativismo e concertação social.* Análise político-jurídica das atuais relações coletivas de trabalho no Brasil. Recife: Editora Universitária UFPE, 2010. p. 36.

(16) ALMEIDA, M. H. T. *Pacto Social na Nova República.* O mercado de trabalho no Brasil: estrutura e conjuntura. Brasília: Mtb/IEI – UFRJ, 1987, *apud* KELLER. Wilma. *Neocorporativismo e trabalho:* a experiência brasileira recente. Disponível em: <http://produtos.seade.gov.br/produtos/spp/v09n04/v09n04_11.pdf> Acesso em: 1º jul. 2014, p. 77.

interesses e uma modalidade específica de formulação/gestão de políticas públicas.[17]

No artigo *Concertation and the Structure of Corporatist Networks*[18] de Gerhard Lehmbruch, o autor apresenta o conceito de Neocorporativismo inter-relacionados:

> A expansão de organizações de interesse centralizadas que detém o monopólio de representação; o reforço das relações entre o Estado e essas organizações; e a consolidação de negociações tripartites envolvendo organizações sindicais e empresariais, em coordenação com as políticas governamentais.

O Neocorporativismo, diferentemente do antigo modelo corporativista, não envolve um único interesse organizado, mas um conjunto de organizações que representam interesses antagônicos, mas que administram seus conflitos e coordenam suas ações de forma conjugada com o governo, tendo em vista o principal objetivo que é a saúde econômica nacional. A intervenção estatal dirige-se, agora, para a coordenação de parâmetros macroeconômicos.[19]

Nesses casos, os governos tornaram-se conscientes da necessidade de obter apoio das grandes organizações de interesse para suas estratégias de coordenação macroeconômica, traduzindo, assim, o Neocorporativismo na articulação específica entre o Estado, organizações empresariais e sindicatos de trabalhadores em fóruns tripartites de formulação de políticas públicas, dentro da noção de "concertação" entre as classes sociais antagônicas.

Na prática, a ação da classe trabalhadora se restringe a pequenos aspectos sem importância significativa para o contexto social, na medida em que para a tomada de decisões importantes que interferem na economia nacional o Estado interfere diretamente como balizador dessas decisões. Nenhuma proposta contra o sistema, mas, sim, para fortalecer esse sistema.

Para Nelson de Oliveira[20]:

> A consideração desses aspectos distancia, em princípio, as duas correntes. Pois nada é mais contrário ao pluralismo liberal do que uma interferência direta das instituições governamentais em importantes momentos de uma tomada de decisão, desde que liberar deve ser o Estado e contingente, a organização. (...)

Para a consecução dos seus fins, as políticas neocorporativas utilizam consensos articulados para interação das classes, através de instâncias de concertação em um mecanismo auto-regulador, pelo qual as organizações de cúpula, representativas dos trabalhadores e dos empregadores, participam, com intensidade variável, nos processos de decisão que cabem na competência do Governo.[21]

Assim, no contexto do movimento sindical atual, mesmo com a propagada liberdade sindical presente no art. 8º da Carta de 1988, o sindicato serve como massa de manobra de políticas públicas, não como antes, por suas instâncias de base, mas agora de forma reestruturada, por seus entes de cúpula.

Um exemplo disso foi o Fórum Nacional do Trabalho, que tem por objetivo:

> O Fórum Nacional do Trabalho tem por objetivo, promover a democratização das relações de trabalho por meio da adoção de um modelo de organização sindical baseado em liberdade e autonomia. Atualizar a legislação do trabalho e torná-la mais compatível com as novas exigências do desenvolvimento nacional, de maneira a criar um ambiente propício à geração de emprego e renda.
>
> O FNT pretende, ainda, modernizar as instituições de regulação do trabalho, especialmente a Justiça do Trabalho e o Ministério do Trabalho e Emprego; Estimular o diálogo e o tripartismo e assegurar a justiça social no âmbito das leis trabalhistas, da solução de conflitos e das garantias sindicais;[22]

A concertação social constitui, assim, um método ou procedimento para a adoção de decisões conjuntas ou em colaboração entre o Governo ou poder público e os agentes sociais.

Implica, por conseguinte, um encontro entre poderes públicos e privados que interferem e se limitam mutuamente.[23]

> Os representantes do Governo Federal atuam de maneira ativa e mediadora e a dinâmica do Fórum é pautada pela

(17) KELLER, Wilma. *Neocorporativismo e trabalho:* a experiência brasileira recente. Disponível em: <http://produtos.seade.gov.br/produtos/spp/v09n04/v09n04_11.pdf> Acesso em: 1º jul. 2014, p. 74.

(18) LEHMBRUCH, Gerhard. *Concertation and the Structure of corporatist networks. Apud* GOLDTHORP, J. H. (Org.). *Order and conflict in contemporary capitalism.* Oxford University Press, 1988. Tradução livre.

(19) *Idem.*

(20) OLIVEIRA, Nelson de. *Neocorporativismo e política pública, um estudo das novas configurações assumidas pelo Estado.* São Paulo: Edições Loyola, 2004. p. 242. *Apud* BARROSO, Fábio Túlio. *Neocorporativismo e concertação social.* Análise político-jurídica das atuais relações coletivas de trabalho no Brasil. Recife: Editora Universitária UFPE, 2010. p. 39.

(21) ROMANGNOLI, Umberto. La concertación social em Europa: luces y sombras. *In: Revista de Derecho Social*. Albacete, Ediciones Bormazo, n. 26, p. 11, abr./jun. 2004. *Apud* LIMA FILHO, Francisco das C. *In: Revista do TST*, Brasília, vol. 71, n. 3, set./dez. 2005.

(22) Retirado do *site* do Ministério do Trabalho: <http://portal.mte.gov.br/fnt/> Acesso em: 28 jan. 2014.

(23) MONEREO PÉREZ, José Luis. Concertación y dialogo social. *Lex Nova*, Valladolid, p. 17, 1999. *Apud* LIMA FILHO, Francisco das C. *In: Revista do TST*, Brasília, vol. 71, n. 3, set./dez. 2005.

busca permanente do diálogo e do consenso entre as partes envolvidas na negociação.[24]

É o que Fábio Túlio Barroso chama por negociações coletivas de segunda geração pois dentre o consenso de classes, feito pelos representantes de cúpula, o Estado aparece no centro como interlocutor, mas como a citação acima demonstra, se coloca ativamente como propositor de políticas públicas.

Assim, delimita-se uma nova forma de "harmonização" dos conflitos de classe "(...) além do que ficou estritamente estabelecido com o Direito do Trabalho como disciplina específica".[25]

Os sindicatos de trabalhadores passam a servir de confirmação do *status quo* da forma de organização social, ratificando o modelo de produção econômica e as suas diretrizes de exploração.

A retirada da ideologia emancipatória (desideologização[26]) da pauta do movimento operário e a garantia de reformas conjunturais (em detrimento das estruturais), semeia o terreno para a plantação de políticas voltadas para o desenvolvimento econômico e exploração da mão de obra em benefício do capital.

Cria-se uma ilusão de que há participação efetiva dos interessados nas diretrizes do desenvolvimento econômico, e esses se colocam do lado da exploração capitalista do trabalho.

Na realidade, muito embora haja a letra constitucional no sentido de propagar a liberdade sindical, a intervenção do Poder Público nas entidades sindicais tem manutenção garantida, como comprova a Lei n. 11.648/2008, que inseriu dentro do campo normativo as Centrais Sindicais, conferindo-lhes um percentual de arrecadação no imposto sindical e sujeitando-as à aferição de representatividade pelo Ministério do Trabalho.

A cooperação necessária para o desenvolvimento econômico faz com que os sujeitos antagônicos interajam entre si para o bem do capital, "prevalecendo uma atitude cooperativa em detrimento de outra conflitiva".[27]

Acrescenta ainda Fábio Túlio Barroso que:

(...) observa-se uma mudança na estrutura normativa e a privatização das formas e matérias relacionadas à regulamentação do objeto trabalhista, que coexiste ou mesmo caracteriza um outro fenômeno recente e encontrado na pós-modernidade, como o pós-positivismo.

Potencializa-se com a concertação social o aspecto formal, a autonomia coletiva, como instrumento de criação de normas, elemento maior do objeto econômico e o político, em que existe um elemento de justificação (a manutenção da ordem capitalista).[28]

É uma forma de integrar os agentes sociais para que se tornem confirmadores/agentes do sistema econômico.

Ao fundo, tem-se nas políticas neocorporativas uma efetiva flexibilização das normas trabalhistas e uma participação cada vez menor da participação do Estado nas relações trabalhistas, relegando aos atores sociais a regulamentação de seus interesses.

As novas dinâmicas de contratação e flexibilização das normas protetivas são exemplos das políticas de concertação social, diálogos articulados para o progresso da economia, com reflexos práticos como a contratação por tempo determinado, jornada parcial (*part-time*), arbitragem trabalhista, comissões de conciliação prévia, redução do horário de descanso, dentre outras.[29]

Como bem explicado por Fábio Túlio Barroso, a participação das entidades sindicais, em prol do desenvolvimento econômico "(...) se articulam e se agrupam aos outros atores, que outrora determinavam comportamentos políticos contrários aos interesses ideológicos do movimento operário."[30]

Dessa forma, as políticas neocorporativistas tomam os atores sociais como artífices do consenso articulado, e utilizam o discurso da liberdade e da autonomia para dar legitimidade às decisões conjunturais, enquanto as estruturas são confirmadas nesse antagonismo convergente[31],

(24) Retirado do *site* do Ministério do Trabalho: <http://portal.mte.gov.br/fnt/> Acesso em: 28 jan. 2014.

(25) BARROSO, Fábio Túlio. *Neocorporativismo e concertação social*. Análise político-jurídica das atuais relações coletivas de trabalho no Brasil. Recife: Editora Universitária – UFPE, 2010. p. 43.

(26) *Ibidem*, p. 48.

(27) MONEREO PÉREZ, José Luis. *A concertação y dialogo social*. Valladolid: Editorial Lex Nova, 1999. p. 17. *Apud* BARROSO, Fábio Túlio. *Neocorporativismo e concertação social*. Análise político-jurídica das atuais relações coletivas de trabalho no Brasil. Recife: Editora Universitária – UFPE, 2010. p. 53.

(28) *Ibidem*, p. 54.

(29) BARROSO, Fábio Túlio. *Neocorporativismo e concertação social*. Análise político-jurídica das atuais relações coletivas de trabalho no Brasil. Recife: Editora Universitária – UFPE, 2010. p. 61.

(30) *Ibidem*, p. 62.

(31) OLIVEIRA, Francisco de. Quem canta de novo L'Internationale? *In:* SANTOS, Boaventura de Sousa (Org.). *Trabalhar o Mundo:* os caminhos do novo internacionalismo operário. São Paulo: Civilização Brasileira, 2005.

sendo justificativa para as políticas de ajuste econômico em prol do bem da economia.

7. Algumas considerações

A história dos movimentos operários se reveste de uma constante luta capital-trabalho[32], entretanto, nesta luta dialética e antagônica, as políticas corporativas e neocorporativas servem de apaziguamento dos conflitos de classes.

O lema é "pôr-se de acordo com, a propósito de"[33] e os instrumentos de legitimação dessas políticas utiliza os atores sociais.

Pode-se dizer que existem crises do sindicalismo no Brasil, cujo principal sintoma político-ideológico é, por uma lado, o desenvolvimento do sindicalismo neocorporativista de participação e, por outro lado, a ineficácia estrutural das estratégias sindicais "obreiristas" de confronto (desideologização), intrínsecas ao sindicalismo de classe.

Na realidade, a crise do sindicalismo no Brasil é, na atualidade, o resultado político-ideológico da crise do mundo do trabalho (estruturalmente falando), caracterizado pelas mudanças de todos os motes acontecidas na sociedade do trabalho.

Para terminar, traz-se questionamento pertinente de Ricardo Antunes:

> Como é possível pensar um caminho que recupere os valores socialistas originais, verdadeiramente emancipadores? Que não aceite uma globalização e uma integração imposta pela lógica do capital, integradora de fora para desintegradora para dentro? Como é possível hoje articular valores inspirados num projeto que olha para a sociedade além do capital, mas que tem que dar respostas imediatas para a barbárie que assola o cotidiano do ser que vive do trabalho?

Ao analisar o contexto atual, parece, junto com Giovanni Alves[34] que diante das transformações estruturais na economia e na sociedade capitalista, o Neocorporativismo de Estado, no limiar do século XXI, o sindicalismo no Brasil tenderá cada vez mais a incorporar para si a lógica do capital, ou seja, perder os seus vínculos históricos com o movimento social de contestação à dominação capitalista.

Referências bibliográficas

ALMEIDA, M. H. T. *Pacto Social na Nova República. O mercado de trabalho no Brasil:* estrutura e conjuntura. Brasília: Mtb/IEI – UFRJ, 1987. *Apud* KELLER, Wilma. *Neocorporativismo e trabalho:* a experiência brasileira recente. Disponível em: <http://produtos.seade.gov.br/produtos/spp/v09n04/v09n04_11.pdf> Acesso em: 1º jul. 2014, p. 77.

ANDRADE, Everaldo Gaspar Lopes de. O Direito do Trabalho na filosofia e na Teoria Social Crítica. Os sentidos do trabalho subordinado na cultura e no poder das organizações. *Revista do TST*, Brasília, vol. 78, n. 3, jul./set. 2012.

ANTUNES, Ricardo. *Os sentidos do trabalho.* Ensaios sobre a afirmação e a negação do trabalho. São Paulo: Boitempo, 2011.

BARROSO, Fábio Túlio. *Neocorporativismo e concertação social.* Análise político-jurídica das atuais relações coletivas de trabalho no Brasil. Recife: Editora Universitária – UFPE, 2010.

ENGELS, Friedrich. *A Situação da Classe Trabalhadora na Inglaterra.* Trad. de B. A. Schumann. São Paulo: Boitempo, 2008.

KELLER, Wilma. *Neocorporativismo e trabalho:* a experiência brasileira recente. Disponível em: <http://produtos.seade.gov.br/produtos/spp/v09n04/v09n04_11.pdf> Acesso em: 1º jul. 2014, p. 74.

LEHMBRUCH. Gerhard. *Concertation and the Structure of corporatist networks. Apud* GOLDTHORP, J. H. (Org.). *Order and conflict in contemporary capitalism.* Oxford: Oxford University Press, 1988.

LIRA, Fernanda Barreto. *A greve e os novos movimentos sociais.* Para além da dogmática jurídica e da doutrina da OIT. São Paulo: LTr: 2009.

MARX, Karl. *O Capital.* São Paulo: Boitempo, 2013. Vol. I, Parte III, Capítulo VII, Processo de Trabalho e Processo de Produção de Mais Valia, Seção 2, O Processo de Produção de Mais Valia.

MAZZONI, Giulliano. Relações Coletivas de Trabalho. São Paulo: Revista dos Tribunais, 1972. *Apud SILVA*, Leonardo da; COUTINHO, Sayonara Grillo. *Relações Coletivas de Trabalho.* Configurações Institucionais do Brasil Contemporâneo. São Paulo: LTr, 2008.

MELLO E SILVA, Leonardo.Trabalhadores do Mercosul: uni-vos!. A construção de uma voz colectiva contra-hegemónica: quando o dissenso é "pôr-se de acordo com, a propósito de". Leonardo Mello e Silva. In: SANTOS, Boaventura de Sousa (Org.). *Trabalhar o Mundo:* os caminhos do novo internacionalismo operário. São Paulo: Civilização Brasileira, 2005.

MONEREO PÉRES, José Luis. *A concertación y dialogo social.* Valladolid: Editorial Lex Nova, 1999. p. 17. *Apud* LIMA FILHO, Francisco das C. *Revista do TST*, Brasília, vol. 71, n. 3, set./dez. 2005.

OLIVEIRA, Nelson de. *Neocorporativismo e política pública, um estudo das novas configurações assumidas pelo Estado.* São Paulo: Edições Loyola, 2004. p. 242. *Apud* BARROSO, Fábio Túlio. *Neocorporativismo e concertação social.* Análise político-jurídica das atuais relações coletivas de trabalho no Brasil. Recife: Editora Universitária UFPE, 2010.

(32) Exposto por Marx e Engels no Manifesto do Partido Comunista de 1848.

(33) Trabalhadores do Mercosul: uni-vos!. A construção de uma voz colectiva contra-hegemónica: quando o dissenso é "pôr-se de acordo com, a propósito de". Leonardo Mello e Silva. In: SANTOS, Boaventura de Souza. (Org.). *Trabalhar o Mundo:* os caminhos do novo internacionalismo operário. São Paulo: Civilização Brasileira, 2005.

(34) ALVES, Giovanni. *Do "novo sindicalismo" à "concertação social":* ascensão (e crise) do sindicalismo no Brasil (1978-1998). Curitiba: Ver. Social. Pol., nov. 2000.

OLIVEIRA, Francisco de. Quem canta de novo L'Internationale? In: SANTOS, Boaventura de Sousa (Org.). *Trabalhar o Mundo:* os caminhos do novo internacionalismo operário. São Paulo: Civilização Brasileira, 2005.

OLIVEIRA, Luciano. *Não Fale do Código de Hamurábi!* A pesquisa sócio-jurídica na pós-graduação em Direito. Recife: UFPE – Programa de Pós-Graduação em Direito. Disponível em: <http://www.uniceub.br/media/180293/Texto_IX.pdf> Acesso em: 10 jan. 2014.

PARANHOS. Adalberto de Paula. *O roubo da fala. origens da ideologia do trabalhismo no Brasil.* São Paulo: Boitempo, 1999.

ROMANGNOLI, Umberto. La concertación social em Europa: luces y sombras. In: *Revista de Derecho Social*, Albacet, Ediciones Bormazo, n. 26, p. 11, abr./jun. 2004. *Apud* LIMA FILHO, Francisco das C. *Revista do TST*, Brasília, vol. 71, n. 3, set./dez. 2005.

SCHMITTER. Philippe C. Still the Century of Corporatism? *The Review of Politics*, p. 85-131, 1974. Disponível em: <http://www.bresserpereira.org.br/Terceiros/Cursos/09.Schmitter_C_Philippe_Still_the_Century.pdf> Acesso em: 10 jun. 2014.

SÜSSEKIND, Arnaldo. *Instituições de Direito do Trabalho*. vol. 1. 19. ed. São Paulo: LTr, 1997.

Entrevista com SCHMITTER, Philippe C. Disponível em: <http://www.valor.com.br/arquivo/875241/o-brasil-nao-precisa-mais-do--corporativismo> Acesso em: 1º jul. 2014.

Globalização e Precarização do Trabalho Feminino no Brasil

Camila Vieira Marinho(*)

1. Globalização e flexibilização das normas trabalhistas

Inicialmente cumpre destacar que a Globalização não é entendida, neste estudo, como um processo autônomo, natural, inevitável e aceito sem contestação. Na realidade, a globalização é um fenômeno complexo, resultado de processos históricos que levaram a mudanças no campo da política, da economia, da cultura e da sociedade. Isso significa que a ideia da inevitabilidade da globalização é muito mais uma questão ideológica do que propriamente um determinismo histórico.

A globalização consiste num processo social construído historicamente. Por esse viés, ela é entendida como uma dinâmica multifacetada em diversos âmbitos, tais como na economia, na cultura, na política e na sociedade.

A globalização tem uma vasta gama de conceitos(1), os quais demonstram que a complexidade inerente ao fenômeno globalizante produz a cada dia novas configurações e sistemas na modernidade.

Esse fenômeno hegemonizou a maneira como as pessoas passaram a legitimar o conhecimento, homogeneizou os estilos de vida e consolidou o sistema econômico capitalista.

Isso significa que, em face da diversidade de acepções, não há um conceito definitivo sobre o assunto, mas existem características conceituais que delineiam um cenário comum globalizante, tais como o livre comércio, o Estado mínimo-neoliberal, a ideologia de inevitabilidade do capitalismo e a ideia de que as desigualdades sociais são resultados de processos naturais.

Dentre as características do processo globalizante, a política de estado mínimo e o neoliberalismo ganham sentido robusto, já que justificam a crescente desresponsabilização do Estado. Destacam-se, também, dentre as características da globalização, a consolidação do sistema econômico capitalista, o aprofundamento das desigualdades sociais, a intensificação da criminalidade e o descontentamento social, isto é, a ruptura do Estado de Bem-Estar Social.

Nesse contexto, a ideia de que o capitalismo é o meio mais saudável para o desenvolvimento das sociedades e de que ele é inevitável funciona como uma estratégia política de dominação.(2)

A política de estado mínimo é marcada pelo predomínio do capital financeiro, pela inserção massiva de novas tecnologias e pela adoção do neoliberalismo. Nesse sentido, ocorreram alterações nas relações individuais de trabalho, caracterizada por uma tendência crescente de privatização do Direito. Isso significa que o trabalho duradouro e o pleno emprego foram sendo substituídos

---

(*) Bacharel em Direito pela Universidade Católica de Pernambuco e Bacharela em Ciências Sociais pela Universidade Federal de Pernambuco. Advogada Trabalhista do escritório Azevedo Advocacia. Ex-integrante do Programa Institucional de Bolsas de Iniciação Científica e Tecnológica da Universidade Católica de Pernambuco – UNICAP.

(1) Robertson define a globalização como "o conjunto de processos que conformam um mundo único". Tais processos conformam a interdependência e a integralização das relações econômicas, políticas e culturais entre as sociedades globais. No campo da política, encontra-se uma crescente homogeneização de blocos políticos. No domínio econômico, encontra-se uma economia cada vez mais universalizada, com acordos econômicos regionais e mundiais, com a divisão global do trabalho e com o papel cada vez maior das corporações multinacionais e transnacionais. Na área da cultura depara-se com uma pujante unificação e homogeneização em escala global. ROBERTSON, R. *Globalização:* teoria social e cultura global. 3 ed. Petrópolis: Vozes, 1992. p. 396.

Giddens define a globalização como "a intensificação das relações sociais em escala mundial, que ligam localidades distantes de tal maneira que acontecimentos locais são modelados por eventos ocorridos a muitas milhas de distância, vice-versa." Este é um processo dialético porque tais acontecimentos locais podem se deslocar numa direção anversa às relações muitos distanciadas que os modelam. A transferência local é tanto uma parte da globalização quanto a extensão lateral das conexões sociais através do tempo e do espaço. O foco dessa abordagem é demonstrar que o espaço temporal é fundamental no processo globalizante, de modo que o distanciamento das relações sociais se torna mais alargado como se fosse parte do mesmo processo e há o fortalecimento de pressões para a autonomia local e identidade cultural regional. GIDDENS, A. *As consequências da modernidade*. 5 ed. São Paulo: UNESP, 1991. p. 60.

Segundo Santos, o processo globalizante é um "conjunto de relações sociais, que se traduzem na intensificação das interações transnacionais, sejam elas práticas interestatais, práticas capitalistas globais ou práticas sociais e culturais transnacionais". Esse tipo de acepção tem como foco a política e a cultura no contexto transnacional. SANTOS, B. *A globalização e as ciências sociais.* 2 ed. São Paulo: Cortez, 2002. p. 85.

Therborn conceitua a globalização como tendências para um alcance ou impacto de fenômenos sociais universal, abstendo-se deliberadamente do tipo comum de formulações mais barrocas. Para esse autor, a globalização é entendida em duas dimensões: interação global ou sistema global. A primeira baseia-se no processo de nacionalização e respectiva interação e a segunda foca nos Estados, corporações, organizações e indivíduos em face do processo globalizante. THERBORN, G. Dimensões da globalização e a dinâmica das (des)igualdades. *In:* GENTILI, P. *Globalização excludente:* desigualdade, exclusão e democracia na nova ordem mundial. 2. ed. Petrópolis: Vozes, 2000. p. 64.

(2) BARROSO, Fábio Túlio. *Novo contrato de trabalho por prazo determinado:* flexibilização laboral e internacionalização das relações de trabalho. Curitiba: Juruá, 2004. p. 28.

por um novo modelo de organização em que os valores sociais do trabalho foram suplantados pela supremacia do capital especulativo, da tecnologia da informação e da comunicação.(3)

Sendo assim, a nova ordem econômica, influenciada pelo neoliberalismo, inaugura uma nova ordem jurídica; essa é utilizada como um meio institucional para legitimar os interesses do capital. Isso significa que há uma tendência à privatização do Direito, com a diminuição legal do Estado na promoção das necessidades básicas sociais. Assim, o Direito é afetado pela globalização, servindo como meio institucional para imposição do sistema. O ordenamento jurídico-positivo se ocupa de ser um fator fundamental para a ampliação e transposição das "fronteiras globalizadas" no âmbito de atuação estatal e nas relações transnacionais.(4)

Na seara jurídica laboral brasileira, a política do Estado mínimo perfaz-se pela flexibilização laboral, por meio da qual, com a diminuição do Estado, cria-se um mecanismo legal para modificação de leis trabalhistas rígidas com o objetivo de atender às demandas mercadológicas e empresariais, de adaptar o direito laboral às mudanças econômicas, tecnológicas e sociais e de promover a redução das taxas de desemprego e o aumento dos postos de trabalho.

Não obstante às promessas de desenvolvimento da privatização, não houve aumento do número dos postos de trabalho, mas sim ocorreu a mitigação da dignidade humana do trabalhador, a mercantilização da força de trabalho para atender aos dados de funcionalidade do capital e o aumento das diferenças sociais existentes.

Os resultados da privatização do direito foram a subcontratação do obreiro, os contratos *part-time*, a terceirização, os contratos por prazo determinado, além do desemprego estrutural.

Destaca-se que a privatização do direito atingiu sobremaneira as mulheres. Isso aconteceu porque, além delas ocuparem massivamente trabalhos precários e informais, não tinham uma legislação que lhes resguardasse labor compatível com sua condição orgânica e fisiológica, sobretudo no tocante às grávidas.

Nesse contexto, depreende-se que as mulheres não estiveram inteiramente alijadas da esfera de trabalho. Na realidade, foi durante o desenvolvimento da industrialização, na segunda fase da globalização, que as trabalhadoras foram inseridas na produção de larga escala. Contudo, nessa época, a desvalorização do labor feminino era latente. Isso se traduzia concretamente em baixas remunerações e em atividades menos qualificadas em relação aos homens, para a execução do mesmo tipo de tarefa.

Por esse viés, as obreiras estavam sujeitas ao assédio sexual, à exploração e à violência empreendida pelos empregadores. Inclusive, quando grávidas, elas eram obrigadas a trabalhar até a última semana de gestação, retornando à fábrica três semanas ou menos após o parto, com receio de perder seus postos de trabalho.

Em face desse cenário globalizante, no Brasil, as relações individuais de trabalho sofreram grandes transformações até os dias atuais, sobretudo no tocante às relações de gênero. Isso porque foi nesse novo cenário, a partir dos anos 1970, que houve a intensificação da incorporação da mulher na força de trabalho brasileira. Isso propiciou, desde então, mudanças no perfil das mulheres ativas no mercado de trabalho e no perfil da sociedade brasileira.

Em suma, o fenômeno da flexibilização resultou na perda da qualidade dos empregos e principalmente na acentuação da precarização laboral, sobretudo no âmbito laboral feminino, já que elas ocuparam massivamente empregos informais e precários.

Destaca-se que a flexibilização atinge a todos os trabalhadores indistintamente, mas existem fatores de gênero, como a divisão sexual do trabalho e o patriarcado, que incidem com maior peso na vida das mulheres no contexto de flexibilização, tornando-as ainda mais vulneráveis com relação ao trabalho.

2. A globalização e o trabalho feminino

O ingresso das mulheres no mercado brasileiro iniciou-se a partir da década de 40. Mas foi a partir dos anos 70, com o advento da globalização, que houve o ingresso massivo das mulheres no mercado de trabalho brasileiro.

Esse fenômeno foi resultado da confluência de fatores econômicos e culturais, tais como: o avanço da industrialização que transformou a estrutura produtiva, o desenvolvimento dos processos de globalização, a continuidade do processo de urbanização e a diminuição das taxas de fecundidade que proporcionou um aumento da possibilidade das mulheres encontrarem trabalho. Ocorreram também transformações culturais relativas ao papel social da mulher, moldando uma identidade feminina mais voltada para o trabalho.

As mudanças sociais impulsionaram as mulheres para as universidades, bem como estimularam racionalização

(3) GUERRA, R. *O princípio protetor no contexto da flexibilização do mercado de trabalho:* uma visão prospectiva. Recife: FASA, 2013. p. 127.

(4) BARROSO, Fábio Túlio. *Direito flexível do trabalho:* abordagens críticas. Recife: Editora Universitária – UFPE, 2009. p. 31.

de algumas profissões, antes consideradas masculinas, abrindo novas possibilidades para as mulheres se formaram nessas carreiras.

Ocorreram também transformações demográficas desencadeadas pela queda da taxa de fecundidade, pelo envelhecimento da população com maior expectativa para as mulheres, bem como pelo crescimento de arranjos familiares chefiados por mulheres.

As mudanças sociais impulsionaram as mulheres para as universidades, bem como estimularam racionalização de algumas profissões, antes consideradas masculinas, abrindo novas possibilidades para as mulheres se formaram nessas carreiras.

A questão é que apesar da inserção das mulheres no mercado de trabalho impulsionada pelos processos de globalização, ainda persistem inúmeras condições desfavoráveis, traços de segregação que concentram as mulheres em guetos ocupacionais tradicionalmente femininos.

De acordo com os dados do IBGE, pode-se perceber que, apesar de não ser tão latente nos dias atuais, a segregação ocupacional ainda é perceptível: na construção civil, 97,2 % dos empregados são homens e apenas 2,8% são mulheres, no serviço doméstico 7% são homens e 93% são mulheres.[5]

Nesse compasso, os dados demonstram que a presença masculina ainda é predominante nos trabalhos produtivos, quais sejam indústria e construção civil. Em contraposição, as mulheres marcam presença majoritária nos setores de cuidado, de serviço doméstico, de educação, de saúde e de serviços sociais coletivos.

Além disso, de acordo com os dados do Relatório Nacional de Acompanhamento dos Objetivos do Milênio de 2008, da população ocupada com 15 anos ou mais, em ocupações consideradas precárias, dividia-se da seguinte forma quanto ao sexo: 42,1% das mulheres encontravam-se nessa situação, ao passo que no caso dos homens esse total era do 26,2%.[6]

Persistem também diferenças salariais em relação aos homens que ocupam a mesma função e a responsabilidade das mulheres pelos afazeres domésticos e cuidados com os filhos.

Com efeito, em 2009, o total de mulheres ocupadas recebia cerca de 70,9% do rendimento médio dos homens ocupados, sendo que, no mercado formal, essa razão alcançava 74,6%. No mercado informal, a distância entre o rendimento de homens e mulheres é ainda maior: as mulheres no mercado informal recebem somente 63,2% do rendimento dos homens. (Síntese de Indicadores Sociais, IBGE, 2009). Segundo dados da RAIS (Relação Anual de Informações Sociais), divulgados pelo Ministério do Trabalho e Emprego, o salário médio dos trabalhadores era de R$ 1.828,71, em 2009, e passou para R$ 1.876,58 em 2010. Já o salário médio das trabalhadoras foi de R$1.514,99, em 2009, para R$1.553,44 em 2010. A pesquisa também mostrou que a média nacional de remuneração dos homens com ensino superior completo ficou em R$ 5.416,66, em 2010, enquanto que a das mulheres não passou de R$ 3.207, 28 no mesmo ano. Quando se cruzam as questões de gênero e raça, tem-se que as trabalhadoras negras são as que apresentam as posições mais precárias no mercado de trabalho, o que se reflete em sua renda.[7]

Esse cenário desenhado demonstra que há uma continuidade de modelos familiares, as mulheres continuam vulneráveis pelo paradigma do patriarcado e da divisão sexual do trabalho que dá primazia à figura masculina.

Para explicar melhor a relação entre o trabalho feminino e a globalização, faz-se necessário pontuar os conceitos de divisão sexual do trabalho e patriarcado.

A divisão sexual do trabalho[8] é definida como um empreendimento ideológico de dominação masculina

(5) PRESIDÊNCIA DA REPÚBLICA. Secretaria Especial de Políticas Públicas para as Mulheres. *Relatório Anual Revista Observatório Brasil da Igualdade de Gênero 2010/2011*. Eixos Indicadores e Políticas Públicas. Brasília: Secretaria de Políticas para as Mulheres, 2011. p. 19.

(6) *Ibidem*, p. 22.

(7) *Idem*.

(8) Helena Hirata entende que a divisão sexual do trabalho é o que está fundamentalmente em jogo nas relações sociais de sexo, que são relações desiguais, hierarquizadas, assimétricas. HIRATA, Helena. *Mundialização, Divisão Sexual do Trabalho e Movimentos Feministas Transnacionais*. Texto apresentado na XI Conferência Regional sobre La Mujer de America Latina y del Caribe. Brasília: CEPAL, jul. 2010, p. 3.

Para Danièle Kergoat, a divisão sexual do trabalho tem por característica a designação prioritária dos homens à esfera produtiva e das mulheres à esfera reprodutiva, como também, simultaneamente, a captação pelos homens das funções com forte valor social agregado (políticos, religiosos, militares etc.). Esta forma de divisão social tem dois princípios organizadores: o princípio da separação (há trabalho de homens e trabalho de mulheres) e o princípio hierárquico (um trabalho de homens "vale" mais que um trabalho de mulheres). KERGOAT, Danièle. Em defesa de uma sociologia das relações sociais. Da análise crítica das categorias dominantes de uma nova conceituação. *In:* KARTCHEVSKY-BULPORT, Andrée *et al. O sexo do trabalho*. Rio de janeiro: Paz e Terra, 1986. p. 80.

Maria Betânia Ávila pontua que quando a nova ordem capitalista instaurou a separação do espaço tempo entre trabalho produtivo e trabalho reprodutivo, produziu um princípio de separação entre "trabalho de homens" e "trabalho de mulheres", com uma conotação hierárquica que estrutura a divisão sexual

sobre as mulheres de modo que, em consonância com o princípio da separação, promove a cisão do trabalho, relacionando o trabalho dos homens à atividade produtiva e o trabalho das mulheres à esfera reprodutiva e atribuindo a elas a responsabilidade pelos afazeres domésticos, bem como hierarquizando o trabalho dos homens como sendo o dotado de maior valor.

Trata-se de um discurso falacioso com o condão de justificar a dominação masculina pela ordem natural das coisas. Entretanto, historicamente, as mulheres sempre estiveram presentes no cenário laboral na esfera da produção. Assim, a divisão sexual do trabalho não deve ser embasada em uma explicação biológica centrada no corpo, mas, sim, ela é uma construção social de dominação.

A divisão sexual do trabalho é um conceito das relações sociais presente na sociedade brasileira como uma forma de dominação atrelada ao sistema social do patriarcado(9). O patriarcado é definido com propriedade por Walby(10) como um sistema de estruturas e práticas sociais no qual os homens dominam, oprimem e exploram as mulheres. A estrutura das relações patriarcais antecede a nova ordem capitalista e é reorganizada no interior do novo modo de produção, o qual mantém a hegemonia do poder masculino na vida social.

No que concerne à dominação patriarcal, Saffioti(11) afirma que o patriarcado não é a ausência total de poder para as mulheres, isto é, a dominação dos homens não é uma totalidade fechada, fixada em uma única forma, é uma relação de conflito, que nesse contexto está incrustada no processo da sociedade capitalista.

Hodiernamente, mesmo com a instituição do capitalismo, o sistema e as relações sociais de opressão das mulheres não foram plenamente superados. Na realidade, eles continuam pujantes e são reestruturados para atender as novas demandas do capital. O postulado de sustentação da dominação é o imbricamento dual entre o Patriarcado e o Capitalismo que norteia, ressignifica e dimensiona uma nova/velha divisão sexual do trabalho para atender aos dados de funcionalidade do sistema capitalista. À nova divisão sexual do trabalho se soma o capitalismo e ganha novos contorno de dominação. As velhas formas de dominação, por sua vez, não são superadas, pelo contrário, são ressignificadas pelo capital.

Assim, a inserção crescente das mulheres no mercado de trabalho brasileiro desenha um novo perfil feminino centrado no trabalho, mas que guarda interdependência entre a vida familiar. Essa situação é respaldada pelo paradigma da "naturalidade" da divisão sexual do trabalho que impõe às mulheres a responsabilidade pelo espaço doméstico e função reprodutiva.

Dessa forma, embora tenha ocorrido o aumento da participação feminina no mercado de trabalho e embora as mulheres tenham conquistado espaço em quase todas as áreas profissionais, incluindo postos de chefia, isso não proporcionou maior distribuição das tarefas domésticas entre homens e mulheres, nem tampouco gerou ruptura total na estrutura patriarcal da família.

Isso demonstra que o sistema capitalista necessita do tempo de trabalho das mulheres na esfera reprodutiva, o que é imprescindível para o seu processo de valorização, uma vez que seria impossível para o capital realizar seu ciclo produtivo sem o trabalho feminino realizado na esfera reprodutiva.(12)

Em suma, depreende-se que as mulheres sempre estiveram presentes no mundo do trabalho, porém sem visibilidade. Com o advento da globalização, as mulheres são convocadas ao mercado de trabalho, possibilitando

do trabalho. A divisão sexual do trabalho está associada de maneira inextricável a outra configuração que se expressa em termos de relações que associam homem/produção/esfera pública e mulher/reprodução/espaço privado, conferindo a essas associações dentro do mesmo princípio hierárquico, uma qualificação da primeira como sendo da ordem da cultura e da segunda como sendo da ordem da natureza. Como bem afirma Kergoat (2004), "a divisão sexual do trabalho é uma forma de divisão do trabalho social que decorre das relações sociais de sexo; esta é modulada historicamente e societalmente". ÁVILA, Maria Betânia. Divisão sexual do trabalho. *In:* ÁVILA, Maria Betânia (Org.). *Divisão sexual do trabalho e trabalho doméstico*. Recife: SOS CORPO — Instituto Feminista para a Democracia, 2009. p. 25.

(9) Segundo Saffioti, o patriarcado é um sistema de dominação anterior ao capitalismo que se refere a uma hierarquia entre homens e mulheres, com primazia masculina. Para Delphy, o termo patriarcado consiste no "poder dos homens". Hartman o define como um sistema de opressão masculina das mulheres. SAFFIOTI, Heleieth I. B. *Emprego dométíco e capitalismo*. Rio de Janeiro: Avenida Editora, 1979. p. 50. *Apud* ÁVILA, Maria Betânia. Divisão sexual do trabalho. *In:* ÁVILA, Maria Betânia (Org.). *Divisão sexual do trabalho e trabalho doméstico*. Recife: SOS CORPO — Instituto Feminista para a Democracia, 2009. p. 11.

(10) WALBY, Sylvia. *Theorizing Patriarchy*. Oxford: Blacwell, 1997. p. 45. *Apud* ÁVILA, Maria Betânia. Divisão sexual do trabalho. *In:* ÁVILA, Maria Betânia (Org.). *Divisão sexual do trabalho e trabalho doméstico*. Recife: SOS CORPO — Instituto Feminista para a Democracia, 2009. p. 10.

(11) SAFFIOTI, Heleieth I. B. *Emprego dométíco e capitalismo*. Rio de Janeiro: Avenida Editora, 1979. p. 51. *Apud* ÁVILA, Maria Betânia. Divisão sexual do trabalho. *In:* ÁVILA, Maria Betânia (Org.). *Divisão sexual do trabalho e trabalho doméstico*. Recife: SOS CORPO — Instituto Feminista para a Democracia, 2009. p. 13.

(12) NOGUEIRA, Cláudia Mazzei. *A feminização no mundo do trabalho:* entre a emancipação e a precarização. Campinas: Autores Associados, 2004. p. 3.

emancipação econômica, na medida em que se tornam assalariadas, e emancipação sociopolítica, ampliando a possibilidade de luta contra o *modus operandi* da dominação patriarcal, já que se tornam parte integrante do corpo da classe trabalhadora.

Nesse compasso, o fenômeno da feminização do mundo do trabalho é por certo positivo, uma vez que possibilita a emancipação das mulheres, mas é também paradoxal, já que há uma intensa precarização social e um maior grau de exploração do trabalho feminino, com ocupação crescente de espaço onde a precarização é mais acentuada ou com diferenças salariais.

Dessa forma, o trabalho da mulher é marcado pela contradição: de um lado, é positivo, na medida em que propicia a emancipação decorrente do crescente ingresso das mulheres no mundo do trabalho, mas, por outro lado, é negativo, em virtude da informalidade e da precarização dos empregos femininos. Assim o fenômeno em tela as propicia uma emancipação restrita e parcial.

Sendo assim, a feminização do trabalho expressa contradição. Isso é perceptível, inclusive, na esfera jurídico-laboral, já que o espectro jurídico caminha para a igualdade de direitos entre homens e mulheres, mas, no âmbito factível, a igualdade de salário e tratamento não existe plenamente.

A consequência do imbricamento dual entre o Patriarcado e o Capitalismo é acentuação da precarização do trabalho feminino.

3. Da proteção à precarização do trabalho feminino

No que tange à disciplina jurídico-laboral feminina, de início, cumpre destacar que muitos foram os avanços obtidos em favor das mulheres tanto no plano internacional, como no âmbito nacional. A legislação protecionista internacional impulsionou as mudanças internas, na medida em que influenciou o movimento feminista a exigir implementação dos avanços no ordenamento jurídico interno.

Na experiência brasileira, a Constituição Federal de 1988, enquanto marco jurídico da transição democrática e da institucionalização dos direitos humanos no país, incorporou a maioria significativa das reivindicações formuladas pelas mulheres.(13)

O êxito do movimento de mulheres, no tocante aos avanços constitucionais, pode ser claramente evidenciado pelos dispositivos constitucionais que, dentre outros, asseguram: a) a igualdade entre homens e mulheres em geral (art. 5º, I) e especificamente no âmbito da família (art. 226, § 5º), b) a proibição da discriminação no mercado de trabalho, por motivo de sexo ou estado civil (art. 7º, XXX, regulado pela Lei n. 9.029, de 13 de abril de 1995, que proíbe a exigência de atestado de gravidez e a esterilização e outras práticas discriminatórias para efeitos admissionais ou de permanência da relação jurídica de trabalho); c) a proteção especial da mulher no mercado de trabalho, mediante incentivos específicos (art. 7º, XX, regulamentado pela Lei n. 9.779, de 26 de maio de 1999, que insere na Consolidação das Leis do Trabalho regras sobre o acesso da mulher ao mercado de trabalho); d) o planejamento familiar como uma livre decisão do casal, devendo o Estado propiciar recursos educacionais e científicos para o exercício desse direito (art. 226, § 7º, regulamentado pela Lei n. 9.263, de 12 de janeiro de 1996, que trata do planejamento familiar no âmbito do atendimento global e integral à saúde); e e) o dever do Estado de coibir a violência no âmbito das relações familiares (art. 226, § 8º). Além destes avanços, merece ainda destaque a Lei n. 9.504, de 30 de setembro de 1997, que estabelece normas para as eleições, dispondo que cada partido ou coligação deverá reservar o mínio de 30% e o máximo de 70% para candidaturas de casa sexo.(14)

Adicione-se, também, a Lei Maria da Penha, de n. 11.340, de 07 de agosto de 2006, que estabeleceu, no seu art. 9º, § 2º, II a estabilidade provisória por até 6 meses às mulheres em situação de violência doméstica ou familiar, quando necessário seu afastamento para preservar-lhes a integridade física e psicológica, bem como a Lei n. 10.224, de 15 de maio de 2001, que ineditamente dispõe sobre o crime de assédio sexual. Ressalte-se, também, a Lei n. 11.770/08, que dispõe sobre a possibilidade de ampliação do prazo da licença-maternidade por mais 60 dias, tanto para as mães biológicas e adotivas como para as que obtiverem guarda judicial, e a Lei n. 12.812, de 16 de maio de 2013, que acrescentou o art. 391-A a CLT, garantindo a estabilidade provisória à empregada gestante, ainda que a confirmação do estado gravídico ocorra durante o aviso prévio, configurando-se um importante instrumento de proteção materna.

A mais recente conquista normativa foi a aprovação da PEC n. 72/2013, que garante aos trabalhadores domésticos

(13) PIOVESAN, F. Direitos Humanos das Mulheres no Brasil: desafios e perspectivas. *In:* PENIDO, L., *et al* (Orgs.). *A igualdade dos gêneros nas relações de trabalho.* Brasília: Escola Superior do Ministério Público da União, 2006. p. 209-210.

(14) *Ibidem*, p. 210.

a equiparação de direitos já assegurados aos demais. A implementação em tela beneficiou, especialmente, as mulheres, tendo em vista que a medida afetou mais de 7 milhões de domésticos, sendo que 93 % desse contingente são mulheres.

Não obstante os significativos avanços obtidos na esfera constitucional e internacional, reforçados, por vezes, mediante legislação infraconstitucional esparsa, que refletem, cada qual ao seu modo, as reivindicações e anseios contemporâneos das mulheres, ainda persistem na cultura brasileira uma ótica sexista e discriminatória com relação às mulheres, que as impedem de exercer, com plena autonomia e dignidade, seus direitos mais fundamentais.[(15)]

Nesse sentido, apesar dos avanços internacionais incorporados no âmbito da legislação pátria, não houve automática mudança na esfera cultural.

No Brasil, a Carta Magna de 88 consagra o princípio da igualdade no emprego entre homens e mulheres, nos seguintes termos do art. 5º:

> "I – homens e mulheres são iguais em direitos e obrigações, nos termos desta Constituição."
>
> "XIII – é livre o exercício de qualquer trabalho, ofício ou profissão, atendidas as qualificações profissionais que a lei estabelecer."

Os preceitos citados refletem uma matriz igualitária relativa ao trabalho feminino e masculino. No mesmo sentido, o art. 7º, XXX, da Constituição Federal declara:

> "proibição de diferença de salários, de exercícios de funções e de critérios de admissão por motivo de sexo, idade, cor ou estado civil."

Na seara infraconstitucional, a CLT dispõe no art. 461:

> "sendo idêntica a função de igual valor, prestado ao mesmo empregador, na mesma localidade, corresponderá igual salário, sem distinção de sexo, nacionalidade ou idade."

Ao analisar a norma constitucional e infraconstitucional, depreende-se que os postulados jurídicos proíbem qualquer discriminação em razão do sexo do trabalhador, em observância ao princípio da isonomia salarial.

Não obstante existir uma farta legislação protecionista no tocante à isonomia salarial entre homens e mulheres, o tecido social brasileiro está longe de alcançá-la.

Com efeito, em 2009, o total de mulheres ocupadas recebia cerca de 70,9% do rendimento médio dos homens ocupados, sendo que, no mercado formal, essa razão alcançava 74,6%. No mercado informal, a distância entre o rendimento de homens e mulheres é ainda maior: as mulheres, no mercado informal, recebem somente 63,2% do rendimento dos homens. (Síntese de Indicadores Sociais, IBGE, 2009). Segundo dados da RAIS (Relação Anual de Informações Sociais), divulgados pelo Ministério do Trabalho e Emprego, o salário médio dos trabalhadores era de R$ 1.828,71, em 2009, e passou para R$ 1.876,58 em 2010. Já o salário médio das trabalhadoras foi de R$1.514,99, em 2009, para R$1.553,44 em 2010. A pesquisa também mostrou que a média nacional de remuneração dos homens com ensino superior completo ficou em R$ 5.416,66, em 2010, enquanto que a das mulheres não passou de R$ 3.207, 28 no mesmo ano. Quando se cruzam as questões de gênero e raça, tem-se que as trabalhadoras negras são as que apresentam as posições mais precárias no mercado de trabalho, o que se reflete em sua renda.[(16)] (*Vide* tabela na próxima página)

No que tange à seara ocupacional, de acordo com os dados do IBGE, pode-se perceber que ela é baseada nos critério de gênero: na construção civil, 97,2 % dos empregados são homens e apenas 2,8% são mulheres, no serviço doméstico 7% são homens e 93% são mulheres. O gráfico 1 a seguir demonstra essas disparidades[(17)]. (*Vide* gráfico na próxima página)

Os dados demonstram que a presença masculina ainda é predominante nos trabalhos produtivos, quais sejam indústria e construção civil. Em contraposição, as mulheres marcam presença majoritária nos setores de cuidado, de serviço doméstico, de educação, de saúde e de serviços sociais coletivos.

Isso significa, apesar da racionalização pela qual passaram algumas profissões, a exemplo da medicina, advocacia, engenharia, magistratura e arquitetura, abrindo novas possibilidades para as mulheres se formarem nessas carreiras, ainda persistem traços de segregação na esfera ocupacional que concentram as trabalhadoras em áreas tradicionalmente femininas.

No que diz respeito ao trabalho informal, as mulheres ocupam também as funções mais precárias, a exemplo do trabalho doméstico com ou sem carteira assinada.

(15) PIOVESAN, F. Direitos Humanos das Mulheres no Brasil: Desafios e Perspectivas. *In:* PENIDO, L. *et al* (Org.). *A igualdade dos gêneros nas relações de trabalho*. Brasília: Escola Superior do Ministério Público da União, 2006. p. 211.

(16) PRESIDÊNCIA DA REPÚBLICA. Secretaria Especial de Políticas Públicas para as Mulheres. *Relatório Anual Revista Observatório Brasil da Igualdade de Gênero 2010/2011*. Eixos Indicadores e Políticas Públicas. Brasília: Secretaria de Políticas para as Mulheres, 2011. p. 22.

(17) *Ibidem*, p. 19.

Tabela 1: Relação entre rendimentos/hora da população ocupada, por sexo/raça, segundo classe de anos de estudo – 2008.

Razões por sexo e cor/raça	Total	Até 4 anos	De 5 a 8 anos	De 9 a 11 anos	12 Anos ou mais
Proporção do rendimento-hora das mulheres em relação ao dos homens	84,1	83,4	72,3	70,6	65,4
Proporção do rendimento-hora dos pretos e pardos em relação ao dos brancos	56,7	72,8	72,9	77,4	68,4
Proporção do rendimento-hora das mulheres brancas em relação ao homens brancos	78,9	78,9	67,2	68,5	64,1
Proporção do rendimento-hora das mulheres pretas e pardas em relação ao homens pretos e pardos	88,8	86,7	78,0	73,8	70,7
Proporção do rendimento-hora dos homens pretos e pardos em relação ao homens brancos	53,9	70,8	69,8	75,4	66,2
Proporção do rendimento-hora das mulheres pretas e pardas em relação às mulheres brancas	60,7	77,8	80,9	81,2	73,0
Proporção do rendimento-hora das mulheres pretas e pardas em relação aos homens brancos	47,9	61,3	54,4	55,6	46,8

Fonte: IBGE, Pesquisa Nacional por Amostra de Domicílios, 2008.

Gráfico 1[18]

(18) PRESIDÊNCIA DA REPÚBLICA. Secretaria Especial de Políticas Públicas para as Mulheres. Relatório Anual Revista Observatório Brasil da Igualdade de Gênero 2010/2011. Eixos Indicadores e Políticas Públicas. Brasília: Secretaria de Políticas para as Mulheres, 2011. p. 19.

De acordo com os dados do Relatório Nacional de Acompanhamento dos Objetivos do Milênio de 2008, da população ocupada com 15 anos ou mais, em ocupações consideradas precárias, dividia-se da seguinte forma quanto ao sexo: 42,1% das mulheres encontravam-se nessa situação, ao passo que no caso dos homens esse total era do 26,2%.[19]

Essa baixa participação feminina no mercado de trabalho reforça a também diminuta presença de mulheres em postos de poder e decisão, seja no âmbito da iniciativa privada ou da esfera pública. Segundo dados da PNAD 2009 (IBGE), os homens estão mais bem representados na ocupação de empregadores/as (73,7% de homens e 26,3% de mulheres), o que indica a sub-representação de mulheres nos postos de poder e decisão. Isso conduz à subutilização das diferentes capacidades de trabalho das mulheres, além de reforçar a reprodução dos estereótipos de gênero. Segundo dados do IBGE, em 2007, apenas 4,3% das mulheres ocupadas estavam em posição de dirigentes, enquanto que entre os homens esse percentual era de 5,5%.[20]

E mais, apesar de todas as mudanças desencadeadas pela crescente inserção feminina no mercado de trabalho, as mulheres permanecem como as principais responsáveis pelas atividades domésticas e cuidados com os filhos e demais familiares, é o que se intitula de trabalho não remunerado.

Em contraponto a essa realidade, a maioria dos homens permanecem com participação diminuta no que tange aos afazeres domésticos e cuidados com os filhos.

A diferença de tempo dispensada pelos homens, cotidianamente, com as tarefas domésticas em relação às mulheres, é expressiva. Segundo dados de 2009 do IBGE, os homens gastam, em média, 10,5 horas semanais realizando afazeres domésticos, ao passo que as mulheres dispensam 26,6 horas semanais.

O acúmulo do trabalho não remunerado acarreta em sobrecarga para as trabalhadoras que também realizam atividades econômicas, contribuindo para dificultar o ingresso das mulheres no mercado de trabalho, já que há um excesso de responsabilidades atribuídas a elas.

Acrescenta-se que, na esfera doméstica, o envolvimento masculino é feito de maneira seletiva, descontínua e residual, realizando tarefas de conserto e manutenção. Ademais a dedicação feminina ao trabalho não remunerado independe da sua condição ocupada no mercado de trabalho. Embora seja notório que quanto mais tempo elas se dedica ao trabalho ou aos estudos, menos tempo dedicam-se ao labor doméstico.

É importante destacar que a escolarização é uma variável relevante na dedicação das mulheres quanto ao trabalho não remunerado. Dados indicam que as obreiras com 12 anos ou mais de estudos dedicam 8,3 horas a menos ao trabalho não remunerado do que as mulheres com 8 anos de estudo.

O cenário delineado demonstra que, quanto maior a escolaridade da mulher, mais condições econômicas ela terá para delegar a execução do trabalho para outras mulheres.

Esse tipo de delegação desvaloriza o trabalho remunerado doméstico, exercido por mulheres pobres, especialmente negras e ocupantes de cargos no setor informal da economia e sem carteira assinada, levando a um alto contingente de mulheres em situações precárias de trabalho.

Em face do exposto, percebe-se que as diferenças salariais, a segregação ocupacional, o acúmulo dos trabalhos remunerado e não remunerado delineiam o quadro precarizado sob os quais as mulheres vivenciam. Essa realidade contribui para a perpetuação da violência no âmbito laboral, manifestada pelo assédio moral e sexual, bem como reforça a sobrecarga de trabalho da mulher e à falta de tempo para o lazer e para os cuidados consigo mesma e com a família.

Além disso, as desigualdades salariais, a fragilidade dos vínculos empregatícios e a invisibilidade do trabalho das mulheres estimulam a interrupção das carreiras profissionais, o que também redunda na subutilização das diferentes capacidades de trabalho das mulheres, novamente reforçando a reprodução dos estereótipos de gênero.[21]

Sendo assim, nota-se que as condições de desigualdades perante os homens refletem também na concentração da responsabilidade feminina pelo trabalho não remunerado.

4. Considerações finais

À guisa de conclusões, pode-se inferir que globalização, enquanto fenômeno de escala global, inaugura uma nova ordem econômica e jurídica que tem por alicerce a política de estado mínimo e neoliberal. Essa nova faceta reverbera-se na tendência à privatização do direito.

A política do Estado mínimo na seara jurídica laboral perfaz-se pela flexibilização das normas de matéria laboral.

(19) PRESIDÊNCIA DA REPÚBLICA. Secretaria Especial de Políticas Públicas para as Mulheres. Relatório Anual *Revista Observatório Brasil da Igualdade de Gênero 2010/2011*. Eixos Indicadores e Políticas Públicas. Brasília: Secretaria de Políticas para as Mulheres, 2011. p. 22.

(20) *Idem*.

(21) *Ibidem*, p. 24.

Esse fenômeno resultou na perda da qualidade dos empregos e principalmente na acentuação da precarização laboral, sobretudo no âmbito laboral feminino.

Observa-se que a flexibilização atinge a todos os trabalhadores indistintamente. Mas existem fatores de gênero, como a divisão sexual do trabalho e o patriarcado, que incidem com maior peso na vida das mulheres no contexto de flexibilização, tornando-as ainda mais vulneráveis com relação ao trabalho.

O cenário desenhado no presente trabalho demonstrou que há uma continuidade de modelos familiares, de maneira que as mulheres continuam vulneráveis pelo paradigma do patriarcado e da divisão sexual do trabalho que dá primazia à figura masculina.

Ao lançar mão da legislação laboral, é perceptível que o espectro jurídico caminha para a igualdade de direitos entre homens e mulheres, mas no âmbito factível a igualdade de salário e tratamento não existe plenamente.

Desde logo se vê que, apesar da inserção das mulheres no mercado de trabalho impulsionada pelos processos de globalização, ainda persistem inúmeras condições desfavoráveis, traços de segregação que concentram as mulheres em guetos ocupacionais tradicionalmente femininos, persistem também diferenças salariais em relação aos homens que ocupam a mesma função e a responsabilidade das mulheres pelos afazeres domésticos e cuidados com os filhos.

Nessa esteira, depreende-se que existem fatores de gênero (divisão sexual do trabalho e patriarcado) que incidem com maior peso na vida das mulheres no contexto da flexibilização que as tornam ainda mais vulneráveis com relação ao trabalho, é o que se chamou de *dupla vulnerabilidade*.

Uma das possíveis consequências da dupla vulnerabilidade é sobrecarga das mulheres propiciada pelo acúmulo dos trabalhos remunerado e não remunerado, que lhes reduz substancialmente o tempo de lazer e de cuidado consigo mesma e com a família. Nesse sentido, muitas mulheres acabam por interromper as carreiras profissionais, o que também lhes redunda na subutilização das diferentes capacidades do trabalho feminino.

Outra consequência da dupla vulnerabilidade é o quadro precarizado sob os quais as mulheres vivenciam, o que pode ser visto, por exemplo, nas diferenças salariais entre homens e mulheres que ocupam as mesmas funções e na segregação ocupacional que concentra boa parte das mulheres em áreas de reduto feminino,

Desse modo, conclui-se que a flexibilização vai se somar ao contexto sócio-histórico da divisão sexual do trabalho e ao patriarcado, para colocar as mulheres em uma situação de ainda mais fragilidade.

5. Referências bibliográficas

ÁVILA, Maria Betânia. Divisão sexual do trabalho. *In:* ÁVILA, Maria Betânia (Org.). *Divisão sexual do trabalho e trabalho doméstico.* Recife: SOS CORPO — Instituto Feminista para a Democracia, 2009.

BARROSO, Fábio Túlio. *Direito flexível do trabalho:* abordagens críticas. 2. ed. Recife: Editora Universitária da UFPE, 2009.

________. *Novo contrato de trabalho por prazo de terminado:* flexibilização laboral e internacionalização das relações de trabalho. Curitiba: Juruá, 2004.

GIDDENS, Antonny. *As consequências da modernidade.* 5. ed. São Paulo: UNESP, 1991.

GUERRA, Rogéria Glays. *O princípio protetor no contexto da flexibilização do mercado de trabalho:* uma visão prospectiva. Recife: FASA, 2013.

HIRATA, Helena. *Mundialização, Divisão Sexual do Trabalho e Movimentos Feministas Transnacionais.* Texto apresentado na XI Conferência Regional sobre La Mujer de America Latina y del Caribe. Brasília: CEPAL, jul. 2010.

KERGOAT, Danièle. Em defesa de uma sociologia das relações sociais. Da análise crítica das categorias dominantes de uma nova conceituação. *In:* KARTCHEVSKY-BULPORT, Andrée *et al. O sexo do trabalho.* Rio de janeiro: Paz e Terra, 1986.

NOGUEIRA, *Cláudia Mazzei. A feminização no mundo do trabalho:* entre a emancipação e a precarização. Campinas: Autores Associados, 2004.

PIOVESAN, Flávia. Direitos Humanos das Mulheres no Brasil: Desafios e Perspectivas. *In:* PENIDO, L. *et al* ________ (Orgs.). *A igualdade dos gêneros nas relações de trabalho.* Brasília: Escola Superior do Ministério Público da União, 2006.

PRESIDÊNCIA DA REPÚBLICA. Secretaria Especial de Políticas Públicas para as Mulheres. *Relatório Anual Revista Observatório Brasil da Igualdade de Gênero 2010/2011.* Eixos Indicadores e Políticas Públicas. Brasília: Secretaria de Políticas para as Mulheres, 2011.

ROBERTSON, R. *Globalização:* teoria social e cultura global. 3. ed. Petrópolis: Vozes, 1992.

SAFFIOTI, Heleieth I. B. *Emprego domético e capitalismo.* Rio de Janeiro: Avenida Editora, 1979. p. 50. *Apud* ÁVILA, Maria Betânia. Divisão sexual do trabalho. *In:* ÁVILA, Maria Betânia (Org.). *Divisão sexual do trabalho e trabalho doméstico.* Recife: SOS CORPO — Instituto Feminista para a Democracia, 2009.

SANTOS, Boaventura Sousa. *A globalização e as ciências sociais.* 2. ed. São Paulo: Cortez, 2002.

THERBORN, G. Dimensões da globalização e a dinâmica das (des) igualdades. *In:* GENTILI, P. *Globalização excludente:* desigualdade, exclusão e democracia na nova ordem mundial. 2. ed. Petrópolis: Vozes, 2000.

WALBY, Sylvia. *Theorizing Patriarchy.* Oxford: Blacwell, 1997. *Apud* ÁVILA, Maria Betânia. Divisão sexual do trabalho. In: ÁVILA, Maria Betânia (Org.). *Divisão sexual do trabalho e trabalho doméstico.* Recife: SOS CORPO — Instituto Feminista para a Democracia, 2009.

A Adequação das Relações Trabalhistas ao Novo Contexto Social e Tecnológico: o Teletrabalho

Elis Helena Leão de Sabóia(*)

1. Introdução

Simultaneamente aos avanços tecnológicos ocorrem transformações nas relações sociais, principalmente no que diz respeito à comunicação e à informação. Isto é, surgem novas maneiras de se comunicar e há a transmissão cada vez mais rápida da informação, já que instantaneamente pode se ter notícias, ou comunicar-se com qualquer lugar do mundo. Assim, as relações de trabalho também são atingidas de modo a trazer inovações na forma em que os empregados prestam serviços ao empregador, pois uma vez que são criadas novas formas de se comunicar e transmitir a informação, é possível que o trabalho possa ser realizado fora do espaço físico da empresa com seus direitos assegurados: é o denominado teletrabalho, o qual é o objeto principal da análise realizada neste projeto. Dessa forma, pela evolução da relação entre empregado e empregador juntamente com o contexto social, surge equiparação do trabalho em domicílio ao trabalho tradicional realizados nas dependências da empresa. Porém, mais recentemente, houve uma nova regulamentação por meio da Lei n. 12.551/11, a qual é enfoque no presente estudo, que altera o art. 6º da CLT ampliando a equiparação a qualquer trabalho realizado à distância, assim como equiparação da subordinação virtual à subordinação pessoal. Além disso, surge a alteração da Súmula n. 428 do TST(1) sendo também analisado o instituto do sobreaviso devido à alteração da referida súmula em função da Lei n. 12.551/11, que adicionou o parágrafo único ao art. 6º da CLT. O teletrabalho teve sua regulamentação ampliada, mas não é algo inovador, pois já traz raízes em épocas distantes, mas sua implantação cresce largamente por trazer significativas vantagens, assim como desvantagens que devem ser analisadas.

2. Contextualização do trabalho à distância

Os avanços científico-tecnológicos repercutem no mundo inteiro de forma a provocar mudanças tanto nas mais diversas áreas do conhecimento quanto nas relações interpessoais dos mais variados gêneros. Isto quer dizer que com o desenvolvimento de novas tecnologias, principalmente nos campos da informação, comunicação, surge um novo contexto global no qual se utiliza e se depende cada vez mais de tecnologias. Dessa forma, as relações pessoais e profissionais são redefinidas, já que passam a se voltar para as inovações tecnológicas, principalmente para o "mundo virtual". Assim sendo, significativas consequências foram geradas para o setor produtivo, pois para permanecerem inseridas em um mercado competitivo, as empresas procuram sempre se adequar às tecnologias mais modernas existentes no desenvolvimento de suas atividades, na sua estrutura organizacional, administrativa e até mesmo técnica.

É a partir deste contexto que o teletrabalho ganha espaço, pois por ter a distância em sua forma de trabalhar, implica em uma maior utilização de meio tecnológicos, suprindo adequadamente diversas necessidades do mundo globalizado, sendo consequência dele.

Devido a essas novas necessidades produtivas e profissionais, novos padrões de trabalho se desenvolvem, abrindo alternativas àquele vínculo empregatício tradicional, de jornada de oito horas a um único empregador, com subordinação direta. Paralelamente, o Direito acompanha as inovações, sendo criadas novas normas de proteção ao trabalhador para mantê-lo inserido na dinâmica da sociedade, manter o *status quo* econômico e promovendo a cidadania(2).

2.1. Surgimento

O desenvolvimento tecnológico proporcionou uma maior utilização do trabalho à distância pelo reconhecimento dos seus benefícios e, consequentemente, um reconhecimento jurídico da sua importância que implicou na alteração da CLT. Entretanto este método de trabalho possui raízes mais distantes: um importante relato feito por Joel Kugelmass é considerado por ele e por alguns estudiosos um indício do surgimento do teletrabalho, pois na companhia Estrada de Ferro Penn, nos Estados Unidos, ano de 1857, utilizava-se o telégrafo para supervisionar e controlar os trabalhadores que se encontravam distantes da sede da empresa(3). Assim, esta forma de trabalhar foi pensada como a solução de problemas ocasionados pela

---

(*) Bacharel em Direito pela Universidade Católica de Pernambuco e Pós-graduanda em Direito do Trabalho. Ex-integrante do Programa Institucional de Bolsas de Iniciação Científica e Tecnológica da Universidade Católica de Pernambuco – UNICAP.

(1) Trata do uso de aparelho de intercomunicação pelo empregado depois do horário de trabalho não caracterizando sobreaviso

(2) BARROSO, Fábio Túlio. Direito do Trabalho e subordinação virtual. *Jornal Carta Forense*, 2013. Disponivel em: <http://www.cartaforense.com.br/conteudo/artigos/direito-do-trabalho-e-a-subordinacao-virtual/10157> Acesso em: 24 jan. 2013.

(3) O uso de telecomunicações para uma administração à distância não é um fenômeno novo, em si, apesar da propalada Supervia de Informação. O trabalho remoto, ou "a administração à distância", foi inventado em 1857 quando J. Edgar Thompson, proprietário da estrada de ferro Penn, descobriu que

distância, diferentemente da forma como é hoje usada, isto é, uma alternativa mais eficaz para o cumprimento das atividades.

Atualmente, o que é inovador nessa forma de trabalhar é a presença constante de redes de telecomunicações, tanto no setor privado quanto no público, nas pequenas e grandes empresas. Assim, com os meios de informação e comunicação preenchendo a distância física entre empregados e empregadores, as organizações expandem suas fronteiras e aprendem novas formas de administrar, se adequando às novas exigências do mercado[4].

3. O teletrabalho e sua utilização

O teletrabalho é uma forma de trabalhar que se caracteriza pela ausência do trabalhador nas dependências da empresa, o qual pode manter seu vínculo de subordinação com o empregador recebendo comandos e sendo supervisionado por via de meios telemáticos e/ou informatizados.

Antes da Lei n. 12.551 de dezembro de 2011, que modificou a CLT no que tratava de trabalho à distância, havia algumas divergências no conceito de teletrabalho no que dizia respeito à necessidade da utilização dos equipamentos de comunicação[5]. Mas consoante à alteração do art. 6º da CLT[6], foi esclarecida essa questão, não sendo a utilização dos equipamentos de comunicação um elemento fundamental para a caracterização do teletrabalho, mas uma consequência dele.

Assim, o teletrabalhador, muitas vezes, exerce suas atividades com o acompanhamento do empregador por meio de equipamentos eletrônicos fora do estabelecimento empresarial, por isso também é chamado de trabalhador à distância ou remoto[7].

Ao ser comparado com a tradicional forma de trabalhar, o sistema de teletrabalho ainda é pouco utilizado por exigir algumas peculiaridades. Isto é, para ser implantado requer flexibilidade por parte da entidade patronal já que é necessária uma redefinição do tempo à disposição do empregador e do local de trabalho, que implica em uma nova forma de administrar. Para isso, o foco do tomador de serviços deve passar a ser a produtividade do prestador de serviços, e não mais o controle da jornada e o tradicional método de controle visual[8]. A mudança no foco do empregador revela dois pontos primordiais da relação trabalhista que adota o trabalho à distância: a confiança do empregador e o compromisso do empregado. Mas isso restringe a aplicação do trabalho à distância, pois além de ter uma afinidade com a natureza das atividades desenvolvidas pelos trabalhadores, deve o método à distância ser desenvolvido naquelas relações de trabalho em que exista confiança no potencial, na disciplina do funcionário e no compromisso com o patrão para serem cumpridas as tarefas que lhe são confiadas.

Diferentemente do pensamento do senso comum, o trabalho remoto não se limita aos escritórios residenciais, podendo ser realizado das mais diversas formas como durante o tempo de deslocamento entre lugares, em espaços destinados à reunião de trabalhadores de zonas isoladas, em espaços localizados em bairros diferentes do bairro da sede da empresa apenas para evitar um deslocamento diário, ou seja, o trabalho remoto abrange qualquer forma de trabalho distante das dependências da empresa e que use a tecnologia para receber comandos como consequência da distância.

Como exemplo disso, destaca-se: o centro satélite ou centro de telesserviços, disponibilizados pelo empregador

---

poderia usar o sistema privado de telégrafo de sua empresa para gerenciar divisões remotas, desde que delegasse a elas um controle substancial no uso de equipamento e mão de obra. A organização seguia o fio do telégrafo e a empresa externamente móvel transformou-se num complexo de operações descentralizadas. KUGELMASS, Joel. *Teletrabalho:* novas oportunidades para o trabalho flexível: seleção de funcionários, benefícios, e desafios, novas tecnologias de comunicação. Trad. de Geni G. Goldschmidt. São Paulo: Atlas, 1996. p. 17.

(4) KUGELMASS, Joel. *Teletrabalho:* novas oportunidades para o trabalho flexível: seleção de funcionários, benefícios, e desafios, novas tecnologias de comunicação. Trad. de Geni G. Goldschmidt. São Paulo: Atlas, 1996. p. 17.

(5) PINEL, Maria de Fátima de Lima. *Teletrabalho:* o trabalho na era digital. Rio de Janeiro: Faculdade de Administração e Finanças, Universidade do Estado do Rio de Janeiro, 1998. Disponível em: <http://www.teletrabalhador.com/introducao.html> Acesso em: 5 dez. 2012.

(6) Art. 1º O art. 6º da Consolidação das Leis do Trabalho (CLT), aprovada pelo Decreto-lei n. 5.452, de 1º de maio de 1943, passa a vigorar com a seguinte redação: "Art. 6º Não se distingue entre o trabalho realizado no estabelecimento do empregador, o executado no domicílio do empregado e o realizado a distância, desde que estejam caracterizados os pressupostos da relação de emprego.

Parágrafo único. Os meios telemáticos e informatizados de comando, controle e supervisão se equiparam, para fins de subordinação jurídica, aos meios pessoais e diretos de comando, controle e supervisão do trabalho alheio."

(7) Do fazendeiro em Santa Rosa, Califórnia, que administra sua fazenda a 20 quilômetros de distância, por telefone, à empresa aeroespacial que gerencia a construção de aviões perfeitos através de telecomunicações, a tecnologia do trabalho remoto tem-se mostrado produtiva, economicamente vantajosa e útil. Um profissional toma emprestado o *laptop* do escritório para terminar um projeto em casa. Antes de sair de casa para ir trabalhar, o gerente liga pra uma filial noutro fuso horário que já está no meio do dia de trabalho. A força de vendas reúne-se através de teleconferência. KUGELMASS, Joel. *Teletrabalho:* novas oportunidades para o trabalho flexível: seleção de funcionários, benefícios, e desafios, novas tecnologias de comunicação. Trad. de Geni G. Goldschmidt. São Paulo: Atlas, 1996. p. 16.

(8) PINEL, Maria de Fátima de Lima. *Teletrabalho:* o trabalho na era digital. Rio de Janeiro: Faculdade de Administração e Finanças, Universidade do Estado do Rio de Janeiro, 1998. Disponível em: <http://www.teletrabalhador.com/introducao.html> Acesso em: 5 dez. 2012.

com o intuito de descentralizar a prestação de serviços, havendo uma preocupação geográfica na escolha da localização dos escritórios em combinação com a residência dos teletrabalhadores. Assim, as equipes são formadas pelos que moram próximos, e não por quem exerce a mesma função na empresa. Há também os centros locais, nos quais as entidades patronais formam parcerias para manter a estrutura do centro de trabalho. Com isso, são destinados aos trabalhadores de diversas empresas, o que pode comprometer a segurança dos dados confidenciais. Já os centros comunitários são espaços com recursos para os empregados de um mesmo empregador ou não que residem em áreas mais restritas. Existem também as telecabanas, as quais não se tratam de cabanas propriamente ditas, e sim espaços utilizados principalmente em áreas rurais e locais distantes, aproveitando a mão de obra pouco acessível, o baixo preço da terra e gerando empregos. Há ainda o *hoteling* e o *telecottage*. O primeiro trata-se de espaço como escritórios, mesas ou salas de reuniões que podem ser reservados temporariamente da mesma forma que um quarto de hotel. O segundo é uma estrutura criada para viabilizar o trabalho e acesso à tecnologia de uma determinada comunidade, muitas vezes por iniciativa dela própria ou da administração pública(9).

Esta nova forma de prestar serviços ao empregador vem crescendo, atingindo cerca de 20% dos trabalhadores no mundo(10), principalmente, em virtude dos benefícios que seu uso traz para os dois polos da relação trabalhista e para a sociedade. Para o trabalhador, podem ser destacados: o aumento da produtividade, por ter o prestador de serviço a opção de se adequar aos seus horários e locais de maior rendimento na execução de atividades; redução do estresse causado pelo ambiente de trabalho e pelo trânsito; redução do tempo gasto com deslocamento e também com congestionamentos; melhor convívio familiar em virtude da maior disponibilidade de tempo(11); melhor aproveitamento do tempo livre; diminuição dos gastos, principalmente com transporte e alimentação; aumento na disponibilidade para se vincular a um maior número de empregadores; e até eliminação da dificuldade de exercer suas atividades no caso de portadores de necessidades especiais. Para as empresas, as vantagens mais notórias são a redução de gastos, principalmente com o imóvel onde seriam exercidas as atividades e sua manutenção básica que agrega energia, água, limpeza, segurança, entre outros custos; aumento das contratações de mão de obra especializada já que podem ser buscadas no mundo inteiro; redução nas faltas, pois alguns problemas de saúde não impedem o empregado de trabalhar em casa e em casos fortuitos ou de força maior que impeçam deslocamento as atividades não são afetadas. E ainda para a sociedade os maiores benefícios são a inclusão social no caso de portadores de necessidades especiais e de moradores de zonas isoladas, aumento na geração de empregos já que a mão de obra está mais acessível às empresas, redução no tráfego de automóveis e da poluição do ar.

Contudo, mesmo com todas as vantagens observadas, ainda são encontrados certos malefícios ou problemáticas para o trabalhador e para as empresas. Para a parte hipossuficiente da relação empregatícia, pode haver o aumento dos gastos residenciais como com energia elétrica consumida nos equipamentos eletrônicos e com aquisição deles; solidão pelo afastamento dos colegas de trabalho; menor estabilidade no emprego pela reduzida convivência do chefe com os subordinados; precarização das condições de trabalho dos profissionais menos qualificados; mistura da vida pessoal e profissional; maior risco de informalidade e exploração do trabalho, com diferenças salariais e de direitos para os mesmos cargos e subcontratação ilícita. Há inclusive dificuldade na observância das normas de proteção trabalhista como direito a intervalos para descanso e horas extras(12). Isso porque da mesma forma que os meios tecnológicos possibilitam a subordinação e fiscalização do assalariado à distância, permitem a invasão da sua vida privada. Isto é, a possibilidade de localização do empregado e de realização das atividades profissionais nos mais variados lugares em que se localize pode provocar sobrejornada, mitigando a proteção trabalhista ao descanso e às horas extras. Em virtude disso, é defendido por alguns doutrinadores o direito à desconexão, que seria o direito do trabalhador de se desconectar com o patrão fora dos horários de trabalho, fins de semana, férias e descanso em geral(13).

No tocante às outras problemáticas, já existem sugestões para solucionar alguns problemas que podem chegar a surgir para o trabalhador: em relação ao aumento de custo, pode haver acordo entre as partes, previsão no contrato

(9) PINEL, Maria de Fátima de Lima. *Teletrabalho:* o trabalho na era digital. Rio de Janeiro: Faculdade de Administração e Finanças, Universidade do Estado do Rio de Janeiro, 1998. Disponível em: <http://www.teletrabalhador.com/introducao.html> Acesso em: 5 dez. 2012.

(10) ESTRADA, Manuel Martin Pino. Teletrabalho cresce e já atinge 20% dos profissionais. *Revista de Teletrabalho*, 2012. Disponível em: <http://revistadeteletrabalho.blogspot.com.br/2012/02/teletrabalho-cresce-e-ja-atinge-cerca_2759.html?m=1> Acesso em: 24 jan. 2013.

(11) MELLO, Álvaro Augusto Araújo. *Recomendações para o teletrabalho baseado em casa*, 2011. Disponível em: <http://www.beca-ework.com/index.php/biblioteca/artigos/teletrabalho.html> Acesso em: 15 dez. 2012.

(12) BELMONTE, Alexandre Agra. Problemas jurídicos do teletrabalho. *Revista do Direito do Trabalho*, São Paulo, p. 17, 2007.

(13) RESEDÁ, Salomão. O direito à desconexão: uma realidade no teletrabalho. *Revista de Direito do Trabalho*, São Paulo, p. 169, 2007.

ou até mesmo norma coletiva em que os tomadores de serviços se responsabilizem por determinados gastos[14]. Deve caber ao empregador a responsabilidade pelos gastos com os equipamentos necessários para a prestação do serviço de acordo com as regras de ergonomia para que se evite acidente do trabalho e doenças ocupacionais. Com isso, pode o patrão inspecionar o local de trabalho mediante aviso prévio, em conformidade com a Convenção n. 81 da OIT ratificada pelo Brasil por meio do Dec. Leg. n. 24/1956. Dessa forma, o empregador também se responsabilizará pelas despesas com manutenção dos equipamentos, programas e energia elétrica[15]. No que diz respeito ao afastamento do convívio social, para os que sentem dificuldade com o isolamento, podem ser marcadas reuniões periódicas ou até conferências em grupo via internet para que haja uma maior interação entre os próprios funcionários e também entre estes e o superior hierárquico.

O empregador também convive com dificuldades entre as quais se destacam a grande dependência de tecnologias para a execução do trabalho e a comunicação, e a redução na segurança dos dados da empresa, que gera uma necessidade de maiores investimentos em artifícios de segurança de dados. Para atenuar este problema e garantir uma maior segurança nas informações confiadas ao empregado, pode-se incluir no contrato de trabalho a cláusula de não concorrência, de acordo com art. 444 da CLT. Assim, as informações sigilosas e fundamentais para o funcionamento da empresa correm menos risco de chegarem às concorrentes[16].

Apesar de algumas dificuldades encontradas, os benefícios trazidos pelo teletrabalho são tão evidentes que grandes organizações já o adotam fortemente como a Kodak e IBM[17], sendo destaque a resolução administrativa n. 1499 de fevereiro de 2012 do TST que adotou e regulamentou o teletrabalho para os seus servidores, especificamente para aqueles que exercem atividades compatíveis com o regime, usando como justificativa a necessidade causada pelos avanços na tecnologia que acarretaram a implantação do processo digital, a busca da melhoria da qualidade de vida do servidor e os benefícios para a administração, sociedade e servidores.

O ideal é que as empresas que estejam dispostas a solucionar as dificuldades, investir em tecnologias e implantar essa nova forma de prestação de serviços, tracem os perfis de seus trabalhadores e selecionem os que se adaptam às inovações para que a melhora na produtividade e no bem-estar sejam atingidas.

4. A Lei n. 12.551/11 e suas inovações

O art. 6º da CLT trazia a equiparação entre o trabalho realizado no espaço físico da empresa àquele realizado no domicílio do empregado. Com isso parte dos teletrabalhadores já possuía os mesmos benefícios que os trabalhadores presenciais, desde que fossem, obviamente, preenchidos os pressupostos caracterizadores da relação empregatícia.

Com a Lei n. 12.551/11 esse leque foi ampliado: qualquer trabalho realizado a distância, e não mais apenas no domicílio do trabalhador, se equipara ao presencial, consolidando, assim, as recorrentes decisões da Justiça do Trabalho neste sentido. Sendo assim, o empregado que elabora um relatório, por exemplo, durante uma viagem de avião, também está trabalhando, para fins legais, da mesma forma daquele que se localiza no escritório da empresa, não importando onde é realizado o trabalho e sim se é realizado. Neste sentido, já tinha se posicionado a Organização Internacional do Trabalho (OIT) por meio da Convenção n. 177, não ratificada pelo Brasil, quando definiu em seu art. 1º que o trabalho em domicílio é aquele realizado pelo trabalhador em seu domicílio ou em local escolhido que seja diverso do ambiente empresarial[18]. Juntamente com a Convenção n. 177, há a Recomendação n. 184 que aconselha informar à autoridade competente a natureza do trabalho e disponibilizar um registro com dados tais como valor da remuneração e do reembolso de despesas, além de prever autorização para o empregador verificar a condição de prestação do serviço domiciliar[19].

Além desta mudança, e ainda mais inovadora, foi a trazida pelo acréscimo do parágrafo único ao mesmo art. 6º, a qual equiparou, para fins de subordinação, os meios telemáticos e informatizados aos meios diretos e pessoais de realizar comandos, controle e supervisão do trabalhador. A subordinação que, juntamente com a continuidade,

(14) DUARTE, Juliana Bracks. O trabalho no domicílio do empregado: controle da jornada e responsabilidade pelo custeio dos equipamentos envolvidos. *Justiça do Trabalho*, Porto Alegre, p. 54, 2005.

(15) BELMONTE, Alexandre Agra. Problemas jurídicos do teletrabalho. *Revista do Direito do Trabalho*, São Paulo, p. 21, 2007.

(16) ARUZZO, André Vicente Carvalho. Aspectos relevantes do teletrabalho no ordenamento trabalhista. *Justiça do Trabalho*, Porto Alegre, p. 27.

(17) PINEL, Maria de Fátima de Lima. *Teletrabalho:* o trabalho na era digital. Rio de Janeiro: Faculdade de Administração e Finanças, Universidade do Estado do Rio de Janeiro, 1998. Disponível em: <http://www.teletrabalhador.com/introducao.html> Acesso em: 5 dez. 2012.

(18) BARROSO, Fábio Túlio. O teletrabalho e a subordinação virtual após a Lei n. 12.551/2011. Novos elementos caracterizadores do Direito Extraordinário do Trabalho. *Revista Fórum Trabalhista*, Belo Horizonte, p. 94, 2012.

(19) BELMONTE, Alexandre Agra. Problemas jurídicos do teletrabalho. *Revista do Direito do Trabalho*, São Paulo, p. 19, 2007.

onerosidade, pessoalidade e a alteridade, é elemento caracterizador da relação ordinária do trabalho, é entendida como a situação em que o empregado fica à disposição do empregador, no aguardo e na execução de tarefas, evidenciando uma subordinação jurídica(20). Assim, o legislador deixou claro que também há relação empregatícia quando o controle do trabalho que está sendo executado é feito via meios informatizados, e que são garantidos os direitos de quem o executa, pois o importante é ser caracterizado o vínculo de subordinação entre empregado e empregador e não a forma como os comandos patronais são realizados(21). Este elemento essencial para a relação empregatícia é denominado de subordinação virtual(22), telessubordinação ou parassubordinação(23).

Outro ponto afetado pela lei que modificou o art. 6º da CLT foi o regime do sobreaviso. A Súmula n. 428 do TST(24) previa que para ser caracterizado o sobreaviso era necessário não apenas o uso de equipamentos eletrônicos de comunicação, mas a permanência do empregado em sua residência aguardando uma possível convocação. Porém, por ter a Lei n. 12.551/11 reconhecido a possibilidade de supervisão do trabalhador fora do espaço físico da empresa, a súmula teve, como consequência, os requisitos para enquadramento no regime de sobreaviso alterados pela Resolução n. 185/2012: o simples porte de instrumentos de comunicação continua sendo insuficiente para caracterização do sobreaviso, contudo não é mais necessário que o trabalhador permaneça em sua residência aguardando chamado, basta que esteja à distância e em seu período de descanso submetido ao controle do empregador, à sua disposição, por meios telemáticos ou informatizados.

Mas a mudança que ocorreu de fato, com a alteração da redação da súmula, foi o reconhecimento de que, com o avanço tecnológico, o obreiro pode estar disponível para atender uma possível necessidade do patrão em qualquer lugar, sem que para isso precise ficar aguardando em sua residência para estar em sobreaviso, estando resguardado o seu direito a 1/3 da hora de trabalho, ou até mesmo a hora extra, caso seja de fato convocado. A limitação ao gozo do descanso pode se dar em diversos ambientes e não apenas dentro da residência do obreiro(25).

Dessa forma, de acordo com Barroso, pela confirmação da subordinação jurídica e em contrapartida, a inexatidão do lugar da prestação de serviços com elementos da subordinação virtual da pós-modernidade, o Direito do Trabalho vai passando por um momento de transição do positivismo moderno. Isso se dá pelas inovações legislativas e jurisprudenciais em consonância com a necessidade do estabelecimento de novos limites à utilização da mão de obra, já que o modelo ordinário do Direito do Trabalho vem se modificando e se adaptando aos avanços da tecnologia(26).

5. Conclusão

O aperfeiçoamento tecnológico e a utilização dos meios telemáticos e informatizados proporcionaram a expansão do uso do teletrabalho de forma que foi preciso uma nova regulamentação do tema para que a lei se adequasse ao aumento da implantação dessa forma de trabalhar. Isto é, com esta expansão de seu uso, a utilização do trabalho remoto estava tomando novos formatos, não se restringindo mais ao domicílio do trabalhador como era tratado na CLT, passando a ser em qualquer local distante da estrutura física montada pelo empregador sendo, ainda, as decisões judiciais sobre a temática favoráveis neste sentido.

(20) BARROSO, Fábio Túlio. O teletrabalho e a subordinação virtual após a Lei n. 12.551/2011 — Novos elementos caracterizadores do Direito Extraordinário do Trabalho. *Revista Fórum Trabalhista*, Belo Horizonte, p. 87, 2012.

(21) "Desta forma, ao se expandir o conceito de subordinação jurídica, que passa a ser material e imaterial, o espectro de utilização do teletrabalho também se amplia, sobretudo, para as atividades desenvolvidas em qualquer lugar e situação, em que estejam presentes as ferramentas tecnológicas da atividade desempenhada pelo trabalhador, por meio de computadores, telefones celulares ligados a internet, etc., onde possa haver contato e controle, elementos próprios da subordinação." BARROSO, Fábio Túlio. Direito do Trabalho e subordinação virtual. *Jornal Carta Forense*, 2013. Disponível em: <http://www.cartaforense.com.br/conteudo/artigos/direito-do-trabalho-e-a-subordinacao-virtual/10157> Acesso em: 24 jan. 2013.

(22) BARROSO, Fábio Túlio. O teletrabalho e a subordinação virtual após a Lei n. 12.551/2011 — Novos elementos caracterizadores do Direito Extraordinário do Trabalho. *Revista Fórum Trabalhista*, Belo Horizonte, p. 97, 2012; BARROSO, Fábio Túlio. Direito do Trabalho e subordinação virtual. *Jornal Carta Forense*, 2013. Disponível em: <http://www.cartaforense.com.br/conteudo/artigos/direito-do-trabalho-e-a-subordinacao-virtual/10157> Acesso em: 24 jan. 2013.

(23) MARTINS, Sergio Pinto. *Direito do trabalho*. 25. ed. São Paulo: Atlas, 2009. p. 132; RESEDÁ, Salomão. O direito à desconexão: uma realidade no teletrabalho. *Revista de Direito do Trabalho*, São Paulo, p. 166, 2007.

(24) Súmula n. 428 do TST: SOBREAVISO APLICAÇÃO ANALÓGICA DO ART. 244, § 2º DA CLT (redação alterada na sessão do Tribunal Pleno realizada em 14.9.2012) - Res. n. 185/2012, DEJT divulgado em 25, 26 e 27.9.2012.

I - O uso de instrumentos telemáticos ou informatizados fornecidos pela empresa ao empregado, por si só, não caracteriza o regime de sobreaviso.

II - Considera-se em sobreaviso o empregado que, à distância e submetido a controle patronal por instrumentos telemáticos ou informatizados, permanecer em regime de plantão ou equivalente, aguardando a qualquer momento o chamado para o serviço durante o período de descanso.

(25) PIETROLUONGO, Sérgio Lindoso Baumann das Neves. *O que o Tribunal Superior do Trabalho pretende sinalizar com a nova redação da Súmula n. 428? Jus Navigandi*, Teresina, 2012. Disponível em: <http://jus.com.br/revista/texto/22874> Acesso em: 12 jan. 2013.

(26) BARROSO, Fábio Túlio. Direito do Trabalho e subordinação virtual. *Jornal Carta Forense*, 2013. Disponível em: <http://www.cartaforense.com.br/conteudo/artigos/direito-do-trabalho-e-a-subordinacao-virtual/10157> Acesso em: 24 jan. 2013.

Assim, nova redação foi dada à CLT no tocante ao tema, ampliando o conceito de teletrabalho, consolidando o que já estava sendo aplicado pelos empregadores e pela Justiça do Trabalho. Juntamente com esta mudança, vieram outras duas, não menos importantes: a equiparação da subordinação virtual à subordinação pessoal e ampliação do regime do sobreaviso para qualquer momento de descanso em que estiver à disposição do empregador por meios telemáticos e informatizados.

As mudanças trazidas pela implantação do trabalho à distância nas empresas são inúmeras, porém as mais impactantes são, sem dúvida, a melhora na produtividade por trazer benefícios para os dois extremos da relação trabalhista e principalmente na qualidade de vida do trabalhador, e as trazidas em prol da coletividade quando se trata de menor impacto ambiental, redução dos congestionamentos e instrumento de inclusão social para os portadores de necessidades especiais, mas não se deve esquecer as dificuldades que também devem ser enfrentadas para implantação de tal forma de trabalhar.

6. Referências bibliográficas

ALVES, Amauri Cesar. Teletrabalho: sobrejornada e sobreaviso. *Jornal do 52 Congresso Brasileiro de Direito do Trabalho*, São Paulo, p. 122-125. Disponível em: <http://www.direitodotrabalhoessencial.com.br/artigos/teletrabalho-sobrejornada-e-sobreaviso/> Acesso em: 4 jan. 2013.

AOKI, Ana Paula da Costa. *Trabalho e subordinação*. Disponível em: <http://www.resinamarcon.com.br/artigo/272/teletrabalho-e--subordina-o/> Acesso em: 13 jan. 2013.

ARUZZO, André Vicente Carvalho. Aspectos relevantes do teletrabalho no ordenamento trabalhista. *Justiça do Trabalho*, Porto Alegre, v. 22, n. 256, abr. 2005.

BARROSO, Fábio Túlio. O teletrabalho e a subordinação virtual após a Lei n. 12.551/2011. Novos elementos caracterizadores do Direito Extraordinário do Trabalho. *Revista Fórum Trabalhista*, Belo Horizonte, Fórum, ano I, n. I, p. 83-102, mar./abr. 2012.

________. Direito do Trabalho e subordinação virtual. *Jornal Carta Forense*. Disponível em: <http://www.cartaforense.com.br/conteudo/artigos/direito-do-trabalho-e-a-subordinacao-virtual/10157> Acesso em: 24 jan. 2013.

BELMONTE, Alexandre Agra. Problemas jurídicos do teletrabalho. *Revista do Direito do Trabalho*, São Paulo, v. 33, n. 127, p. 13-27, jul./set. 2007.

BRASIL. Tribunal Superior do Trabalho. Resolução Administrativa n. 1.499, de 1º de fevereiro de 2012. *Diário Eletrônico da Justiça do Trabalho*, Brasília, n. 912, 3 fev. 2012. *Caderno Jurídico do Tribunal Superior do Trabalho*, p. 2-5. Disponível em: <http://aplicacao.tst.jus.br/dspace/handle/1939/19477> Acesso em: 5 dez. 2012.

DUARTE, Juliana Bracks. O trabalho no domicílio do empregado: controle da jornada e responsabilidade pelo custeio dos equipamentos envolvidos. *Justiça do Trabalho*, Porto Alegre, v. 22, n. 258, jun. 2005.

ESTRADA, Manuel Martin Pino. Teletrabalho cresce e já atinge 20% dos profissionais. *Revista de Teletrabalho*. Disponível em:<http://revistadeteletrabalho.blogspot.com.br/2012/02/teletrabalho-cresce-e-ja-atinge-cerca_2759.html?m=1> Acesso em: 24 jan. 2013.

KUGELMASS, Joel. *Teletrabalho:* novas oportunidades para o trabalho flexível: seleção de funcionários, benefícios, e desafios, novas tecnologias de comunicação. Trad. de Geni G. Goldschmidt. São Paulo: Atlas, 1996.

LIMA, Marco Antonio Aparecido de. *A nova redação do art. 6º da CLT — teletrabalho,* home office *ou* anywhere office. Disponível em: <http://www.migalhas.com.br/dePeso/16,MI148522,21048-A+nova+redacao+do+artigo+6+da+CLT+teletrabalho+home+office+ou> Acesso em: 4 jan. 2013.

MARTINS, Sergio Pinto. *Direito do trabalho*. 26. ed. São Paulo: Atlas, 2010.

MELLO, Álvaro Augusto Araújo. *Recomendações para o teletrabalho baseado em casa*. Disponível em: <http://www.beca-ework.com/index.php/biblioteca/artigos/teletrabalho.html> Acesso em: 15 dez. 2012.

________. *Teletrabalho — O trabalho em qualquer lugar e a qualquer hora*. Disponível em: <http://www.beca-ework.com/index.php/biblioteca/artigos/teletrabalho/112-teletrabalho-o-trabalho--em-qualquer-lugar-e-a-qualquer-hora.html> Acesso em: 15 dez. 2012.

PIETROLUONGO, Sérgio Lindoso Baumann das Neves. *O que o Tribunal Superior do Trabalho pretende sinalizar com a nova redação da Súmula n. 428? Jus Navigandi*, Teresina, ano 17, n. 3.401, 23 out. 2012. Disponível em: <http://jus.com.br/revista/texto/22874> Acesso em: 12 jan. 2013.

PINEL, Maria de Fátima de Lima. *Teletrabalho:* o trabalho na era digital. Rio de Janeiro: Faculdade de Administração e Finanças, Universidade do Estado do Rio de Janeiro, 1998. (Dissertação de Mestrado em Ciências Contábeis). Disponível em: <http://www.teletrabalhador.com/introducao.html> Acesso em: 5 dez. 2012.

RESEDÁ, Salomão. O direito à desconexão: uma realidade no teletrabalho. *Revista de Direito do Trabalho*, São Paulo, v. 33, n. 126, jan./mar. 2007.

SOBRATT — Sociedade Brasileira de Teletrabalho e Teleatividades (Brasil). Disponível em: <http://www.sobratt.com>. Acesso em: 17 out. 2012.

<http://www.beca-ework.com/index.php/biblioteca/artigos/teletrabalho/107-11-milhoes-de-brasileiros-ja-adotam-teletrabalho.html> Acesso em: 15 dez. 2012.

<http://tst.jusbrasil.com.br/noticias/100062927/nova-redacao--da-sumula-428-reconhece-sobreaviso-em-escala-com-celular> Acesso em: 13 jan. 2013.

Processo do Trabalho — e suas Expectativas no Reconhecimento de Direitos

Erivaldo Henrique de Melo Medeiros(*)

1. Introdução

O dia a dia em comunidade remonta em circunstâncias que muitas vezes conduzem para um clima de profundas insatisfações, convulsões sociais objetivando alterar o modelo que se tem como presente, mas que é objeto de diversos questionamentos. Afinal a história da humanidade é sempre marcada por momentos de acomodação do tecido social, mas também pela existência de muitas e muitas divergências com consideráveis percas para humanidade, gerações lavadas ao desprezo, fome, pestes. E ao mesmo tempo são semeados referenciais de esperanças para uma nova "terra".

O que seria da vida, e do próprio ser humano, se perecessem todas as expectativas e esperanças para construção de uma sociedade mais fraterna, justa e com diminuição das desigualdades sociais?

Nos dias atuais, "os gritos das ruas", a força das redes sociais, conduzem a sociedade para o palco de um grande debate dos temas de relevância para o interesse da comunidade. Naturalmente acende um alerta para os Poderes constituídos, no sentido de que há muito estão mitigando o sentimento efervescente por mudanças que entoam na comunidade.

Ao se imaginar as questões Políticas e Jurídicas nos contornos da Jurisdição Brasileira, é possível constatar que o homem e o Estado sempre estiveram bastante próximos sofrendo influências mútuas, galgando espaços com objetivos bastante definidos em alcançar o bem comum. Este sofre mutações diante das complexidades que norteiam as relações sociais, levando o Estado para, de alguma forma, quer seja pelo abstencionismo ou pela intervenção, persiga a pacificação social, resolvendo os conflitos, atributos que deram origem a sua própria formação, de onde o homem, em nome da aparente tranquilidade e segurança proporcionada pelo Direito, aceitou perder parcela de sua liberdade em favor do próprio Estado.

A sociedade pós-moderna e em tempos de efervescente globalização, especialmente nos países de modernidade tardia, como o Brasil, se encontra vivenciando tempos de profundas incertezas, uma verdadeira crise de identidade, à procura de um modelo que seja capaz de atender as expectativas geradas em torno do conhecimento e aprimoramento dos Direito Fundamentais, tornando denso o que passou a integrar o corpo positivado na Constituição da República Federativa do Brasil de 1988, com capacidade de contribuir para o fortalecimento dos Direitos Humanos com melhorias nas condições de vida, proporcionando inclusão social e diminuição das desigualdades.

Nessa perspectiva, mesmo não sendo totalmente reconhecido publicamente, o Brasil vem adotando a cartilha e os contornos do modelo neoliberal, objetivando demonstrar ao mundo a presença de um Estado mais eficiente, diretamente antenado, com a nova ordem mundial e crescente. Um país com disposição de ceder parcela de sua própria soberania, para atender interesses de um capitalismo mundial, voltado para uma economia relacionada à não existência de barreiras que entravem a livre circulação do mercado financeiro na propagação de investimentos.

2. Os conflitos e interesses resistidos na sociedade nos contornos da contemporaneidade

A sociedade, sempre disposta a gerar expectativas relacionadas a um processo constante de mutação, renova-se consequentemente; na contemporaneidade, a necessidade para reflexões em "fases", objetivando marcar em nossa história esse encantamento pela mutação da convivência em comunidade.

Desde há muito, que se registram inúmeros conflitos na vida em sociedade. Ao mesmo tempo pretensões diversas resistidas entre os partícipes, todos subservientes a uma ideologia apresentada como legitimação para o Poder, além de uma necessidade em manter o controle aparente, gerando um contexto de ondas sucessivas para juridificação e judicialização dos conflitos sociais(1).

(*) Mestre em Direito pela Universidade Católica de Pernambuco (2011). Especialista em Direito Civil e Processo Civil (2008) e em Direito Penal e Processual Penal (2006) ambos pela Faculdade Mauricio de Nassau. Bacharel em Direito pela Universidade Católica de Pernambuco/UNICAP. Professor de Direito na Faculdade de Timbaúba – FACET-PE, ministrando aulas de Direito Processual Civil. Advogado militante desde 1999.

(1) De acordo com Habermas, essa noção (Rechtstaatbestände, em alemão) surgiu na República de Weimar em referência à expansão e adensamento do direito positivo na sociedade moderna e particularmente à institucionalização do conflito de classes, à legislação trabalhista e à regulação do conflito social. O conceito de juridificação, tal como definido por Habermas, refere-se a um processo de "ondas sucessivas e cumulativas de juridificação" pelo qual as relações sociais seriam colonizadas pela crescente atividade reguladora do Estado. *Apud* SORJ, Bernardo. *A nova sociedade brasileira*. 3. ed. Rio de Janeiro: Jorge Zahar, 2006. p. 102.

Observa-se, à luz do pensamento de Habermas, que a transição das sociedades classificadas como tradicionais para as sociedades modernas foi marcada por relevantes diferenciações funcionais; no entanto, no capitalismo tido como liberal, ocorreram estranhas transferências de tarefas integrativas sociais, presentes em um sistema desprovido de significado político, mas serviçal do capital econômico, e assim responsável pela condução do mercado, de tal modo que esses elementos de tradição que são efetivos, tornaram-se independentes de uma ideologia construída em bases econômicas, uma verdadeira troca de equivalentes. Essas diferenciações funcionais são bastante perceptíveis nas crises; é que quando presente a crise diante da sociedade tradicional, o problema fica vedado quanto à sua solução dentro da possibilidade do espaço circunscrito pelo princípio da organização, produzindo sérios riscos para a integração do sistema, ameaçando a própria identidade da sociedade. Por outro lado, diante das sociedades liberais capitalistas, as crises se tornam endêmicas, uma vez que os problemas de condução temporariamente sem solução são produzidos em dados intervalos de tempo, em função do processo de crescimento econômico, uma verdadeira ameaça à integração social. Evidentemente, a suplementação, e parcial substituição do mecanismo de mercado pela intervenção estatal, foram capazes de marcar o fim do capitalismo liberal(2).

Registra-se, na atualidade, "gritos das ruas" e também a força das redes sociais(3) como espaço de grande debate dos clamores e reivindicações da comunidade. Inclusive com destaque por revelar superioridade na propagação de temas, notícias e sentimentos ideológicos; superando em muito os gigantes canais de televisão aberta existentes no Brasil ou até mesmo as rádios, que sempre estiveram presentes noticiando as muitas convulsões sociais que a história Brasileira já foi capaz de produzir.

No tocante aos direitos humanos de proteção ao trabalhador, registra Santos Luiz(4), em especial diante das históricas divergências entre Capital e Trabalho, só se tornou possível prosperar composições neste sentido quando as partes envolvidas nas relações laborais deram início ao debate, muitas vezes forçados por circunstâncias de conveniência e oportunidade, oscilando em momentos de extrema mitigação de direitos e outros em que se abre para uma política mais flexível e "renovadora" em face dos rumores das massas diante da necessidade de acomodação de interesses(5).

3. A influência das mutações sociais no processo do trabalho

Essa tamanha efervescência da sociedade por clamar mudanças, efetivamente também se voltou a refletir o processo; uma vez que se trata de importante instrumento e sobretudo ferramenta estatal, destinada à propulsão da prestação jurisdicional, com a necessidade de tornar célere efetiva e de resultados.

Consequentemente, de todos os ramos do Direito, o Direito e o Processo do Trabalho, consideravelmente tem uma elevada importância na sociedade, especialmente pelos seus contornos envolvendo o capital e o trabalho, atributo que por si mesmo já se revela como ambiente propício ao conflito.

Destaca-se que diante da capacidade evolutiva relacionada à industrialização, em seu apogeu na revolução industrial, superando as influências das atividades rurais, na legitimação do poder, foram grandes as marcas dos conflitos sociais objetivando densificação dos Direitos Laborais com capacidade de garantir conquistas aos trabalhadores especialmente quanto à inclusão social(6) com diminuição das desigualdades.

Na atualidade, tanto os trabalhadores das indústrias como os do campo, passaram praticamente para um patamar semelhante quanto aos padrões de exigência no trabalho; praticamente o campo vem adotando técnicas similares às desenvolvidas nos ambientes industriais, exigindo cada vez mais o cumprimento de metas e objetivos atrelados à produção em série, objetivando atender a demanda cada vez mais emergente, tudo motivado em função dos constantes aumentos do consumo, inclusive

(2) HABERMAS, Jürgen. *A crise de legitimação no capitalismo tardio*. 2. ed. Trad. de Vamireh Chacon. Rio de Janeiro: Tempo Universitário, 2002. p. 39-48.

(3) Cf. Castells: "A internet torna-se um meio essencial de expressão e organização para esses tipos de manifestações, que coincidem numa dada hora e espaço, provocam seu impacto através do mundo da mídia, e atuam sobre instituições e organizações por meio das repercussões de seu impacto sobre a opinião pública. Esses movimentos pretendem conquistar poder sobre a mente, não sobre o Estado". CASTELLS, Manuel. *A Galáxia da Internet:* reflexões sobre a internet, os negócios e a sociedade. Rio de Janeiro: Zahar, 2003. p. 129.

(4) SANTOS, Luiz Alberto Matos dos. *A liberdade sindical como direito fundamental*. São Paulo: LTr, 2009. p. 53.

(5) Cf. SANTOS, Luiz Alberto Matos dos. "[...] No contexto da gênese do direito do trabalho, ao mesmo tempo que o Estado reconhecia a liberdade formal, a Constituição francesa de 1791 veio a proibir, de forma peremptória, todas as formas de coalizão dos trabalhadores, bem como abolir todas as corporações de ofício. Entre as fases de proibição, tolerância e reconhecimento jurídico dos sindicatos, pautados pela liberdade sindical, existiu um período de grandes penúrias para a classe trabalhadora". Ob. cit., p. 52.

(6) Cf. Marilena Chaui: "Nas revoluções modernas, a face popular é sufocada pela face liberal, embora esta última seja obrigada a introduzir e garantir alguns direitos políticos e sociais para o povo, de modo a conseguir manter a ordem e evitar a exploração contínua de revoltas populares. A face popular vencida não desaparece. Ressurge periodicamente em lutas isoladas por melhores condições de vida, de trabalho, de salários e com reivindicações isoladas de participação política". CHAUI, Marilena. *Convite à filosofia*. São Paulo: Ática, 1994. p. 406.

com a manipulação genética de sementes e espécies destinadas à pecuária, por exemplo. E assim foram capazes de proporcionar uma profunda ligação da indústria com o campo, condições que impõem uma sempre elevada divergência quanto a salários e melhores condições de trabalho.

Especialmente no Brasil isso ocorre, já que a segmentação entre o campo e a indústria praticamente está completamente interligada na escala de produção. Evidentemente que o capital tem sempre à sua disposição mecanismos destinados a impor manipulações com capacidade de acomodação dos conflitos sociais, principalmente os de cunho laboral; desta feita, o neoliberalismo não encontra praticamente barreiras que entravem, ao menos minimamente, a estruturação de um projeto destinado à configuração do Poder, e consequentemente legitimando interesses econômicos, agora internacionais e impulsionados pela globalização, totalmente desprovido de identificação quanto à nacionalidade. Portanto, o Direito do Trabalho é dos ramos do Direito o que mais vem sofrendo com as adaptações processadas com a globalização e o neoliberalismo.

Os países de modernidade tardia, como o Brasil, revelam-se eficientes no loteamento de sua soberania, para atender interesses do capital externo, passando a ideia interna que estamos desenvolvendo a economia gerando riqueza, e que nunca se "ampliou" tanto os postos de trabalho, mas que na realidade o que podemos constatar é cada vez mais uma triste diminuição da capacidade de investimento interno, especialmente quanto à indústria nacional, ou mesmo no comércio varejista, que em alguns seguimentos como os destinados à comercialização de gêneros alimentícios, assistimos uma presença cada vez marcante das grandes corporações internacionais como Carrefour, Wal Mart, Makro, dentre outras, e que aos poucos sufocam o comércio nacional, principalmente o micro-empresário, uma vez que as grandes corporações em larga escala vêm conquistando o mercado com políticas predadoras e estratégias de *marketing*, diminuindo os espaços das empresas nacionais, além de impor flexibilidade[7] dos direitos laborais, objetivando um completo triunfo da burguesia, principalmente por encontrar um Estado mínimo e serviçal dos interesses econômicos internacionais; e, o que é pior, um Estado com disposição para sufocar os pequenos e médios empreendimentos nacionais, em função de uma excessiva carga tributária.

Especificamente quanto ao trabalhador e seus direitos, a nova roupagem liberal, denominada de Neoliberalismo, em que o Estado Brasileiro resolveu transformar-se em escudeiro, passou a adotar um modelo destinado à estruturação da representação corporativa, ao argumento de compor demandas conflitantes, promovendo a cooperação; no entanto, o que se observa com absoluta facilidade, é exatamente o controle do Poder Político sobre as entidades de representação dos grupos sociais, transformando-se em seguimentos minimamente organizados, tudo motivado pela fragilidade de sua autonomia, totalmente dependentes os sindicatos do Estado, principalmente financeiramente, verdadeiros mecanismos de cooptação e tutela, conforme destaca Barroso[8].

A fragilização das entidades sindicais foi capaz de atingir um nível de descrédito junto a sociedade que já é possível constatar indagações quanto a enorme diminuição do interesse pelas entidades sindicais, é comum trabalhadores questionarem que não vale a pena contribuir para os sindicatos, tudo motivado pela completa mitigação da legitimação junto aos trabalhadores.

Outro fenômeno que vem ocorrendo com bastante frequência é exatamente a presença constante de mão de obra terceirizada[9], inclusive prestando serviços para o Estado, suas autarquias e empresas públicas, em que muitas vezes participam das concorrências públicas, "cooperativas", mas que não representam efetivamente os objetivos dos cooperados; apenas se formam com o intuito de burlarem os processos licitatórios, e nesta perspectiva, dificilmente por ocasião da ruptura do contrato de trabalho, o trabalhador tem garantido seus direitos trabalhistas, a não ser quando

(7) Cf. Monereo Pérez: "A flexibilidade não é um conceito jurídico, é um conceito de extração eminentemente econômica e de utilização no âmbito da política de Direito do Trabalho em recentes processos de reforma (para fixar os objetivos que devem ser perseguidos com as medidas laborias). É uma noção imprecisa. Em um sentido amplo é um conceito que remete a um conjunto de respostas que se exigem da força de trabalho diante das mudanças produzidas na ambiência econômica e nos mercados produtores.Esse conceito reflete em si uma realidade natural na formação social do capitalismo, a saber: a subordinação dinâmica e permanente da força de trabalho as exigências do capital". "La flexibilidad no es un concepto jurídico, es un concepto de extración eminentemente económica y de utilización en el âmbito de la política del Derecho del Trabajo en los recientes procesos de reforma (para señalar los objetivos que deben ser perseguidos con las medidas laborales). Es una noción imprecisa. En un sentido amplio es un concepto que remite al conjunto de respuestas que se exigen a la fuerza de trabajo ante los cambio producidos en el ambiente económico y en los mercados de productos. Este concepto refleja en si una realidad con natural a las formaciones sociales del capitalismo, a saber: la subordinación dinâmica y permanente de la fuerza de trabajo a las exigencias del capital." Tradução livre do autor. PÉREZ, José Luis Monereo. *Introduccion al nuevo derecho del trabajo:* una reflexión crítica sobre el Derecho flexible del trabajo. Valencia: Tirant lo Blanch,1996. p. 99-100.

(8) BARROSO, Fábio Túlio. *Neocorporativismo e concentração social:* análise político-jurídica das atuais relações coletivas de trabalho no Brasil. Recife: Editora Universitária da UFPE, 2010. p. 24.

(9) Cf. Barroso: "A horizontalização da produção, que bem pode ser representada pela adoção cada vez mais alargada do instituto da terceirização, determinou a mais do que evidente fragmentação das categorias". *Ibidem*, p. 26.

buscam incluir na eventual reclamação trabalhista os entes públicos nos quais prestavam serviços.

As mutações ocorridas no cenário mundial, com criação de espaços transnacionais, influenciam consideravelmente na internacionalização dos campos jurídicos(10), tudo motivado por fatores como as mudanças nos padrões de produção, com sistemas de especialização flexível e a perspectiva de uma "fábrica global", facilitando desta feita a produção local e sua interação com outras atividades industriais relacionadas ao mesmo produto final, mas que essas outras indústrias se localizam em outras partes do mundo, e assim impõem uma nova divisão internacional do trabalho para atender aos interesses do capital transnacional. Outro fator impulsionado pela globalização concentra-se na união global dos mercados financeiros galgando a capacidade de livre circulação de capital, um fluxo de "investimentos" sem fronteiras. Nessas condições facilmente se verifica a carona que o neoliberalismo encontra para propagar a hegemonia de seus conceitos, principalmente no campo econômico, como o consenso de Washington, totalmente voltada a enfatizar os mercados privados, na desregulamentação da atividade econômica e na redução do papel do governo, com propagação do livre comércio internacional, atributos que, nos países de modernidade tardia, influenciam ainda mais no aumento das desigualdades sociais(11).

Sabe-se que o movimento sindical no Brasil teve sua organização e fomento desenvolvidos mediante a mão intervencionista do Estado. Com a Constituição da República de 1988(12) premiou-se uma tentativa de autonomia sindical, mas que nos últimos anos, principalmente em face do modelo neoliberal, aos poucos arquitetado pelo Poder, o Estado, vem mitigando a plena liberdade sindical, surgindo um novo corporativismo, com plena ratificação da vontade política e ideológica de controle da atividade associativa, especialmente no tocante à administração e funções. Na realidade, o Estado veio para dentro do movimento sindical(13).

Propaga-se também quanto à necessidade de reduzir ou mesmo flexibilizar os direitos trabalhistas(14) com objetivo de ampliar a oferta de emprego, motivada pela redução de custos, podendo desta feita atender aos interesses da economia inclusive internacional; persegue-se uma diminuição das normas heterônomas de cunho imperativo, abrindo espaço para acordos coletivos ou mesmo convenções. Por tais motivos é importante para o Estado ter os sindicatos em suas mãos e assim na hipótese de flexibilizar normas laborais, privilegiando os acordos coletivos, esses atenderão consideravelmente aos interesses do poder, mantendo a condição de cooptação dos movimentos sociais. Adverte Monereo Perez(15) que determinadas instituições e princípios que pareciam consolidados estão sofrendo novas orientações. Fruto de um capitalismo globalizado e, no caso do Brasil, para atender aos interesses de um modelo adotado pelo Neoliberalismo.

De pronto, foi arquitetado como flexibilização um novo contrato de trabalho por tempo determinado(16), pressupondo para tanto uma prévia negociação coletiva; no entanto, revela-se um experimento forte de mitigação desastrosa de direitos adquiridos dos obreiros, configurando-se como atentado contra o princípio da norma mais favorável, e sobretudo, contra o princípio da continuidade da relação de emprego(17) que sempre esteve presente de forma densa nos contornos de qualquer contrato de trabalho, uma verdadeira segurança jurídica que agora é posta em xeque.

(10) Soares Filho adverte: "A globalização da economia favorece demasiadamente os detentores do grande capital, especialmente as empresas transnacionais de maior porte, os conglomerados econômicos, e, precarizando o contrato de trabalho, penaliza os trabalhadores, que constituem um dos fatores basilares da produção e o insumo mais importante do respectivo processo". SOARES FILHO, José. *Elementos da ordem jurídica internacional e comunitária:* enfoque dos direitos sociais e trabalhistas no plano supranacional e em face da globalização da economia. Curitiba: Juruá, 2003. p. 181.

(11) DEZALAY, Yves; TRUBEK, David M. A internacionalização dos campos jurídicos e a criação de espaços transnacionais. *In:* FARIA, José Eduardo (Org.). *Direito e Globalização Econômica:* implicações e perspectivas. São Paulo: Malheiros,1996. p. 29-30.

(12) CF/88 – art. 8º É livre a associação profissional ou sindical, observado o seguinte: I – A lei não poderá exigir autorização do Estado para a fundação de sindicato, ressalvado o registro no órgão competente, vedadas ao Poder Público a intervenção na organização sindical.

(13) DEZALAY, Yves; TRUBEK, David M. Ob. cit., p. 36.

(14) Cf. Barroso: "Entra na estrutura do Direito Trabalhista uma perspectiva jurídico-econômica de traços radicais da órbita capitalista que se entende mais por seu caráter funcional que por uma distinção conceitual jurídica, dada sua diversidade constitutiva e sua pluralidade de objetivos, que pode perseguir as políticas de flexibilidade laboral na dicotomia da força de trabalho e as exigências de multiplicação do capital. BARROSO, Fábio Túlio. *Novo contrato de trabalho por prazo determinado:* flexibilização laboral e internacionalização das relações de trabalho. Curitiba: Juruá, 2010. p. 49.

(15) En efecto, determinadas instituciones y principios que parecían consolidadas están sufriendo nuevas orientaciones. Tradução livre do autor. PÉREZA, José Luis Monereo. *Introduccion al nuevo derecho del trabajo:* una reflexión crítica sobre el Derecho flexible del trabajo. Valencia: Tirant lo Blanch, 1996. p. 195.

(16) De acordo com a Lei n. 9.601/1998, art. 1º: "As convenções e os acordos coletivos de trabalho poderão instituir contrato de trabalho por prazo determinado, de que trata o art. 443 da Consolidação das Leis do Trabalho — CLT, independentemente das condições estabelecidas em seu § 2º, em qualquer atividade desenvolvida pela empresa ou estabelecimento, para admissões que representem acréscimo no número de empregos".

(17) SARAIVA, Renato. *Direito do Trabalho:* versão universitária. 2. ed. São Paulo: Método, 2009. p. 133.

Outra alteração com os mesmos objetivos neoliberais deu-se com a Medida Provisória n. 2.164-41, de 2001, incluindo na CLT o art. 58-A, quanto ao trabalho em regime de tempo parcial com jornada não excedente a vinte e cinco horas semanais, estabelecendo a necessidade de negociação coletiva para alcançar os atuais empregados e assim flexibilização nesse caso se processou sobre mecanismos reguladores da relação de trabalho, ocorrendo no curso do vínculo empregatício. Imperioso destacar, portanto, que as normas coletivas possuem como principal objetivo exatamente o estabelecimento de condições de trabalho mais benéficas às previstas em lei, possibilitando assim o atingimento de melhoria da condição social do trabalhador, uma adequação social negociada, podendo acarretar consequências positivas ou negativas.

As condições positivas se tornam presente naturalmente quando proporcionam condições vantajosas para o trabalhador, do que a prevista minimamente em Lei; no entanto tornam-se negativas quando afetam em uma negociação as garantias sociais mínimas estabelecidas para as relações laborais. Portanto, nesta perspectiva, a relativização da indisponibilidade das regras de Direito do Trabalho alcança exatamente as hipóteses previstas pela própria legislação do trabalho, como os incisos XIII e XIV do art. 7º da CF/88, e o art. 58-A, § 2º, e art. 59, § 2º, ambos da CLT e o art. 1º da Lei n. 9.601/98 juntamente com a Portaria n. 42 do Ministério do Trabalho e Emprego, possibilitando a redução das garantias sociais por meio de convenção ou acordo coletivo[18].

Em suma, o modelo neoliberal presta-se como imposição ao desenvolvimento econômico, proporcionando uma melhora gradual da hegemonia da classe empresarial, e a institucionalização legal de modelos que sirvam ou mesmo contribuam com eficiência para o aperfeiçoamento e exercício democrático do antagonismo das forças econômicas profissionais. No Direito do Trabalho, o Neoliberalismo tratou de fixar suas âncoras exatamente na flexibilização laboral, desenvolvendo suas particularidades normativas de acordo com a conjuntura econômica de cada país, fragmentando os trabalhadores em seguimentos diferenciados, imobilizando o setor profissional da sociedade, uma vez que não é interessante que a sociedade civilmente se organize, já que poderia ameaçar a legitimação do poder, rompendo com o sentimento de unidade de interesses[19].

São sempre salutares as análises de Moacyr Amaral Santos quanto à importância da jurisdição para o Estado como interesse em resolver o conflito, tendo que tomar conhecimento e valoração para só então ser possível constatar qual interesse é juridicamente protegido, assegurando respeito à ordem jurídica, com a consequente atuação da lei reguladora da espécie. Portanto, o objetivo do Estado, no exercício da função jurisdicional, é assegurar a paz jurídica pela atuação da lei disciplinadora da relação jurídica em que se contrapõem as partes. Neste ínterim, atuando a lei no caso concreto, o Estado reconhece e delibera quanto ao direito subjetivo, consequência natural da aludida atuação, portanto a finalidade da jurisdição é resguardar a ordem jurídica, o império da Lei, e assim proteger aquele dos interesses em conflito que é tutelado pela lei, amparando o direito objetivo[20].

É inquestionável que dirimir conflitos[21] entre pessoas é necessariamente uma importante função judicial, sendo necessário para tanto que os cidadãos gozem de um eficaz serviço judiciário e de um amplo acesso a ele. Neste sentido, Zaffaroni[22] atenta de forma esclarecedora que a solução de conflitos ainda que fique pendente quê conflitos e de quê forma, é sem dúvida, uma função manifesta e inquestionável, qual seja: "a jurisdição — dizer o direito". O Estado Democrático de Direito, em sua perspectiva de concretização dos direitos fundamentais, depende bastante de uma ação concreta do Judiciário que por diversas oportunidades vem superando as expectativas dos demais poderes, como, por exemplo o poder Legislativo, sendo o Judiciário legítimo vetor, mecanismo propulsor das garantias constitucionais que assegurem, dentre outras, a dignidade da pessoa humana.

Indiscutivelmente, o Direito Processual vem a ser o Ramo do Direito que proporciona enquanto ciência o estudo de toda conjuntura de normas e princípios que proporcionem a regulamentação necessária para a função jurisdicional do Estado. Em todos os seus aspectos, e que fixe o procedimento a ser seguido como meio para obtenção da atuação do Direito Positivo, nos casos concretos, verificando as pessoas que devem se submeter à jurisdição do Estado e os funcionários encarregados de exercê-la.

(18) BARROSO, Fábio Túlio. *Manual de Direito Coletivo do Trabalho*. São Paulo: LTr, 2010. p. 231-232.

(19) BARROSO, Fábio Túlio. *Estudo sobre o Direito Sindical*. Recife: Editora Universitária da UFPE, 2010. p. 37-38.

(20) SANTOS, Moacyr Amaral. *Primeiras linhas de Direito Processual Civil*. São Paulo: Saraiva, 1995. p. 68-69.

(21) O conflito social, em verdade, configura os aspectos sociativos da vida em grupo, onde valores e ideias se constituem em armas para desavenças e ao mesmo tempo instrumentos de integração, por isso envolve uma falange de posições entre os prazeres do campo sociológico. GONÇALVES, William Couto. *Uma introdução à filosofia do direito processual:* estudos sobre a jurisdição e o processo fundamentando uma compreensão histórica, ontológica e teleológica. Rio de Janeiro: Lumen Juris, 2005. p. 15-16.

(22) ZAFFARONI, Eugenio Raúl. *Poder Judiciário:* crise, acertos e desacertos. Trad. de Juarez Tavares. São Paulo: RT, 2005. p. 36.

É evidente que diante da constitucionalização dos ramos do Direito, o processo teve que se ajustar a uma nova realidade. Neste ínterim, o acesso à justiça, no Brasil, se encontra devidamente recepcionado e garantido, como direito constitucional, elevado à categoria de direito fundamental, *ex vi*, Art. 5º inciso XXXV, da Carta de 1988, estabelecendo que a "lei não excluirá da apreciação[23] do Poder Judiciário, lesão ou ameaça a direito". Nessa perspectiva, o sentimento constitucional parte do entendimento relacionado ao prevalecimento da efetividade do processo, como garantia da dignidade da pessoa humana e assim o aludido dispositivo constitucional não se resume apenas ao direito de petição aos órgãos jurisdicionais, mas, sobretudo, a uma tutela jurisdicional efetiva, adequada, tempestiva e principalmente de resultados.

4. Conclusão

O conjunto de experiências vivenciadas no dia a dia, frente à opção do homem por viver em sociedade, revela uma certeza pujante no sentido de que às reivindicações sociais, e seus sentimentos relacionados à necessidade de mutação do *status quo*, revela toda uma conjuntura mutante, que quando levada a sério pela sociedade, mas sobretudo pelo Estado, é capaz de promover mudanças consideráveis, objetivando melhorias das condições para o convívio em sociedade.

O grande desafio que se apresenta vem a ser exatamente, qual e onde se encontrar o verdadeiro espaço para que seja possível a sociedade travar um debate social. Um diálogo com equilíbrio e paridade, capaz de instrumentalizar conclusões impulsionadoras da melhoria da vida em sociedade, diminuindo as desigualdades sociais, fazendo nascer um sentimento de humanização dos povos.

Enquanto esse espaço para o grande debate social não se revela completamente, é efetivamente as redes sociais de comunicação eletrônica quem vêm ocupando o lugar que, em tempos idos, seria típico do Poder Legislativo, e nesse permeio, o Poder Estatal vem valendo-se dos "gritos da ruas" na promoção de uma ajustamento do discurso político, na tentativa de acomodar o tecido social em constante ebulição.

Nestas perspectivas, vem sendo utilizados paliativos emergenciais para acomodação do tecido social. As massas são manipuladas ideologicamente para legitimar o Poder, e ao mesmo tempo se constata a profunda dificuldade de credibilidade perante a sociedade, por parte dos poderes executivos e legislativos, desgastados pelos muitos escândalos e denúncias de corrupção. Neste ínterim, o Poder Judiciário vem chamando para si as responsabilidades necessárias para a efetivação dos Direitos Sociais, nascendo a figura do ativismo judicial, necessário para alguns e bastante criticado por muitos outros. Na verdade, a sociedade almeja uma certeza quanto à concretização dos fins colimados pelo Estado Democrático Social de Direito.

No caso do Brasil, havendo elegido para seara dos objetivos do Estado, a concretização dos Direitos Fundamentais, *ex vi*, arts. 3º e 4º da Constituição da República Federativa do Brasil de 1988, sua densificação não pode quedar-se inerte. Todos os cidadãos brasileiros têm a responsabilidade de lutar pela concretização de seus direitos, no entanto, as autoridades são diretamente responsáveis pela efetivação das propostas elencadas na conjuntura de Direitos Sociais.

Para tanto, todos os brasileiros necessitam se revestirem de compromissos com a própria cidadania, uma vez que jamais devemos perder o referencial de que o Estado é produto da capacidade intelectual do Homem e assim a Sociedade é inteiramente responsável pela escolha que faz.

Haverá sempre um centro de tensão entre o Homem e o Estado; no entanto ao nos revestirmos de um sentimento de compromisso com a cidadania, necessariamente estaremos dando um passo significativo para resolvermos nossos problemas ou pelo menos amenizar uma realidade drástica que tenta se avizinhar.

Compromisso que as autoridades devem assumir com as instituições e/ou entes políticos os quais representa; quando, por exemplo, o Estado/Juiz busca assumir seu posto de produtividade, como elo entre a pretensão posta em Juízo e a efetivação no reconhecimento desse eventual Direito, mesmo que sejam precárias as condições de trabalho, com deficiência de servidores às vezes mal remunerados ou carentes de qualificação, mas é necessário entender que se trata de um serviço público dos mais relevantes a ser prestado à sociedade. Principal propulsor da Pacificação Social. E assim todos, Juízes, Serventuários, Ministério Público e principalmente os Advogados, jamais deverão perder de vista este sentimento de compromisso com a própria cidadania, propulsores para o reconhecimento de Direitos.

Compromisso também necessário e que não deve faltar ao Representante do Poder Executivo um Prefeito, por

(23) O Poder Judiciário aprecia emitindo juízo de valor. "Apreciar" significa definir o valor de alguma coisa. Quando isso é feito pelo Judiciário, o que se tem é um julgamento, pelo qual se decide o sentido do objeto sob apreciação. Logo, a apreciação pelo Poder Judiciário da lesão ou ameaça de direito se traduz numa decisão que define se houve ou não lesão do direito, se há ou não ameaça a direito alegada pela pessoa ou coletividade que recorreu ao Poder Judiciário. É no signo "apreciação" que se centra a garantia individual consubstanciada na norma constitucional. SILVA, José Afonso da. *Comentário contextual à Constituição*. 6. ed. São Paulo: Malheiros, 2009. p. 132.

exemplo, ao impor aos seus assessores a necessidade de transparência nas contas e gastos públicos, agindo com probidade, implementando políticas públicas com capacidade de proporcionar inclusão social, primando pela ausência de corrupção na máquina estatal. Fazendo valer a legitimação que a sociedade lhe proporcionou quando da escolha mediante um processo eleitoral sério em que contempla o exercício da cidadania.

Também compromisso necessário em que se deve sempre conclamar sua presença, junto ao verdadeiro Poder que deveria representar o povo, uma vez que o Poder Legislativo e seu plenário é o local propício para o grande debate social, que poderia resolver as muitas questões de interesse da sociedade contribuindo especialmente para a valorização da dignidade da pessoa humana, mas que infelizmente há muito o Legislativo vem desacreditado nos meios sociais, sendo necessário o estabelecimento de metas que possam contribuir para o resgate de sua credibilidade junto à sociedade, uma nova legitimação com capacidade de aflorar, desprovida de manipulação das massas e que possa contribuir para melhorias das condições de vida.

Quanto a essas modas de privatização, como sinônimo de eficiência, tudo arquitetado pelo modelo neoliberal, põe em teste a capacidade da sociedade em se organizar, para superar as manipulações ideológicas processadas pelas elites dominantes, que sempre encontram um espaço para aprimorar suas estratégias de dominação do Poder, o fato é que a sociedade brasileira necessita urgentemente superar suas adversidades, diminuindo as desigualdades sociais, especialmente pelo fato de estarmos emergindo para uma econômica mais fortalecida. No entanto o Povo Brasileiro ainda não despertou para necessidade de adquirir cultura, educação, humanização dos relacionamentos, e as estratégias do poder econômico em uma burguesia, fortalecida pelo capitalismo predador reinante, empurra para baixo as esperanças de evolução da Sociedade Brasileira ao menos no terreno da educação e formação. Nessa perspectiva, devemos lembrar do velho adágio popular: O povo menos informado é mais fácil de ser manipulado!!!

Esperanças sempre existirão. Os dias vindouros poderão noticiar a possibilidade de concretização dos Direitos Sociais. O fato é que vivenciamos momentos de extrema efervescência, a sociedade se encontra em convulsão, as instituições em choque, afetadas pela mitigação dos valores éticos e morais, tão necessários para a pacificação das relações sociais e para o reconhecimento dos direitos, é preciso acreditar que a sociedade é capaz de superar as dificuldades rumo a uma sempre pretendida segurança e ordem, motivo pelo qual o homem fez opção por viver em sociedade.

5. Referências bibliográficas

BARROSO, Fábio Túlio. *Estudos sobre o direito sindical.* Recife: Editora Universitária da UFPE, 2010.

________. *Neocorporativismo e concentração social:* análise político-jurídica das atuais relações coletivas de trabalho no Brasil. Recife: Editora Universitária da UFPE, 2010.

________. *Novo contrato de trabalho por prazo determinado:* flexibilização laboral e internacionalização das relações de trabalho. Curitiba: Juruá, 2010.

________. *Manual de Direito Coletivo do Trabalho.* São Paulo: LTr, 2010.

CASTELLS, Manuel. *A Galáxia da Internet:* reflexões sobre a internet, os negócios e a sociedade. Rio de Janeiro: Zahar, 2003.

CHAUI, Marilena. *Convite à filosofia.* São Paulo: Ática, 1994.

DEZALAY, Yves; TRUBEK, David M. A internacionalização dos campos jurídicos e a criação de espaços transnacionais. *In:* FARIA, José Eduardo (Org.). *Direito e Globalização Econômica:* implicações e perspectivas. São Paulo: Malheiros, 1996.

GONÇALVES, William Couto. *Uma introdução à filosofia do direito processual:* estudos sobre a jurisdição e o processo fundamentando uma compreensão histórica, ontológica e teleológica. Rio de Janeiro: Lumen Juris, 2005.

HABERMAS, Jürgen. *A crise de legitimação no capitalismo tardio.* 2. ed. Trad. de Vamireh Chacon. Rio de Janeiro: Tempo Universitário, 2002.

PÉREZ, José Luis Monereo. *Introduccion al nuevo derecho del trabajo:* una reflexión crítica sobre el Derecho flexible del trabajo. Valencia: Tirant lo Blanch, 1996.

SANTOS, Luiz Alberto Matos dos. *A liberdade sindical como direito fundamental.* São Paulo: LTr, 2009.

SANTOS, Moacyr Amaral. *Primeiras linhas de direito processual civil.* São Paulo: Saraiva, 1995.

SARAIVA, Renato. *Direito do Trabalho:* versão universitária. 2. ed. São Paulo: Método, 2009.

SOARES FILHO, José. *Elementos da ordem jurídica internacional e comunitária:* enfoque dos direitos sociais e trabalhistas no plano supranacional e em face da globalização da economia. Curitiba: Juruá, 2003.

SORJ, Bernardo. *A nova sociedade brasileira.* 3. ed. Rio de Janeiro: Jorge Zahar, 2006.

ZAFFARONI, Eugenio Raúl. *Poder Judiciário:* crise, acertos e desacertos. Trad. de Juarez Tavares. São Paulo: RT, 2005.

Nulidade da Citação Postal na Execução Trabalhista

Fábio Túlio Barroso[(*)]

1. Introdução

A prática forense trabalhista vem apresentando inúmeros desafios aos advogados e magistrados, principalmente no seu momento crucial — a execução.

Vários são os procedimentos adotados pelas Varas do Trabalho quando da apuração e pagamento dos valores decorrentes da condenação presentes no julgado, o que por vezes acaba por retardar a efetividade da prestação jurisdicional.

Ponto bastante polêmico, que pela necessidade de celeridade processual acaba por vezes sendo ratificado, é o ato que está relacionado à citação do devedor na execução. Não são raros os casos em que o magistrado determina a citação pela via postal, com prazos superiores ao legal, mesmo havendo determinação especial e específica[(1)] em norma consolidada sobre esta situação, prevista no art. 880 consolidado, que trata de matérias e procedimentos especiais trabalhistas[(2)].

Também não é incomum que este ato, além do vício procedimental, tenha desdobramentos inquinados de invalidade, visto que a norma citada determina que seja realizado por oficial de justiça, ao devedor, além de ser acompanhado da respectiva sentença exequenda, possuindo prazo limitado (forma prevista em lei), como se pode ver do conteúdo do art. 880 da CLT, abaixo transcrito:

> Art. 880 – Requerida a execução, o juiz ou presidente do tribunal mandará expedir mandado de citação do executado, a fim de que cumpra a decisão ou o acordo no prazo, pelo modo e sob as cominações estabelecidas ou, quando se tratar de pagamento em dinheiro, inclusive de contribuições sociais devidas à União, para que o faça em 48 (quarenta e oito) horas ou garanta a execução, sob pena de penhora.
>
> § 1º O mandado de citação deverá conter a decisão exequenda ou o termo de acordo não cumprido.
>
> § 2º A citação será feita pelos oficiais de diligência.
>
> § 3º Se o executado, procurado por 2 (duas) vezes no espaço de 48 (quarenta e oito) horas, não for encontrado, far-se-á citação por edital, publicado no jornal oficial ou, na falta deste, afixado na sede da Junta ou Juízo, durante 5 (cinco) dias.

Ou seja, o desatendimento dos elementos imperativos presentes na norma específica contida na CLT impedem que ato discricionário possa surtir o efeito pretendido, uma vez que desatende ao conteúdo imperativo de norma processual especial, que prevê justamente a necessidade do seu cumprimento na sua forma, tornando-o nulo.

Ou seja, tem-se uma nulidade processual, como se tem a título de ilustração:

> Há muitos pontos de vista sobre a teoria das nulidades escudados em sólidos argumentos. A orientação prática deste esboço dispensa-nos de um exame doutrinário mais acurado da matéria. Dirigiremos nosso esforço ao estabelecimento de critérios que alicerçam na lógica jurídica e na jurisprudência, visando a descobrir regras gerais, harmônicas com o entendimento dos tribunais, capazes de orientar onde alei não seja clara. (...)
>
> Os atos jurídicos perfeitos conforma-se de todo com certas prescrições da lei: se atendidas, a perfeição do ato, em regra, leva à sua eficácia. Quando determinado ato, inclusive em processo, se afasta dos padrões legais, deixa de ser perfeito, passando a ser irregular, o que pode trazer várias consequências. Assim, a classificação de um ato como irregular depende de que se conheçam as características do ato jurídico perfeito, sem o que faltará paradigma capaz de ensejar uma distinção de ordem técnica. O estudo dos defeitos, nulidades ou ineficácia do ato jurídico é, então, também, o da validade, perfeição ou eficácia do ato jurídico. (...)
>
> Regulamentação legal da matéria. A lei há de ser o principal alicerce de qualquer resposta de alcance prático. Tratando-se de Direito Processual Trabalhista, consultar-se-á o disposto na CLT, recorrendo-se

---

(*) Advogado. Professor da UNICAP (graduação e PPGD). Professor da FDR-UFPE (graduação e PPGD). Professor da FACIPE (graduação). Doutor em Direito pela *Universidad de Deusto*, Espanha. Pós-Doutor em Direito pela *Universidad de Granada*, Espanha. Presidente honorário da Academia Pernambucana de Direito do Trabalho – APDT. Líder do grupo de pesquisa cadastrado no CNPq "Efetividade das Normas Trabalhistas na Pós-modernidade".

(1) De acordo com o Relatório de Jurisprudência do Tribunal de Justiça do Estado de São Paulo, em: DINIZ, Maria Helena. *Lei de Introdução ao Código Civil Brasileiro interpretada*. São Paulo: Saraiva, 1997. p. 72: "Uma lei é especial se possuir em sua definição legal todos os elementos típicos da norma geral e mais alguns de natureza objetiva ou subjetiva, denominados 'especializantes'. A norma especial acresce um elemento próprio à descrição legal do tipo previsto na norma geral, tendo prevalência sobre esta, afastando assim o *"bis in idem"*, pois o comportamento só se enquadrará na norma especial, embora também esteja previsto na geral". (RJTJSP, 29: 303).

(2) A título de reflexão sobre as características do Direito e de suas normas: GUSMÃO, Paulo Dourado de. *Introdução ao Estudo do Direito*. Rio de Janeiro: Forense, 1985. p. 124. Já as relações jurídicas regidas pelo direito especial só têm alguns pontos de semelhança com as disciplinadas pelo direito geral, porém, ao contrário destas, têm aspectos que as tornam diversas das comuns e que exigem tratamento especial.

subsidiariamente ao CPC e especialmente tendo-se em vista os princípios gerais em matéria de nulidade e anulabilidade registrados no Código Civil, que desde logo referimos, pois sem o seu conhecimento os textos processuais são difíceis de compreender[(3)].

Não há questionamento, por certo, sobre as dificuldades correntes que a notificação por meio de oficial de justiça acarreta, quando diante de devedores maliciosos ou mesmo e infelizmente, a utilização de artifícios para que não se concretize a citação, com a criação de empecilhos no intuito de elidir o ato formal e consequentemente a cobrança judicial[(4)], que nesta altura absolutamente devida, podendo ser discutido apenas a fórmula encontrada e o respectivo valor. Contudo, as normas são de aplicação a todos, sobrepondo-se o princípio da inocência e da boa-fé, que permeia tanto o processo quanto às relações sociais, não podendo estes litigantes serem impelidos a uma tramitação processual diferente dos cânones pré-existentes dos procedimentos a serem seguidos pelo magistrado e pelas partes.

2. Da nulidade da citação postal pela afronta ao devido processo legal

Uma vez realizada a citação do executado por via postal, seja com fulcro no art. 8º da Lei n. 6.930/80, que trata das execuções fiscais e somente pode ser utilizada subsidiariamente[(5)] ou mesmo no § 1º do art. 841 da CLT[(6)], que trata da notificação inicial, ao se propor a reclamação trabalhista, tem-se como violado o devido processo legal, haja vista que impôs uma forma de citação na fase de execução completamente distinta do que determinam os mandamentos consolidados específicos e acima descritos.

Ou seja, as partes que litigantes têm conhecimento de como será iniciado e concluído o processo, de acordo com seus procedimentos previamente estabelecidos pela estrutura normativa para o andamento do feito, não podendo ser surpreendidas por inovações de ordem subjetiva, que acabam por estabelecer condições novas e contrárias à lei, acarretando um sem fim de prejuízos, que podem ser de ordem material ou mesmo processual.

Ocorrendo uma modificação conteúdo processual estabelecesse-se absoluta insegurança jurídica, abrindo passo para o arbítrio inadmitido num Estado democrático de Direito.

Essa é uma situação que deverá ser considerada como manifesto erro do magistrado, contrariando o disposto normativo sobre a forma da citação em sede de execução, visto que deverá ser obedecido o conteúdo estabelecido na norma, como é colhido o ensinamento de Júlio Cesar Bebber[(7)]:

> (...) é a conclusão que a verdade fática estabelecida é regida por determinada norma jurídica, segundo a interpretação que dela extrai (mediante esclarecimento do suporte fático dessa norma). Nessa tarefa, não basta dizer que determinada norma jurídica regula a verdade fática estabelecida. Há que se dizer, também, por que ela não se enquadra nas normas jurídicas propostas pelas partes.

Quando há norma específica para o procedimento, não cabe inovação nem extensão do seu conteúdo por parte do magistrado, nem mesmo interpretações ampliativas, de acordo com as indeclináveis exigências da norma celetista que não comporta flexibilização, podendo colocar em risco os próprios pilares do Estado Democrático de Direito e configurar o uso arbitrário do poder geral de cautela.

Isso porque, sendo norma especial e específica para determinado procedimento diferenciado, somente a norma

(3) CLEMENTINO, J. T. Vianna; NASCIMENTO, Amaury Mascaro do; MALTA, Christóvão Piragibe Tostes (Coords.). *Dicionário de Direito e Processo do Trabalho.* Organizado pela Academia Nacional de Direito do Trabalho. Rio de Janeiro: Freitas Bastos, 1985. p. 208-202.

À guisa de comparativo, o art. 145 do Código Civil de 1916 é o art. 166 do Código Civil de 2002, que estabelece ser nulo o negócio jurídico, IV – não revestir a forma prescrita em lei; Por conseguinte, segundo Alexandre Agra Belmonte: e por não gerar efeitos válidos, as partes são restituídas ao estado anterior à respectiva prática, em: PINTO, José Augusto Rodrigues; MARTINEZ, Luciano; MANNRICH, Nelson (Coords.). *Dicionário Brasileiro de Direito do Trabalho.* Academia Nacional de Direito do Trabalho. São Paulo: LTr, 2013. p. 301.

(4) Como indicado em: BARROSO, Fábio Túlio. *A citação postal na execução trabalhista:* notas sobre sua nulidade. Disponível em: <http://www.cartaforense.com.br/conteudo/artigos/a-citacao-postal-na-execucao-trabalhista-notas-sobre-sua-nulidade/14366> Acesso em: 3 set. 2014.

O grande quantitativo de demandas trabalhistas, algumas dissimulações de executados maliciosos etc., podem justificar a via postal como mais fácil e célere para que ocorra a efetividade da jurisdição. Mas, essa modalidade afronta a legalidade, o que não pode se coadunar com a instrumentalidade das formas, acarretando ainda, uma vez contestada, uma série de atropelos à marcha processual, com medidas para fazer valer a norma própria.

(5) CLT: art. 889 – Aos trâmites e incidentes do processo da execução são aplicáveis, naquilo em que não contravierem ao presente Título, os preceitos que regem o processo dos executivos fiscais para a cobrança judicial da dívida ativa da Fazenda Pública Federal.

(6) Art. 841 – Recebida e protocolada a reclamação, o escrivão ou secretário, dentro de 48 (quarenta e oito) horas, remeterá a segunda via da petição, ou do termo, ao reclamado, notificando-o ao mesmo tempo, para comparecer à audiência do julgamento, que será a primeira desimpedida, depois de 5 (cinco) dias.

§ 1º A notificação será feita em registro postal com franquia. Se o reclamado criar embaraços ao seu recebimento ou não for encontrado, far-se-á a notificação por edital, inserto no jornal oficial ou no que publicar o expediente forense, ou, na falta, afixado na sede da Junta ou Juízo.

§ 2º O reclamante será notificado no ato da apresentação da reclamação ou na forma do parágrafo anterior.

(7) BEBBER, Júlio César. *Recursos no Processo do Trabalho* São Paulo: LTr, 2014. p. 343-344.

do art. 880 da CLT deverá ser utilizada, sob pena de violar o devido processo legal, constitucionalmente assegurado no inciso LIV do art. 5º da Constituição da República, o que torna naturalmente nula a citação, bem como seus atos subsequentes, dado que o conteúdo do art. 880, § 2º da CLT determina que a citação para o pagamento ou garantia de penhora, deverá se dar exclusivamente por meio de oficial de justiça.

De igual forma, como não há outra norma a ser utilizada para o início da fase executória, se a pedido do exequente ou de ofício, deverá ser respeitado o mandamento determinado pelo legislador, sem flexibilização, pois não há lacunas a serem supridas.

Em que pese a existência de posicionamentos jurisprudenciais contrários ao antedito, com fundamento no princípio da instrumentalidade das formas, tem-se que outra parte da jurisprudência nacional é no sentido de inadmitir a citação para execução de forma diversa à contida na CLT, o que afronta o devido processo legal, sendo este um prejuízo dos mais gravosos para os jurisdicionados, vez que as normas não são cumpridas justamente pelo Estado-Juiz, como se tem a seguir transcrito.

> MANDADO DE SEGURANÇA. DEVIDO PROCESSO LEGAL. Art. 880 DA CLT. A ausência de citação pessoal para fins de cumprimento da decisão exequenda, previsto no art. 880 consolidado, fere o devido processo legal, tornado nula a determinarão de bloqueio das contas bancárias do impetrante. Segurança concedida. (TRT-19 – MS: 411201000019001 AL 00411.2010.000.19.00-1, relator: Severino Rodrigues, Data de Publicação: 30.9.2010).
>
> RECURSO DE REVISTA. MULTA PREVISTA NO ART. 475-J DO CPC. INAPLICABILIDADE AO PROCESSO TRABALHISTA. Deve ser reformada a decisão adotada pelo Tribunal Regional, visto que o entendimento dominante nesta Corte é no sentido de que o art. 475-J do CPC não tem aplicação ao Processo do Trabalho. Isso porque o Processo do Trabalho tem regramento próprio, qual seja o art. 880 da CLT, o qual determina que "Requerida a execução, o juiz ou presidente do tribunal mandará expedir mandado de citação do executado, a fim de que cumpra a decisão ou o acordo no prazo, pelo modo e sob as cominações estabelecidas ou, quando se tratar de pagamento em dinheiro, inclusive de contribuições sociais devidas à União, para que o faça em 48 (quarenta e oito) horas ou garanta a execução, sob pena de penhora". Ainda, nos termos do art. 769 da CLT, somente nos casos omissos é que o direito processual comum será fonte subsidiária do direito processual do trabalho, exceto naquilo em que for incompatível com as normas da CLT. Recurso de revista de que se conhece e a que se dá provimento. (TST – RR: 20399020115030093 2039-90.2011.5.03.0093, relator: Valdir Florindo, Data de Julgamento: 12.6.2013, 7ª Turma, Data de Publicação: DEJT 14.6.2013)
>
> EXECUÇÃO TRABALHISTA. CITAÇÃO PELO CORREIO. NULIDADE. APLICAÇÃO DO ART. 880 DA CLT. A execução trabalhista é regida por normas próprias, podendo ser utilizadas subsidiariamente as regras do direito processual comum somente quando houver lacunas, consoante preceitua o art. 769 da CLT. Assim, é nula a citação do executado via correio, considerando que o art. 880 da CLT prevê expressamente a expedição de mandado de citação para a execução, por meio de Oficial de Justiça. (TRT-18 1802200800718024 GO 01802-2008-007-18-02-4, relator: PLATON TEIXEIRA DE AZEVEDO FILHO, Data de Publicação: *DJ Eletrônico*, Ano IV, n. 79 de 10.5.2010, p. 6-7)
>
> NULIDADE DO PROCESSO DE EXECUÇÃO — ERRO DE PROCEDIMENTO — Nulidade do processo de execução ante a não observância do procedimento previsto no art. 880 da CLT e seguintes. (TRT-1 - AGVPET: 592007120085010076 RJ, relator: Marcos Palacio, Data de Julgamento: 16.9.2013, Terceira Turma, Data de Publicação: 30.9.2013)

Nessa mesma esteira, o Tribunal Regional do Trabalho da 1ª Região sumulou o tema, no sentido de atender ao mandamento do art. 880 consolidado:

> SÚMULA N. 22 — EXECUÇÃO TRABALHISTA. PENHORA. CITAÇÃO PESSOAL DO EXECUTADO. ART. 880 DA CLT. PRINCÍPIO CONSTITUCIONAL DO DEVIDO PROCESSO LEGAL. É indispensável a citação pessoal do executado, inclusive na hipótese de desconsideração da personalidade jurídica, antes que se determine a penhora de seus bens.

Esse também foi o posicionamento do Conselho Superior da Justiça do Trabalho, no Procedimento de Controle Administrativo, Processo N. CSJT-1896346-60.2008.5.00.0000, abaixo transcrito:

> PROCEDIMENTO DE CONTROLE ADMINISTRATIVO — EXECUÇÃO — CITAÇÃO POR VIA POSTAL — PREVISÃO EM PROVIMENTO DO 12º TRT — IMPOSSIBILIDADE — ART. 880, § 2º, DA CLT.
>
> 1. O § 2º do art. 880 da CLT é taxativo ao prever que a citação para execução de sentença será feita por oficiais de justiça o que é uma garantia para o executado, dada a possibilidade de falha no recebimento de correspondência. E assim é feito porque a execução objetiva expropriar bens do devedor para a satisfação do direito do credor, pois aquele responde com o seu patrimônio no cumprimento das suas obrigações.
>
> 2. Tratando-se de matéria processual, refoge à competência da Corregedoria Regional dispor sobre a citação no processo de execução, sendo de se anular o § 1º do art. 15 do Provimento CR 04/05, sem adentrar no mérito da legalidade, ou não, da citação postal em sede de execução[8].

No mesmo sentido é a doutrina mais festejada, como no brilhante excerto do Desembargador do Trabalho da 15ª Região, Manoel Carlos Toledo Filho:

> (...) o legislador consolidado, a par de não fazer menção a títulos executivos extrajudiciais, estabeleceu que a execução poderia ser iniciada de ofício pelo Juiz, sem necessidade portanto de provocação da parte interessada (art. 878), o que seria um sinal

(8) Disponível em: <http://www.csjt.jus.br/c/document_library/get_file?uuid=1d980220-6d6e-4e34-a595-9c012ce4aa7c&groupId=955023> Acesso em: 18 ago. 2014.

claro de vinculação entre as atividades de cognição e execução; por outro lado, contudo, explicitou a necessidade de uma *citação específica* (art. 880), e não parou por aí; esclareceu que a mesma ao contrário daquela prevista pelo art. 841, deverá em regra ser viabilizada mediante *mandado*, cujo cumprimento estará afeto aos Oficiais de Justiça.

Parece claro assim que o legislador de 1943, neste passo, buscou perpetrar uma concessão à respeitável corrente doutrinária que, já naquela época, pugnava pela autonomia do processo de excução.

O certo, todavia, é que a citação por mandado contribui para tornar a execução burocrática, lenta e ineficaz, na medida em que a) faz a concretização depender de ato de oficial de justiça, o qual nem sempre, máxime nos grandes centros, possui uma estrutura adequada, em ordem a propiciar-lhe o célere cumprimento de seu dever; b) favorece manobras maliciosas do devedor , para as quais a citação por edital, previsto no § 3º do art. 880 da CLT, nem sempre se revela remédio suficiente.

As assertivas acima se robustecem pela circunstância de parte significante da doutrina trabalhista entender que a citação na execução deva ser *pessoal*, quer dizer, não poderia ela ser efetuada através de preposto do devedor, que tanto não estivesse explicitamente autorizado(9).

Também o inesquecível Valentin Carrion:

> A citação se cumpre pelo oficial de justiça (...) Não se aplica a inovação da lei de execução fiscal (L. 6.830/80, art. 8º, em apêndice) quanto à citação pelo correio nem quanto ao prazo para pagamento, essa lei é apenas subsidiária à CLT. A cópia do mandado que será entregue pelo oficial ao executado, assinando, constitui a contrafé(10).

De igual forma, Sérgio Pinto Martins afirma categoricamente que *A citação é feita pelos oficiais de Justiça*(11).

Na mesma linha, tem-se em Eduardo Gabriel Saad e outros:

> Citação do executado. A citação do executado é pessoal e feita por oficial de justiça. É o que, imperativamente exige o § 2º do artigo sob análise. Assim, em virtude dessa norma específica, no processo de execução trabalhista não é aplicável o art. 8º da Lei n. 6.830, o qual prevê a citação pelo correio, com aviso de recepção. Por consequência, incorrendo a citação pessoal por oficial de justiça, a execução será considerada nula, podendo ela ser assim considerada *ex officio*. Estabelece esse dispositivo legal ora examinado que a citação do executado é pessoal e deverá ser feita, necessariamente, por oficial de justiça. Tal sistemática de citação, além de ser cara para os cofres públicos, ela se apresenta, muitas vezes, inadequada, retardando injustificadamente a prestação jurisdicional, causando, invariavelmente, prejuízos aos trabalhadores.
>
> Neste momento em que toda a sociedade clama por celeridade na prestação jurisdicional pelo Estado, e com baixo custo operacional, impõe-se adotar, com urgência, a substituição da citação do executado por oficial de justiça pela citação por via postal, sistemática, aliá, já prevista no art. 8º, da Lei n. 6.830, de 22.9.80, que disciplina a execução fiscal.
>
> Atente-se que essa lei de execução fiscal é aplicável subsidiariamente ao processo trabalhista por força do disposto 889, da CLT, naquilo que não contravier aquilo que nela estiver disposto.
>
> Contudo, essa norma salutar contida no art. 8º, da Lei de Execução Fiscal, que autoriza a citação por via postal do executado, não pode ser aplicável no processo trabalhista em virtude da expressa previsão da CLT de que a citação deverá ser feita por oficial de justiça(12).

Ainda na mesma esteira, outro clássico da disciplina no Brasil, Mozart Victor Russomano, em obra coletiva, também leciona no mesmo sentido:

> Sendo a condenação líquida ou após o processo de liquidação do seu valor, a execução propriamente dita pode ter início, por ato do juiz, praticado *ex officio*, ou mediante requerimento da parte interessada.
>
> Será expedido mandado de citação ao executado para que ele pague ou garanta a execução, no prazo de 48 horas (art. 880, *caput*).
>
> (...) O mandado de citação deve preencher os requisitos legais, contendo o inteiro teor da decisão exequenda ou do acordo descumprido (art. 880 § 1º), sendo a citação feita por oficial de justiça (art. 880, § 2º)13.

Naturalmente que se impõe a medida de celeridade às demandas judiciais como postulado, sendo também princípio constitucional. Contudo, jamais sujeitando

(9) TOLEDO FILHO, Manoel Carlos. *Fundamentos e Perspectivas do Processo Trabalhista Brasileiro*. São Paulo: LTr, 2006. p. 155.

(10) CARRION, Valentin. *Comentários à Consolidação das Leis do Trabalho*. 37. ed. São Paulo: Saraiva, 2012. p. 881.

(11) MARTINS, Sérgio Pinto. *Direito Processual do Trabalho*. 33. ed. São Paulo: Atlas, 2012. p. 765.

(12) SAAD, Eduardo Gabriel e outros. *CLT Comentada*. 42. ed. São Paulo: LTr, 2009. p. 1.211.

(13) RUSSOMANO, Mozart Victor e outros. *CLT Anotada*. 5. ed. Rio de Janeiro: Forense, 2003. p. 272.

a legalidade à mera compreensão subjetiva da marcha processual, por mais que esteja presente a boa vontade e a pretensão de efetividade processual, pois colide com as normas previamente estabelecidas no Estado Democrático de Direito, que impõe a legalidade como princípio, enfeixado nos procedimentos obrigatórios a todos que participam do encadeamento lógico-sistemático processual.

Tem-se nesse sentido uma discussão em torno de matéria e de norma de ordem pública(14), indisponível, especial e imperativa, sendo a sua invalidade *in re ipsa*, com nulidades consequentes no processo, dos respectivos atos posteriores.

De outra banda, a alteração ou criação de norma de natureza processual por qualquer órgão é absolutamente contrária ao mandamento constitucional, visto que compete exclusivamente à União legislar sobre o direito processual, conforme norma do art. 22, I, da carta fundamental, devendo ser obedecido o mandamento consolidado para a situação.

Ainda assim, não há o que se admitir do ato viciado pela utilização do princípio da instrumentalidade das formas, visto que se operou em absoluto prejuízo à ordem jurídica e à parte, que tem contra si a procedimentalização da execução em confronto com o devido processo legal.

O prejuízo está presente justamente na utilização do processo judicial em confronto com a legalidade, não podendo ser validado o ato jurídico imperfeito, por entender de forma restrita que o prejuízo acontece apenas quando há perda material, como a penhora *on line*, por exemplo, sob pena de se justificar a ilegalidade e por vezes a arbitrariedade, visto que não atendidas as normas específicas para o momento processual.

Não se pode fundamentar tampouco a recepção da citação postal como válida como um mero apego à formalidade e sim, na exigência da forma prescrita em lei que consubstancia os elementos constitutivos do Estado Democrático de Direito, o que evita o subjetivismo na aplicação da norma, que acaba sendo um caminho bastante curto para a arbitrariedade inadmitida em nossa sociedade.

Assim, é de sensatez ímpar a lição de Jorge Luiz Souto Maior, como se tem a seguir:

> A técnica processual, portanto, não pode constituir fundamento para negar, em concreto, eficácia aos direitos sociais.
>
> Não se trata de desconsiderar a importância da técnica jurídica, mas de compreender que a técnica bem aplicada serve ao escopo do processo, de efetivação dos direitos sociais, e não o contrário.
>
> Segundo observa José Carlos Barbosa Moreira, tornou-se moda "em alguns setores, certo desprezo dos aspectos técnicos da ciência jurídica e da arte de julgar", acrescentando que existe "quem pretenda ver nas exigências legais da técnica, obstáculo insuperável à realização da justiça — ou talvez, mais exatamente, daquilo que, em determinado instante, e a uma visão subjetiva, pareça ser justiça".
>
> Adverte, no entanto, Barbosa Moreira, que o problema está em aplicar bem a técnica, visto que ela, antes de um obstáculo aos fins da justiça constitui-se uma garantia de efetividade do provimento jurisdicional, acrescentando que a inobservância da técnica acarreta o risco da multiplicação de incidentes processuais, "com nefastas consequências para a marcha dos feitos e o rendimento do trabalho judicial"(15).

Sendo assim, havendo norma específica e especial para o procedimento citatório na execução trabalhista, não cabe outra forma senão a prevista no art. 880 consolidado. Na hipótese de citação por outro meio, como o postal, tem-se sua invalidade, a ser requerida pela parte prejudicada de imediato, visto que desatendido o devido processo legal.

Ainda assim, a citação postal poderá acarretar outros prejuízos decorridos da atecnia processual, situações estas também invalidantes do ato praticado em desconformidade com o devido processo legal, que acarretam incidentes desnecessárias o normal andamento do feito, como abaixo já indicado:

> Existem basicamente três medidas processuais de impugnação imediata sem a necessidade de garantir a execução por meio dos embargos à execução do art. 884 da CLT, requerendo a nulidade da citação: 1) A exceção de pré-executividade, 2) Simples petição nos autos, com pedido de reconsideração, chamando o feito à ordem e a citação na forma legal e 3) O manejo do Mandado de Segurança, quando há o bloqueio de bens.

Ou seja, o executado possui a oportunidade de defender-se em face de ato praticado em desrespeito à lei e à norma de ordem pública, em afronta ao

(14) Nesse aspecto: REALE, Miguel. *Lições preliminares de Direito*. 27. ed. São Paulo: Saraiva, 2002. p. 130: Ordem pública aqui está para traduzir a ascendência ou primado de um interesse que a regra tutela, o que implica a exigência errefragável do seu cumprimento, quaisquer que sejam as intenções ou desejos das partes contratantes ou dos indivíduos a que se destinam.

(15) SOUTO MAIOR, Jorge Luiz. A Efetividade do Processo. In: SOUTO MAIOR, Jorge Luiz; CORREIA, Marcus Orione (Orgs.). *Curso de Direito do Trabalho*. Vol. IV – Direito Processual do Trabalho. São Paulo: LTr, 2009. p. 64-66.

princípio da ampla defesa do art. 5º, LV da Carta Magna, consectário do devido processo legal.

Particularmente a medida técnica mais adequada é a escolha pelo primeiro procedimento, requerendo prazo para o exequente se pronunciar, sem prejuízo à celeridade processual, visto que esta se coaduna com a legalidade e o título viciado não está apto à execução, principalmente com o advento do PJ-e e a redução do tempo morto nos processos, o que não poderá ser confundido como medida procrastinatória, sempre reprochável.

A segunda opção poderá ser utilizada em respeito ao princípio da simplicidade, chamando o feito à ordem para o cumprimento da norma de ordem pública desrespeitada, havendo também prejuízo à parte pelo desrespeito ao devido processo legal. Por sua vez, o manejo do *mandamus* encontra maior limitação, principalmente pela discussão sobre a natureza jurídica dos embargos à execução e suas consequências, mas poderá ser utilizado quando provado que não houve a ciência da citação e a consequente penhora[(16)].

De se deixar claro também, que sob qualquer hipótese não há conivência ou tentativa de se estabelecer ou defender a morosidade no processo do trabalho ou contribuir para a "crise da justiça[17]", mas apenas e tão somente estabelecer os imperiosos e precisos limites da legalidade aos casos concretos, independentemente de qual parte processual o advogado esteja defendendo, pelo respeito aos postulados da cidadania e do devido processo legal, albergados no Estado Democrático de Direito que perpassa qualquer interesse pessoal diante da profundidade e extensão das indeclináveis normas de comportamento previstas no estuário normativo atual.

3. Nulidade da citação pela impossibilidade do exercício do direito da ampla defesa

A citação postal uma vez realizada na execução trabalhista estabelece uma verdadeira armadilha ao executado.

Isso porque, ao utilizar-se da equivocada forma postal acima indicada, o magistrado pode ter como realizada a citação após passadas 48 horas, utilizando-se do teor da Súmula n. 16 do Colendo TST[(18)], o que acarreta incomensurável prejuízo ao executado, dado que deverá ocorrer pessoalmente, ou como muito, à pessoa capaz de recebê-la, devidamente indicada nos autos[(19)].

Verificada a desobediência ao mandamento legal e em respeito à boa-fé e à legalidade, sendo matéria de ordem pública, o executado tem a obrigação de requerer de imediato a chamada do feito à ordem, visto que os atos consequentes, como inquinados de nulidade, acarretarão prejuízo à marcha processual.

Contudo, o silêncio do executado pelo não recebimento da citação na forma determinada pelo art. 880 consolidado, acabará por representá-la como válida, visto a dedução jurídica por igualá-la à forma prevista para a citação inicial, conforme art. 841 consolidado, o que poderá lhe impor prejuízo de difícil reparação, com a penhora por meio do sistema Bacen-jud, ao não se insurgir sobre a desobediência ao procedimento próprio, concorrendo para a utilização ilegal do procedimento.

Cabe, pois, antecipar o primeiro momento de se falar nos autos, diante da flagrante afronta ao devido processo legal, devendo optar pelas formas que serão adiante apresentadas. Logo, imposta a incapacidade de utilização da ampla defesa constitucional, tem-se ao mesmo tempo a inexigibilidade do título, o que impede a continuidade da marcha processual.

Ou seja, de uma forma ou de outra, o executado não possuiu a oportunidade de se defender em face de ato praticado em desrespeito à lei, em afronta ao princípio da ampla defesa constitucional erigido como norma fundamental no mandamento do art. 5º, LV da Carta Magna, o que impõe também a nulidade da citação, por desrespeito ao devido processo legal e à ampla defesa, do inciso LIV do mesmo artigo constitucional[(20)].

(16) BARROSO, Fábio Túlio. Ob. cit.

(17) *Vide:* EÇA, Vitor Salino de Moura; MAGALHÃES, Aline Carneiro. Concretização do direito fundamental de acesso à justiça na seara laboral através da tutela da evidência. *In:* BEZERRA LEITE, Carlos Henrique; EÇA, Vitor Salino de Moura (Coords.). *Direito Material e Processual do Trabalho na Perspectiva dos Direitos Humanos.* São Paulo: LTr, 2014. p. 109. Assim definem a "crise da justiça": gerada dentre outros motivos pela morosidade da prestação jurisdicional, mais perceptível quando contratada com uma sociedade marcada pelo signo da rapidez e instantaneidade, e plo descompasso entre o modelo processual e os anseios dos jurisdicionados.

(18) Súmula n. 16 do TST: NOTIFICAÇÃO (nova redação) – Res. n. 121/2003, DJ 19, 20 e 21.11.2003. Presume-se recebida a notificação 48 (quarenta e oito) horas depois de sua postagem. O seu não recebimento ou a entrega após o decurso desse prazo constitui ônus de prova do destinatário.

(19) BARROSO, Fábio Túlio. Ob. cit.

(20) Constituição da República, art. 5º. Art. 5º Todos são iguais perante a lei, sem distinção de qualquer natureza, garantindo-se aos brasileiros e aos estrangeiros residentes no País a inviolabilidade do direito à vida, à liberdade, à igualdade, à segurança e à propriedade, nos termos seguintes:

(...)

LIV – ninguém será privado da liberdade ou de seus bens sem o devido processo legal;

LV – aos litigantes, em processo judicial ou administrativo, e aos acusados em geral são assegurados o contraditório e ampla defesa, com os meios e recursos a ela inerentes;

4. Pelo não envio da sentença exequenda junto com a citação

Outra situação comum quando acontece a indevida citação da execução trabalhista pela via postal é o não envio da respectiva sentença exequenda.

Ou seja, além de estar em desconformidade com o conteúdo normativo obrigatório, especial e específico do art. 880, § 2º da CLT para a citação na execução, a cópia da sentença exequenda ao não acompanhar a "citação postal", o que também torna o título executivo nulo, por ser incompleto, impedindo ainda a inequívoca e perfeita cognição do ato jurídico, pois também incompleta a contrafé, visto ser obrigação do Juízo cumprir a imperativa norma do art. 880, § 1º da CLT. Ou seja, é nula.

Isso porque o § 1º do art. 880 consolidado possui mandamento inconfundível, ao exigir que *O mandado de citação deverá conter a decisão exequenda ou o termo de acordo não cumprido.*

Nessa linha, a citação deverá ser entregue juntamente com o conteúdo da sentença exequenda, possibilitando ao executado o conhecimento inequívoco dos valores e a metodologia dos cálculos que responderá com seu patrimônio, para, querendo, apresentar sua insurgência em forma de Embargos à execução, uma vez garantida a execução, consoante norma do *caput* do art. 884 da CLT(21).

Ou seja, a sentença exequenda, exigida para o cumprimento do ato jurídico perfeito da citação deste momento processual, como consectário das normas presentes no art. 880 consolidado, é a que impõe o pagamento do valor reconhecido na condenação, liquidado para satisfazer o crédito do autor(22).

Colhe-se à baila ainda a lúcida lição de Sergio Torres Teixeira, na qualificação diferenciada das sentenças processuais(23):

> Sentença mandamental se aproxima, mas se confunde com a sentença executiva *lato sensu*. Ambas geram estreitas semelhanças em virtude da natureza auto-operante dos respectivos provimentos jurisdicionais, prescindindo de posterior processo de execução *ex intervalo*. Distinguem-se, contudo, quanto ao objeto imediato da respectiva tutela jurisdicional. Na decisão executiva em sentido amplo, o objetivo é entregar o bem litigioso ao credor, proporcionando transformações no plano empírico mediante a transferência do domínio da coisa litigiosa. Almeja, portanto, a passagem da esfera jurídica do vencedor aquilo que deveria estar lá (mas não está). Há, pois, atividade essencialmente executiva na sua operação: retirar do patrimônio do sucumbente o bem e transferir esta para a órbita material do credor. Na sentença mandamental, por outro lado, o objeto imediato é a imposição de uma ordem de conduta, determinando a imediata realização de um ato pela parte vencida ou sua abstenção quanto à certa prática. Atua sobre a vontade do vencido e não sobre o seu patrimônio, utilizando medidas não propriamente executivas, no sentido técnico do termo, mas meio para pressionar psicologicamente o obrigado a satisfazer a prestação devida e, com isso, cumprir o comando judicial emitido pelo Estado Juiz.

Logo, havendo nítida diferença procedimental no tocante aos momentos processuais e naturalmente norma específica quanto à citação, que além do mais determina o envio da sentença exequenda junto com o mandado citatório, perfazendo, o ato jurídico perfeito, não cumpridas estas formalidades indispensáveis, logo, nula a citação, ao desrespeitar o devido processo legal.

De igual sorte, Sergio Pinto Martins(24):

> É requisito do mandado de citação que conste a decisão exequenda ou o termo de acordo não cumprido, sob pena de nulidade, mas também é necessário constar o nome do Juiz. Normalmente no mandado é transcrita apenas a parte dispositiva da sentença ou o texto do acordo não cumprido. Na maioria das vezes, o mandado é instruído com a cópia da sentença.

Como a sentença exequenda deverá ser entregue junto com o mandado pelo oficial de justiça, ninguém poderá ser condenado a pagar algo se não tem conhecimento do seu conteúdo.

Logo, a não entrega da sentença exequenda junto com a citação acarreta prejuízo irreparável ao executado por

(21) Art. 884 – Garantida a execução ou penhorados os bens, terá o executado 5 (cinco) dias para apresentar embargos, cabendo igual prazo ao exequente para impugnação.

(22) Como assevera SARAIVA, Renato. *Curso de Direito Processual do Trabalho*. 9. ed. São Paulo: GEN/Método, 2012. p. 564: Nesse contexto, achando-se a dívida já com seu valor líquido e certo, será expedido o mandado executivo, denominado mandado de citação, penhora e avaliação (CPA), a ser cumprido pelo oficial de justiça.

(23) TEIXEIRA, Sergio Torres. Evolução do Modelo Processual Brasileiro: o novo perfil da sentença mandamental diante das últimas etapas da reforma processual. *In: Processo Civil:* Aspectos relevantes — Estudos em homenagem ao Prof. Olvídio A. Baptista da Silva. São Paulo: Método, 2005. p. 328-329. *Apud* BEZERRA LEITE, Carlos Henrique. *Curso de Direito Processual do Trabalho*. 10. ed. São Paulo: LTr, 2013. p. 684.

(24) MARTINS, Sérgio Pinto. *Direito Processual do Trabalho.* Doutrina e prática forense. 33. ed. São Paulo: Atlas, 2012. p. 765.

não conhecer do substrato e da fundamentação da decisão (conteúdo exequendo), além do prejuízo a ser compelido a pagar valor de forma distinta ao devido processo legal, o que, por sua vez, precisa seguir o imperativo de fundamentação sentencial previsto no art. 93, IX[(25)] da Constituição da República, além do prejuízo à ampla defesa constitucional do seu art. 5º, LV, o que também justifica a nulidade da citação postal.

5. Pela determinação de prazo diferente ao legal

O respeito à norma específica deverá ser por completo. Não deverá ocorrer a citação na execução trabalhista pela via postal, tampouco sem a entrega da respectiva sentença exequenda e muito menos desrespeitando o prazo previsto em lei.

Isso porque eventualmente, como a forma da citação não obedeceu ao mandamento do art. 880 consolidado, é possível que se estabeleça um prazo maior ao executado para pagar "em dinheiro, inclusive de contribuições sociais devidas à União" do que as "48 (quarenta e oito) horas ou garanta a execução, sob pena de penhora".

Também não poderá ser superior o previsto em lei para cumprir o que se tem de forma impositiva, como se fosse um lenitivo diante da forma diferente adotada pelo Juízo para que o executado pague o que é devido.

Ou seja, como vem sendo tratado, ao haver normas específicas sobre a execução trabalhista, não cabe a utilização subsidiária de preceitos normativos do processo civil, pois incompatível com o próprio teor do art. 769 da CLT[(26)].

Isso porque o art. 475-J do CPC determina o prazo de 15 (quinze) dias para o pagamento da dívida. Contudo, o prazo está relacionado à continuidade do processo civil, que estabeleceu normas inovadoras e dignas de aplauso, admitir o processo sincrético, e ao menos no aspecto formal, diminuir as distâncias entre as fases processuais e consequentemente atender ao princípio da celeridade e da razoável duração do processo.

Todavia, há prazo específico para que o executado cumpra com a execução trabalhista que é de 48 (quarenta e oito) horas, não podendo ser neste caso utilizado o mandamento civilista, por ser díspar e contrário tanto à norma específica trabalhista, quanto por ser menos benéfica ao trabalhador.

Logo, em havendo a citação da execução trabalhista pela via postal e em desrespeito ao prazo específico consolidado, tem-se mais uma situação de ilegalidade inadmitida pela ordem jurídica.

6. Conclusões

Naturalmente que o Direito alberga condições de validade dos seus atos de acordo com a previsão legal, uma vez existentes. Sendo esta a exigência de norma especial e específica para a citação na execução trabalhista, conforme o teor do art. 880 consolidado, não cabe extensão, subsídio ou outra situação ampliativa do seu conteúdo, sob pena de nulidade.

Dessa forma, em que pese os empecilhos de ordem prática para a efetividade do ato citatório neste momento do processo do trabalho, com infelicidades de atitudes maliciosas em que o devedor tenta elidir o recebimento do crédito do autor, a ordem jurídica também contempla pela regra os litigantes de boa-fé, que esperam a utilização das normas pré-existentes que contemplam o devido processo legal, não podendo haver inovação subjetiva nos procedimentos, com a necessária condição de legalidade a ser obedecida por todos.

Logo, na evidência da necessidade de uma atualização legislativa para adequar as normas processuais trabalhistas à realidade dos fatos, devendo facilitar a fase executória, tem-se que o devido processo legal deverá ser obedecido, com a aplicação das normas presentes no art. 880 consolidado, até que ulteriormente venha a ser consagrada nova dinâmica legal, sob pena de absoluto desrespeito à legalidade, o que não pode ser um instrumento na seara judicial, que, pela sua natureza, está mais próxima da cidadania.

7. Referências bibliográficas

BARROSO, Fábio Túlio. *A citação postal na execução trabalhista: notas sobre sua nulidade*. Disponível em: <http://www.cartaforense.com.br/conteudo/artigos/a-citacao-postal-na-execucao-trabalhista-notas-sobre-sua-nulidade/14366> Acesso em: 3 set. 2014.

BEBBER, Julio César. *Recursos no Processo do Trabalho*. São Paulo: LTr, 2014.

CARRION, Valentin. *Comentários à Consolidação das Leis do Trabalho*. 37. ed. São Paulo: Saraiva, 2012.

CLEMENTINO, J. T. Vianna; NASCIMENTO, Amaury Mascaro do; MALTA, Christóvão Piragibe Tostes (Coords.). *Dicionário de Direito e Processo do Trabalho*. Organizado pela Academia Nacional de Direito do Trabalho. Rio de Janeiro: Freitas Bastos, 1985.

(25) Constituição da República. Art. 93. Lei complementar, de iniciativa do Supremo Tribunal Federal, disporá sobre o Estatuto da Magistratura, observados os seguintes princípios:

IX – todos os julgamentos dos órgãos do Poder Judiciário serão públicos, e fundamentadas todas as decisões, sob pena de nulidade, podendo a lei limitar a presença, em determinados atos, às próprias partes e a seus advogados, ou somente a estes, em casos nos quais a preservação do direito à intimidade do interessado no sigilo não prejudique o interesse público à informação;

(26) Art. 769 da CLT. Nos casos omissos, o direito processual comum será fonte subsidiária do direito processual do trabalho, exceto naquilo em que for incompatível com as normas deste Título.

EÇA, Vitor Salino de Moura; MAGALHÃES, Aline Carneiro. Concretização do direito fundamental de acesso à justiça na seara laboral através da tutela da evidência. *In:* BEZERRA LEITE, Carlos Henrique; EÇA, Vitor Salino de Moura (Coords.). *Direito Material e Processual do Trabalho na Perspectiva dos Direitos Humanos*. São Paulo: LTr, 2014.

GUSMÃO, Paulo Dourado de. *Introdução ao Estudo do Direito*. Rio de Janeiro: Forense, 1985.

<http://www.csjt.jus.br/c/document_library/get_file?uuid=1d980220-6d6e-4e34-a595-9c012ce4aa7c&groupId=955023> Acesso em: 18 ago. 2014.

MARTINS, Sérgio Pinto. *Direito Processual do Trabalho*. Doutrina e prática forense. 33. ed. São Paulo: Atlas, 2012.

PINTO, José Augusto Rodrigues; MARTINEZ, Luciano; MANNRICH, Nelson (Coords.). *Dicionário Brasileiro de Direito do Trabalho*. Academia Nacional de Direito do Trabalho São Paulo: LTr, 2013.

REALE, Miguel. *Lições preliminares de Direito*, 27. ed. São Paulo: Saraiva, 2002.

RUSSOMANO, Mozart Victor e outros. *CLT Anotada*. 5. ed. Rio de Janeiro: Forense, 2003.

SAAD, Eduardo Gabriel e outros. *CLT Comentada*. 42. ed. São Paulo: LTr, 2009.

SARAIVA, Renato. *Curso de Direito Processual do Trabalho*. 9. ed. São Paulo: GEN/Método, 2012.

SOUTO MAIOR, Jorge Luiz. A Efetividade do Processo. *In:* SOUTO MAIOR, Jorge Luiz; CORREIA, Marcus Orione Gonçalves (Orgs.). *Curso de Direito do Trabalho*. Vol. IV — Direito Processual do Trabalho. São Paulo: LTr, 2009.

TOLEDO FILHO, Manoel Carlos. *Fundamentos e Perspectivas do Processo Trabalhista Brasileiro*. São Paulo: LTr, 2006.

A (Ir)Resposabilização da Administração Pública Perante a Terceirização e o Projeto de Lei n. 4.330/2004: um Retrocesso Social

Flávia Marcela Ferrão Xerita Maux(*)

1. Introdução

Este trabalho, abarcado sob a luz do princípio da dignidade da pessoa humana, almeja apresentar uma problemática que se faz presente no cenário brasileiro e volta a ser debatida nos tempos hodiernos: a terceirização.

Esta forma de flexibilização, que tem como possível fenômeno propulsor a globalização, as mudanças advindas do neoliberalismo e da pós-modernidade, já é objeto de discussão incessante na doutrina e na jurisprudência, pois trata da antiga contraposição do capital contra o trabalho, na qual se depara com diferentes posições sobre qual dos dois valores teriam predominância em relação ao outro, tanto na prática como na teoria. O referido assunto volta a ser mais enfatizado, também, devido ao Projeto de Lei n. 4.330 de 2004, após o embate no Congresso Nacional desde o segundo semestre do ano de 2013.

Este trabalho, para tanto, encontra-se dividido em quatro capítulos, dentre os quais o primeiro destina-se a relatar marcos teóricos das Relações de Trabalho, abarcando o neoliberalismo e o pós-modernismo.

Após isso, entrando no segundo capítulo, tratar-se-á da Terceirização e da sua ligação com a ideologia neoliberal e a pós-moderna, resultando, no âmbito do Direito do Trabalho no aparecimento de dois importantes efeitos: a insuficiência de normatização e a supressão dos direitos dos obreiros terceirizados, configurando uma relação de desequilíbrio na qual não se busca efetivar as garantias mínimas.

No terceiro capítulo, será discutido sobre a responsabilidade da Administração Pública, com base na Súmula n. 331 do Tribunal Superior do Trabalho após o julgamento da Ação Declaratória de Constitucionalidade n. 16. Apresentando-se a necessidade de um olhar especial sobre o tema que se encontra instalado no cotidiano brasileiro, embora ainda insuficientemente regulamentada.

Por fim, no último e quarto capítulo, depois de explicado a terceirização e as demais diretrizes deste artigo, será abordado, em linhas gerais, sobre o Projeto de Lei n. 4.330 de 2004 e a sua consolidação para a precarização e retrocesso no país.

2. Marco teórico das relações de trabalho

Para se situar melhor no decorrer deste artigo é salutar apresentar um contexto histórico do surgimento das ideias flexibilizatórias para compreender melhor os efeitos da terceirização e da responsabilidade do Estado na Administração Pública. Para tanto, é interessante fazer uma análise histórica do Direito do Trabalho, desde o possível surgimento destas ideias, ainda que de forma sucinta.

Foi no século XVIII, com a Revolução Francesa e Industrial que começou a ganhar cara o que viria a ser o Direito do Trabalho. Estes momentos marcados na história foram causadores de mudanças drásticas no âmbito laboral, isto é, a burguesia passou a ser detentora do poder, dando lugar ao liberalismo como o sistema político-econômico, ou seja, deixando no passado o absolutismo, como afirmam os doutrinadores.

A Revolução Industrial, a qual teve como consequência o aparecimento do Direito do Trabalho, acarretou mudanças no setor produtivo e deu origem à classe operária, transformando as relações sociais(1).

Diante deste novo cenário, a ideologia reinante nada mais era do que zelar pela propriedade privada, produção em massa, bem como pela "liberdade dos indivíduos"(2). Afinal, a abstenção do Estado nas relações privadas era o que defendiam os liberalistas: a não intervenção estatal. Dando vez para preocupar-se com questões em que sua presença se fazia mais necessária(3). Acontece, todavia, que o ideal da tríade da Revolução Francesa não vigorou em detrimento da nova classe dominante que imperava, pois a burguesia tornou-se o polo explorador da história.

Isto posto, a desenfreada e ilimitada liberdade juntamente com a produção em massa, configurou em cenários de

(*) Bacharel em Direito pela Universidade Católica de Pernambuco. Pós-graduanda em Direito Processual Civil e do Trabalho pela Escola de Magistratura do Trabalho da 6ª Região. Advogada. Autora de artigos científicos. Ex-integrante do Programa Institucional de Bolsas de Iniciação Científica e Tecnológica da Universidade Católica de Pernambuco – UNICAP.

(1) BARROS, Alice Monteiro de. *Curso de Direito do Trabalho*. 2. ed. São Paulo: LTr, 2006. p. 59.

(2) *Vide* MORATO, João Marcos Castilho. *Globalismo e Flexibilização Trabalhista*. Inédita: Belo Horizonte, 2003.

(3) *Vide* SOARES FILHO, José. *Proteção da Relação de Emprego*. Análise crítica em face de normas da OI e da legislação nacional. São Paulo: LTr, 2003.

locais insalubres e perigosos, com condições de trabalhos desumanos, sem parâmetros mínimos de garantias aos trabalhadores, visando apenas os lucros.

Diante da situação de total ausência de consciência social[(4)], logo surgiram novas revoltas ao sistema *suso* que a época imperava. E, então, quando começou a se instalar confusões em detrimento do exposto, o Estado, que até então se portava como mero espectador destes acontecimentos, começou a intervir e impor limites à tamanha liberdade e falta de consciência social, humana. Surgindo as primeiras normas trabalhistas que desde então mantêm a proteção do trabalhador hipossuficiente — pelo menos essa ainda é vista como uma das maiores características do Direito Laboral.

A rigor, conforme informou a respeitável doutrinadora Alice Monteiro de Barros, todos os ramos do Direito e, principalmente, as relações de trabalho foram-se insurgindo contra os princípios liberais e reclamando modificações nos seus institutos. Ainda, é salutar expor que doutrinadores sustentam que o Cristianismo e o Marxismo insurgiram-se contra a ideologia liberal, seja porque não poderia compactuar com a negação da dignidade humana, seja porque os princípios liberais oprimiam as classes trabalhadoras.

Foi só de fato depois da Primeira Guerra Mundial, contudo, que o Direito do Trabalho foi considerado como ramo do Direito, com a criação do Tratado de Versalhes, passando o mesmo a ser incorporado nas Constituições, como Direito Social.

Isto posto, ao caminhar pela história, depara-se com um marco importante: a queda do Muro de Berlim no ano de 1989, a qual prevalece o modelo econômico capitalista, em detrimento do socialista, nascendo, então, o famoso modelo do Neoliberalismo. Este atingiu todos os continentes, direta ou indiretamente, vindo com a intenção de não mais centralizar o comando de certos serviços no Estado, fortalecendo a iniciativa privada. Já o novo liberalismo, que talvez não seja tão novo assim, e, portanto, talvez só tenha recebido este nome com o "neo", o "novo" na frente de "liberalismo" para dar uma "nova roupagem" ao sistema, é uma tentativa de revigorar um sistema com uma imagem cansada. Afinal, este sistema ilustrava ter como principal proposta à volta da redução da intervenção do Estado nas relações particulares, mas agora prevalecendo à lei da concorrência[(5)], atingindo principalmente o cerne do Direito do Trabalho. Afinal, a liberdade das atividades do mercado englobaria a definição "livre" e sem medida de como seria a melhor forma de organizar as condições dos obreiros, um que por si só já se configurava um perigo.

A globalização surge como "parte de um todo formado pelo neoliberalismo, privatizações, multinacionais, dentre outros elementos que concernem à estrutura e atribuições do Estado e de sua organização política, suas relações internacionais e à ordem socioeconômica nacional e mundial"[(6)]. O processo de globalização significa que o mundo se reduz transformando-se em uma tendência de um mercado mundial único. É a mudança na matriz espaço-tempo, que já não se adapta ao antigo paradigma. A conformação internacional passa a ser cada vez mais importante que o âmbito nacional[(7)].

O fenômeno da globalização, possivelmente propulsor da terceirização[(8)], é decorrente de um programa de produção em massa que se originou. Uma nova dinâmica que se perfazia por mudanças ensejadas nas organizações e tecnologias impostas pela era globalizante da economia mundial, afinal, o Direito, como um sistema de normas de regulamentação social, é afetado por esse fenômeno. Ou seja, os efeitos do sistema capitalista expandiram-se do econômico ao financeiro, passando por outros campos relacionados[(9)]. Prevalecendo, portanto, o investimento, e não a preocupação com os Direitos Sociais. Outro aspecto interessante a ser destacado é o detrimento do fator humano de criação e de transformação de riquezas a favor do capital[(10)].

Hodiernamente a globalização se inseriu na vida de todos os seres humanos. Ora, com a ideia de um só mundo, a globalização vem com um tremendo impacto, portanto[(11)]. Mudanças dos processos de trabalho e da economia geraram consequências lógicas, sentidas por todos, isto é, desigualdades sociais, políticas, religiosas, culturais etc.; nações desnacionalizadas, como elenca Stuart Hall,

(4) BERGER, Cristine. A flexibilização do direito do trabalho como meio de retrocesso social. *Justiça do Trabalho*, Porto Alegre , v. 25, n. 299, nov. 2008.

(5) *Vide* COUTO MACIEL, José Alberto. *Desempregado ou Supérfluo?* Globalização. São Paulo: LTr, 1997.

(6) CASSAR, Vólia Bomfim. *Direito do trabalho:* Cap. 2 — Importância do Direito do Trabalho na publicização do Direito, globalização, crise do Direito do Trabalho, flexibilização, desregulamentação e limite à flexibilização. 9. ed. rev. e atual. Rio de Janeiro: Forense; São Paulo: Método, 2014.

(7) *Vide* VIEIRA, Maria Margareth Garcia. *A globalização e as relações de trabalho*. 2. ed. Curitiba: Juruá, 2005.

(8) CAPONE, Luigi. A fraude à lei do estágio e a flexibilização do direito do trabalho. *Revista do Tribunal Regional do Trabalho da 3ª Região*, Belo Horizonte, v. 51, n. 81, p. 49, jan./jun. 2010.

(9) *Vide* BARROSO, Fábio Túlio. *Novo Contrato de Trabalho por Prazo Determinado*. Recife: Juruá, 2004.

(10) *Idem*.

(11) MACIEL, José Alberto Couto. *Desempregado ou Supérfluo?* Globalização. São Paulo: LTr, 1998. p. 12.

subordinada a uma teia composta dos países ricos predominantes aos pobres, geradas por um índice alarmante de desempregos. A globalização, fenômeno mundial, sob a égide do neoliberalismo, implicou o desmonte do Estado de bem-estar social e as articulações políticas necessárias.

Assim como o neoliberalismo, hoje usado como fonte material no direito do trabalho e associado ao maior fenômeno da pós-modernidade, a globalização, causou grandes impactos, repita-se, inclusive com o tema desta pesquisa, elucidando as ideias flexibilizatórias, a qual virá a ser estudada mais adiante. Ainda importante lembrar, antes de seguir, que o pós-modernismo não tem um marco cronológico propriamente dito, pois ele configura uma reformulação do comportamento, da dinâmica das relações humanas.

3. Terceirização

Com o então advento da pós-modernidade e uma significativa tendência de apoio à globalização(12), a flexibilização surgiu com o propósito de deixar as leis que tratam da legislação trabalhista menos rígidas, gerando, assim, menor responsabilidade social do empregador para com o empregado(13), e isso com o respaldo do Estado que não apenas faz uso da terceirização, mas também é quem possibilita tal (ir)responsabilização — situação deveras alarmante, posto que referida flexibilização vem com o fulcro primordial de garantir a competitividade, o lucro nas empresas.

A flexibilização traduz uma forma de adaptação das normas trabalhistas às grandes modificações verificadas no mercado de trabalho. Desde já, todavia, é válido mencionar que os limites mínimos previstos na Constituição Federal e na Consolidação das Leis Trabalhistas devem ser respeitados, ainda que haja alguma forma de flexibilização. E a terceirização, é uma das modalidades flexibilizatórias de contrato por tempo determinado.

Assim, a ideia da flexibilização vem comumente apontada como um meio de deixar a lei mais vaga, possibilitando mais autonomia aos patrões, com menos interferência estatal. Como dito anteriormente, uma das características da sociedade pós-moderna é ter por prioridade diminuir os custos sociais. Eis aqui o cerne da questão: a terceirização sem identidade, globalizada, que nivela por baixo o valor da mão de obra(14). Acontece que esta terceirização ao mesmo tempo que torna a empresa mais competitiva, "diminuindo os custos dos produtos para o consumidor", deixa de investir nas formações profissionais destes obreiros, precarizando as condições de trabalho (tema este que será mais detalhado adiante).

Ocorre que a prática flexibilizatória deve ser ponderada, a fim de não tornar inócua a legislação protetiva trabalhista. Há de existir compatibilização entre a postura de terceirização e a manutenção de direitos mínimos tão necessários aos obreiros. Afinal, a flexibilização trabalhista, a qual não deve ser confundida com a desregulamentação (suprime normas jurídicas), é prevista pela Constituição Federal de 1988 de forma limitada.

A terceirização, procedimento adotado pela empresa que transfere a outrem a execução de uma parcela de sua atividade permanente ou esporádica, dentro ou além dos limites do seu estabelecimento, com a intenção para melhor a sua competitividade, produtividade e capacidade(15), ainda pode ser conceituada como contratação de serviços por meio de empresa intermediária entre o tomador de serviços e a mão de obra, mediante contrato de prestação de serviços, onde a relação de emprego acontece entre o trabalhador e a empresa prestadora de serviço, e não diretamente com o contratante destes(16). Assim, a terceirização decorre da utilização de um terceiro situado entre o trabalhador e a empresa tomadora, contratado para a prestação de um serviço relacionado à cadeia produtiva(17), o que provoca a formação de uma relação trilateral.

Surge como forma de compatibilizar a eficácia econômica — principalmente — com novos métodos de gestão de mão de obra também com as inovações tecnológicas. Pode ser encarada como uma estratégia de negócio, como um "mecanismo de proteção", do qual as empresas se utilizam na busca de condições que lhes garantam competitividade e lucro. No Brasil, a terceirização tem sido utilizada principalmente para a redução de custos, para manter a "saúde da empresa", vez que fazendo uso da terceirização, diminui certas responsabilidades, encargos, há a transferência de atividade específica para outras empresas, facilitando, inclusive, o controle estrutural, organizacional de quem terceiriza.

(12) *Vide* BARROSO, Fábio Túlio. *Direito Flexível do Trabalho – Abordagens Críticas*. Recife: EDUFPE, 2009.

(13) ASSE, Vilja Marques. Terceirização no serviço público. *Revista Justiça do Trabalho*, Porto Alegre: HS V. 21, n. 250, out. 2004.

(14) *Vide* DALLEGRAVE NETO, José Affonso. *Direito do trabalho contemporâneo:* Flexibilização e Efetividade.

(15) CAIRO JR., José. *Curso de Direito do trabalho* — Direito Individual e Coletivo do Trabalho. Salvador: JusPodivm, 2011. p. 340.

(16) REIS, Jair Teixeira dos. A flexibilização da legislação do trabalho no Brasil. *Revista Trabalhista*, Rio de Janeiro, v. 09, p. 126, 2004; SIROTHEAU, Leonardo de Oliveira. *Nova redação da Súmula n. 331 do TST e sua aplicabilidade contra os entes públicos. Jus Navigandi*, Teresina, ano 16, n. 2.903, 13 jun. 2011. Disponível em:<http://jus.com.br/revista/texto/19317> Acesso em: 25 maio 2013.

(17) GARCIA, Gustavo Filipe Barbosa. *Manual de direito do trabalho*. São Paulo: Método, 2009. p. 64.

Partindo-se da ideia do Estado Mínimo, apologia maior do neoliberalismo, terceirizar seria, indubitavelmente, uma das soluções para a Administração Pública moderna, pois a partir do momento que surge o desemprego na sociedade surge a terceirização. O problema maior, ainda, seria achar que a terceirização é um avanço. E o grande perigo é que esta passa de exceção a regra no cenário brasileiro, e quanto a isso não cabe discutir, ela simplesmente já é.

É um fenômeno mundial, com impactos profundos nas relações trabalhistas. Isto é, a relação de trabalho não fica restrita a dois polos, na qual de um lado tem-se aquele o qual presta serviço, e do outro, aquele que se beneficia desse labor, oferecendo-lhe contraprestação equivalente: remuneração. Há uma transferência de certas atividades do tomador de serviço, passando a ser exercida por empresas distintas e especializadas[18]. Afinal, a terceirização é uma maneira de intermediação de mão de obra, de grande utilização na sociedade atual. Terceiro envolvido, intermediando o interesse de outros dois.

Ainda, aduz Gustavo Filipe Barbosa, que a terceirização, é verificada com frequência nos dias atuais, como forma de diminuição de custos, prestação de serviços com "maior eficiência", produtividade e competitividade, que são objetos intensamente buscados em tempo de globalização, mas deve ter-se um olhar mais cauteloso voltado para ela, pois atinge a pessoa do trabalhador terceirizado de forma desigual aos demais, bem como afronta diretamente o princípio da Dignidade da Pessoa Humana, da Carta Magna.

No Brasil só é considerada válida a espécie de atividade-meio, e não a de atividade-fim conforme preceitua a Súmula n. 331 do TST, isto é, segundo Maurício Godinho Delgado, "atividades-fim podem ser conceituadas como atividades nucleares e definitórias da essência da dinâmica empresarial do tomador dos serviços, por outro lado as atividades-meio, seriam atividades periféricas à essência da dinâmica empresarial do tomador dos serviços".

Conforme ao exposto, a terceirização desperta acirrados debates, em que pese aos ataques violentos ao trabalhador como Ser, detentor do Direito da dignidade da Pessoa Humana.

3.1. Direitos Humanos

Os Direitos Humanos deixaram de ser apenas teorias filosóficas, e passaram a ser positivados pelos legisladores. Os direitos passaram a ser exigíveis juridicamente, e passaram a ser protegidos pela ordem jurídica, desde que o Estado, assim, proclama.

A Constituição da República Federativa Brasileira de 1988 trata de limitar os fenômenos da flexibilização e desregulamentação das normas trabalhistas no *caput* de seu art. 7º, quando afirma que "são direitos dos trabalhadores urbanos e rurais, além de outros que visem à melhoria de sua condição social". Ou seja, "condição de melhoria", garantias constitucionais, implica interpretação proibindo que a Carta Maior diminua tal *status*.

Pois bem, com a proeminência dos Direitos Humanos ocorrida após a Segunda Guerra Mundial, a repercussão dos direitos sociais foi ampliada de forma significativa com a Declaração dos Direitos Humanos, promulgada em 1948, elucidou e deu destaque ao valor da pessoa humana, do trabalhador, não mais como um produto, mas sim como um sujeito de direitos dignos[19], condizentes com o Ser. Voltou-se a necessidade de progresso social com melhores condições de vida.

Com a evolução histórica do Direito do Trabalho e da sociedade, o homem notou ser quem conduz a história humana. Percebeu a possibilidade de criação do Direito, só que este não podia ser criado sem critérios, mas sim como um alicerce para consolidar qualquer construção, isto é, base do Fundamento do Estado Democrático de Direito: a dignidade da pessoa humana[20].

Assim, os direitos trabalhistas têm o supracitado fundamento como princípio da contemporaneidade, entendendo-o como de maior relevância no ordenamento jurídico brasileiro, ou seja, não há de se falar em prevalência do princípio da livre iniciativa do capital, em face da dignidade da pessoa humana.

Na prática, seja dito, é verdade que não é fácil ter sua efetividade cumprida na íntegra, entretanto, o avanço já se perfaz uma conquista na seara trabalhista, pois o pensamento do trabalhador como ser humano, pessoa detentora de trabalho digno, este olhar deve ser sempre posto em voga. Com isso, ter-se-á o equilíbrio social e em concreto, principalmente dos terceirizados, os quais deveriam ter seu trabalho "equiparado" aos trabalhadores com contrato efetivo, afinal, segundo Rabenhorst "(...) a dignidade da pessoa humana só faz sentido se ela for vista como um valor que pertence de forma irrevogável a todos os homens, independentemente de suas qualidades".

É preciso observar as garantias, prezar pelo equilíbrio das partes, o que não ocorre com os terceirizados, haja vista que os terceirizados têm uma regulamentação desigual entre os de contratos efetivos, retrocedendo na

(18) *Vide* BARROSO, Fábio Túlio. *Direito Flexível do Trabalho — Abordagens Críticas*. Recife: EDUFPE, 2009.

(19) DELGADO, Mauricio Godinho. *Direito do Trabalho e modernização Jurídica*. Brasília: Consulex, 1992.

(20) ARAÚJO, Maria Letícia Coelho de. Direito do Trabalho, Direitos Sociais fundamentais e globalização. *Revista Jus et Fides*, Recife, Universidade Católica de Pernambuco, ano 1, n. 1, dez. 2001.

história, precarizando ainda mais um situação cheia de fragilidades, como ver-se-á mais adiante.

3.2. Precarização laboral

O Direito do Trabalho deve ser mais adaptável às novas realidades, o que acarreta em graves problemáticas, pois a ideia flexibilizatória — a de terceirizar — e a desregulamentação causam grandes embates ainda não pacificados nem pela doutrina, nem pela jurisprudência.

Essa forma de flexibilização foi ganhando espaço no cenário brasileiro, enraizando-se com os argumentos levantados pelos adeptos ao pensamento neoliberal, isto é, a flexibilização apresentada como solução ao desemprego. Dissimulados sob o argumento de que essas medidas acarretam na redução do desemprego e do subemprego, porém o que ocorreu, de fato, foi a precarização do trabalho[21], pois, o "material" humano, e principalmente o terceirizado, é desvalorizado, descartável e substituível, chegando inclusive a ser visto, comparado como coisa, um meio para dirimir os custos e aumentar os lucros.

Todavia, essas flexibilizações que vêm ocorrendo na última década só mostram a supressão das condições de trabalho do obreiro, como exposto antes. Deixa-se de lado a preocupação com o trabalhador como ser humano através desta prática. E isso é facilmente perceptível na terceirização, um meio de flexibilização que deveria ser utilizado de forma excepcional, com o intuito de manter a "saúde da empresa", acaba por ser utilizado como regra em virtude de auferir maior lucro, ainda que não necessária, como é o caso da Administração Pública.

Os estudos mostram que o argumento neoliberal não é eficaz, não combate o desemprego, algo deveras perceptível no campo internacional, principalmente na crise que se encontra atualmente os berços do sistema terceirizado, isto é, os Estados Unidos da América. Com isso se almeja mostrar que a implementação da terceirização não demonstraram, estatisticamente, até o presente momento, nenhuma melhoria no sentido de diminuir o desemprego[22]. Mas é unânime dentre os doutrinadores que as normas trabalhistas, quando existentes, servem para frear a exploração do hipossuficiente, e não podem ser usadas como desculpa para dificultar sua contratação.

Assim, um dos motivos no Brasil, para tamanha precariedade encontra-se na ausência de vínculo empregatício com a empresa para que o obreiro na terceirização presta, acarretando os inúmeros prejuízos mais adiante detalhados, bem como o descaso ao cumprimento dos direitos sociais da Carta Maior.

Agrava-se a precarização no que diz respeito aos direitos trabalhistas, não o tratando de forma digna, indo de encontro com princípios basilares de qualquer trabalhador, e, principalmente, o de zelar pelo trabalhador, parte hipossuficiente. Traz apenas perdas ao trabalhador, só que de forma maquiada e talvez só sentida de fato daqui a algumas décadas de forma irreversível no tempo. Faz-se necessário oprimir as máculas desenfreadas aos direitos sociais garantido a todo trabalhador o que lhe é de direito, justiça nas relações laborais, pautada na dignidade.

3.3. Proveitos e inconvenientes da terceirização

É claro que a terceirização tem seus pontos "positivos" e negativos. Embora, durante a pesquisa, foi analisado que os benefícios são para os empregadores em detrimento dos danos para os trabalhadores.

A concentração da empresa em suas atividades-fim (especialização), redução dos encargos sociais (economia de custos), simplificação da estrutura da empresa (horizontalização) e maior competitividade da empresa no mercado (lucratividade) são alguns dos benefícios para as empresas, já para os empregados restam os danos, quais sejam, redução salarial, deterioração nas condições de higiene e segurança no trabalho, rotatividade da mão de obra com desemprego periódico, pulverização da ação sindical e impossibilidade de integração do empregado na empresa, a título exemplificativo[23].

A vantagem principal para o setor econômico seria reduzir os encargos trabalhistas e previdenciários e de diminuir o preço final do produto, do serviço, afinal, a terceirização como fenômeno de flexibilidade desburocratiza[24] o sistema organizacional da empresa. Ocorre, então, que a empresa, ao adotar a terceirização, buscará a especialização e centralização de esforços, fazendo com que tenha menos espaço físico ocupado, os custos fixos passem a ser variáveis, e o controle da estrutura organizacional da empresa passa a ser mais racionalizada.

Isto é, haverá uma descentralização na empresa. E quem defende o lado positivo da terceirização é justamente o Doutrinador Sérgio Pinto Martins, pois para ele a terceirização gera novas empresas, as quais geram novos empregos, trazendo aumento de mão de obra, embora já seja oportuno dizer que não são qualificadas, não estimulam incentivo de crescimento profissional.

---

(21) *Vide* BARROSO, Fábio Túlio. *Direito Flexível do Trabalho — Abordagens Críticas*. Recife: EDUFPE, 2009.

(22) BERGER, Cristine. A flexibilização do direito do trabalho como meio de retrocesso social. *Justiça do Trabalho*, Porto Alegre , v. 25, n. 299, nov. 2008.

(23) MARTINS FILHO, Ives Gandra da Silva. *Manual esquemático de Direito e Processo do Trabalho*. 16 ed. São Paulo: Saraiva, 2008. p. 62-63.

(24) MARTINS, Sérgio Pinto. *A terceirização e o Direito do Trabalho*. 8 ed. Atlas: São Paulo, 2007. p. 43.

A vantagem, agora do ponto de vista do empregado, seria conseguir trabalhar; de trabalhadores passarem a serem empregadores ao abrirem seus próprios negócios — empresas terceirizadas — acarretando independência na prestação de serviço.

Assim, não se pode negar que com a terceirização há a existência da supressão de empregos — mesmo que momentânea —, mas por um viés geral, se a terceirização proporciona vantagens à empresa, haverá melhoria para a sociedade, pois com o aumento da competitividade serão gerados novos postos de trabalho, contribuindo, por que não, com o desenvolvimento das relações entre o trabalho e o capital, desde que de acordo com a geração de vantagens sociais e em conformidade com as regulamentações e um olhar com cautela para a parte hipossuficiente, que não merece ser tratada de forma desigual. Há de valer o princípio da isonomia, da dignidade humana para as vantagens serem superiores às desvantagens, embora na prática estejam difícil de efetivá-las.

Seu processo de formalização relaciona-se à luta pela sobrevivência do trabalhador pátrio, só que esta acaba sendo uma forma de elevar a distância entre classes sociais, com reflexos ainda maiores. Na terceirização, verifica-se o incentivo do trabalho ocasional ou precário, entretanto, muitos dos direitos trabalhistas são perdidos, principalmente os benefícios decorrentes do contrato de trabalho, o que não deixa de ser uma forma de flexibilizar esses direitos, levantando situações *in pejus* ao trabalhador. Afinal, o terceirizado é tratado desigual com os demais trabalhadores, vez que passa a não ter uma tutela protetiva trabalhista.

Outras desvantagens para os trabalhadores são quanto aos salários, pois por serem profissionais sem qualificações, recebem valores inferiores ao estipulado no mercado; são precários; em tempo ocasional ou parcial. Sem falar que há empresas contratadas para oferecer estes serviços que não cumprem as regras legais, que não têm suportes financeiros para adimplir suas obrigações, dificultando o trabalhador terceirizado de ter garantidos os seus direitos. E isso acaba sendo ruim para as empresas também, pois importa em risco nas escolhas destas empresas que oferecem serviços terceirizados e do custo das demissões.

Terceirizar serviço e flexibilizar direitos vai de encontro aos princípios basilares do Direito do Trabalho, da Carta Magna, e é contrário ao bom senso coletivo, aos valores sociais, uma vez em confronto ao trabalho digno. Por este paradigma o Estado não cumpre o seu papel, mas ao contrário, é o (ir)responsável pelo mal uso, ou pelo desvio de finalidade auferido à terceirização, sem falar que esta deveria ser exceção na lógica de mercado, mas não o é.

Alguns afirmam que a flexibilização das normas trabalhistas é uma medida eficaz à subsistência de empresas no ambiente competitivo hodierno. Contudo, supondo ser verdadeira essa premissa, não deve ser utilizada com o fim de subtrair direitos dos trabalhadores em prol do lucro máximo, a qualquer custo.

Se por um lado é compreensível a redução salarial dos empregados em virtude de uma situação financeira difícil pela qual passa determinada empresa, a privilegiar inclusive a continuidade da relação empregatícia — apesar do decréscimo remuneratório —, não se pode aceitar a supressão salarial imotivada e descabida, quando a empresa o faz para simplesmente obter maiores ganhos. Deve-se sempre levar em conta o valor social do trabalho, que possibilita uma vida digna ao homem, bem como a aplicação da norma mais favorável ao trabalhador.

É necessário reconhecer que a flexibilização da normatização trabalhista brasileira já é uma realidade, compatibilizando o Direito do Trabalho pátrio ao mundo globalizado. Por outro lado, devem subsistir regras rígidas (intervenção estatal), bem como é manifesta a necessidade de sindicatos mais fortes e representativos, com o objetivo de serem preservados os direitos mínimos — aqueles que garantem dignidade ao trabalhador — dos obreiros. Há de existir um bom senso, um equilíbrio entre as mudanças da economia e as necessidades do homem.

4. Responsabilidades da Administração Pública na terceirização

A terceirização encontra-se presente no serviço público, seja na forma de contratações, seja na forma de convênios, o que está ocorrendo em vários setores da Administração Pública. Toda vez que esta recorre a terceiros para a execução de tarefas que ela mesma pode executar, ela está terceirizando.

Apesar de tratar de contratação que obedece às regras e princípios do direito administrativo, a terceirização acaba por implicar e ganhar um olhar especial no ramo laboral, devido às correntes burlar aos direitos sociais do trabalhador da empresa prestadora do serviço, o que coloca a Administração Pública sob a égide do Direito do Trabalho[25]. E justamente pela alteração da Súmula n. 331 do TST é que se "regula", mesmo que de forma insuficiente e precária, a terceirização. Não deixando de mencionar que após decisão predominante do STF, que a partir do julgamento da ADC n. 16, pela sua constitucionalidade, acrescentou algo a mais na referida súmula.

(25) DI PIETRO, Maria Sylvia Zanella. *Direito Administrativo*. 22. ed. São Paulo: Atlas, 2009. p. 346.

O fato é que a terceirização não pode ser ignorada, simplesmente porque já toma conta do cenário brasileiro, e com o passar do tempo surgem novos problemas e os casos que levam à precariedade tendem a aumentar, assim como possibilidades de injustiças, pois o ativismo judicial não supre todas as possibilidades que desencadeiam da terceirização, ficando a cargo do magistrado decidir. Dá ensejo a cada vez mais inúmeras ações na Justiça do Trabalho. Sendo, portanto, urgente uma adequada e suficiente regularização para a terceirização. Inclusive, a falta normativa dá ensejo a polêmicas no que concerne à responsabilidade do Estado.

A esmagadora controvérsia diz respeito à responsabilidade da Administração Pública. Pois apesar da Súmula n. 331 do TST ter conferido responsabilidade à Administração Pública, a questão não se tornou pacífica. Até porque uma das discussões girou em torno do § 1º do art. 71 da Lei n. 8.666/93 — Lei da Licitação —, a qual expõe de forma expressa não haver responsabilidade do Ente Público. Ou seja, a Administração não se transforma em devedora solidária ou subsidiária perante os credores do contratado, permanecendo o contratado como único devedor perante terceiros.

Outra corrente defende que, indo ao encontro com a Súmula n. 331 do TST, entende pela responsabilidade, tendo em vista que o disposto na Lei das Licitações contraria a Carta Maior, indo de encontro com o princípio da isonomia, tendo em vista que o empregador não pode tratar de forma diferente um trabalhador que por prestar serviço a um ente privado, o qual tem garantia de responsabilidade, enquanto que um que presta serviço a um ente público não detém a mesma garantia. Ainda, pode-se mencionar que fere a Carta Magna quanto à responsabilidade civil objetiva do poder público previsto no § 6º do art. 37 da CF/88.

Ora, como mencionado antes, o Direito do Trabalho na Constituição tem força de Direito Social, um dos fundamentos do Estado Democrático de Direito, não tendo vez a lei de licitação, portanto. Ademais "o processo licitatório para a contratação de serviços por empresas integrantes da Administração Pública Indireta não as isentas de responderem pelos encargos trabalhistas como tomadoras dos serviços, dada a regra do art. 173, § 1º, da CF que equipara o ente público ao empregador comum para efeito de obrigações trabalhistas e tributárias".

O inciso IV do Enunciado n. 331 aduz que "o inadimplemento das obrigações trabalhistas, por parte do empregador, implica a responsabilidade subsidiária do tomador dos serviços quanto àquelas obrigações, inclusive quanto aos órgãos da administração direta, das autárquicas, das fundações públicas, das empresas públicas e das sociedades de economia mista, desde que hajam participado da relação processual e constem também do titulo executivo judicial" (art. 71 da Lei n. 8.666/93). Porém o equívoco é querer aplicar somente a responsabilidade subsidiária. O certo seria sempre analisar caso a caso, e encontrando motivos, aplicar a responsabilidade solidária também!

Transcrito o item quarto dessa súmula, tem-se que a responsabilidade do Ente Público é subsidiária quando a empresa prestadora de serviços descumprir com as obrigações trabalhistas, inclusive a culpa *in vigilando* e *in eligendo*. O simples fato de ter havido um processo licitatório para a contratação da prestadora de serviços não exime a Administração Pública de responder subsidiariamente nos termos do inciso IV *suso*. Ocorre que o obreiro contribui com a sua força de trabalho e seria deveras injusto que corresse o risco de não receber os direitos trabalhistas, saindo de forma ilesa a Administração. Ainda mais quando observa-se a Administração como Estado, o que deveria zelar, olhar para a Constituição, fazer valer os princípios até então mencionados.

Infelizmente, o olhar do Estado não é efetivo e por isso cabe aos operados do direito reivindicar por melhorias, alertando aos estudiosos tais problemas, afinal a maior (ir)responsável por tamanha burla aos direitos dos trabalhadores encontra "força no Estado", uma das grandes usuárias. Estado esse que ironicamente se beneficia tanto direta quanto indiretamente pelo serviço terceirizado.

Não cabe, de fato, à Administração, de maneira alguma, contratar o trabalhador com intermediação de empresa de prestação de serviços a terceiros, porque nesse caso o contrato assume a forma de fornecimento de mão de obra, como burla ao concurso público[26]. Assim, o trabalhador neste caso não pode ser considerado servidor público, não tem com ter vínculo. Todavia, são públicos e notórios os casos de ações em que trabalhadores terceirizados que acabam por realizar atividades-fim, de forma subordinada e se valendo da pessoalidade e demais características da relação de emprego, entrarem com reclamação trabalhista não pedindo equiparação aos servidores públicos, porque isso não é possível, mas reivindicando por direitos iguais, as mesmas verbas trabalhistas, vez que exerciam as mesmas funções públicas, configurando, neste caso, terceirização irregular pela Administração Pública, e sendo a eles devido (OJ n. 383 SDI-1).

Ademais, a gravidade vai além do exposto no parágrafo anterior, tendo em vista que colocar pessoas não classificadas por meio de concurso público pode acarretar dano aos

(26) *Vide* DI PIETRO, Maria Sylvia Zanella. *Direito Administrativo*. 22. ed. São Paulo: Atlas, 2009.

cidadãos, às pessoas que buscam o Estado, por não serem aptos para exercerem determinadas funções. De certo que a Administração Pública irá responder; todavia, isso configura um descaso com o trabalhador que presta serviço terceirizado e com a população. Mas a questão não pode ficar restrita apenas à responsabilidade subsidiária, mas também à responsabilidade solidária, como dito. Afinal, em casos de danos causados a terceiros por trabalhadores contratados de forma ilícita, a responsabilidade é objetiva, de acordo com o § 6º, art. 37, CF, pois o agente é considerado agente público para fins de Responsabilidade Civil do Estado. Este, inclusive, é o posicionamento dos Ministros do STF que julgaram a ADC n. 16: responsabilidade Direta do Estado.

Outrossim, a Súmula n. 331 do TST, afirmando a responsabilidade pela obrigação, é um mecanismo que propende à efetividade das decisões, mas tem sido aplicada como destinada à natureza condenatória da decisão e restrita à obrigação pecuniária, o que não acarreta na efetividade das decisões.

A inserção de novas condicionantes para responsabilizar a Administração Pública acaba, a princípio, por criar uma briga com o Judiciário Trabalhista, e de certa forma prejudicando o trabalhador, visto que é comum tais demandas serem levadas até as instâncias extraordinárias, para um pronunciamento final do Supremo Tribunal Federal sobre o assunto, demandando mais tempo e prolatando o direito inato. Doravante, prejuízo maior seria se rotulasse a responsabilidade do Ente público a subsidiária. Hodiernamente, é preferível analisar caso a caso, podendo vir em voga à responsabilidade direta, a responsabilidade solidária, do que apenas a subsidiária.

Diante o elucidado, a sociedade deve seguir o esforço de criar mais justiça e igualdade para esses trabalhadores; ante a ausência do desenvolvimento legislativo dos direitos trabalhistas na relação terceirizada, mostra-se necessário tornar efetivos[27] para os trabalhadores os direitos existente, nos aspectos que dizem respeito ao conteúdo do contrato, ou seja, à defesa do vínculo em si e dos seus efeitos. Bem como esclarecendo de forma explícita a responsabilidade não só subsidiária, mas também solidária.

5. Projeto de Lei n. 4.330/2004: retrocesso social

Foi reaberta, recentemente, a disputa em torno da questão da terceirização em nosso país, por meio do Projeto de Lei n. 4.330, de autoria do Deputado Sandro Mabel, que visava regulamentar a terceirização trabalhista, ampliando suas possibilidades para todo e qualquer tipo de atividade empresarial, mas sob o lúdico argumento de que os obreiros sairiam vitoriosos no âmbito da terceirização.

Embora retirado de pauta o referido projeto de lei depois de várias articulações jurídicas, reafirmando-se a prevalência da Consolidação das Leis do Trabalho, ou seja, prevalecendo a regra da relação bilateral de emprego como regra para as relações de trabalho, volta o assunto a ser analisado.

A discussão leva em conta os mesmos argumentos elucidados neste artigo. Isto é, em suma, o lado empresarial entende que a terceirização é essencial para o mercado, pois diminuiria os elevados custos que as empresas possuem. Por outro lado, os obreiros não se veem respeitados e devidamente zelados, afinal a associação da terceirização e a redução de custos que ela promove é a mais pura precarização das relações de trabalho.

Ora, o Estado não poder ser conivente com tamanha precarização; ele não poderá fazer ou executar qualquer lei que restrinja os privilégios ou imunidades dos trabalhadores. A visão do projeto é piorar visivelmente as condições de terceirização, indo de encontro com o que defende este artigo. Busca privilegiar ainda mais uma classe já privilegiada, pois permitir ampliar ainda mais a terceirização implica em um evidente retrocesso social.

Não se pode admitir a terceirização na atividade-fim, ainda mais da forma que prevê o projeto: amplamente. A terceirização tem que ser algo excepcional e não regra, como busca o projeto. Não é possível admitir a liberdade de contratação (como alguns defendem) em detrimento a tudo que já fora exposto neste.

O descaso com esta flexibilização já foi longe demais. O Estado, como um todo, não pode continuar a ser conivente com tamanho descaso com a terceirização, ainda mais no serviço público; isso fere gravemente vários princípios norteadores da Constituição Federal, dentre eles, o da isonomia.

Diante desse contexto, é evidente que o Direito do Trabalho urge por uma ação estatal, mas de forma positiva e não negativa. Nesse sentido, é imperativa a conclusão de que proteger o trabalho prestado por um indivíduo significa proteger a dignidade desse próprio indivíduo, que dele não se aparta e por meio dele se afirma! É proteger o Estado Republicano, uma vez que zela pela dignidade da pessoa. É zelar pela essência da Constituição Federal.

O Projeto em epígrafe não pode ser aprovado, sob pena de o Brasil retroceder em séculos na proteção das suadas e

(27) REIS, Jair Teixeira dos. A flexibilização da legislação do trabalho no Brasil. *Revista Trabalhista*, Rio de Janeiro, v. 09, p. 126, 2004. SIROTHEAU, Leonardo de Oliveira. *Nova redação da Súmula n. 331 do TST e sua aplicabilidade contra os entes públicos. Jus Navigandi*, Teresina, ano 16, n. 2.903, 13 jun. 2011. Disponível em: <http://jus.com.br/revista/texto/19317> Acesso em: 25 maio 2013.

batalhadas conquistas dos trabalhadores, ante aos perigos e pontos negativos neste artigo anteriormente expostos.

6. Conclusão

O fenômeno da terceirização não pode ser encarado como um avanço, ainda mais quando se coloca em pauta a evolução humanista do trabalhador, que obteve grandes conquistas ao logo dos tempos, porém quanto ao tema em tela há retrocesso evidente.

Na última década nota-se uma preocupação dos doutrinadores, dos operadores dos direitos voltada ao seu viés social e aos interesses difusos, que agora se agrava com o caminhar no segundo semestre do ano de 2013 do projeto de Lei n. 4.330 de 2004, posto que visa maior retrocesso do que a realidade imperante.

Este artigo visou enfatizar a importância do princípio da dignidade da pessoa humana como forma de evitar o "mal" que faz a pouca normatização dos direitos trabalhistas quanto aos trabalhadores terceirizados. Pode ser vista como uma base legal eficaz para ser levantada, para poder de fato efetivar aos terceirizados um tratamento digno de que fazem jus. Afinal, os efeitos da terceirização e falta de normatização das normas trabalhistas já comprovaram não ser de nenhuma melhoria para ninguém, nem mesmo para a Administração Pública — alvo de grandes críticas na última década. Afinal, sua utilização não deve ser regra no Ordenamento Jurídico Brasileiro, mas sim ser usado apenas de forma temporária, em caráter excepcional.

A oposição do projeto busca demonstrar e construir a formação da consciência de que o trabalhador terceirizado é pessoa, detentor dos Direitos Humanos, e como tal deve ser devidamente tratado. Defende-se que o mesmo precisa ser devidamente regulamentado e que a Administração Pública, como Estado, deveria ser a primeira a preservar um trabalho decente aos terceirizados, vez que estes vêm tendo seus direitos suprimidos, e não se colar na situação de grande usuária, e de maneira corriqueira — no setor público.

A atual jurisprudência é insuficiente para regular a relação triangular e não se pode esquecer que a proteção ao trabalhador é de suma importância para a garantia de sua dignidade e não algo a ser demasiado como visa o projeto em epígrafe.

Busca-se, com o presente artigo, expor ainda que a responsabilidade da Administração Pública não seja meramente subsidiária. Afinal, cabe a ela escolher com quem se relaciona e fiscalizar nos termos estabelecidos em lei. O que não se pode é admitir que o trabalhador, já tratado de forma desigual dentre os demais trabalhadores no âmbito laboral, saia prejudicado, isso inclusive gera enriquecimento ilícito (utilizar do suor do seu trabalho, sem contraprestação devida).

Ademais, deixa-se latente sua posição contra o Projeto de Lei em tela. Este não pode ignorar a realidade do retrocesso para os trabalhadores que laboram de forma terceirizada e também não podem considerar o argumento de liberdade de contratação como uma saída para fazer da terceirização regra, ao contrário, isso seria a maior falta de proteção declarada ao princípio fundamental da Dignidade da Pessoa Humana nos últimos tempos.

Que este trabalho não seja mais uma reclamação ao sistema precário, mas também um veículo para o despertar desta problemática enraizada no presente cenário brasileiro.

7. Referências bibliográficas

ANTUNES, Ricardo. *Os sentidos do trabalho: Ensaio sobre a afirmação e a negação do trabalho*. 6. ed. São Paulo: Boitempo, 2001.

ARAÚJO, Maria Letícia Coelho de. Direito do Trabalho, Direitos Sociais fundamentais e globalização. *Revista Jus et Fides*, Recife, Universidade Católica de Pernambuco, ano 1, n. 1. dez. 2001.

ASSE, Vilja Marques. Terceirização no serviço público. *Revista Justiça do Trabalho*, Porto Alegre, HS, v. 21, n. 250, out. 2004.

BARROS, Alice Monteiro de. *Curso de Direito do Trabalho*. 6. ed. São Paulo: LTr, 2006.

BARROSO, Fábio Túlio. *Direito Flexível do Trabalho — Abordagens Críticas*. Recife: Editora Universitária da EDUFPE, 2009.

______. *Novo Contrato de Trabalho por Prazo Determinado*. Curitiba: Juruá, 2004.

BERGER, Cristine. A flexibilização do direito do trabalho como meio de retrocesso social. *Justiça do Trabalho*, Porto Alegre, v. 25, n. 299, nov. 2008.

CAIRO JR., José. *Curso de Direito do Trabalho — Direito Individual e Coletivo do Trabalho*. Salvador: JusPodivm, 2011.

CAPONE, Luigi. A fraude à lei do estágio e a flexibilização do direito do trabalho. *Revista do Tribunal Regional do Trabalho da 3ª Região*, Belo Horizonte, v. 51, n. 81, jan./jun. 2010.

CASSAR, Vólia Bomfim. *Direito do trabalho*. Cap. 2 - 9. ed. rev. e atual. Rio de Janeiro: Forense; São Paulo: Método, 2014.

DALLEGRAVE NETO, José Affonso. *Direito do Trabalho contemporâneo:* flexibilização e efetividade. São Paulo: LTr, 2003.

DELGADO, Gabriela Neves. *Direito Fundamental ao Trabalho Digno*. São Paulo: LTr, 2006.

DELGADO, Mauricio Godinho. *Direito do Trabalho e modernização Jurídica*. Brasília: Consulex, 1992.

DI PIETRO, Maria Sylvia Zanella. *Direito Administrativo*. 22. ed. São Paulo: Atlas, 2009.

GARCIA, Gustavo Filipe Barbosa. *Manual de Direito do Trabalho*. São Paulo: Método, 2009.

HALL, Stuart. *Identidade cultural na pós-modernidade*. Trad. de Tomaz Tadeu da Silva e Guacira Lopes Louro. 1. ed. 1992, 11. ed. 2006. Rio de Janeiro: DP&A Editora.

MACIEL, José Alberto Couto. *Desempregado ou Supérfluo?* Globalização. São Paulo: LTr, 1998.

MARTINS, Sérgio Pinto. *A terceirização e o Direito do Trabalho.* 8 ed. São Paulo: Atlas, 2007.

MARTINS FILHO, Ives Gandra da Silva. *Manual esquemático de Direito e Processo do Trabalho.* 16. ed. São Paulo: Saraiva, 2008.

MORATO,João Marcos Castilho. *Globalismo e Flexibilização Trabalhista.* Belo Horizonte: Inédita, 2003.

REIS, Jair Teixeira dos. A flexibilização da legislação do trabalho no Brasil. *Revista Trabalhista*, Rio de Janeiro, v. 09, p. 126, 2004. SIROTHEAU, Leonardo de Oliveira. *Nova redação da Súmula n. 331 do TST e sua aplicabilidade contra os entes públicos. Jus Navigandi*, Teresina, ano 16, n. 2.903, 13 jun. 2011. Disponível em:<http://jus.com.br/revista/texto/19317> Acesso em: 25 maio 2013.

PAIXÃO, Cristiano; LOURENÇO FILHO, Ricardo Machado. Entre a indisponibilidade e a negociação: as normas coletivas como fontes do direito do trabalho. *Caderno Jurídico*, Escola Judicial do TRT da 10ª Região, Brasília, ano 3, vol. 3, n. 4, jul./ago. 2009.

SOARES FILHO, José. *Proteção da Relação de emprego.* Análise crítica em face de normas da OI e da legislação nacional. São Paulo: LTr, 2003.

VIEIRA, Maria Margareth Garcia. *A globalização e as relações de trabalho.* 2. ed. Curitiba: Juruá, 2005.

TEIXEIRA, Sérgio Torres; BARROSO, Fábio Túlio. Os princípios do Direito do Trabalho diante da flexibilização laboral. *Revista do TST*, Brasília, vol. 75, n. 3, jul./set. 2009.

A Crise Social Sofrida pelo Direito do Trabalho Decorrente das Mutações Contemporâneas

Jorge Augusto Cavalcanti Beltrão(*)

1. Considerações Iniciais

O Direito do Trabalho vem sendo estruturado como objeto da formação social e cultural dos povos quanto aos processos civilizatórios, comportando predominantemente transformações no agir e viver em sociedade.

No cenário contemporâneo são notórias as mutações ao processo de produção, quer seja pelo exercício laboral manual, quer pelo imaterial, estando controlados pelas mutações procedentes do metabolismo capitalista e global. E pela nova ordem econômica aponta-se a corroboração com a crise dos direitos sociais. Ato, contínuo as consequências das políticas, identificando paralelamente, o atual cenário da influência da globalização nas normas trabalhistas e quais consequências dessas políticas atuais com relação ao universo das relações de trabalho, na seara individual e coletiva.

Dentre o contexto da contemporaneidade a égide da globalização e do neoliberalismo são decorrentes da sociedade, devido àsubstituição de um grande volume de trabalhadores por máquinas e o desenfreado acumulativo de lucros, que provocam instabilidades referentes ao direito trabalhista.

2. A Globalização e suas repercussões para o Direito do Trabalho

Atentando para a exigência de transformações ao aparato normativo jurídico do Direito do Trabalho, devem ser contemplados os dispostos nos arts. 3º e 5º da Carta Constitucionale do art. 461 CLT. No entanto, em comparação à discussão das motivações sofridas no âmbito do trabalho e da sociedade, verifica-se uma precarização das normas trabalhistas no sentido de acompanhar a função do Direito como instrumento para provocar mudanças na sociedade formada por dominantes e dominados.

Compreende-se que a flexibilização laboral e a internalização das relações de trabalho precisam objetivar-se na transferência dos custos humanos e sociais dispostos pelas empresas aos próprios trabalhadores e a sociedade em geral, externalizando ao trabalhador e ou ao poder público os custos fluentes das relações trabalhistas.

No contexto atuante, a globalização conforma-se com conceituação desse fenômeno nas conformidades de feitos de alteração e impactação ao comércio mundial, levando à crescente concentração de riqueza de determinados setores e grupos econômicos sobre a desigualdade, como ponto de "impossibilidade de uma equiparação entre regiões do mundo com maiores e menores riquezas, onde os países mais ricos aumentam ainda mais as diferenças econômicas com seus concorrentes menos desenvolvidos"(1). As consequências dessas disparidades concretizam-se no comprometimento do poder soberano dos países explorados, de forma a comprometer sua economia e sociedade.

Entre as análises a respeito do fenômeno da globalização, estendem-se as observâncias ao Direito, pois como uma ordem jurídica constante sofre modificações e alterações, consoante as evoluções e mutações da sociedade, não poderia deixar de sofrer fortes influências da globalização, a qual posta novos conceitos e critérios comportamentais implantados pelo sistema econômico.

A partir dessa influência, surgem diversos objetos de estudos para o Direito do Trabalho, chamando a atenção para uma análise da flexibilização das normas trabalhistas. Sendo prudente ressaltar que a globalização faz surgir uma maior participação dos sujeitos.

Ou seja, tem-se uma menor participação do Estado, deixando as partes agirem com livre convencimento para resolução dos conflitos.

Comprovando a existência de mutações jurídicas no intervir da globalização, Fábio Túlio Barroso ressalta que os aspectos desse fenômeno com relação ao Direito do Trabalho vem demonstrando a "existência de uma ordem jurídica em mutação, uma vez que os critérios de formação de uma norma possuem cada vez mais, a pressão do aspecto derivado de uma outra nova ordem, a econômica, sujeitando-se por sua vez a uma forte influência ideológica do neolibealismo".(2) Consequenciando a indução de redução às funções promocionais à sociedade, em especial as políticas públicas voltadas ao bem-estar social.

(*) Graduado em Direito pelas Faculdades Integradas Barros Melo. Especialista em Direito do Trabalho pela Faculdade Boa Viagem e Mestrando em Direito do Trabalho pela UFPE. Advogado.

(1) BARROSO, Fábio Túlio. *Novo contrato de trabalho por prazo determinado:* flexibilidade laboral e internacionalização das relações de trabalho. Curitiba: Juruá, 2004. p. 23.

(2) BARROSO, Fábio Túlio. *Direito flexível do trabalho: abordagem crítica.* Recife: Editora Universitária da UFPE, 2009. p. 26.

Confrontam-se aos efeitos da globalização as perdas de características nacionais e culturais, comprometendo o desenvolvimento socioeconômico, sobretudo, as diferenças dialéticas entre ricos e pobres. Desse modo, a influência da globalização faz surgir uma forte e desenfreada descrença dos institutos jurídicos, que era blindado pelo ordenamento jurídico posto, por meio de normas celetistas e especiais.

> (...) não se questiona a maneira como tudo isso é absorvido em nossa sociedade, o que se receia é pela manutenção de uma paz social, como desiderato do Estado Democrático de Direito, estão cada vez mais mitigados pelos interesses particulares, em manifesta contradição ao interesse público[3].

Nesse contexto, firma-se existir uma gama de critérios e aspectos que são revelados pela influência da globalização. Um desses surgimentos de forte mutação ocorreu no Direito do Trabalho, demonstrando novas tendências que ocasionaram uma reavaliação das fontes principiológicas do direito laboral, com reflexo na ordem social.

Não se tem o Direito como sistema de normas de regulação social, tendo em vista a transferência e translado de novas políticas governamentais para terceiros, alterando a base principiológica do ordenamento jurídico. Diante dessa premissa, o Direito do Trabalho sofre suas mutações estruturais, através das políticas neoliberais, que influenciaram demasiadamente as relações laborais.

Pelo contexto, denota-se que o fenômeno globalização implementou no mundo uma política dessocializadora para o Direito do Trabalho, que é a flexibilização das normas laborais. Assim, a função principiológica do jurídico trabalhista, que é a proteção, entra em colapso, deixando de exercer seu princípio fundamental, que seria o de proteger o trabalhador e sua condição de vida.

Demonstra-se assim, que o conjunto de princípios, normas e instituições confrontam de forma defasada as mutações sociais e trabalhistas causadas pela globalização e neoliberalismo. Transportando a proteção existente dos trabalhadores, para os empregadores, transformando-os em sujeitos mais fortes, tendo em vista que possuem a posse do sistema político econômico produtivo. Enquanto o Estado afasta-se para conceder aos interlocutores autonomia, frisando a comprovação nesse momento da queda da proteção ao trabalhador.

Contorna-se dessa forma a fragilidade exposta ao Direito do Trabalho, fragilidade essa que surge com o advento da globalização, quando as conquistas sociais também passam a ser desrespeitadas em sua essência, sendo implementados critérios que levam em conta a precarização do mercado de trabalho e os fatores econômicos, sem observância de regras jurídicas laborais.

A incorporação das ideias implementadas pela globalização faz brotar a diminuição dos custos do fator trabalho, como exemplo, a redução dos postos de trabalho, direitos e garantias previstos em lei, a prevalência de políticas de otimização produtiva, entre outros aspectos que, introduzidos pelo pensamento globalizante, fazendo com que ataquem a legislação laboral, principalmente precarizando a forma remuneratória, impostos, jornadas de trabalho, contribuições etc., foram meios que fragilizaram as proteções e garantias existentes no ordenamento jurídico.

Diante dessa abordagem, Stuart Hall[4] lança a seguinte questão "o que, então, está tão poderosamente deslocando as identidades culturais nacionais, agora, no fim do século XX?". E como resposta a essa problemática, posiciona-se a afirmativa da existência de uma complexidade de procedimentos trazidas pelas mudanças que convenientemente são sintetizadas e reconhecidas pela terminologia "globalização".

Num contexto acadêmico, o autor concorda com Anthony McGrew[5] quando distingue globalização como sendo processos atuantes numa escala global, atravessando "fronteiras nacionais, integrando e conectando comunidades e organizações em novas combinações de espaço-tempo, tornando o mundo, em realidade e em experiência, mais interconectado".

Outra conceituação da globalização é implicada por Giddens[6] para quem a globalização "é um movimento de distanciamento da ideia sociológica clássica da sociedade como um sistema bem delimitado e sua substituição por uma perspectiva que se concentra na forma como a vida social está ordenada ao longo do tempo e do espaço".

Em um princípio interpretativo, certificam-se as disposições conceituais antes citadas sobre globalização e suas influências, como um fenômeno tão efervescente, que tomou conta de todo os espaço e tempo das identidades culturais dos países, principalmente os menos desenvolvidos.

A implantação da cultura globalizante fez com que posturas fossem alteradas para atender ao interesse do

(3) BARROSO, Fábio Túlio. *Direito flexível do trabalho: abordagem crítica*. Recife: Editora Universitária da UFPE, 2009 p. 27.

(4) HALL, Stuart. *A identidade cultural na pós-modernidade*. Trad. de Tomaz Tadeu da Silva; Guaracira Lopes Louro. 11. ed. reimp. Rio de Janeiro: DP&A, 2011. p. 6-68.

(5) MC GREW, Anthony. *Ásia-Pacífico na Nova Ordem Mundial*. Strathclyde: Routledge, 1998. p. 186.

(6) GIDDENS, A. *The Consequences of Modernity*. Stanford, CT: Stanford University Press, 1990. p. 64.

capital, deixando de ser observado o valor do trabalho humano, possibilitando que as normas heterônomas fossem alteradas para atender aos anseios do mundo empresarial.

3. Flexibilização nos aspectos sociais e trabalhistas

Como um instrumento jurídico voltado ao ajustamento de produção, emprego e condições de trabalho, também estão na lista dos segmentos surgidos com as mutações provocadas pela globalização. Mesmo constituída de normas heterogêneas e autonomias não conseguem ser favoráveis aos trabalhadores, pois como bem afirmado por Fábio Túlio Barroso[(7)], "a flexibilidade laboral tem um papel ativo na dinâmica econômica a favor do empresário com o desequilíbrio acentuado do tecido produtivo social".

Como uma política fixada entre as normativas trabalhistas e suas desregulamentações, expõe um caráter ideológico que desvia direitos já conquistados pela classe trabalhista, causando impactos principalmente direcionados ao desemprego, a instabilidade sindical, descomprometimento com condições de trabalho, descontinuidade e/ou instabilidade do emprego, aspectos que fazem surgir para o Direito do Trabalho uma consequência muito prejudicial, quanto a sua natureza e filosofia.[(8)]

> A precarização dos empregos, que pode ser entendida como uma das primeiras consequências ou características da política de flexibilização das relações laborais. As normas de Direito do Trabalho, que contemplam condições de contratação de maneira diversa ao contrato ordinário de trabalho, acabam por trazer ao ordenamento jurídico, de acordo com as necessidades mercadológicas de utilização da mão de obra formal, a inerente incerteza do mercado. Isto se transforma de uma forma ou de outra na concomitância do desenvolvimento das atividades profissionais. A política de flexibilização laboral pode desdobrar-se na precarização dos empregos formais[(9)].

Concorda-se, dessa maneira, que a implementação dessas políticas inovadoras impostas pela globalização não teve o cuidado de observar as consequências que as mesmas poderiam ocasionar em especial para as relações trabalhistas, de modo a resultar para os trabalhadores instabilidade, insegurança, incerteza em seus postos de trabalho.

Caracteriza-se, dessa forma, a precarização, por meio da flexibilização, diminuindo os direitos e garantias legais, ocasionando malefícios ao controle social e às políticas estatais de melhoria da condição social do trabalhador.

Diante dessas averbações, se faz prudente apontar os princípios ou os fundamentos da flexibilização laboral, apontadas por Barroso[(10)], como sendo: a conceituação ideológica na conjuntura das atitudes institucionais outorgantes ao privilégio apenas a um autor social; prevalência ao posicionamento da visão capitalista defensiva aplicada nos países centrais; regulamentação da força de trabalho com visão ao apoio das relações econômicas/trabalhistas com o aumento apenas do poder empresarial; posição de escolha ou adoção as leis trabalhistas que estejam inseridas em uma leve ou de menor potencial a regulamentação que não favoreçam a negociação coletiva; e a contribuição mesmo que informal das perdas dos direitos trabalhistas e sociais já conquistados.

Para a conquista dessas fundamentações, a política de flexibilização laboral tem como base a reorganização do direito jurídico/trabalhista concernente à oferta de emprego no mercado atual, o qual amplia incerteza de vagas ao grupo de trabalhadores já vitimados pela precarização e condicionamento de trabalho.

> A crescente precariedade no mercado de trabalho está relacionada com a deterioração das condições do referido mercado nos últimos anos, que se reflete na alta taxa de desemprego. A debilidade dos desempregados, sobretudo, os de longa duração, faz com que seja possível que se ofereçam trabalhos menos atrativos. A distância entre as classes sociais se faz cada vez maior.[(11)]

Observa-se então que, com a aplicabilidade da política de flexibilização laboral, obriga-se uma separação significativa as classes sociais, polarizando suas discrepâncias.

Assim, aponta-se para uma fragmentação social, separando-a em polos antagônicos, onde o trabalho e os trabalhadores não são percebidos em suas situações precárias, já que a postulação da flexibilização é voltada, sobretudo, à produção capitalista de traço neoliberal.

---

(7) BARROSO, Fábio Túlio. *Novo contrato de trabalho por prazo determinado:* flexibilidade laboral e internacionalização das relações de trabalho. Curitiba: Juruá, 2004. p. 46.

(8) BARROSO, Fábio Túlio. *Direito Flexível do trabalho:* abordagem crítica. Recife: Editora Universitária da UFPE, 2009. p. 62.

(9) BARROSO, Fábio Túlio. *Novo contrato de trabalho por prazo determinado:* flexibilidade laboral e internacionalização das relações de trabalho. 4. tir. Curitiba: Juruá, 2010. p. 66.

(10) BARROSO, Fábio Túlio. *Direito flexível do trabalho:* abordagens criticas. Recife: Editora Universitária da UFPE, 2009. 54-56.

(11) BARROSO, Fábio Túlio. *Novo contrato de trabalho por prazo determinado:* flexibilidade laboral e internacionalização das relações de trabalho. 4. tir. Curitiba: Juruá, 2010. p. 66.

Por meio das normas flexíveis, percebe-se a nítida ruptura dos modelos clássicos e assecuratórios das normas laborais, concedendo aos empregadores menos responsabilidades sociais para com os empregados, tudo respaldado pelo Estado, que possibilita a transferência para os participantes dos meios de resolução dos conflitos.

Na proposição das políticas neoliberalistas, a flexibilização é um retrato das influências globais aceitas mundialmente que retomam as marcas deixadas na história do trabalho no Brasil. Provocam as seguintes questões: a crescente precariedade no mercado de trabalho está relacionada com a deterioração das condições do referido mercado nos últimos anos? A taxa de desemprego se reflete nas influências da globalização?

Para responder essas questões, Fábio Túlio Barroso afirma que sim, que a precariedade no mercado de trabalho é consequência do desenfreado poder do capitalismo e das influências globais. Em afirmativo a essa resposta, o autor ainda explica que:

> A debilidade dos desempregados, sobretudo os de longa duração, faz com que seja possível que se ofereçam trabalhos menos atrativos. A distância entre as classes sociais se faz cada vez maior. Não existe uma dissociação entre o fato da segmentação no universo trabalhista e dos interlocutores sociais cada vez mais polarizados. A fragmentação da sociedade em polos antagônicos é fruto de uma estereotipação do contexto trabalhista, transformando as relações sociais em relação precárias, inerentes e típicas ao modo de produção capitalista de traço neoliberal.(12)

Por meio das normas flexíveis, percebe-se a nítida ruptura dos modelos clássicos e assecuratórios das normas laborais, concedendo aos empregadores menos responsabilidade social para com os empregados, tudo respaldado pelo Estado, que possibilitou a transferência para os particulares dos meios de resolução dos conflitos.

No entanto, a flexibilização se classifica em dois conjuntos de dispositivos, sendo esses separados entre a flexibilidade defensiva e ofensiva. Sendo a defensiva voltada "a separação em extremo da força trabalhista com empregados bem pagos e empregados marginalizados, tendo como consequência o aumento das diferenças sociais em alguns países"(13). Contemplando uma competitividade interna entre os empregados, consequenciando a perda da estabilidade e o fim da solidariedade entre os trabalhadores e classe.

Enquanto a flexibilidade ofensiva é quase inacessível na prática do capitalismo neoliberal, pois avalia a modificação ou aceitação de um modelo de reorganização empresarial.

Além dessas duas características, tem-se ainda a formatação a flexibilização unilateral, conceituada assim por dispor de uniformização apenas ao campo empresarial, excluindo completamente o trabalhador, seja efetivo, voluntário ou prestador de serviço.

Mesmo apresentando essas caracterizações, a flexibilização laboral se classifica em interna e externa, de forma que a interna refere-se a modificar a qualidade de trabalhadores empregados na empresa, seguindo as necessidades empresariais, repartindo ou externalizando os custos da mão de obra, e a externa se configura na terceirização.

No avaliar das formas de flexibilização laboral Graça Druck *et al*, dispõe que:

> O debate acerca da precarização do trabalho no Brasil refere-se fundamentalmente aos resultados e impactos da flexibilização, cujas noções que marcam as análises são a fragmentação, a segmentação dos trabalhadores, a heterogeneidade, a individualização, a fragilização dos coletivos, a informalização do trabalho, a fragilização e crise dos sindicatos coletivos, a informalização do trabalho, a fragilização e crise sindical e, a mais importante delas, a ideia de perda — de direitos de todos os tipos — e da degradação das condições de saúde e de trabalho. Noções que dão conteúdo à ideia de precarização, considerada como a implicação mais forte da flexibilização.(14)

Denota-se que a parte mais vulnerável sempre foi o trabalhador, que tinha no Estado um ombro aparador de suas lutas, que buscam suas legitimidades e meios assecuratórios da ordem social, mantendo o Estado através de suas políticas públicas as garantias normativas das leis. Porem, como afirma Fábio Túlio Barroso, "o Estado exima-se da difícil tarefa de precarizar diretamente as normas laborais, transferindo essa empreiteira aos coletivos de empregadores e dos empregados, como forma de legitimação do processo de flexibização laboral"(15).

Nessa posição o Estado apresenta-se como um orientador das políticas econômica, social, e dos aspectos

(12) BARROSO, Fábio Túlio. *Novo contrato de trabalho por prazo determinado:* flexibilidade laboral e internacionalização das relações de trabalho. 4. tir. Curitiba: Juruá, 2010. p. 66.

(13) *Ibidem*, p. 55.

(14) DRUCK, Graça *et al. A perda da razão social do trabalho:* terceirização e precarização. São Paulo: Boitempo, 2007. p. 30.

(15) BARROSO, Fábio Túlio. *Direito Flexível do trabalho:* abordagem crítica. Recife: Editora Universitária da UFPE, 2009. p. 50.

teleológicos da modificação da legislação trabalhista, "criando fundamentações fabulosas para implementar a flexibilização das normas trabalhistas"(16).

Nesse diapasão, deixa o Estado de servir de acordo com sua formação e origem, de ente público, para transportar para os participantes a função legislativa, através das normas autônomas, não estatais, que regulam, e sim, alteram e modificam a essência das normas heterônomas.

Exemplificando essa transferência aos sujeitos privados que ocasionaram a privatização das normas laborais, cita-se a Lei n. 9601/1998(17); o banco de horas regulamentado pela Lei n. 9958/2000(18); o acréscimo dos arts. 625-A e o 625-H, *in verbis*:

> Art. 625-A – As empresas e os sindicatos podem instituir Comissões de Conciliação Prévia, de composição paritária, com representantes dos empregados e dos empregadores, com a atribuição de tentar conciliar os conflitos individuais do trabalho.
>
> Art. 625-H – Aplicam-se aos Núcleos Intersindicais de Conciliação Trabalhista em funcionamento ou que vierem a ser criados, no que couber, as disposições previstas neste Título, desde que observados os princípios da paridade e da negociação coletiva na sua constituição.

Somando-se a essas transferências, a norma consolidada, essas modificações e legislação ordinária, ocorreram nitidamente através do exercício da flexibilização, ocasionando como fator, quebrando a filosofia socioeconômica, que era imposto pelo Estado.

Na análise das características do emprego precário, José Luis Pérez afirma que o emprego precário está vinculado à adoção pelo ordenamento jurídico laboral átrio.

> Contratos de trabalho atípicos, nos quais os fatores de produção ao trabalhador não costumam ser os mesmos do contrato de trabalho normal ou ordinário, tempo indeterminado. Hoje, como consequência da política de liberalização econômica e sociopolítica, os modelos atípicos de emprego induzem o trabalho.(19)

Em concordância, José Enrique Medina Castillo *apud* Barroso, explica que "o trabalhador precisa de uma requalificação, tanto para manter sua empregabilidade, quanto para atender às necessidades da nova organização das relações de produção, às necessidades da nova organização das relações de produção, impondo vários ajustes na natureza da prestação de serviço"(20).

Deve-se ressaltar que suas ações e formas têm proporções inestimáveis, podendo acarretar prejuízos irreparáveis, desvalorizando da mão de obra e, consequentemente, deixando as fontes laborais assecuratórias escassas de legitimidade.

Essas ações e formas têm à sua disposição as características da mais perversa precarização da força laborativa. No entanto, para constituir precariedade e flexibilidade, são apontados elementos combinatórios, entre eles: inconstância, fatores temporais, condições de risco econômico e social, entre outros.

Expressa assim que a precarização se retrata na temporalidade entre as relações laborais, quando essas não possuem vínculos indefinidos e jornadas irregulares, como também a combinação de perdas de direitos e/ou garantias sociais, modelos contraditórios ao Direito do Trabalho laboral tutelar.

> De igual forma, entende-se que se precarizam também os mecanismos de agregação solidária dos trabalhadores, dentro e fora da empresa, uma vez que a instabilidade e as jornadas diferenciadas servem como elementos para a dissuasão da solidariedade de classe, típica do modelo legal baseado na produção industrial. Nesta dinâmica, cria-se um ambiente propício à confrontação interna da classe obreira, o que supõe uma exteriorização dos conflitos existentes entre as classes que formam o tecido produtivo social.(21)

Pelo contexto apresentado, é perceptível que a flexibilização reflete o enfraquecimento do poder reivindicatório, não só por parte dos trabalhadores, mas, também por parte dos sindicatos, que poderiam requerer e exercer sua legitimidade para buscar melhores condições de trabalho e garantias econômicas mais vantajosas para os empregados de sua classe representativa.

Baseado nessas características é vista como fator que dificulta a organização trabalhista, em especial quando relaciona, por um lado, o desemprego estrutural e, por

(16) BARROSO, Fábio Túlio. *Direito Flexível do trabalho:* abordagem crítica. Recife: Editora Universitária da UFPE, 2009. p. 50.

(17) Dispõe sobre o contrato de trabalho por prazo determinado e dá outras providências, como trata o art. 443 da Consolidação das Leis do Trabalho — CLT/1943.

(18) Altera e acrescenta artigos à Consolidação das Leis do Trabalho – CLT, aprovada pelo Decreto-lei n. 5.452, de 1º de maio de 1943, dispondo sobre as Comissões de Conciliação Prévia e permitindo a execução de título executivo extrajudicial na Justiça do Trabalho.

(19) PÉREZ, José Luis. *Introdución al nuevo Derecho del Trabajo.* Valência: Tirant lo Blanch, 1996. p. 127.

(20) CASTILLO, José Enrique Medina. *Crisis de La sociedad salarial y reparto del trabajo.* Granada: Comares, 1999. p. 67-68 *apud* BARROSO, Fábio Túlio. *Direito flexível do trabalho:* abordagens críticas, 2009. p. 52.

(21) BARROS, Fábio Túlio. *Direito flexível do trabalho:* abordagem crítica. Recife: Editora Universitária da UFPE, 2009. p. 54.

outro, o poder empresarial, sendo essa relação a própria flexibilização. E sua consequência, a precarização e vulnerabilidade ao trabalhador, pois o mais agravante nessa relação é a redução da valorização profissional e consequentemente a empregabilidade e sua colocação laboral/social.

Nessa esteira, o Brasil, deve ficar atento às interferências do processo internacional, carreado através da globalização, ocasionando a desproteção ao trabalhador, em suas diversas formas assecuratórias e legítimas, afetando diretamente as normas trabalhistas.

4. Valores sociais do trabalho

Os valores sociais, incluso os valores do trabalho, como direitos sociais, são interpretados pela Constituição da República, no art. 6º, onde são enumerados os direitos da pessoa, e para o acesso a esses dispostos é necessária a obediência de forma plena ao art. 1º.

Porém como já citado nos itens anteriores, reforça-se nesse cenário do momento contemporâneo a promoção de sucessivas crises no tocante ao capitalismo. "Onde os Estados-Nações estão perdendo seu poder político para as instituições transnacionais, mas continuam senso um dos atores principais dentro da política regional e mundial"(22).

Indubitavelmente, o contrassenso em estudo dá-se pela expansão do ideologismo neoliberal, política que prega o sucesso do desenvolvimento econômico, desvalorizando a proteção e as garantias dos trabalhadores, comprometendo os valores sociais do trabalho. Pois se compreende que a política neoliberal apregoa um Estado desinteiriçado, comportando a flexibilização o desregulamento social de proteção das garantias trabalhistas.

Nessa abordagem, Gabriela Neves Delgado abona que a desregulamentação é "fenômeno abarcado pela ideologia neoliberal, fundada na subsistência de um Estado mínimo, que exige que o Estado deixe de regular questões sociais, inclusive as de cunho trabalhista, em prol da regulamentação autônoma privada, individual ou coletiva"(23).

Isso diante das constantes violações das normas trabalhistas decorrentes das implantações das políticas socioeconômicas da globalização, que ocasionaram uma precarizaçao nas relações trabalhistas, desvalorizando, desmotivando e desrespeitando todos os princípios protetores do ordenamento jurídico pátrio, que legitimavam uma garantia constitucional aos trabalhadores, através dos princípios da dignidade da pessoa humana e valores sociais do trabalho.

Ante essa reestruturação do mundo do trabalho, que ocasionou um momento avassalador de novas políticas organizacionais, frisando que os princípios protetores da cidadania, dignidade e valores sociais do trabalho devem permanecer sempre incididos no ordenamento jurídico, caso não seja dessa forma, perderá a credibilidade fundamental do Direito do Trabalho, que é a proteção do trabalhador, norma fundamental da Constituição da República Federativa do Brasil(24). Nesse perpassar, Eneida Melo Correia de Araujo ressalta que,

> Como traços característicos do Direito do Trabalho o respeito ao homem, a concepção de sua cidadania e a realização de uma justiça social, nos limites das perspectivas dos modos de produção capitalista, bem como os dados inerentes à natureza do ser humano, que impõem o reconhecimento da dignidade como fundamento do estado de Direito.(25)

A concepção de cidadania posta manifesta a partir de ações e atitudes que traduzem a garantia dos valores sociais do trabalho e principalmente a dignidade da pessoa humana, ao alcance de todos.

As políticas fundadas na filosofia neoliberal não podem prevalecer sobre as relações trabalhistas, uma vez que o Estado Democrático de Direito, legitima no próprio preâmbulo da Constituição, em que:

> Assembleia Nacional Constituinte para instituir um Estado Democrático, destinado a assegurar o exercício dos direitos sociais e individuais, a liberdade, a segurança, o bem-estar, o desenvolvimento, a igualdade e a justiça com valores supremos de uma sociedade fraterna, pluralista e sem preconceitos, fundada na harmonia social e comprometida, na ordem interna e internacional, com a solução pacífica das, controvérsias, promulgamos, sob a proteção de Deus, a seguinte Constituição da República Federativa do Brasil.(26)

Pela citação apresentada, fica clarividente a guarda e o zelo da Constituição da República, em proteger especialmente os direitos sociais, individuais e coletivos, o bem-estar e a justiça. Sendo esses ditames princípios básicos e necessários para uma garantia mínima a ser proposta pelo Estado.

No próprio art. 1º e seus incisos, a Constituição estabelece a soberania, a cidadania; a dignidade da pessoa humana;

(22) PEREIRA, Josecleto Costa de Almeida. *Globalização do trabalho:* desafios e perspectivas. Curitiba: Juruá, 2011. p. 58.

(23) DELGADO, Gabriela Neves. *Direito Fundamental ao trabalho digno.* São Paulo: LTr, 2006. p. 52.

(24) CF/1988.

(25) ARAÚJO, Eneida Melo Correia de. *As Relações de trabalho:* uma perspectiva democrática. São Paulo: LTr, 2003. p. 306.

(26) BRASIL, Constituição da República Federativa do: texto constitucional promulgado. Em 5 de outubro de 1998, com as alterações adotadas pelas Emendas Constitucionais n. 1/92 a 52/2006 e pelas Emendas Constitucionais de Revisão n. 1 a 6/94, Brasília: Senado Federal, 2006.

os valores sociais do trabalho e da livre iniciativa; e o pluralismo político, como forma indissolúvel dos Estados e Municípios. Na postulação desses direitos, Boaventura de Sousa Santos relata que, "a realidade atual do Direito do Trabalho pede uma nova visão do trabalho humano e das novas propostas de sociedade e economia que dominam o mundo globalizado, baseado na flexibilização da produção e do mercado de trabalho"(27).

Assim sendo, houve um constitucionalismo dos direitos sociais, que teve a cautela e o zelo de preservar os direitos fundamentais como essência da norma jurídica, produzindo, dessa forma, uma blindagem às políticas e implantações das ideias capitalistas ao sistema econômico.

As garantias sociais são os meios pelos quais todos os trabalhadores buscam sua proteção e, mediante essa norma assecuratória, reivindicam suas melhorias de trabalho, que deve ser robustecida pela representatividade do sindicato. Em suma, a flexibilização produz efeitos em regra precarizantes, tendo em vista que se tem uma ausência do Estado.

Enquanto os meios de adequação das normas e solução dos conflitos são transferindos para os sujeitos particulares.

É pertinente demonstrar que nova configuração do Direito do Trabalho não pode violar as normas garantidoras de um trabalho adequado, justo, digno, protegido, legal, salubre, entre outros critérios que a norma jurídica assegura. Frisa-se que existe um número significativo de trabalhadores que vivem na incerteza, insegurança, no desconforto, na precariedade que a flexibilização traz para a relação laboral, não mais protegendo seus institutos, mas atendendo os anseios do mundo empresarial, que tenta buscar a valorização do capital em detrimento da força de trabalho.

Pelo exposto, percebe-se que a valorização das relações trabalhistas deve ser sempre mantida, para que não violem os direitos sociais, que são normas primogênitas do Direito do Trabalho.

5. Conclusão

O Direito do Trabalho, como ramo da dinâmica social, é abarcado pelas constantes evoluções e mutações que surgem no mundo contemporâneo. Esses gêneros e formas tanto podem ser para melhorar as condições de trabalho, como podem ser para desconstituir uma norma assecuratória justrabalhista.

Dessa forma, o pivô das mudanças nas relações trabalhistas foi decorrente do fenômeno globalizante, que, através de suas políticas neoliberais, implantaram políticas socioeconômicas que não atingiram juridicamente os fins legais que o Direito do Trabalho buscava, ou seja, as políticas capitalistas implantaram assegurar o "capitalismo", deixando de proteger a justiça social e seus valores.

Nesse contexto, não pode o trabalhador ver a desconstituição de todos os princípios protetores da relação trabalhista, uma vez que as políticas neoliberais deveriam ser eivadas pelas normas fundamentais, respaldadas pelas ideias sociais e individuais de liberdade, de segurança, de bem-estar, de desenvolvimento, de igualdade e de justiça como valores supremos de uma sociedade fraterna, pluralista e sem preconceitos. Esses critérios são a base principiólogica de todo e qualquer Estado Democrático.

Pelo exposto e diante das premissas apresentadas, faz-se compreender que o Direito do Trabalho deve ser visto de forma nova, não precarizando suas normas, mas sim, como meio de se chegar a um fim comum, robustecido pela ideia fraterna de bom senso e bem comum, onde os empregadores cumpram de maneira efervescente o ordenamento jurídico pátrio, não utilizando da flexibilização para precarizar a mão de obra tão essencial para o desenvolvimento contínuo do Brasil.

6. Referências bibliográficas

ARAÚJO, Eneida Melo Correia de. *As Relações de Trabalho:* uma perspectiva democrática. São Paulo: LTr, 2003.

BARROSO, Fábio Túlio. *Novo contrato de trabalho por prazo determinado:* flexibilidade laboral e internacionalização das relações de trabalho. Curitiba: Juruá, 2004.

________. *Direito flexível do trabalho:* abordagem crítica. Recife: Editora Universitária da UFPE, 2009.

________. *Novo contrato de trabalho por prazo determinado:* flexibilidade laboral e internacionalização das relações de trabalho. 4. tir. Curitiba: Juruá, 2010.

BENKO, Georges; LIPIETZ, Alian. *Direito flexível do trabalho:* abordagem crítica. Recife: Editora Universitária da UFPE, 2009.

________. *Novo contrato de trabalho por prazo determinado:* flexibilidade laboral e internacionalização das relações de trabalho. 4. tir. Curitiba: Juruá, 2010.

BRASIL. Congresso Nacional. *Constituição da República Federativa do Brasil.* Brasília: Senado Federal, Centro Gráfico, 1988.

________. *Decreto-lei n. 5.452, de 1º de maio de 1943.* Consolidação das Leis do Trabalho — CLT. Brasília, Diário Oficial da União, 9 de agosto de 1943.

________. *Lei n. 9.601, de 21 de janeiro de 1998.* Dispõe sobre o contrato de trabalho por prazo determinado e dá outras providências. Brasília: Diário Oficial da União 22 de janeiro de 1998.

________. *Lei n. 9.958, de 12 de janeiro de 2000.* Altera e acrescenta artigos à Consolidação das Leis do Trabalho — CLT, aprovada pelo Decreto-lei n. 5.452, de 1º de maio de 1943, dispondo sobre as Comissões de Conciliação Prévia e permitindo a execução de título executivo extrajudicial na Justiça do Trabalho. Brasília: Diário Oficial da União, 13 de janeiro de 2000.

(27) SANTOS, Boaventura de Sousa. *Trabalhar o mundo:* os caminhos do novo internacionalismo operário. Rio de Janeiro: Civilização Brasileira, 2005. p. 362.

______. *Constituição da República Federativa do Brasil*: Texto constitucional promulgado. Em 5 de outubro de 1998, com as alterações adotadas pelas Emendas Constitucionais ns. 1/92 a 52/2006 e pelas Emendas Constitucionais de Revisão n. 1 a 6/94, Brasília: Senado Federal, 2006.

DELGADO, Gabriela Neves. *Direito Fundamental ao trabalho digno*. São Paulo: LTr, 2006.

DRUCK, Graça *et al*. *A perda da razão social do trabalho*: terceirização e precarização. São Paulo: Boitempo, 2007.

GIDDENS A. *The Consequences of Modernity*. Stanford, CT: Stanford University Press, 1990

HALL, Stuart. *A identidade cultural na pós-modernidade*. 11. ed. reimp. Trad. de Tomaz Tadeu da Silva; Guaracira Lopes Louro. Rio de Janeiro: DP&A, 2011.

MC GREW, Anthony. *Ásia-Pacífico na Nova Ordem Mundial*. Strathclyde: Routledge, 1998.

PEREIRA, Josecleto Costa de Almeida. *Globalização do trabalho*: desafios e perspectivas. Curitiba: Juruá, 2011.

PÉREZ, José Luis. *Introdución al nuevo Derecho del Trabajo*. Valência: Tirant Lo Blanch, 1996.

SANTOS, Boaventura de Sousa. *Trabalhar o mundo:* os caminhos do novo internacionalismo operário. Rio de Janeiro: Civilização Brasileira, 2005.

O Dissídio Coletivo Enquanto Processo Jurisdicional de Formação da Norma Trabalhista: transgressão ao princípio constitucional da inafastabilidade da jurisdição

José Pandolfi Neto(*)

1. Os dissídios coletivos e sua configuração doutrinária

A doutrina detalha a diferença entre os conflitos coletivos e os conflitos individuais de trabalho, sendo certo que de forma sintética, três devem ser os critérios para fixar essa distinção, quais sejam: partes, objeto e finalidade.

As partes de um conflito coletivo, diferentemente do dissídio individual — que são empregado e empregador, a princípio identificáveis e individualizados, salvo raras exceções (ex.: ações de cumprimento) — são grupos de trabalhadores ou empregadores, não individualizados. Grupos esses, via de regra, representados pelos sindicatos. Os grupos estariam caracterizados em ambos os polos da relação conflitante ou em pelo menos um deles. Na primeira hipótese, ter-se-iam as convenções coletivas de trabalho, ao passo que, na segunda, estar-se-ia diante de um acordo coletivo de trabalho.

Apresenta Pedro Paulo Teixeira Manus a exata definição do interesse coletivo e demonstra sua real significação para o processo coletivo laboral, diferenciando-o dos dissídios individuais.

> O interesse coletivo, no direito do trabalho é aquele de que é titular a categoria, ou uma parcela da categoria, como o grupo de empregados de algumas empresas, de uma empresa, ou grupo de empregados de um ou alguns setores de uma empresa. Esse interesse ultrapassa as pessoas que a integram porque indeterminado, sendo titular o grupo, cujos integrantes podem vir a ser determinados a cada momento e estão ligados entre si por pertencerem à mesma empresa, setor ou categoria profissional[(1)].

O objeto do conflito coletivo seria a discussão de interesses abstratos das categorias profissionais e econômicas, e o objeto dos conflitos individuais representa interesses concretos dos indivíduos[(2)].

O último dos critérios, ou seja, a finalidade do conflito coletivo de trabalho se resume na criação, modificação ou na interpretação em tese de uma norma jurídica, ao passo que o fim específico do conflito individual consiste na composição através da aplicação ao caso concreto de norma jurídica preexistente[(3)].

Antes da Emenda Constitucional n. 45/2004, se observava que o postulado constitucional inferia uma amplitude do poder normativo da Justiça do Trabalho. O preceito constitucional autorizava à Justiça do Trabalho produzir normas. A única observância era no sentido de respeitar as disposições legais e convencionais mínimas previstas no ordenamento jurídico. Ou seja, os Tribunais Trabalhistas não sofriam qualquer limitação ou restrição no seu poder criador[(4)]. A referida emenda desfigurou essa prerrogativa ao limitar a atuação do poder judiciário trabalhista a decidir conflitos e não a produzir norma.

No Brasil, utilizam-se duas modalidades de ações coletivas, os denominados Dissídios Coletivos de Natureza Jurídica (ou de direito) e os Dissídios Coletivos de Natureza Econômica (ou de interesse).

O Tribunal Superior do Trabalho, órgão máximo da Justiça Trabalhista, inclusive já se posicionou sobre a classificação dos dissídios coletivos, corroborando inclusive com a classificação apontada pela doutrina de modo majoritário.

> O dissídio pode ser de natureza econômica (para instituição de normas e condições de trabalho e principalmente fixação de salários); ou de natureza jurídica (para interpretação de cláusulas de sentenças normativas para interpretação de cláusulas de sentenças normativas, acordos e convenções coletivas). Pode ser ainda originário (quando não existirem normas e condições em vigor decretadas em sentenças normativas); de revisão (para rever condições já existentes); e de greve (para decidir se ela é abusiva ou não)[(5)].

A doutrina também aponta o conceito e espécies do Dissídio Coletivo, denominando-os da mesma forma que

(*) Advogado. Mestre em Direito Processual pela UNICAP/PE. Coordenador da Pós-Graduação e Professor da Faculdade de Ciências Humanas e Exatas de Belém do São Francisco – FACESF. Professor da Faculdade Marista – Recife. Professor da Faculdade Maurício de Nassau – UNINASSAU.

(1) MANUS, Pedro Paulo Teixeira. *Negociação coletiva e contrato individual de trabalho*. São Paulo: LTr, 2001. p. 27.

(2) GIGLIO, Wagner D.; CORRÊA, Claudia Giglio VeLTri. *Direito Processual do Trabalho*. 16. ed. ver., amp., atual. e adaptada. São Paulo: Saraiva, 2007. p. 407.

(3) *Ibidem*, p. 407.

(4) ANDRADE, Everaldo Gaspar Lopes de. *Dissídio coletivo*. São Paulo: LTr, 1993.

(5) Disponível em: <http//www.tst.gov.br/ASCS/glossário.html> Acesso em: 18 maio 2010.

o Tribunal Superior do Trabalho, de dissídios de natureza jurídica e dissídios de natureza econômica[6].

> Dissídio coletivo é um processo judicial de solução dos conflitos coletivos econômicos e jurídicos que no Brasil ganhou a máxima expressão como um importante mecanismo de criação de normas e condições de trabalho por meio dos tribunais trabalhistas, que proferem sentenças denominadas normativas quando as partes que não se compuseram na negociação coletiva acionam a jurisdição[7].

Esse também é o entendimento de Alice Monteiro de Barros:

> Classificam-se os dissídios coletivos em econômicos e jurídicos. Os dissídios coletivos de natureza econômica têm em mira a criação de novas condições de trabalho. Já os dissídios coletivos de natureza jurídica têm em vista a aplicação ou interpretação de norma preexistente[8].

Ives Gandra Martins Filho também corrobora com a classificação ora apontada, fazendo inclusive referência ao fato de que tanto a doutrina quanto a jurisprudência são unânimes, neste aspecto.

> Com efeito, a doutrina e a jurisprudência são unânimes em reconhecer a possibilidade do dissídio coletivo visando não à fixação de normas e condições de trabalho, mas à delimitação exata das já existentes, no sentido de interpretar as leis, acordos coletivos, convenções coletivas e sentenças normativas incidentes sobre as relações de trabalho de uma dada categoria. Trata-se do denominado dissídio coletivo de natureza jurídica, que se contrapõe ao dissídio coletivo de natureza econômica, em que se estabelecem normas de trabalho, majorando salários e conferindo vantagens econômicas para os trabalhadores[9].

Tais argumentos demonstram uma unanimidade tanto da doutrina quanto da jurisprudência a respeito do estudo do tema em questão.

2. O caráter revolucionário do Dissídio Coletivo e a teoria geral do processo

É por intermédio do poder jurisdicional que o Estado põe à disposição de toda a sociedade — ou pelo menos a rigor deveria colocar — a denominada prestação jurisdicional, com a finalidade precípua de solucionar lides e pretensões resistidas. Isso é necessário para que se faça valer os interesses gerais da sociedade como a segurança pública, a integridade física, o patrimônio e os interesses coletivos e individuais indisponíveis. Existe ainda uma outra atividade, que é a função criadora da atividade jurisdicional estatal, como se evidenciará mais adiante.

Diante das diferentes modalidades de ações, tanto em relação à classificação quanto à sua natureza jurídica, é de se destacar a ação coletiva de trabalho que, no Direito positivo pátrio, denomina-se Dissídio Coletivo, por não se poder enquadrá-la no rol das ações pertencentes ao processo civil, independentemente de estarem vinculadas à jurisdição voluntária ou mesmo as que compõem a estrutura normativa da jurisdição contenciosa.

Nessas ações não se busca tão somente um pronunciamento declaratório, muito menos tão só um constitutivo, ao menos no modelo da teoria geral aplicável no processo civil. Da mesma forma, não se persegue uma sentença que se evidencie como título judicial executório. Não se coaduna em nenhum desses procedimentos ordinários, especiais ou cautelares. Não possuindo também a natureza das ações penais (sejam públicas ou privadas).

Seu caráter é revolucionário pelo fato de que o exercício da função jurisdicional estatal é realizado no sentido de criar regras a serem obedecidas no âmbito de categorias de trabalhadores e empregadores. Mas, além dessa função de caráter legislativo, é importante ressaltar que também atuará na interpretação de normas já existentes.

Dito caráter revolucionário será devidamente explicado nos subitens seguintes, onde será demonstrado de forma específica e aprofundado porque seria assim considerado o Dissídio Coletivo.

3. Os Dissídios Coletivos enquanto fonte jurisdicional de formação da norma

Ao descrever e prescrever modos de conduta, poderes, prerrogativas, competências, estará a norma autorizando, impondo, proibindo. Assim, sua eficácia e bilateralidade pressupõem a coação a ser descrita pelo ordenamento jurídico, para aqueles que vierem a desobedecer as condutas normadas[10].

(6) Segundo BEZERRA LEITE, "o dissídio coletivo é uma espécie de ação coletiva conferida a determinados entes coletivos, geralmente os sindicatos, para a defesa de interesses cujos titulares materiais não são pessoas individualmente consideradas, mas sim grupos ou categorias econômicas, profissionais ou diferenciadas, visando à criação, interpretação de normas que irão incidir no âmbito dessas mesmas categorias". Ver: BEZERRA LEITE, Carlos Henrique. *Curso de Direito Processual do Trabalho*. 5. ed. São Paulo: LTr, 2007. p. 1.030.

(7) NASCIMENTO, Amauri Mascaro. *Curso de Direito do Trabalho*. 22. ed. São Paulo: Saraiva, 2007. p. 769.

(8) BARROS, Alice Monteiro de. *Curso de Direito do Trabalho*. 2. ed. São Paulo: LTr, 2006. p. 1.224.

(9) MARTINS FILHO, Ives Gandra da Silva. *Processo coletivo do trabalho*. 4. ed. São Paulo: LTr, 2009. p. 70.

(10) KELSEN, Hans. *Teoria geral das normas*. Porto Alegre: Sergio Antonio Fabris Editor, 1986. p. 113.

Em se tratando de ações coletivas, a sociedade é quem se encarrega da função jurisdicional estatal, pedindo ao Poder Judiciário que produza direito novo, com a finalidade de reger as relações individuais trabalhistas. Isso se deve ao fato de que o Estado verificou que não teria condições de acompanhar a dinâmica e a complexidade das relações trabalhistas, sempre tendo que convocar o Poder Legislativo e esperar que esse venha a produzir normas que deveriam reger as relações de trabalho, bem como solucionar os conflitos, no momento em que eles surgissem. Por tal motivo transferiu para as partes envolvidas e interessadas (trabalhadores e patrões), no caso brasileiro, através dos acordos e convenções coletivas de trabalho, a responsabilidade de elaborarem regras gerais, abstratas e coercitivas. Por tal motivo, as normas coletivas e as sentenças normativas possuem, como toda norma, âmbito de validade (pessoal, material, espacial e temporal).

Trata-se de instituto peculiar do processo do trabalho em que visa aos direitos e interesses de categorias, cujos titulares são grupos de pessoas que figurarão no processo representados geralmente pelos sindicatos das respectivas categorias, na busca de obterem um procedimento jurisdicional a respeito de interesses gerais e abstratos.

Everaldo Gaspar Lopes de Andrade destaca que a ação coletiva constitui modalidade de procedimento destinada a uma determinada categoria (profissional ou econômica), ou a ambas, por intermédio de suas respectivas entidades sindicais, objetivando a interpretação ou produção de uma norma de caráter geral e abstrata, bem como a solução de um conflito coletivo de trabalho(11).

José Augusto Rodrigues Pinto entende se tratar de uma atribuição extravagante do Poder Judiciário, justamente pelo fato de que ele estaria atuando no sentido de criar regras a serem observadas no âmbito de uma categoria(12). Esse processo típico criador de normas foi explicado com bastante lucidez por Calamandrei(13):

> La Magistratura del trabajo juzga en la formulación de las nuevas condiciones de trabajo, *según equidad*, contemporizando los intereses de los dadores de trabajo con los de los trabajadores, y tutelando, em todos los casos, los intereses superiores de la producción.

Ainda sob o respaldo do entendimento de José Augusto Rodrigues Pinto, existem dois fundamentos que concorrem para sustentar a presença do poder normativo no ordenamento jurídico, o social e o político(14):

O fundamento social é consistente na necessidade de se proteger o trabalhador, a parte economicamente mais fraca na relação de emprego. O Estado então se colocaria nessa posição, no sentido de evitar a pressão da classe patronal para pressionar a classe trabalhadora a aceitar suas imposições.

4. Da inconstitucionalidade do § 2º do art. 114 da Constituição da República

Não se pode olvidar que o ingresso da supra referida norma em nosso preceito constitucional restringiu a garantia fundamental de índole pétrea de acesso à Justiça (Poder Judiciário Trabalhista), materializado na exigência do comum acordo em sede de ajuizamento do Dissídio Coletivo, instrumento próprio à efetividade do Direito Coletivo do Trabalho, desprestigiando a justiça social tão almejada num Estado Democrático de Direito, como no Brasil.

As relações jurídico-trabalhistas são, em decorrência de sua própria história e essência, ontologicamente desiguais, e não raras vezes injustas, tendo em vista que, via de regra, a classe economicamente forte se sobrepõe à classe trabalhadora, economicamente mais fraca. Em vista disso, nasceu a Justiça do Trabalho para tutelar o lado mais frágil das relações de trabalho, indubitavelmente, o trabalhador.

Diante de uma possível frustração das tentativas de negociação coletiva ou da arbitragem, entre as classes conflitantes, onde, diante do conflito, não haverá espaço para o estabelecimento do comum acordo, irá se verificar uma inutilidade do instrumento até então a ser manejado pelas partes.

(11) ANDRADE, Everaldo Gaspar Lopes de. *Dissídio coletivo*, ob. cit., p. 24.

(12) Essa atribuição extravagante do Poder Judiciário é denominada poder normativo porque confere ao órgão jurisdicional estatal um duplo alcance de atuação: solucionar litígio — o que lhe é próprio — e criar norma geral e abstrata de conduta — o que é reservado a outras esferas de poder do Estado, ocupadas pelo Legislativo e Executivo. Ver: PINTO, José Augusto Rodrigues. *Direito Sindical e Coletivo do Trabalho*, ob. cit., p. 348.

(13) CALAMANDREI, Piero. *Instituciones de Derecho Procesal Civil*. Buenos Aires: Ediciones Juridicas Europa-America, 1973. p. 207.

(14) Conforme nos parece, dois fundamentos, em tese, até incompatíveis entre si, terminam concorrendo para sustentar a presença do poder normativo em nosso ordenamento jurídico.

O primeiro, social, é a *longa manus* da tutela estatal para a proteção do hipossuficiente econômico, buscando neutralizar a resistência patronal para negociar a normatização das condições gerais de trabalho, sob o influxo das reivindicações operárias.

Seu exercício produz uma fonte imperativa estatal, que irá preencher o vazio normativo aberto pela falta da fonte imperativa profissional, não completada através das tratativas diretas dos grupos interessados na relação de emprego.

O segundo fundamento, de índole totalitária pouco disfarçada, é a infiltração do poder politico nas relações entre sindicatos, um dos meios de tornar dependente, pela oferta da tutela, a atividade da representação profissional, ao mesmo tempo em que facilita a oposição patronal ao avanço das reivindicações trabalhistas. Ver: PINTO, José Augusto Rodrigues. *Direito Sindical e Coletivo do Trabalho*, ob. cit., p. 349.

Percebe-se que o que se pretende, não resta qualquer dúvida, é o completo esvaziamento instrumental do Dissídio Coletivo, que seria o meio necessário à defesa dos interesses coletivos, inspirado inclusive no ideal de justiça social, peculiar do Direito Coletivo do Trabalho.

Ao se considerar a constante coação econômica subjacente às relações laborais, que permeiam o mundo fático nesse âmbito social, observa-se que o legislador constituinte não guardou a necessária "razoabilidade como congruência" devida, uma vez que tal postulado exige a harmonia das regras com as condições externas de sua aplicabilidade[(15)].

A situação de fato escolhida pelo legislador como inexistente diz respeito exatamente à exigência praticamente inalcançável do mútuo consentimento para instauração do Dissídio Coletivo de natureza econômica. Nesse aspecto, Humberto Ávila ressalta a importância do dever de congruência e de fundamentação na natureza das coisas[(16)].

> A interpretação das normas exige o confronto com parâmetros externos a elas. Daí se falar em dever de congruência e de fundamentação na natureza das coisas (*Natur de Sache*). Os princípios constitucionais do Estado de Direito (art. 1º) e do Devido Processo Legal (art. 5º, LIV) impedem a utilização de razões arbitrárias e a subversão dos procedimentos institucionais utilizados. Desvincular-se da realidade é violar os princípios do Estado de Direito e do Devido Processo Legal.

No caso específico, é justamente isso que sucede, ou seja, um completo afastamento da situação fática, da realidade. Como se conceber a existência de um "comum acordo" entre partes conflitantes, entre partes onde, via de regra, impera a desigualdade de armas, sobretudo no aspecto econômico. Tal situação seria absolutamente surreal. Verifica-se, como já apontado, a intenção clara do Estado de negar o conflito de classes.

5. A transgressão ao princípio constitucional da inafastabilidade da jurisdição

O tema ora em discussão é bastante amplo e sua evolução no tempo demonstra de forma efetiva que ainda não foi possível estabelecer de forma precisa qual a maneira mais acessível de se promover a Justiça, ou seja, de acesso à Justiça.

Teoricamente, o amplo acesso à Justiça deve ser concedido através de instrumentos fornecidos aos jurisdicionados que lhes proporcionem meio de postularem em Juízo sem maiores entraves burocráticos, como também se defenderem com todos os meios de defesa em direito admitidos, respeitados os preceitos legais atinentes à matéria.

Entretanto o conceito do acesso à Justiça vem sofrendo constante modificação, pois fazer uma digressão e proceder a uma breve evolução histórica desde a época do Estado Liberal dos tempos da Revolução Industrial (que se pode considerar como surgimento das primeiras regras no âmbito trabalhista), onde o Estado era até então abstencionista, verificou-se a necessidade de intervir na relação entre trabalhadores e empregadores, no intuito de proteger àqueles, por serem economicamente mais fracos em tal relação[(17)].

Ocorre que os custos para o enfrentamento da Justiça eram muito altos, e, de fato, para a parte mais necessitada da população, ainda o é. E não se está aqui tratando apenas do custo financeiro, pois se deve levar em consideração ainda a morosidade de um processo judicial, o que acarreta na grande maioria das vezes em prejuízo irreparável para o jurisdicionado. Como outras despesas, por exemplo, honorários advocatícios.

Se levar em consideração que a verba trabalhista é de natureza alimentar, em que o empregado necessita dela para sustento próprio e de seus familiares, não é possível conceber que o trabalhador fique sem acesso a tais direitos por período de tempo considerável, pois estaria impossibilitado de prover o sustento de sua família. A grande problemática aqui seria como alcançar, obter a solução para tal situação de maneira ágil, eficiente, rápida e eficaz. Ainda mais importante tal situação nos dissídios coletivos, onde se envolvem interesses de toda uma categoria.

A resposta para tal indagação, de fato, ainda não foi encontrada na prática em nosso ordenamento jurídico, na medida em que não se encontra essa solução efetiva através dos mecanismos que são colocados à disposição dos jurisdicionados.

A Constituição da República de 1988 estabelece que nenhum cidadão será afastado do amplo acesso à Justiça, garante a todos os indivíduos esse acesso de modo formal, que entretanto ao se deparar com a prática encontra vários óbices a serem ultrapassados.

Apesar de encontrar essa garantia constitucional na Carta Magna, existem outros preceitos previstos na própria norma ápice que impõe vedações ao acesso a essa ordem jurídica justa, como é o caso do art. 114, § 2º que será analisado logo adiante mais amiúde. À medida que o

(15) ÁVILA, Humberto. *Teoria dos princípios:* da definição à aplicação dos princípios jurídicos. 6. ed. São Paulo: Malheiros, 2006. p. 142.

(16) *Idem*.

(17) CAPPELLETTI, Mauro. *Acesso à Justiça*. Porto Alegre: Fabris, 1988.

texto constitucional impõe às partes o comum acordo para o ingresso da medida judicial, estaria de tal maneira afrontando o tão propalado amplo acesso à Justiça, ante o óbice a ser transposto. Dessa maneira, não havendo a concordância da parte adversa, restaria prejudicado o cumprimento de um dos requisitos do acesso à Justiça.

Em vista disso, encontra-se diante de um confronto entre os conceitos de acesso à justiça formal e acesso à justiça material. Já que teoricamente é permitido, respeitado, consagrado, entretanto na prática, ele não se configura.

O entendimento doutrinário se configura exatamente nesse aspecto, onde se verifica, na grande maioria dos ordenamentos jurídicos pátrios, o respeito a esse tão propalado acesso à justiça formal que, na prática, em várias hipóteses, encontra óbices muita das vezes intransponíveis[18].

Daí surge outra problemática que seria justamente a da efetividade do acesso à Justiça, ou seja, a efetividade perfeita ou igualdade de armas, como propalado por Cappelletti, que seria, como defendido pelo próprio autor, uma verdadeira utopia[19].

Tem-se obstáculos a serem transpostos que se colocam muitas das vezes como barreiras intransponíveis, onde raramente se alcança o objetivo que se busca.

Tais obstáculos podem ser considerados como as custas processuais, os honorários advocatícios e o tempo da demanda. Fatores esses que devem ser ponderados tendo em vista que muitas das vezes não vale a pena ingressar com uma ação judicial, a depender de tais fatores.

Não raras vezes o cidadão se depara com situações de monta econômica pequena que não justificaria o dispêndio da máquina judiciária, já que lhe acarretaria uma despesa maior que o resultado esperado do processo. Nessas situações, as custas processuais e os honorários advocatícios extrapolariam o valor a ser recebido pela parte autora, e assim não lhe seria vantajoso buscar o aparato judicial.

Diante disso, resta demonstrado em várias situações que o tão propalado amplo acesso à justiça, em muitos casos, não passa de um respaldo formal do cidadão que, ao tentar transpor tal formalidade, se depara na prática com obstáculos que o faz desistir na grande maioria dos casos, de lutar para defender seus direitos.

Poder-se-ia, diante de tais divagações, fazer referência à jurisdição constitucional, que é composta não apenas do que está prescrito na Carta Magna, mas também de textos, decisórios, argumentações e decisões. Este texto constitucional encontra-se muitas vezes numa posição genérica, que deveria ser interpretado por normais inferiores ou até mesmo pela doutrina ou jurisprudência, como no caso da problemática aqui enfrentada, em torno do art. 114, § 2º da CF/88[20].

Traça-se desta maneira um paralelo entre a questão do amplo acesso à Justiça com a jurisdição constitucional. Poderíamos a princípio constatar que, em nosso ordenamento jurídico, o amplo acesso à Justiça está consagrado constitucionalmente, mesmo que encontre óbices a serem transpostos que estão configurados no próprio Texto Constitucional, surgindo como um verdadeiro contra-senso, numa contradição difícil de ser transposta. Mas cuja transposição deverá ser alcançada, inclusive mediante estudos doutrinários e decisões judiciais.

É nessas situações que, na grande maioria das vezes, deparar-se-á com sérios problemas, tendo em vista que o julgador passa a legislar, o que torna, não raras as vezes, bastante frágil o sistema jurisdicional, uma vez que os jurisdicionados se deparam com situações absolutamente discrepantes, criadas pelos representantes do Poder Judiciário.

No momento em que o Estado se separa, se afasta desse poder decisório, transferindo para terceiros tal responsabilidade, como no caso da arbitragem, mediação, dentre outras formas extrajudiciais de solução dos conflitos trabalhistas [21]. O que causa maior preocupação na sociedade, à medida que se estaria retroagindo ao Estado Liberal da época da Revolução Industrial. No caso, a classe patronal, economicamente mais forte, sempre iria impor a solução do conflito, ante a fraqueza da classe trabalhadora, que tinha de se submeter ao império do patrão, ante o medo de perder o seu emprego, garantia do sustentáculo de sua família.

Analisando o aspecto processual da aplicação do art. 114, § 2º da Constituição da República de 1988, relativamente à obrigatoriedade do comum acordo para ajuizamento do Dissídio Coletivo, de logo surge a dúvida ou o problema: ingressando a parte interessada com uma ação dessa natureza perante o Tribunal Regional do Trabalho competente, ou mesmo perante o Tribunal Superior do Trabalho, sem a concordância expressa da parte adversa, estar-se-ia diante de um óbice processual a decretar de imediato a extinção da ação sem julgamento do mérito, ou haveria a possibilidade

(18) CAPPELLETTI, Mauro. *Acesso à Justiça*. Porto Alegre: Fabris, 1988.

(19) *Idem*.

(20) ADEODATO, João Maurício. *A retórica constitucional* (sobre tolerância, direitos humanos e outros fundamentos éticos do direito positivo). São Paulo: Saraiva, 2009.

(21) BARROSO, Fábio Túlio. *Extrajudicialização dos conflitos de trabalho*. São Paulo: LTr, 2010. p. 56-57.

de perquirir a parte contrária sobre a aceitação ou não do processamento da referida demanda judicial?

De logo se pode esclarecer que a resposta para tal indagação não é tão simples, nem ao menos consensual em nosso ordenamento jurídico, já que tanto a doutrina quanto a jurisprudência ainda não chegaram a um consenso em relação a tal problemática.

Tanto a jurisprudência quanto a doutrina não têm um entendimento sedimentado quanto à aplicação do art. 114, § 2º da CF/88, como demonstrado. Entretanto, em homenagem ao princípio constitucional da inafastabilidade do poder jurisdicional estatal, os mecanismos extrajudiciais de solução dos conflitos não podem ser colocados como óbice ao enfrentamento judicial, ou seja, as partes não devem necessitar de quaisquer condições para que venham a se socorrer do exame estatal de seus litígios.

Nos dias atuais, enfrenta-se exatamente a mesma situação, o mesmo problema. Tal modo de agir do Estado fragiliza a sociedade, e os cidadãos, diante de tal insegurança, tendem cada vez mais a se afastar do Poder Judiciário, que seria o órgão que, pelo menos a princípio, estaria na qualidade de guardião instransponível de seus direitos.

Infelizmente, não é dessa maneira que as coisas vêm acontecendo atualmente. Muito pelo contrário. Normas expedidas nessa direção (art. 114, § 2º da CF/88) demonstram que a "Jurisdição Constitucional" afasta do Estado o seu poder de solucionar as controvérsias existentes ao atribuir tal responsabilidade aos litigantes, que devem decidir como se daria a solução de seus conflitos. Isso fatalmente fará com que o posicionamento do mais forte sempre venha a prevalecer diante daquele que esteja numa posição hierarquicamente inferiorizada. E é justamente nesse aspecto que se estaria regredindo aos tempos da Revolução Industrial.

Caberia, portanto, ao Estado, criar mecanismos mais efetivos de solução dos conflitos judiciais, para chamar definitivamente para si a responsabilidade pela solução de tais conflitos. Na sua posição de inércia, de imparcialidade, teria condições, se utilizado exclusivamente para fins lícitos, morais e éticos, de se chegar a uma conclusão justa do conflito.

O amplo acesso à Justiça deve ser respeitado de forma que não haja grande sacrifício das liberdades individuais (princípio político do processo). Entretanto, não é bem isso que se verifica em nosso ordenamento jurídico. Além dos entraves postos pela própria lei, ainda há problemas outros, como o alto custo de se ingressar com uma ação judicial, ao se considerar o valor das custas processuais, os honorários advocatícios e ainda a morosidade em relação à entrega da prestação jurisdicional[(22)].

Além de aspectos referentes ao respeito às liberdades individuais, como é o caso do princípio político do processo, deve ser ressaltado ainda o respeito a outros princípios constitucionais, como é o caso do princípio da unidade da Constituição, da força normativa, da máxima efetividade, da conformidade funcional, do efeito integrador e da harmonização[23], embora esses não sejam aprofundados,

(22) "Ora, ser cidadão é mais do que ser titular de direitos políticos. A cidadania é um princípio fundamental do regime democrático de direito, regime jurídico adotado pelo Brasil, conforme consta da Constituição de 1988. Pressupõe que as ações do Estado têm por finalidade o bem-estar coletivo". GOMES NETO, José Mário Wanderley; HOLANDA, Maria Lucicleide Cavalcanti da Silva. Cidadania e acesso à justiça: o modelo de assistência jurídica oferecido pelo Estado de Pernambuco, a partir da Constituição de 1988. *In:* SEVERO NETO, Manoel (Org.). *Direito, cidadania e processo*. vol. 2. Recife: FASA, 2006. p. 81.

(23) Princípio da Unidade da Constituição: segundo ele as normas constitucionais não devem ser interpretadas isoladamente, pois dessa forma poderiam estar elas descumprindo a Constituição. A Constituição deve ser vista como um todo, um sistema de normas, procurando compatibilizar suas diferentes normas. Para Luís Roberto Barroso "Na colisão de normas constitucionais, especialmente de princípios – mas também, eventualmente, entre princípios e regras, e entre regras e regras — emprega-se a técnica da ponderação. Por força do princípio da unidade, inexiste hierarquia entre as normas da Constituição, cabendo ao intérprete a busca da harmonização possível, in concreto, entre comandos que tutelam valores ou interesses que se contraponham. [...]

Princípio da força normativa: todas as normas constitucionais possuem eficácia. Não podem ser consideradas letras mortas. Se constam do texto da Carta Magna, possuem força normativa, caráter cogente.

Princípio da máxima efetividade: como as normas constitucionais possuem força normativa, o intérprete deve extrair delas sua máxima efetividade.

[...]

Efetividade significa a realização do Direito, a atuação prática da norma, fazendo prevalecer no mundo dos fatos os valores e interesses por ela tutelados. Simboliza a efetividade, portanto, a aproximação, tão íntima quanto possível, entre o dever ser normativo e o ser da realidade social. O intérprete constitucional deve ter compromisso com a efetividade da Constituição: entre interpretações alternativas e plausíveis, deverá prestigiar aquela que permita a atuação da vontade Constitucional, evitando, no limite do possível, soluções que se refugiem no argumento da não auto-aplicabilidade da norma ou na ocorrência de omissão do legislador." Ver: BARROSO, Luís Roberto. *Interpretação e aplicação da Constituição*. São Paulo: Saraiva, 2013. p. 374-376.

"Princípio da conformidade funcional: Deve-se respeitar a competência dos poderes estatais (legislativo, executivo e judiciário). Deve ser observada e preservada a distribuição das funções conferidas pela Constituição aos poderes do Estado".

Princípio do efeito integrador: no entendimento de Sylvio Motta Filho e William Douglas Santos, esse princípio "informa que, na resolução das questões sobre a Constituição, é preciso optar pelos caminhos de interpretação que favoreçam a integração e unidade política e social". Ver: MOTTA FILHO, Sylvio Clemente da; SANTOS, William Douglas Resinente dos. *Controle de constitucionalidade:* uma abordagem teórica e jurisprudencial. 3. ed. Rio de Janeiro: Impetus, 2004. p. 23.

Princípio da harmonização: segundo o qual se exige coordenação e combinação dos bens jurídicos em conflito, para que se evite o sacrifício de um em relação aos demais.

tendo em vista a análise específica se referir ao princípio da inafastabilidade da jurisdição.

Daí se verifica que são vários os aspectos que envolvem o acesso à Justiça de forma plena e efetiva, tendo em vista que isso não se daria simplesmente pelo fato de estar previsto em texto legal ou mesmo constitucional o amplo acesso à Justiça.

Portanto, apesar de estar alçado em nosso ordenamento como princípio constitucional, a inafastabilidade da jurisdição não se concretiza de forma prática, materialmente falando; encontramo-la apenas no texto legal, já que ao transportá-la para a vida real, em diversas oportunidades, ela esbarra muitas vezes em próprios dispositivos legais, constantes em outros textos normativos existentes no ordenamento pátrio[24].

Além do aspecto processual, anteriormente analisado, deve-se analisar ainda outros aspectos, como o político, no que diz respeito à aplicação do art. 114, § 2º, da Constituição da República, como se mostrará logo adiante.

O Dissídio Coletivo trata de uma forma heterocompositiva de solução dos conflitos coletivos de trabalho, e, em nosso ordenamento jurídico, sempre que a negociação coletiva é frustrada, as partes vão buscar a solução para o litígio através desse meio judicial.

Os sindicatos representativos das categorias profissional e econômica devem possuir força política na tentativa de impor perante a parte contrária suas condições, de modo que estas prevaleçam e passem a se tornar regra naquela categoria.

Diante desse fato, é preponderante e fundamental que a categoria dos trabalhadores esteja constituída por um sindicato forte e representativo, que não venha a sucumbir diante das pressões sofridas pela classe patronal.

Um sindicato profissional independente não permite que fatores externos venham a refletir na sua gestão, na sua participação diante da classe trabalhadora e na sua relação com a categoria econômica. Para que se tenha essa independência, é necessário que os líderes sindicais não sejam coniventes com interesses das empresas nem do Estado, o que muitas vezes se percebe e faz desvirtuar a real finalidade do sindicato profissional.

O aspecto político que envolve esta questão está diretamente ligado ao fator social, até porque não se pode vislumbrar uma classe profissional avançada politicamente, se no aspecto social os trabalhadores são absolutamente dependentes de seus patrões.

Não está se falando da subordinação decorrente do contrato individual de trabalho, já que esta é inerente a toda e qualquer relação de emprego. Entretanto, diante da instabilidade econômica e social vivida por nossos trabalhadores, não há como se atingir um equilíbrio nesse particular, o desemprego estará sempre batendo à porta desses trabalhadores.

O Estado precisa atuar proporcionando uma maior estabilidade aos seus cidadãos no mercado de trabalho, com medidas que venham a torná-los cada vez mais independentes do predomínio econômico patronal.

Sob o ponto de vista do aspecto econômico, apresenta-se também um problema fundamental, para impor o requisito do art. 114, § 2º da Constituição Federal de 1988. Isso pelo fato de que a classe patronal vale-se de sua preponderância econômica para coagir a classe trabalhadora a aceitar as condições por ela impostas.

Se o Estado não fornece à classe profissional condições de litigar em pé de igualdade com a classe patronal, não pode estipular regras de igualdade entre eles, quando na verdade não estão em pé de igualdade.

O próprio princípio da proteção ao hipossuficiente consagra que não se pode tratar de forma igual os desiguais, pois dessa maneira sempre ocorreria a preponderância do mais forte da relação. Numa relação desigual, o tratamento tem que ser também desigual, exatamente na medida da desigualdade das partes, para que seja possível buscar um equilíbrio entre os conflitantes.

Se não há equilíbrio entre as partes, já que economicamente estão bem distantes, via de regra, o Estado não lhes pode atribuir um tratamento igualitário, pois isso irá tão somente acentuar cada vez mais a desigualdade, e por conseguinte beneficiar a parte mais forte, ou seja, a classe patronal[25].

(24) Dentre esses instrumentos, o direito de acesso à Justiça é um dos mais importantes por constituir meio de promover a resolução dos conflitos de interesse; contudo, não é efetivo para todos. Limitações sociais, culturais e, principalmente, econômicas impedem que grande parcela da população usufrua a tutela estatal, ficando à mercê dos métodos não convencionais. Vale ressaltar que, apesar de ser do conhecimento geral, não pertence ao escopo do presente estudo a menção aos meios não oficiais de resolução dos conflitos, os quais são os mais acessíveis e cada vez mais utilizados pelos menos favorecidos. Ver: GOMES NETO, Mário Wanderley; HOLANDA, Maria Lucicleide Cavalcanti da Silva. Cidadania e acesso à Justiça: o modelo de assistência jurídica oferecido pelo Estado de Pernambuco, a partir da Constituição de 1988. Ob. cit., p. 81-82.

(25) "Por outro lado, a indigitada norma constitucional aviva ainda mais a teleologia negocial dos sindicatos ou a exacerbação da teoria da vontade, tão evidente na realidade liberal, com consequências danosas aos trabalhadores, como a flexibilidade e a precarização. Observa-se que, para se chegar ao judiciário, se faz necessário um pré-contrato, um acordo entre as partes, que possuem interesses contrapostos, para que, juntos, batam às portas deste poder específico do Estado.

O posicionamento do Estado liberal ou neoliberal, quando permite que classes desiguais estejam em igualdade de condições no momento de decidirem seus conflitos, é temerário e perigoso. Fragiliza a classe trabalhadora, enfraquecendo-a cada vez mais diante de seus empregadores.

Se o Dissídio Coletivo de natureza econômica apenas poderá ser ajuizado se houver concordância das partes, caso a negociação coletiva seja frustrada, e a classe patronal se negar a ajuizar a ação, alguns direitos já conquistados pelos trabalhadores poderão não mais ser respeitados, diante da inexistência de norma que os consagrem.

A classe patronal terá condições de pressionar a classe trabalhadora a aceitar as condições que estejam por ele sendo impostas, pois, do contrário, não existirá norma coletiva, e aqueles direitos até então consagrados, não mais prevalecerão, num flagrante prejuízo para os empregados.

As constituições modernas começaram a prever a atuação da justiça numa concepção ampla. O inciso XXXV, do art. 5º da Constituição do Brasil estabelece que "a lei não excluirá da apreciação do Poder Judiciário lesão ou ameaça de direito".

Entendo que, diante da regra contida nos arts. 5º, XXXV, e 8º, III, da CF/88,

> Art. 5º Todos são iguais perante a lei, sem distinção de qualquer natureza, garantindo-se aos brasileiros e aos estrangeiros residentes no País a inviolabilidade do direito à vida, à liberdade, à igualdade, à segurança e à propriedade, nos termos seguintes:
>
> (...)
>
> XXXV – A lei não excluirá da apreciação do Poder Judiciário lesão ou ameaça a direito;
>
> Art. 8º É livre a associação profissional ou sindical, observado o seguinte:
>
> [...]
>
> III – ao sindicato cabe a defesa dos direitos e interesses coletivos ou individuais da categoria, inclusive em questões judiciais ou administrativas.

Mesmo malogrando o acordo entre as entidades sindicais, não se pode afastar o exame do litígio por parte do Poder Judiciário Trabalhista, que continuaria a exercer o seu poder normativo.

Tal imposição do dispositivo constitucional, além de ofender diretamente o princípio da inafastabilidade jurisdicional, ainda se apresenta como flagrante afronta ao conflito de classes à medida que promove a negativa desses conflitos, impondo o comum acordo entre os litigantes.

Como já visto acima, quem está litigando, diante de um conflito de interesses, não tem como entrar num consenso a respeito de uma disputa judicial. E nesse aspecto particular, não há dúvida que a classe patronal vai tentar se sobrepor à classe profissional, e esta apenas teria a alternativa da greve. Entretanto, por questões já mencionadas anteriormente, a classe trabalhadora atualmente cada vez mais vem se eximindo do exercício do direito de greve, com medo do desemprego.

A imposição do comum acordo, além de fragilizar a classe obreira pelo impedimento de buscar a solução jurisdicional do conflito, ou seja, impedir o amplo acesso à justiça, constitucionalmente consagrado, ainda aumentará a vantagem da classe patronal na negociação, já grande pelo poderio econômico, e agora ainda maior pelo fato de que ter-se-á plena convicção de que se os trabalhadores não aceitarem sua condições, não poderão se socorrer do Poder Judiciário para tal fim.

Agora, passa-se a examinar a ordem jurídica justa, que tanto se busca, pelo menos é o que se fala, mas ainda se encontra tão distante. De nada adianta um ordenamento jurídico onde se verifique a presença de leis que tratem de amplo acesso à justiça, de inafastabilidade da jurisdição, mas que, na prática, não viabilize tal condição.

Numa ordem jurídica justa seria indispensável a presença de elementos que apresentasse para as partes de uma relação processual meios realmente acessíveis de se discutir uma demanda em juízo, de modo não oneroso e com o dispêndio de tempo razoável, de forma a viabilizar a decisão final. Em muitas vezes, de nada adiantará uma decisão favorável, após longos anos de espera, pois se se tratar de um direito urgente, a morosidade na entrega da prestação jurisdicional seria praticamente a negativa dessa efetivação.

Na seara trabalhista, é necessário que se esclareça que, via de regra, o que se discute é pagamento de salário ou de qualquer outra parcela que tenha natureza salarial. Na seara do direito coletivo, esses bens serão perseguidos por toda uma coletividade. Portanto, serve de sustento tanto para o trabalhador quanto para sua própria família. Assim, o retardo no cumprimento de sua obrigação, em muitas das vezes, lhe trará prejuízos irreparáveis, de ordem financeira e pessoal.

Para que se obtenha uma ordem jurídica justa, não basta a entrega correta da prestação jurisdicional. É necessário e indispensável que o bem da vida, almejado pelo litigante lhe seja entregue. Ou seja, aquele objeto perseguido, seja

Ora, se não houve uma autocomposição prévia, que naturalmente elide a possibilidade conjunta de busca da solução pela via judicial, o tão só causismo constituinte secundário é que determina um malsinado prévio acordo para que a controvérsia se transforme em litígio, tendo como agravante a crítica realidade sindical". Ver: BARROSO, Fábio Túlio. *Extrajudicialização dos conflitos de trabalho*. Ob. cit., p. 74.

ele qual for, como, por exemplo, recebimento de uma indenização trabalhista, reintegração de um imóvel, dentre outros, possa efetivamente lhe ser retribuído.

Não basta a obtenção da ordem jurídica formal, se não se consegue vislumbrá-la materialmente. E ela apenas seria vislumbrada materialmente, se fosse efetivamente entrega a seu detentor, sendo esse reconhecido através de uma decisão judicial correta e justa em todos os aspectos, legais, éticos e morais.

Portanto, é necessário que se criem mecanismos no sentido de se solucionar questões dessa natureza, para que se evite que o hipossuficiente preste serviços para um empregador, uma empresa, e, após longos anos de dedicação a esse empregador, se depare com uma demissão. Além disso, sem recebimento das verbas rescisórias. Em boa parte das vezes, esse seria o início de uma verdadeira *via crucis* a ser submetida pelo empregado, pois terá que contratar um advogado e esperar a solução definitiva da demanda.

Alexandre Moraes[26] comentando o princípio da inafastabilidade da jurisdição afirma que:

> Importante, igualmente, salientar que o Poder Judiciário, desde que haja plausibilidade de ameaça ao direito, é obrigado a efetivar o pedido de prestação judicial requerido pela parte de forma regular, pois a indeclinabilidade da prestação judicial é princípio básico que rege a jurisdição, uma vez que a toda violação de um direito responde uma ação correlativa, independentemente de lei especial que a outorgue.

Consagrado constitucionalmente, o princípio em comento encontra óbices no ordenamento jurídico, como já apontado. Demonstra-se inclusive a contradição de nossa Carta Constitucional, ao analisá-lo em conjunto com o art. 114, § 2º da CF/88.

6. Referências bibliográficas

ADEODATO, João Maurício. *A retórica constitucional* (sobre tolerância, direitos humanos e outros fundamentos éticos do direito positivo). São Paulo: Saraiva, 2009.

ANDRADE, Everaldo Gaspar Lopes de. *Direito processual do trabalho:* Estudos. Recife: Nossa Livraria, 1992.

________. *Dissídio coletivo*. São Paulo: LTr, 1993.

ÁVILA, Humberto. *Teoria dos princípios:* da definição à aplicação dos princípios jurídicos. 6. ed. São Paulo: Malheiros, 2006.

BARROS, Aline M. *Curso de direito do trabalho*. 2. ed. rev. e ampl. São Paulo: LTr, 2006.

BARROSO, Fábio Túlio. *Novo contrato de trabalho por prazo determinado:* flexibilização laboral e internacionalização das relações de trabalho. Curitiba: Juruá, 2004.

________. *Extrajudicialização dos conflitos de trabalho*. São Paulo: LTr, 2010.

________. Privatização das formas de solução de controvérsias: mitigação da função jurisdicional e do acesso à justiça. *In:* SEVERO NETO, Manoel (Org.). *Direito, cidadania e processo*. Recife: FASA, 2006.

________. *Direito flexível do trabalho*: abordagens críticas. Recife: Universitária — UFPE, 2009.

________. *Neocorporativismo e concertação social*. Recife: Universitária — UFPE, 2010.

BARROSO, Luis Roberto. *Interpretação e aplicação da Constituição*. 7. ed. São Paulo: Saraiva, 2013.

BEZERRA LEITE, Carlos Henrique. *Curso de Direito Processual do Trabalho*. 3. ed. 4. tir. São Paulo: LTr, 2005.

CALAMANDREI, Piero. *Instituciones de Derecho Procesal Civil*. Trad. de la segunda edicion italiana y estudio preliminar por Santiago Sentis Melendo. Buenos Aires: Ediciones Juridicas Europa-America, 1973.

CAPPELLETTI, Mauro. *Acesso à Justiça*. Trad. de Ellen Gracie Northfleet. Porto Alegre: Fabris, 1988.

GIGLIO, Wagner; D. CORRÊA, Claudia Giglio Veltri. *Direito Processual do Trabalho*. 16. ed. ver., amp., atual. e adaptada. São Paulo: Saraiva, 2007.

GOMES NETO, Mário Wanderley; HOLANDA, Maria Lucicleide Cavalcanti da Silva. Cidadania e acesso à justiça: o modelo de assistência jurídica oferecido pelo Estado de Pernambuco, a partir da Constituição de 1988. *In:* SEVERO NETO, Manoel (Org.). *Direito, cidadania e processo*. Recife: Fundação Antônio dos Santos Abranches — FASA, 2006. vol. 2.

KELSEN, Hans. *Teoria Geral das Normas*. Porto Alegre: Sergio Antonio Fabris Editor, 1986.

MARTINS FILHO, Ives Gandra da Silva. *Processo Coletivo do Trabalho*. 2. ed. ver. e ampl. São Paulo: LTr, 1996.

________. *Processo Coletivo do Trabalho*. 4. ed. São Paulo: LTr, 2009.

MORAES, Alexandre. *Direito Constitucional*. São Paulo: Atlas, 2008.

NASCIMENTO, Amauri Mascaro. *Curso de direito do trabalho*. 22. ed. rev. e atual., 2. tir. São Paulo: Saraiva, 2007.

________. *Curso de Direito do Trabalho*. 24. ed. rev., atual. e ampl. São Paulo: Saraiva, 2009.

PINTO, José Augusto Rodrigues. *Direito Sindical e Coletivo do Trabalho*. 2. ed. São Paulo: LTr, 2002.

SEVERO NETO, Manoel (Org.). *Direito, cidadania e processo. Vol. II*. Recife: Fundação Antônio dos Santos Abranches — FASA, 2006.

(26) MORAES, Alexandre. *Direito Constitucional*. São Paulo: Atlas, 2008. p. 83.

A Negociação Coletiva no Brasil e a Proposta de Implementação do Acordo Coletivo Especial

Julie Ana Gusmão Pôrto de Farias Barroso(*)

1. Origens e evolução histórica do Direito do Trabalho

1.1. Das origens até o surgimento dos sindicatos

Desde os tempos mais remotos o trabalho sempre foi agente modificador de realidades. Grande parte da história da humanidade foi marcada pela exploração do trabalho escravo, onde a mão de obra utilizada não era remunerada por seus serviços. Um período marcado pela dor e pelo sofrimento(1). Do ponto de vista histórico e etimológico, conforme ensina Vólia Bomfim, a palavra trabalho decorre de algo desagradável: dor, castigo, sofrimento, tortura(2).

E assim prosseguiu o trabalho carregando consigo por longos períodos históricos o estigma da revolta e da dor, inclusive com as servidões, *em que sua base legal estava na posse da terra pelos senhores, que se tornavam possuidores de todos os direitos*(3), inclusive da força de trabalho das pessoas que ali estavam, característica das sociedades feudais medievais na Europa.

Até o aparecimento do Direito do Trabalho, em decorrência da Revolução Industrial, as relações de trabalho não contemplavam condições mínimas de dignidade à pessoa humana e não existia nenhum marco regulador e intervencionista na relação privada que caracterizou o binômio capital x trabalho.

Principalmente na Europa, durante os séculos XI a XVII, aproximadamente, o trabalho subordinado esteve sob a realidade das corporações de ofício, inclusive como uma necessidade dos trabalhadores fugirem dos campos, estabelecendo-se paulatinamente identidades profissionais em torno dos mestres(4), além do aspecto de formação profissional para os aprendizes.

São reputadas como a última forma arcaica de organização do trabalho e a mais próxima do que hoje se compreende por relação de emprego. Possuíam em sua estrutura sujeitos corporativos: o mestre, dono do negócio e os seus subordinados; companheiros e aprendizes. Deveriam lealdade inclusive domiciliar ao mestre(5). As atividades objeto das contratações eram apenas artesanais, uma das razões pela qual foram extintas com a industrialização.

Surge, com a industrialização, uma sociedade de classes, onde os sujeitos estão claramente definidos: capitalista e trabalhador. Para melhor entendimento deste período, duas são as obras de relevante importância: *O Manifesto do Partido Comunista*, de Marx e Engels, em 1848 e a *Encíclica Rerum Novarum*, do Papa Leão XIII, em 1891(6).

Com o advento da industrialização, as relações produtivas sofreram uma espécie de reorganização. A produção basicamente agrícola transferia-se agora para as fábricas urbanas. A sociedade vivenciava uma era de evolução, de adaptação às novas tecnologias produtivas. Tem-se também com o liberalismo, o princípio da autonomia da vontade, a liberdade total no campo contratual, que nada mais é que o respeito à vontade manifestada entre os contratantes e a avença fazia lei entre as partes. O Estado não exercia o poder de agente regulador das relações laborais.

Como asseverou Segadas Vianna:

> A igualdade e a liberdade como conceitos abstratos, importavam na aceitação do conceito de Fouillé — "quem diz contratual diz justo" — e permitiam que se instituísse uma nova forma de escravidão, com o crescimento das forças dos privilegiados, da fortuna e a servidão e a opressão dos mais débeis.
>
> Entregue à sua fraqueza, abandonado pelo Estado, que o largava à sua própria sorte, apenas lhe afirmando que era livre, o operário não passava de um simples meio de produção(7).

Aliás, o Estado proibia a organização de trabalhadores e fomentava a autonomia da vontade apenas na sua vertente

(*) Bacharel em Direito pela Universidade Católica de Penambuco. Pós-graduanda em Direito Imobiliário pela UNISC. Advogada.

(1) MARTINEZ, Luciano. *Curso de Direito do Trabalho*. 4. ed. São Paulo: Saraiva, 2013. p. 54. Para o autor: se o trabalho por conta própria, realizado para fins de sobrevivência, já possuía em si a ideia de pena, o trabalho por conta alheia impôs um sentimento bem mais negativo. É que as ideias mais remotas em torno do assunto sempre relacionaram o trabalho ao sofrimento e à dor.

(2) BOMFIM, Vólia. *Direito do Trabalho*. 8. ed. Rio de Janeiro: Forense; São Paulo: Método, 2013. p. 3.

(3) SÜSSEKIND, Arnaldo; MARANHÃO, Délio; SEGADAS, Vianna; TEIXEIRA, Lima. *Instituições de Direito do Trabalho*. vol. 1. 18. ed. São Paulo: LTr, 1999. p. 31.

(4) *Ibidem*, p. 32-33.

(5) BARROSO, Fábio Túlio. *Manual de direito coletivo do trabalho*. São Paulo: LTr, 2010. p. 24.

(6) *Ibidem*, p. 27.

(7) SÜSSEKIND, Arnaldo e outros. Ob. cit., p. 36.

individual. As condições de trabalho na primeira fase da industrialização eram péssimas[8]. O associativismo e a coletivização de interesses passaram a ser atividades consideradas ilegais, reputadas como delito de conspiração[9].

Surgia aí, diante desse lastimável quadro, ainda de forma embrionária, os pilares da organização coletiva, que por sua vez, são as bases dos movimentos sindicais até hoje conhecidos[10]. Motivados pelas condições degradantes de trabalho, pela omissão do Estado nessa relação, onde não existiam regras justas e critérios remuneratórios objetivos, nem de jornada, de limitação ao trabalho de crianças, de higiene e segurança de trabalho, dentre outras matérias necessárias à execução de um trabalho digno e saudável, os trabalhadores começaram a se organizar de forma clandestina: as coalizões.

Mesmo de forma oculta, os trabalhadores conseguiram manter um movimento relativamente homogêneo, com ideias marcantemente delineadas, tendo por base, principalmente após a metade do século XVIII, o comunismo e o anarquismo. Ensina Fábio Túlio Barroso:

> As coalizões se configuram como o embrião do movimento sindical. Sociológica e juridicamente, constituem o antecedente do sindicalismo, ao estabelecer uma consciência coletiva de interesses profissionais[11].
>
> (...)
>
> Ainda que incomum, as coalizões econômicas surgiram como uma forma de coletivização dos interesses capitalistas, ante os constantes conflitos com os trabalhadores e também como forma de coletivização dos interesses, fortalecendo a sua projeção política na conturbada sociedade do período inicial da industrialização[12].

Diante da evolução dos movimentos de trabalhadores organizados, a sociedade entendeu que não mais podia limitar o comportamento organizado dos trabalhadores, com a paulatina normatização destes comportamentos.

Como assevera Mascaro, as relações coletivas de trabalho passam pelo período da tolerância, da liberalização e controle[13].

Na mesma esteira, arremata Barroso, ao tratar da juridificação do conflito de classes, chamando atenção para importantes diplomas que admitem sistematicamente a criação de entidades representativas dos interesses de classe, como os *trade unions act*, na Inglaterra, em 1824, a Lei *Waldeck-Russeau*, na França, em 1884 e as constituições do México e de Weimar, na Alemanha, em 1917, até a criação da Organização Internacional do Trabalho — OIT, com o Tratado de Versalhes, em 1919, que estabeleceu um padrão normativo internacional de relações de trabalho, reconhecendo os coletivos associativos de trabalhadores e empregadores como representativos dos respectivos interesses coletivos[14].

2. Sindicatos

Com o advento da juridificação dos conflitos de classe e a consequente criação do Direito do Trabalho e a sistematização das normas relacionadas à matéria, com o advento da OIT em 1919, houve uma padronização das formas de utilização da mão de obra e de suas representações por meio de entidades representativas dos interesses de classe.

A partir de então, em que pese uma maturação por meio de várias normas que preconizaram a necessidade de estabelecimento de uma entidade de representação coletiva dos trabalhadores, a nova ordem estabelecida pela OIT, além de definir legalmente os sujeitos da relação individual de trabalho, garantiu que estes sujeitos fossem representados pelos sindicatos: instrumentos de representação das vontades coletivas.

Nas palavras de Alice Monteiro de Barros:

> O sindicato vem sendo definido legalmente como uma forma de "associação profissional devidamente reconhecida pelo Estado como representante legal da categoria"[15].

Para Fábio Túlio Barroso:

> (...) sindicato é uma instituição, uma organização reconhecida pelo Estado, por meio do Direito do Trabalho, sem fins lucrativos, com a função de representar os interesses de classe, econômica ou profissional, que poderão ser individuais ou coletivos, com atividades

(8) Tem-se a obra clássica de ZOLA, Emile. *Germinal*. São Paulo: Cia. das Letras.

(9) BARROSO, Fábio Túlio. Op. cit., p. 25.

(10) *Ibidem*, p. 23.

(11) SORIA, José Vida; PÉREZ, José Luis Monereo; NAVARRETE, Cristóbal Molina; VIDA, Maria Nieves Moreno. Ob. cit., p. 12. *Apud* BARROSO. *Manual de Direito Coletivo*, ob. cit., p. 27.

(12) BARROSO, Fábio Túlio. Ob. cit., p. 26.

(13) NASCIMENTO, Amauri Mascaro. *Compêndio de Direito Sindical*. 6. ed. São Paulo: LTr, 2009. p. 72 e ss.

(14) BARROSO, Fábio Túlio. *Manual de Direito Coletivo do Trabalho*. São Paulo: LTr, 2010. p. 27-29.

(15) BARROS, Alice Monteiro de. *Curso de Direito do Trabalho*. 6. ed. São Paulo: LTr, 2010. p. 1.237.

constantes e continuadas, com seus limites estabelecidos pelo sistema jurídico... (...).[16]

Amauri Mascaro cita vários conceitos doutrinários de sindicato, que se disseminaram pelo mundo, ao exemplo do ditado por Cesarino Júnior, em *Direito Social* (1980), que define sindicato como *a associação profissional reconhecida pelo Estado como representante legal da categoria*[17].

Ainda na mesma linha, Mascaro traz os dizeres de Roberto Barretto Prado, Em Tratado de direito do Trabalho (1971), conceituando sindicato como sendo *"a associação que tem por objeto a defesa dos interesses profissionais."*

Todas as definições antes citadas convergem para um único entendimento: sindicato é uma organização, uma associação que tem por finalidade a defesa dos interesses daqueles que dela fazem parte. Não possuem finalidade lucrativa, aqui o *animus* dos sócios é a solidariedade de classe[18] e o interesse em comum decorrente de suas posições na relação de trabalho.

Como funções negocial e representativa primária, os sindicatos devem estabelecer condições de trabalho melhores do que as mínimas proporcionadas pelo Estado. Isso se dá por meio da negociação coletiva[19].

Logo, os sindicatos que são, via de regra, as partes legitimadas para representar os interesses dos trabalhadores e dos empregadores, podem entabular diálogos que busquem um entendimento, e como resultados dessas confabulações nascerão normas jurídicas que versarão sobre condições de trabalho específicas e superiores às presentes na legislação do trabalho.

O Estado assegura apenas o essencial de garantias sociais para os trabalhadores por meio da legislação. Trata-se de um piso, uma base de garantias sociais. Busca-se, por meio do diálogo, da função negocial que foi atribuída aos sindicatos, fazer valer o princípio geral da proteção ao trabalhador, o estabelecimento de normas específicas mais favoráveis, em comparação com as gerais[20].

Assim, tem-se como importante função das entidades sindicais a participação em negociações coletivas de trabalho, inclusive com previsão constitucional, no art. 8º, VI, que será objeto do próximo capítulo.

3. Negociação coletiva

A negociação coletiva, nas palavras de Mauricio Godinho Delgado, é um dos mais importantes métodos de solução de conflitos existentes na sociedade contemporânea[21].

Constitui-se, nos ensinamentos de Fábio Túlio Barroso, na forma mais primitiva de tratamento entre os sujeitos da relação de trabalho, uma vez que as discussões entre trabalhadores e proprietários dos meios de produção aconteciam de forma coletiva e antes mesmo do disciplinamento das atividades econômicas e profissionais definidas pelo Direito do Trabalho[22].

Por sua vez, Enoque Ribeiro dos Santos indica a OIT para conceituar a negociação coletiva da seguinte forma:

> Entende-se por negociação coletiva (ou expressão equivalente) não só as discussões que culminam num contrato (convenção ou acordo) coletivo, conforme o define e regulamenta a lei, além disso, todas as formas de tratamento entre empregadores e trabalhadores ou entre seus respectivos representantes, sempre e quando suponham uma negociação no sentido corrente da palavra.
>
> (...)
>
> O direito de negociação coletiva é um prolongamento direto do direito sindical, uma vez que um dos objetivos mais importantes das organizações de empregadores e de trabalhadores é a definição de salários e de outras condições de emprego mediante contratos coletivos em lugar de contratos individuais de trabalho[23].

Após uma exaustiva compilação de definições sobre negociação coletiva, o citado autor arremata:

> Desses conceitos de doutrinadores pátrios e estrangeiros inferimos que a negociação coletiva constitui um sistema fundamental para a solução de conflitos trabalhistas, em uma sociedade democrática. É necessário, porém, um poder de negociação suficientemente forte para promover o equilíbrio dos poderes: o patronal e o dos sindicatos, sem o que a balança da justiça acabará pendendo para o lado mais forte. Para que isto não ocorra é imperativa a existência de um

(16) BARROSO, Fábio Túlio. *Manual de Direito Coletivo do Trabalho*, ob. cit., p. 29.

(17) NASCIMENTO, Amauri Mascaro. *Compêndio de Direito Sindical* 6. ed. São Paulo: LTr, 2009. p. 285.

(18) *Ibidem*, p. 286.

(19) BARROSO, Fábio Túlio. *Manual de Direito Coletivo do Trabalho*. São Paulo: LTr, 2010. p. 33.

(20) *Idem*.

(21) DELGADO, Mauricio Godinho. *Direito Coletivo do Trabalho*. São Paulo: LTr, 2008. p. 122.

(22) BARROSO, Fábio Túlio. *Manual de Direito Coletivo do Trabalho*. Ob. cit., p. 210.

(23) SANTOS, Enoque Ribeiro dos. A negociação coletiva de trabalho como instrumento de pacificação social. *In:* SCHWARZ, Rodrigo Garcia; THOME, Candy Florêncio (Orgs.). *Direito Coletivo do Trabalho*. Curso de revisão e atualização. Rio de Janeiro: Elsevier, 2010. p. 63.

sindicato forte, independente e representativo para engendrar uma negociação eficaz[24].

Antes de adentrar no mérito da questão propriamente dita, é válido destacar, para melhor entendimento do assunto, que são distintas as formas de solução de conflitos, sejam eles sociais ou interindividuais. Esses métodos que buscam entendimento entre as partes como forma de finalizar conflitos dividem-se em três grandes grupos: *autotutela, heterossolução e autocomposição*[25]. Há de se ressalvar que a doutrina não é uníssona no tocante a essa classificação, mas é de relevante importância sua apresentação para a construção do entendimento aqui proposto.

A autotutela nada mais é que a tentativa do próprio sujeito em buscar, unilateralmente, seu direito e interesse, impondo-o à parte contrária e à própria comunidade[26]. Nesse sentido, o Estado permite, excepcionalmente, que os particulares usem de seus desforços imediatos e proporcionais à violência sofrida para solucionar o conflito, quando é impossível a utilização de meios estatais para evitar a situação.

Já a heterossolução ocorre por meio da intervenção de um agente estranho à relação, na tentativa de solucionar a lide. As partes submetem a um terceiro a análise de seu problema[27], podendo haver a solução do conflito por esse terceiro ou mesmo a indução à solução pelo consenso, sem a necessidade de se ditar a solução para o conflito.

Por fim, tem-se a autocomposição, que nada mais é a solução do conflito pelas próprias partes, sem a intromissão de nenhum outro sujeito no processo de pacificação da controvérsia[28]. É justamente nesse grupo que se situa a negociação coletiva.

Para Amauri Mascaro, os conflitos podem ser resolvidos por meio de autocomposição ou heterocomposição:

> Há autocomposição quando as próprias partes, diretamente, o solucionam. Haverá heterocomposição quando, não sendo resolvido pelas partes, os conflitos são solucionados por um órgão ou uma pessoa supraparte[29].

Ainda conforme os ensinamentos do autor, a negociação coletiva é forma autocompositiva para a solução dos conflitos coletivos.

De acordo com Alice Monteiro de Barros, a negociação coletiva é a modalidade de autocomposição de conflitos advinda do entendimento entre os interlocutores sociais[30].

Nessa linha, no âmbito das relações sindicais, essa modalidade de solução de conflitos passa inclusive a ser uma finalidade proposta pelo Estado, por meio da legislação, quando fomenta o diálogo e a perspectiva de consenso entre as entidades representativas dos interesses de classe, os sindicatos.

Isso é possível de se verificar nas normas dos arts. 7º, XXVI, e 8º, VI da Constituição e, de forma específica, nos arts. 611 a 625 da CLT, que trata das formas de regulação das relações de trabalho, quando há sucesso na negociação coletiva.

Assim, para Maria Cristina Haddad de Sá:

> A Negociação coletiva pode ser entendida como o esforço empreendido pelas partes em conflito, representadas por seus sindicatos devidamente autorizados, em atenção a imperativos legais que visam ao equilíbrio na busca da solução de pretensões divergentes pelo processo de autocomposição[31].

Levando-se em conta sua perspectiva, a negociação coletiva permite aos empregadores e trabalhadores um instrumento para que haja o entendimento e o estabelecimento de condições de trabalho que deverão ser balizadas pela legislação. É o exercício da autonomia privada coletiva que possibilita a definição de regras específicas a serem seguidas no âmbito laboral, respeitado o mínimo legal. As entidades legitimadas por lei para protagonizar a negociação são os sindicatos, conforme normas do art. 611, *caput*, e § 1º.

Contudo, em situações excepcionais, a CLT permite que as entidades de grau superior, federações e confederações, supletivamente, participem da negociação coletiva, como se tem dos arts. 611, § 2º e 617.

Por sua vez, seguindo a tese de Reinaldo Lima dos Santos, a autonomia privada coletiva deverá ser entendida como:

> Pode-se definir a autonomia privada coletiva no Direito do Trabalho como o poder de autorregulamentação das relações de trabalho, ou de matérias correlatas, pelos grupos profissionais e econômicos,

(24) SANTOS, Enoque Ribeiro dos. Ob. cit., p. 71.

(25) BARROSO, Fábio Túlio. Ob. cit., p. 210.

(26) DELGADO, Mauricio Godinho. *Direito Coletivo do Trabalho*. São Paulo: LTr, 2008. p. 122.

(27) *Ibidem*, p. 123.

(28) *Idem*.

(29) NASCIMENTO, Amauri Mascaro. *Compêndio de Direito Sindical*. 6. ed. São Paulo: LTr, p. 433.

(30) BARROS, Alice Monteiro de. *Curso de Direito do Trabalho*. Ob. cit., p. 1.254.

(31) SÁ, Maria Cristina Haddad de. *Negociação Coletiva de Trabalho no Brasil*. São Paulo: LTr, 2002. p. 37.

por meio de suas organizações representativas. A negociação coletiva é o seu instrumento, as normas coletivas de trabalho o seu produto.

> A expressão típica da autonomia privada coletiva são as normas geradas no seio dos grupos interessados (*ab intus*).
>
> No campo do Direito do Trabalho, a autonomia privada coletiva se manifesta primordialmente pela elaboração de acordos e convenções coletivas de trabalho.[32]

Logo, para o Direito do Trabalho, as convenções e acordos coletivos são fontes autônomas e formais de Direito do Trabalho. Como leciona Vólia Bomfim:

> Fontes formais autonômas são as elaboradas pelos próprios destinatários, sem a intervenção estatal. Os próprios agentes sociais as produzem: emergem da vontade das partes. São elas: convenção coletiva, acordo coletivo, regulamento de empresa e o costume[33].

4. Finalidades da Negociação Coletiva de Trabalho

O contato contínuo entre os sujeitos da relação de trabalho estipulam algumas funções da negociação coletiva. A sua importância na sociedade industrial e atual é enorme, pois coloca em constante contato os sujeitos da relação de trabalho, sendo um importante instrumento de pacificação social, levando-se em conta situações sociológicas.

Segundo Fábio Túlio Barroso:

> Esse modelo de relações de trabalho e de negociação coletiva foi utilizado durante a maior parte do século XX nas sociedades com o mínimo de organização produtiva industrial. Observa-se uma perfeita situação de controle social e político pela lei que regulamenta esta relação econômica e social, pois o Estado estabelece critérios de proteção aos trabalhadores por meio de normas de Direito do Trabalho, com um mínimo de proteção conjuntural, e, por sua vez, promove um diálogo constante entre as entidades que representam o setor profissional e econômico.
>
> Esse diálogo contínuo e regular entre trabalhadores e empregadores por meio da negociação coletiva proporciona espaços limitados de conflitos, nos limites da legalidade, possuindo como objetivo principal a autocomposição, a manutenção da ordem pública e da estrutura capitalista de reprodução de riquezas, com a utilização de mão de obra subordinada[34].

Nessa concepção, Enoque Ribeiro ratifica:

> Apesar de variar de país para país, em decorrência das peculiaridades, tradições e costumes próprios de cada cultura, a negociação coletiva apresenta uma característica virtualmente universal: trata-se de um processo negocial, com notável flexibilidade em seus métodos , cujos interesses transcendem os dos atores diretamente envolvidos — a que visam proteger e agregar direitos — fazendo com que seus efeitos se esterilizem na própria sociedade[35].

A finalidade da negociação coletiva, decorrente da autonomia privada coletiva, é a melhoria da condição social do trabalhador, prevista no *caput* do art. 7º da Constituição, com reconhecimento dos seus resultados formais em seu inciso XXVI[36], as convenções e os acordos coletivos.

Além disso, o diálogo cíclico e contínuo entre as partes protagonistas das relações laborais funciona como uma profilaxia a conflitos de ordem trabalhista e também sociais. Por meio da negociação coletiva, é possível estabelecer condições de trabalho melhores que as gerais, determinadas em lei. É um instrumento que remete à paz social, estimula o debate para o entendimento, buscando criar condições de trabalho específicas e mais benéficas ao trabalhador e, como consequência, a melhoria da sua condição social.

As regras para a negociação coletiva são estabelecidas em legislação própria, que, no caso brasileiro, estão presentes, como citado antes, nos arts. 611 a 625 da CLT. Daí pode-se concluir que sempre haverá intervenção do Estado como agente definidor dos parâmetros negociais e materiais, limitando a autonomia da vontade das partes que não se dará de forma liberal e sim guiada pelos ditames da lei, tudo para que se possa atingir a finalidade maior das normas coletivas que é, como dito anteriormente, o estabelecimento de condições de trabalho mais benéficas às previstas na legislação, para melhorar as condições sociais dos trabalhadores, fomentando o diálogo social.

Logo, tem-se a aplicação do Princípio da Adequação setorial negociada, que poderá ser melhor elucidado nas palavras de Godinho Delgado[37]:

(32) SANTOS, Reinaldo Lima dos. Ob. cit., p. 133.

(33) BOMFIM, Vólia. *Direito do Trabalho*. 8. ed. Rio de Janeiro: Forense; São Paulo: Método, 2013. p. 53.

(34) BARROSO, Fábio Túlio. MELO FILHO, Hugo Cavalcanti. *Direito do Trabalho:* valorização e dignidade do trabalhador do século XXI. São Paulo: LTr, 2012. p. 108.

(35) SANTOS, Enoque Ribeiro dos. Ob. cit., p. 93.

(36) BARROSO, Fábio Túlio. *Manual de Direito Coletivo do Trabalho*. São Paulo: LTr, 2010. p. 210.

(37) *Ibidem*, p. 230.

Pelo Princípio da adequação setorial negociada, as normas autonômas juscoletivas, construídas para incidirem sobre certa comunidade econômico-profissional, podem prevalecer sobre o padrão geral heterônomo justrabalhista, desde que respeitados certos critérios objetivamente fixados. São dois esses critérios autorizativos: a) quando as normas autônomas juscoletivas implementam um padrão setorial de direitos superior ao padrão geral oriundo da legislação heterônoma aplicável; b) quando as normas autônomas juscoletivas transacionam setorialmente parcelas justrabalhistas de indisponibilidade apenas relativa (e não indisponibilidade absoluta)[(38)].

Na doutrina de Fábio Túlio Barroso:

> Será positivo quando utilizado com o intuito ordinário de estabelecer para o trabalhador condições de trabalho mais vantajosas do que as previstas em lei. Por outro lado, será negativo, quando tenha por uso a negociação coletiva para reduzir as garantias sociais mínimas previstas na legislação, o que por sua vez acarreta malefícios aos trabalhadores[(39)].

O natural e desejável é que o Princípio da Adequação setorial negociada seja sempre positivo, ou seja, que as cláusulas estabelecidas busquem sempre o benefício do trabalhador, porém, em determinadas situações previstas em lei, como nos incisos VI, XII e XIV do art. 7º da Constituição e as previstas ainda nos arts. 58-A, § 2º, 59, § 2º, da CLT, por exemplo, é possível que se formalizem condições *in pejus*[(40)].

Segundo Mauricio Godinho Delgado, a negociação coletiva cumpre também uma função social e política de grande importância, por se tornar um dos instrumentos de democratização de poder. *In verbis*:

> Assim como o Direito Individual do Trabalho é um dos mais clássicos e eficazes instrumentos de distribuição de riqueza, no plano da sociedade, criados no sistema capitalista, o Direito coletivo do trabalho é um dos mais significativos instrumentos de democratização social gerados na história desse mesmo sistema socioeconômico — e no campo juscoletivo a negociação cumpre papel exponencial[(41)].

Por sua vez, Barroso discorre sobre o objeto da negociação coletiva da seguinte forma:

> (...) O objeto da negociação coletiva basicamente é o direito individual do trabalho, quando a atividade negocial deverá ocorrer voluntariamente. Contudo, poderão também ser estabelecidas normas de conduta entre os sujeitos que representam os trabalhadores e empregadores na negociação, tudo isso sob a égide de normas internacionais, especificamente, as Convenções da OIT de ns. 98, 151 e 154, todas ratificadas pelo Brasil[(42)].

Como fruto do processo de negociação coletiva, nascem a convenção e o acordo coletivo de trabalho, fontes formais autônomas inseridas no Direito do Trabalho e que serão abordadas de forma detalhada em capítulo específico. Cabe esclarecer que as fontes formais autônomas são aquelas elaboradas pelos próprios destinatários, sem a intervenção estatal.[(43)] Os próprios agentes sociais de forma espontânea a produzem.

5. Normas autônomas coletivas

5.1. Convenção Coletiva de Trabalho

A CLT, em seu art. 611, *caput*, define o que vem a ser Convenção Coletiva de Trabalho. Seu texto é o seguinte:

> Convenção coletiva de trabalho é o acordo de caráter normativo pelo qual dois ou mais sindicatos representativos de categorias econômicas e profissionais estipulam condições de trabalho aplicáveis, no âmbito das respectivas representações, às relações individuais de trabalho.

Embora de origem privada, as Convenções Coletivas criam normas jurídicas autônomas que tem por escopo normatizar situações futuras[(44)].

São resultantes de negociações coletivas exitosas, fruto do acordo de vontade celebrado entre os sujeitos sindicais. Em linhas gerais, constituem-se em contratos sociais, privados, mas que, ainda assim, produzem regra jurídica, e não apenas cláusulas que obrigam as partes[(45)].

É também conhecida como contrato coletivo de trabalho, por conta da antiga classificação existente na CLT, alterada pelo Decreto-lei n. 229 de 1967, quando foi

(38) DELGADO, Mauricio Godinho. *Direito Coletivo do Trabalho*. 3. ed. São Paulo: LTr, 2008. p. 61.

(39) BARROSO, Fábio Túlio. Ob. cit., p. 230.

(40) DELGADO, Mauricio Godinho. Ob. cit., p. 61.

(41) *Ibidem*, 126.

(42) BARROSO, Fábio Túlio. Novos parâmetros da negociação coletiva de trabalho na sociedade contemporânea. *In:* BARROSO, Fábio Túlio; MELO FILHO, Hugo Cavalcanti (Orgs.). *Direito do Trabalho:* Valorização e Dignidade do Trabalhador no Século XXI. Estudos em homenagem ao professor José Guedes Corrêa Gondim Filho. São Paulo: LTr, 2012. p. 107.

(43) BOMFIM, Vólia. *Direito do Trabalho*. 8. ed. Rio de Janeiro: Forense; São Paulo: Método, 2013. p. 53.

(44) DELGADO, Mauricio Godinho. Ob. cit., p. 136.

(45) *Ibidem*, p. 137.

criado o acordo coletivo e definida a nova nomenclatura, que perdura até os atuais dias[46].

Há de se repisar, que as condições ou normas de trabalho oriundas da negociação coletiva que deu origem à Convenção Coletiva deverão obedecer aos critérios mínimos legais de proteção ao trabalhador, estabelecidos na Legislação trabalhista e na Constituição da República.

Constitui-se em instrumento formal e solene. Essa solenidade é inerente à natureza desse instituto. Isso porque a convenção coletiva é um mecanismo gerador de regras jurídicas, portanto, obrigatoriamente, devem ser formalizados pela via escrita e submetidos à divulgação pública[47], inclusive com regramento próprio no art. 614 consolidado[48].

Normalmente, as partes coletivas restringem, na prática, a validade da Convenção Coletiva para 1 (um) ano[49]. A CLT estabelece que o prazo de duração não deverá ser superior a 2 (dois) anos, consoante norma do seu art. 614, § 3º.

A Súmula n. 277, alterada em novembro de 2009, reza que não prorrogada a convenção coletiva, os seus efeitos não se estendem aos contratos individuais firmados após seu termo[50].

É de fato indiscutível a sua importância voltando os olhares para a relação capital x trabalho. Com as relações pacificadas e estipuladas boas condições de trabalho, tender-se-á a um aumento de produtividade e melhores condições de vida para os trabalhadores, elementos indispensáveis à paz social. Configura um excelente meio de integração entre empresas e trabalhadores. Além disso, é mais adaptável à realidade das categorias do que a Legislação trabalhista, e respeitados os limites legais, possibilita aos agentes partícipes das relações laborais a adequação de suas necessidades e condições socioeconômicas.

Para Alice Monteiro de Barros, a convenção coletiva é importante não só para o Estado, mas também para o sindicato[51]:

> Para o sindicato, a convenção coletiva traduz uma afirmação do seu poder e da faculdade que lhe foi atribuída no sentido de resolver problemas e de melhorar as condições de vida dos trabalhadores.

Na doutrina, verifica-se quase que de forma unânime a importância da Convenção Coletiva como fonte do direito do trabalho na forma acima indicada.

5.2. Acordo Coletivo de Trabalho

O acordo Coletivo de Trabalho encontra-se disciplinado no Art. 611, § 1º, da CLT, *in verbis*:

> Art. 611 – §1º É facultado aos sindicatos representativos de categorias profissionais celebrar Acordos Coletivos com uma ou mais empresas da correspondente categoria econômica, que estipulem condições de trabalho, aplicáveis no âmbito da empresa ou das empresas acordantes às respectivas relações de trabalho.

Pelos ensinamentos de Vólia Bomfim Cassar[52]:

> O acordo coletivo de trabalho é o negócio jurídico extrajudicial efetuado entre sindicato dos empregados e uma ou mais empresas, onde se estabelecem condições de trabalho, obrigando as partes acordantes dentro do período de vigência predeterminado e na base territorial da categoria.

O acordo coletivo de trabalho foi instituído pelo Decreto-lei n. 229, de 1967.[53] A regra geral é que decorra da negociação coletiva, a convenção coletiva de trabalho, sendo uma faculdade a criação do acordo coletivo.[54] Tal instituto é muito utilizado para atender demandas locais decorrente de uma necessidade específica, ou seja, de situações especiais relativas às condições de trabalho de uma determinada empresa. Possuem eficácia normativa apenas nas empresas que participaram da negociação e a formalizaram, por escrito, tal e qual é obrigatório para as convenções, consoante norma do art. 614 da CLT[55].

É mais um artifício conferido pela Lei para que os sujeitos possam negociar, mais uma vez, respeitando os limites impostos pela legislação, condições especiais de trabalho, específicas de cada empresa e trabalhadores. Possui em sua formação e aplicação a mesma capacidade normativa das convenções coletivas, ou seja também é fonte autônoma geradora de direito. Sua eficácia é *inter partes*.

A Constituição da República reconhece o instituto do Acordo Coletivo de Trabalho como forma de buscar melhores condições sociais para os trabalhadores. Possui plena

(46) BARROSO, Fábio Túlio. *Manual de Direito Coletivo do Trabalho*. São Paulo: LTr, 2010. p. 217.

(47) DELGADO, Mauricio Godinho. Ob. cit., p. 144.

(48) Art. 614 da CLT.

(49) DELGADO, Mauricio Godinho. Ob. cit., p. 146.

(50) BARROS, Alice Monteiro de. *Curso de Direito do Trabalho*. São Paulo: LTr, 2010. p. 1.269.

(51) *Ibidem*, p. 1270.

(52) BOMFIM, Vólia. *Direito do Trabalho*. 8. ed. Rio de Janeiro: Forense; São Paulo: Método, 2013. p. 1246.

(53) AROUCA, José Carlos. *Organização sindical no Brasil/passado, presente, futuro (?)* São Paulo: LTr, 2013. p. 283.

(54) BARROSO, Fábio Túlio. *Manual de Direito Coletivo do Trabalho*. São Paulo: LTr, 2010. p. 217.

(55) *Idem*.

vigência em nosso ordenamento jurídico e é instrumento bastante utilizado no dia a dia[56].

Os empregados serão representados pelo sindicato, que é a entidade legitimada para tanto, desde que provocados em consonância com o art. 617 da CLT. O referido dispositivo legal, confere a legitimação extraordinária ou substitutiva para a atuação das Federações, Confederações e ainda, dos trabalhadores para celebração do Acordo Coletivo, no caso de não haver interesse por parte do sindicato ou dele ser inexistente[57].

5.3. Diferenças entre Convenção Coletiva e Acordo Coletivo de Trabalho

A linha que distingue convenção coletiva e acordo coletivo, a uma inicial observação pode se delinear muito tênue, mas seus contornos são muito bem definidos.

Diferenciam-se no tocante aos sujeitos pactuantes e ao âmbito de abrangência de suas regras jurídicas[58]. A convenção coletiva tem em seus polos subjetivos, necessariamente, entidades sindicais, representativas de empregados e empregadores, o acordo coletivo, tem em um de seus polos subjetivos empregadores não necessariamente representados pelo respectivo sindicato. As empresas podem individualmente ou em grupo pactuar acordos coletivos com o correspondente sindicato representativo dos empregados[59].

Outra importante distinção entre os institutos da Convenção Coletiva e do Acordo Coletivo de Trabalho localiza-se no âmbito da eficácia. Conforme já explorado anteriormente, os efeitos do acordo coletivo são *inter partes* e na negociação coletiva, são *erga omnes.*[60]

Isso quer dizer que, enquanto a Convenção Coletiva terá aplicação e eficácia normativa para toda categoria econômica, incluindo os associados ou não às entidades sindicais partícipes, e também a categoria profissional, também associados ou não, naquela base territorial onde foi celebrada a negociação coletiva[61], no Acordo Coletivo, a abrangência é mais restrita, tendo eficácia normativa apenas no âmbito das empresas que figuraram da negociação coletiva e formalizaram a mesma.

Na Convenção Coletiva os sujeitos envolvidos são os sindicatos econômicos e profissionais das categorias de uma determinada base territorial em comum. Já no Acordo Coletivo os sindicatos serão apenas os profissionais e os representantes patronais são as empresas envolvidas na negociação[62].

Ambas podem tratar das mesmas matérias. Havendo conflito entre Convenção e Acordo, deverá prevalecer a norma mais favorável ao trabalhador[63].

O sindicato é parte legítima, tanto na Convenção Coletiva quanto no Acordo Coletivo para postular vantagem prevista nesses dispositivos por expressa previsão legal. Isto porque a Lei n. 8.984, de 1995, quando atribuiu à Justiça do Trabalho a competência para análise das ações de cumprimento de convenções e acordos coletivos, conferiu ao sindicato profissional legitimidade apara atuar como substituto processual.[64]

6. Acordo Coletivo de Trabalho especial ou Acordo Coletivo de Trabalho com própositos específicos

6.1. Da origem e definição sobre o Acordo Coletivo de propósito específico

Trata-se de um projeto de lei, no âmbito da negociação coletiva, proposta pelo Sindicato dos Metalúrgicos do ABC Paulista, Taubaté e Salto, que tem como proposta a *"modernização das relações de trabalho no Brasil"*[65], por meio da adoção da negociação coletiva com critérios específicos e diferenciados dos atuais.

De acordo com Sérgio Nobre, Presidente do Sindicato dos Metalúrgicos do ABC, *Trata-se de um projeto de lei no campo da negociação coletiva que garantirá a um sindicato profissional e a uma empresa do setor econômico correspondente, estipular, com segurança jurídica, condições específicas de trabalho*[66].

O documento foi apresentado em setembro de 2011 na abertura de um congresso realizado pela categoria dos Metalúrgicos em São Paulo, em forma de Cartilha para os trabalhadores. A cartilha continha um anteprojeto de lei

(56) BARROSO, Fábio Túlio. ob. cit., p. 219.

(57) BOMFIM, Vólia. Direito do Trabalho. 8. ed. Rio de Janeiro: Forense; São Paulo: Método, 2013. p. 1.257.

(58) DELGADO, Maurício Godinho. *Direito Coletivo do Trabalho*. 3. ed. São Paulo: LTr, 2008. p. 138.

(59) *Idem.*

(60) BARROSO, Fábio Túlio. Ob. cit., p. 218.

(61) BARROS, Alice Monteiro de. *Curso de Direito do Trabalho*. São Paulo: LTr, 2010. p. 1.261.

(62) BARROSO, Fábio Túlio. Ob. cit., p. 218.

(63) BARROS, Alice Monteiro de. *Curso de Direito do Trabalho*. São Paulo: LTr, 2010. p. 1.260.

(64) *Ibidem*, 1272.

(65) NOBRE, Sérgio. *ACE — Acordo Coletivo Especial* (Cartilha), p. 3.

(66) *Idem.*

que, no ato, foi entregue ao presidente da Câmara Federal, o ex-metalúrgico Marco Maia (PT-RS)[67].

De acordo com o referido texto, suas origens decorrem de um modelo de negociação coletiva criado há mais de 30 anos no ABC, com a conquista da Comissão de Fábrica da Ford, e que se espalhou por outras regiões e Estados[68]. Foi elaborado a partir de seminários realizados com especialistas e as entidades patronais, a Federação das Indústrias de São Paulo (FIESP) e a Confederação Nacional da Indústria (CNI)[69].

O projeto sugere que um sindicato de determinada categoria tenha liberdade para negociar com uma empresa de classe equivalente, condições específicas de trabalho sem seguir os mandamentos das normas consolidadas, ou seja de forma livre e absolutamente liberal.

Sob o discurso de que o País precisa adotar a Negociação Coletiva para crescer e desenvolver-se, o Acordo Coletivo Especial busca libertar-se das raízes legais, ou seja, da Consolidação das Leis do Trabalho, para buscar, ao seu entender, as melhores condições de trabalho para um grupo específico de trabalhadores.

Sua preleção invoca a democracia e a liberdade, em contraposição a uma Legislação "rígida", que funcionaria como uma forma rudimentar de controle social onde os sindicatos, enfraquecidos pelas normas impostas pelo Estado, não poderiam exercer o seu papel de negociadores dos direitos de seus representados, porque a rigidez legal, impõe limites a serem respeitados e assim fica prejudicada a possibilidade de livre entendimento entre sindicatos e empresas.

Reiteradamente, a Cartilha do Acordo Coletivo Especial estabelece posicionamentos contrários a CLT, rotulando-a inclusive de "faca de dois gumes" ao afirmar que:

> A nova legislação estabeleceu um excessivo controle do Estado sobre as relações entre capital e trabalho. Tolheu a liberdade sindical e restringiu o campo das negociações coletivas, elementos indispensáveis na vida democrática e que são exigidos nas convenções da Organização Internacional do Trabalho/OIT, das Nações Unidas[70].
>
> (...) a lei tolhe a autonomia dos trabalhadores e empresários, impondo uma tutela pelo Estado, que, como toda tutela, se converte em barreira para o estabelecimento de um equilíbrio mais consistente. Onde existe controle excessivo e regras engessadas, a liberdade morre[71].

Ao alegar que a nova legislação tolheu a liberdade sindical e restringiu o campo das negociações coletivas, o texto, conteúdo da cartilha do ACE, sugere que a CLT estaria em desacordo com a Constituição Federal, em seu art. 8º, que regulamenta os princípios amplos da liberdade sindical. Não obstante, sugere um controle excessivo por parte do Estado no tocante às leis trabalhistas por meio de regras ultrapassadas e imutáveis ao longo dos tempos, provocando assim a perda da liberdade.

Em suma, a proposta seria de inovar nas relações de trabalho, sob o argumento principal de que a legislação está ultrapassada e não mais atende às expectativas dos trabalhadores, e como consequência, não traz mais resultados satisfatórios a nenhuma das partes. O tal protótipo de instrumento normativo, de acordo com o texto apresentado na Cartilha e intitulado de Acordo Coletivo Especial, impõe alguns requisitos básicos que qualificariam a negociação, que seriam:

> a) Por parte do sindicato: representatividade comprovada, obtenção de habilitação no Ministério do Trabalho e Emprego, que só será concedida aos sindicatos que tiverem comitês sindicais de uma empresa — órgão de representação do sindicato profissional no local de trabalho — regulamentado em seu estatuto e instalado em uma ou mais empresas da base.
>
> b) Por parte da empresa: reconhecimento da representação sindical no local de trabalho e comprovação da não existência de prática antissindicais. Indispensável a inexistência de condenações judiciais por práticas antissindicais[72].

Como principais vantagens de sua aprovação, estariam a valorização e o estímulo à autonomia das partes, onde a vontade das mesmas seria o objeto regulador da relação[73].

Enfatizam, em seu esboço, que a ideia central não seria a de revogar a lei geral existente, mas sim de criar novas possibilidades aos trabalhadores e empresas de estabelecerem, entre si, normas mais apropriadas com as especificidades de cada local de trabalho, conforme a vontade e conveniência dos trabalhadores.

A validação do Acordo Coletivo Especial celebrado entre um sindicato e uma empresa se daria por meio de voto secreto (em urnas) e aprovação de, no mínimo, 60% dos votos apurados entre os trabalhadores diretamente envolvidos na negociação[74]. A vigência do acordo seria

(67) Disponível em: <http://www.lutadeclasses.org/2013/08/ace-iniciativa-para-flexibilizar.html> Acesso em: 8 out. 2013.

(68) NOBRE, Sérgio. Ob. cit., p. 3.

(69) Disponível em: <http://otrabalho.org.br/acordo-coletivo-especial-ace-um-projeto-contra-os-direitos-dos-trabalhadores/> Acesso em: 8 jul. 2013.

(70) Cartilha do ACE – Acordo Coletivo Especial, p. 13.

(71) *Idem*.

(72) *Ibidem*, p. 34.

(73) *Ibidem*, p. 35.

(74) *Ibidem*, p. 43.

de até 3 (três) anos, podendo as cláusulas em vigor há mais de 4 (quatro) anos serem renovadas por prazo indeterminado, tudo conforme a vontade das partes.[75]

O indigitado anteprojeto de lei julga trazer em sua essência os pilares básicos da democracia e da liberdade sindical, onde as partes poderiam dispor sobre a melhor aplicação do direito a uma determinada realidade, sem que isso represente, supostamente, nenhuma perda ou precarização de direitos. Há de se frisar que apenas 01 (uma) empresa pode ser incluída na negociação com o sindicato[76]. Isso porque, a finalidade seria discutir situações específicas relativas a um local específico de trabalho, objeto da discussão e não do setor econômico, de forma generalizada.

O Projeto em tramitação na Câmara dos Deputados, proposto pelo Sindicato dos Metalúrgicos do ABC, divulgado oficialmente no final do ano de 2011 encontra-se em análise pelo atual governo. A previsão é de que seja encaminhado ao Executivo, para ser votado no Congresso Nacional, ainda sem data definida para tanto.

O projeto de lei Acordo Coletivo Especial conta com o apoio da Central Única dos Trabalhadores (CUT). A polêmica maior em seu entorno é por remeter à proposta de mudança do art. 618 da CLT, onde Fernando Henrique Cardoso, em seu segundo mandato, tentou aprovar no Congresso Nacional que o negociado deveria prevalecer sobre o legislado. Naquele período, a proposta foi derrocada pela CUT, que ironicamente, hoje, apoia o referido projeto. Em 2005, o até então Presidente Lula propôs basicamente a mesma alteração no art. 618 da CLT, e mais uma vez, a proposta não logrou êxito[77].

7. Contexto político-jurídico do Projeto de Lei Acordo Coletivo Especial

Contextualizando com o período histórico, essa proposta nasce em um momento onde o atual governo busca estimular os investimentos empresariais no País visando combater a crise internacional, bem como manter os índices de crescimento econômico dentro das metas traçadas pelo Ministério da Fazenda e pelo Banco Central. É um momento em que grandes empresas estão se instalando no País e em contrapartida, vive-se uma crise econômica mundial e uma acirrada disputa de mercado entre os grandes produtores mundiais[78].

É nitidamente uma tentativa de flexibilização dos direitos trabalhistas, como já vem sendo preconizado há muito e se pode observar nas lições de Fábio Túlio Barroso:

> Dentro da relação de trabalho, a flexibilização visa modificar as leis rígidas que tratam a legislação trabalhista, dando maior importância às empresas, transformando-as no elemento nuclear do ordenamento laboral, em detrimento do fator humano de criação e transformação do capital, isto é, o trabalhador, refletindo-se sobremaneira em todos os fatores da sociedade.[79]

Dentro da efervescência de um momento econômico favorável para o País em matéria de atração de recursos, por meio de instalações de indústrias de toda sorte e montadoras de renome mundial, a perspectiva da geração de milhares de empregos incita o governo a tender pela aprovação do anteprojeto ACE.

Com a flexibilização dos direitos dos trabalhadores, teoricamente surgiriam mais vagas no mercado de trabalho, uma vez que reduziria custos para os produtores. Por outro lado, pode apenas representar aumento na lucratividade das empresas. Se os direitos são reduzidos, e é isso que representa flexibilizá-los, caem os custos e sobem os lucros.

8. Críticas ao Projeto de Lei Acordo Coletivo Especial

8.1. Flexibilização

A ideia de Flexibilização carrega consigo um forte conteúdo ideológico.

Duas concepções precisam ser analisadas antes de adentrar em seu conceito, propriamente dito: de um lado, a análise do papel do Direito do Trabalho na sociedade, a ideia da proteção ao trabalhador, economicamente mais frágil, por meio de normas de proteção provenientes da lei ou do contrato coletivo, limitadores do poder do capital[80].

Sob um segundo aspecto, a liberdade de gestão de empresa, a redução do intervencionismo do Estado ao mínimo necessário, e a adoção de mecanismos revogáveis a qualquer tempo, de acordo com as demandas de produção e de mercado.[81]

Luiz Carlos Amorim, opina sobre flexibilização:

> (...) para alguns, a flexibilização é um anjo, para outros, um demônio; para alguns a panaceia para todos os

(75) Cartilha do ACE – Acordo Coletivo Especial. p. 50. Art. 14.

(76) *Ibidem*, p. 40.

(77) Disponível em: <http://www.sindmetalsjc.org.br/lutas/56/acordo+coletivo+especial-faq.htm> Acesso em: 7 out. 2013.

(78) Disponível em: <http://www.stu.org.br/acordo-coletivo-especial-e-nova-tentativa-de-flexibilizacao/> Acesso em: 7 out. 2013.

(79) BARROSO, Fábio Túlio. *Direito Flexível do Trabalho – Abordagens críticas*. Recife: EDUFPE, 2009. p. 61.

(80) ROBORTELLA, Luiz Carlos Amorim. *O Moderno Direito do Trabalho*. São Paulo: LTr, 2004. p. 94.

(81) *Idem*.

males; para outros, mera estratégia neoliberal de destruição das conquistas sociais, em benefício do interesse do capital[82].

Apenas para contextualizar, nos séculos XVIII e XIX a doutrina liberal tinha como valor fundamental a liberdade. O Estado não intervinha nas relações econômicas e sociais, sobretudo as trabalhistas, e estas situações eram reguladas, como já visto em capítulo específico, pela ordem natural das coisas, ou seja, pela autonomia da vontade.

O renascimento desse liberalismo, agora no século XXI, chamado neoliberalismo, tem como órgão propulsor a eficácia econômica, também decorrente de uma nova dimensão capitalista mundial, advinda da globalização, em que se impõe uma padronização legal[83].

Cabe analisar se dentro do Direito do Trabalho e ao que ele propõe a ser para a sociedade, há espaço para esse novo liberalismo, que propõe a flexibilização das estruturas normativas, sob o argumento de imprimir-lhes maior eficácia[84].

Importante remeter ao conhecimento de que o Direito do Trabalho surgiu justamente das desigualdades criadas pelo liberalismo econômico.

Para Robortella:

> (...) definimos a flexibilização do direito do trabalho como o instrumento de política social caracterizado pela adaptação constante das normas jurídicas à realidade econômica, social e institucional, mediante intensa participação de trabalhadores e empresários, para eficaz regulação do mercado de trabalho, tendo como objetivos o desenvolvimento econômico e o progresso social.[85]

A doutrina não é unânime quanto a esse conceito. Historicamente, a flexibilização é fruto de uma reinvidicação puramente empresarial, nas palavras de Alice Monteiro de Barros:

> (...) é uma explícita solicitação de menores custos sociais e maior governabilidade do fator trabalho. Para a realização dessa reinvidicação, reclama-se uma flexibilidade normativa, que poderá ser atingida sob o prisma legal, regulamentar e convencional, mas assegurando-se garantias mínimas ao empregado[86].

Para Vólia Bomfim, a flexibilização é possível e necessária, *in verbis*:

> A Flexibilização é possível e necessária, desde que as normas por ela estabelecidas através da convenção ou do acordo coletivo, como previsto na Constituição ou na forma que a lei determinar, sejam analisadas sob duplo aspecto: respeito à dignidade do ser humano que trabalha para a manutenção do emprego e redução de direitos apenas em casos de comprovada necessidade econômica, quando destinada à sobrevivência da empresa (...).[87]

Fábio Túlio Barroso assegura:

> A flexibilidade laboral possui várias finalidades e instrumentos que delimitam o alcance de sua política decorrente de diretrizes globais, a partir do direito material do trabalho (objeto principal desta dinâmica no âmbito normativo), até as formas de resolução de conflitos, onde se observa cada vez mais o sentido do abstencionismo normativo com o intuito de implementar a autonomia da vontade e a redução da função de promoção social presente na legislação ordinária do trabalho, como, por exemplo, o conteúdo normativo presente no art. 625-D da CLT, alterado com a Lei n. 9.958/00, e no art. 114, § 2º, da Constituição, após a Emenda Constitucional n. 45/04, além do fomento ao uso da arbitragem.[88]

Todo o conceito de Direito do Trabalho, que deveria sofrer a intervenção estatal, por meio de regras rígidas, sempre buscando a proteção ao trabalhador, com a negociação coletiva possuindo em sua natureza o objetivo cristalino de estabelecer específicas e melhores condições de vida para os trabalhadores, torna-se prejudicado com a implantação de uma política que disponibiliza as normas trabalhistas, a flexibilização[89].

É nisso que consiste a flexibilização, é o dispor das normas do trabalho, com respaldo em institutos legais, qual seja, a negociação coletiva e suas derivações, convenção coletiva e acordo coletivo, para nada mais que reduzir direitos e garantias legais já adquiridos.

---

(82) ROBERTELLA, ob. cit., p. 94.

(83) BARROSO, Fábio Túlio. *Direito Flexível do Trabalho:* abordagens críticas. Recife: Editora Universitária da UFPE, 2009. p. 29.

(84) ROBERTELLA, Luiz Carlos Amorim. Ob. cit., p. 95.

(85) *Ibidem*, p. 97.

(86) BARROS, Alice Monteiro de. *Curso de Direito do Trabalho*. 6. ed. São Paulo: LTr, 2010. p. 86.

(87) BOMFIM, Vólia. *Direito do Trabalho*. 8. ed. Rio de Janeiro: Forense; São Paulo: Método, 2013. p. 42.

(88) BARROSO, Fábio Túlio. Novos parâmetros da negociação coletiva de trabalho na sociedade contemporânea. *In:* BARROSO, Fábio Túlio; MELO FILHO, Hugo Cavalcanti (Orgs.). *Direito do Trabalho:* Valorização e Dignidade do Trabalhador no Século XXI. Estudos em homenagem ao professor José Guedes Corrêa Gondim Filho. São Paulo: LTr, 2012. p. 107.

(89) *Ibidem*, p. 108.

9. Acordo Coletivo Especial: uma nova tentativa de flexibilização dos direitos trabalhistas

O nefasto projeto de lei intitulado de Acordo Coletivo Especial ou Acordo Coletivo de Propósito Específico, representa um retrocesso na busca por direitos, conquistados sob a égide de luta e sangue derramado por milhares de trabalhadores brasileiros em busca de condições melhores de trabalho e dignidade para si e para suas famílias.

É a clara materialização da flexibilização dos direitos trabalhistas embustidos sob o véu da democracia, da liberdade e do progresso, quando transfere do Estado para o particular a tutela dos direitos do trabalho.

O polêmico projeto não leva em consideração a vulnerabilidade do trabalhador que pode ser coagido a aceitar qualquer acordo para manter o seu vínculo empregatício, legitimados por um sindicato que nem sempre tem por interesse proteger a categoria e também passível de vulnerabilidade.

A proposta de implementação do Acordo Coletivo Especial, ao definir claramente que os sindicatos poderão negociar livremente com as empresas, libertos dos vínculos legais, onde o negociado valerá sobre o legislado, ataca frontalmente os Princípios da dignidade do trabalhador, salvaguardados na legislação do trabalho, em especial, na CLT.

É, sem sombra de dúvidas, uma nova tentativa de flexibilização das normas do trabalho tão discutidas nos atuais dias e tão recheadas de polêmicas.

É bastante semelhante à proposta de mudança do art. 618 da CLT, através do Projeto de Lei n. 5.483/2001[90] que o governo Fernando Henrique Cardoso tentou aprovar no Congresso Nacional em seu segundo mandato, para que prevalecesse o negociado sobre o legislado[91] e que não obteve sucesso. O mesmo tentou o governo Lula, também sem êxito.

É claro que mudanças são necessárias, principalmente quando se trata de uma norma datada de 1943. O mundo mudou, as condições de trabalho também, e as pessoas também mudaram. É mister que se atualize a CLT para adequá-la aos novos tempos, mas não se pode falar em suprimi-la, principalmente no campo negocial. E é isso que a proposta de Acordo Coletivo Especial busca: a supressão da CLT.

Contextualizando, cabe rememorar as finalidades das negociação coletiva. E a principal delas é a melhoria da condição social do trabalhador. Para isso, faz-se necessário que se respeite, ao menos, o mínimo estabelecido por lei. O diálogo cíclico e constante é importante, por meio dele pode-se alcançar a paz social, mas o objetivo legal é proteção aos trabalhadores.

Não faz sentido a proposta de um acordo coletivo especial, se a própria legislação permite que os sujeitos negociem livremente, de acordo com a autonomia da vontade, condições especiais de trabalho, sejam elas com eficácia para toda uma categoria, ou apenas, de forma restrita, para uma ou duas empresas. Respeitados os ditames legais, tudo é permitido, desde que não haja prejuízo ao trabalhador, e até é permitido que se reduzam as garantias legais, também desde que sejam as previstas na lei.

O projeto ACE é uma clara tentativa de flexibilização dos direitos trabalhistas com uma roupagem diferenciada dos projetos já apresentados até então. Busca uma suposta "liberdade" e "democracia" das relações coletivas de trabalho, sem se preocupar com nenhuma garantia legal, sobretudo de dignidade humana. É caminhar rumo à barbárie, o que seria um retrocesso e não um avanço. A época em que o Estado não intervinha nas relações laborais, sociais ou econômicas não foi um período de prosperidade, de progresso, tampouco de liberdade ou democracia. Foram períodos marcados por lutas, insatisfação, mortes e, sobretudo, uma generalizada desigualdade de classes.

A Convenção e o Acordo Coletivo de Trabalho, já existentes, suprem as demandas específicas de cada categoria, de forma individual. A reinvindicação do Sindicato dos Metalúrgicos não pode ser apreciada sob o prisma de que seria favorável a todas as outras categorias, uma vez que são situações bastantes específicas daquela região do país e daquele setor produtivo. Acaso fosse de fato benéfico aos metalúrgicos, poderia não sê-lo para os comerciários, eletricitários, para a construção civil e até mesmo para o emprego doméstico, à guisa de exemplo.

As funções da negociação coletiva não podem ser desviadas apenas para um lado, uma vez que não respeitados os ditames legais, haverá margem para todo tipo de atrocidade negocial onde ficará evidente o poder de mando dos patrões em fazer com que os trabalhadores, legitimados pelo absurdo Acordo Coletivo Especial, assinem verdadeiros "contratos de adesão", onde não terão voz verdadeira e serão remetidos novamente à época da Revolução Industrial, pela exacerbação da autonomia da vontade. Toda uma luta para a conquista de direitos, derrocada por um instituto com finalidade clara de beneficiar apenas ao capital e não ao trabalho.

---

(90) Projeto de Lei n. 5.483/2001 (Arquivado).

(91) Disponível em: <http://www.stu.org.br/acordo-coletivo-especial-e-nova-tentativa-de-flexibilizacao> Acesso em: 8 out. 2013.

A negociação coletiva como está prevista e regulada caracteriza um verdadeiro espaço democrático de discussão das realidades das categorias envolvidas.

Condições mínimas a lei já garante, a negociação coletiva deve ser utilizada como "*plus*", como forma de assegurar a liberdade de adaptação das condições especiais de cada ambiente de trabalho buscando sempre a melhoria da condição social do trabalhador. Essa função não poderá jamais ser desviada.

10. Referências bibliográficas

BARROS, Alice Monteiro de. *Curso de Direito do Trabalho*. São Paulo: LTr, 2010.

BARROSO, Fábio Túlio. *Direito Flexível do Trabalho – Abordagens críticas*. Recife: Editora Universitária da UFPE, 2009.

________. *Manual de Direito Coletivo do Trabalho*. São Paulo: LTr, 2010.

________. Novos parâmetros da negociação coletiva de trabalho na sociedade contemporânea. *In:* BARROSO, Fábio Túlio e MELO FILHO, Hugo Cavalcanti (Orgs.). *Direito do Trabalho:* Valorização e Dignidade do Trabalhador no Século XXI. Estudos em homenagem ao professor José Guedes Corrêa Gondim Filho. São Paulo: LTr, 2012.

BOMFIM, Vólia. *Direito do Trabalho*. 8. ed. Rio de Janeiro: Forense; São Paulo: Método, 2013.

Cartilha do ACE – Acordo Coletivo Especial.

DELGADO, Mauricio Godinho. *Direito Coletivo do Trabalho*. 3. ed. São Paulo: LTr, 2008.

MARTINEZ, Luciano. *Curso de Direito do Trabalho*. 4. ed. São Paulo: Saraiva, 2013.

Projeto de Lei n. 5.483/2001 (Arquivado).

ROBORTELLA, Luiz Carlos Amorim. *O Moderno Direito do Trabalho*. São Paulo: LTr, 2004.

SÜSSEKIND, Arnaldo; MARANHÃO, Délio; SEGADAS, Vianna; TEIXEIRA, Lima. *Instituições de Direito do Trabalho*. v. 1, 18. ed. São Paulo: LTr, 1999.

<http://otrabalho.org.br/acordo-coletivo-especial-ace-um-projeto--contra-os-direitos-dos-trabalhadores/>.

<http://www.lutadeclasses.org/2013/08/ace-iniciativa-para--flexibilizar.html>.

<http://www.sindmetalsjc.org.br/lutas/56/acordo+coletivo+especial-faq.htm>.

<http://www.stu.org.br/acordo-coletivo-especial-e-nova-tentativa--de-flexibilizacao/>.

Flexibilização Trabalhista na Sociedade Pós-Moderna

Leonardo Sales de Aguiar(*)

Aspectos históricos: a influência do liberalismo e da globalização no Direito do Trabalho

O trabalho surgiu como uma necessidade, uma vez que o homem precisava garantir a sua subsistência, e para garanti-la, utilizou-se da mão de obra escrava, advindas dos povos vencidos nas guerras. Primordialmente, os povos vencedores aniquilavam os vencidos; com o tempo, observaram que era mais viável aprisioná-los e escravizá-los, utilizando-os como mão de obra, moeda de troca e mercadoria.

Posteriormente, com a decadência do sistema escravista, tendo como razões preponderantes, a diminuição da oferta da mão de obra escrava, alto custo da manutenção dos escravos e a influência do cristianismo, surge a servidão como alternativa. A relação de domínio modifica-se deixando o servo de ser "coisa" e passando a ser visto como pessoa.

As transformações que atingiram a Europa nos séculos XI a XV modificaram o modo de vida dos senhores feudais e dos servos. Neste período, começam a surgir as cidades urbanas e as rotas comerciais, inclusive com o Oriente Médio. As corporações de ofício, que surgiram no sistema feudal, proporcionando alterações econômicas, intensificam o crescimento da população urbana e os grupos profissionais passaram a fortalecer a produção artesanal através das corporações e associações.

Diante disso, tais corporações ampliaram as lutas sociais em prol do trabalho livre e da ruptura da sociedade civil. E neste cenário, surge a sociedade capitalista, cujo sistema tem como pilar o trabalho assalariado. Junto com o surgimento do capitalismo, foi instituído o contrato de trabalho decorrente da relação empregatícia, que se alicerça no trabalho livre juridicamente subordinado.

A formação histórica do Direito do Trabalho surgiu como consequência da questão social que foi precedida da Revolução Industrial do século XVIII, pois o surgimento do capital industrial requereu a exploração de uma massa enorme de trabalhadores, produzindo uma reação humanista disposta a preservar e a garantir a dignidade do ser humano. Esse período revolucionário assinalou inúmeras reformas e modificações econômicas, sociais e políticas sucessivas que provocaram transformações estruturais na sociedade[1].

A inserção das máquinas nas atividades laborais das indústrias que, a princípio, vieram para diminuir a jornada de trabalho dos empregados e elevar os salários (com base no maior rendimento do trabalho produzido), causou efeitos essencialmente opostos.

Com o rápido desenvolvimento industrial, as máquinas passaram a desempenhar as mais diversas atividades laborais, em substituição do trabalho humano. Inicialmente, tal movimento gerou grande desemprego e revolta. Entretanto, com o veloz desenvolvimento das indústrias, a mão de obra foi sendo reabsorvida, ainda que em condições extremamente desfavoráveis para os trabalhadores.

Em decorrência da excessiva oferta de mão de obra, os salários foram sendo estabelecidos em valores cada vez mais inferiores e, por outro lado, as jornadas de trabalho eram ampliadas para condições cada vez mais desumanas. A imposição dessas condições, a exigência de excessivas jornadas de trabalho, a exploração das mulheres e menores (que constituíam mão de obra mais barata), os acidentes ocorridos com os trabalhadores no desempenho de suas atividades, a insegurança quanto ao futuro e os baixos salários, tudo isso decorria da inexistência de normas que regulassem esse sistema[2].

O contrato de trabalho resultava do livre acordo das partes, todavia, observa-se, que o patrão era quem fixava as normas e, portanto, detinha o poder de extingui-las ou modificá-las a seu arbítrio.

Com o passar dos anos, surgem as ideias liberais inspirando a Revolução Francesa (1789), a qual desfavoreceu os trabalhadores através da teoria de Adam Smith do *laissez faire, laissez passer*[3]. Tal movimento revolucionário,

---

(*) Bacharel em Direito pela Unicap. Pós-Graduado em Direito Público pela ESMAPE. Pós-Graduando em Direito Tributário pelo Instituto Brasileiro de Estudos Tributários (IBET). Procurador Municipal de Olinda – PE. Presidente da Federação Pernambucana dos Procuradores Municipais (FPPM). Presidente da Associação dos Procuradores Municipais de Olinda – PE (APROMO). Ex-Presidente da Comissão de Advocacia Pública da OAB – PE. Advogado e Professor Universitário da Faculdade Joaquim Nabuco. Ex-integrante do Programa Institucional de Bolsas de Iniciação Científica e Tecnológica da Universidade Católica de Pernambuco — UNICAP.

(1) NASCIMENTO, Amauri Mascaro. *Curso de Direito do Trabalho:* história e teoria geral do Direito do Trabalho, relações individuais e coletivas do trabalho. 17. ed. rev. e atual. São Paulo: Saraiva, 2001. p. 9-15.

(2) *Ibidem*, p. 15-20.

(3) Isto é, o Estado deveria permanecer afastado da vida econômica e deixar que os particulares atuassem livremente.

afirmava a igualdade jurídico-política dos cidadãos, e adotava o princípio do respeito absoluto à autonomia da vontade (liberdade contratual)(4).

A busca pela liberdade absoluta deixa o homem à procura do seu próprio interesse, sem interferência do Estado, e ocasiona, consequentemente, a elaboração de uma primeira regulamentação trabalhista, que compreende, dentre tantas outras, normas sobre jornada de trabalho, descanso nos feriados e remuneração(5).

Destarte, tais atitudes representaram uma reação contra o absolutismo, vez que passou a imperar o liberalismo, baseado na teoria que é uma sociedade política instituída pelo consentimento dos homens que viviam em estado de natureza e na qual, cada um, sob a direção da vontade geral, vive em liberdade e igualdade e com a garantia da propriedade de tudo o que possui.

Com fundamento na "teoria do Estado mínimo", este deveria permanecer afastado totalmente dos assuntos econômicos, deixando que os particulares atuassem livremente e, desta forma, regulassem suas relações laborais. O Estado-juiz atuaria como um simples intermediário entre o povo e a vontade geral. Suas únicas funções seriam a) manter a ordem; b) assegurar a liberdade civil e política, c) administrar a justiça e d) promover a defesa contra a guerra externa.

Aos poucos, e tendo em vista a precariedade das condições de trabalho, praticamente impostas pelo empregador ao empregado e, influenciado pela consequente reação humanista cuja meta era defender os direitos dos vulneráveis trabalhadores industriais, regendo as relações individuais e coletivas, criou-se o denominado Direito do Trabalho (ou dos trabalhadores).

O Direito do Trabalho no Brasil

Em meio aos vários movimentos dos trabalhadores disseminados na Europa, no que se refere à jornada de trabalho, ao limite mínimo de idade para trabalhar, ao descanso semanal, entre outros, no Brasil, esses direitos passaram a ser almejados somente após o fim da escravidão (1888). Com a decadência desse período tão desumano para a raça negra, passou a sociedade brasileira a ansiar, radicalmente, por seus direitos laborais. No entanto, a princípio, no fim do século XIX, os movimentos que levariam às conquistas de tais direitos foram insignificantes, e somente vieram a se desenvolver com mais êxito, estourando inúmeras greves, no início do século XX.

Ocorreram inúmeras paralisações dos empregados de diversos setores no Rio de Janeiro, São Paulo, Recife e Ceará, visando à diminuição da jornada de trabalho, ao fim dos maus-tratos, ao aumento dos salários e até mesmo contra a nomeação de determinado diretor de oficina. Durante esse período, a massa trabalhadora reivindicava por todos os seus direitos, diferentemente do século anterior, que sofria serenamente contra todo e qualquer abuso que afetasse sua integridade física e moral.

Esses movimentos foram se desenvolvendo em prol da conquista dos direitos laborais, até que, na década de 30, na iminência da conquista do poder federal, Getúlio Vargas iniciou positivação dos direitos dos tão sofridos empregados.

Com a Constituição Federal de 1934, foi garantido aos trabalhadores direitos individuais tão almejados, quais sejam, "salário mínimo, capaz de satisfazer, conforme as condições de cada região, às necessidades do trabalhador" (art. 121, *b*); repouso semanal, preferencialmente aos domingos (art. 121, *e*); férias anuais remuneradas (art. 121, *b*); instituiu que a idade mínima para trabalhar seja de 14 anos — se for à noite, 16 anos, e se for em indústrias insalubres, 18 anos e mulheres (art. 121, *d*); licença da gestante, antes e depois do parto, sem prejuízo do emprego e do salário (art. 121, *h*); indenização ao trabalhador pela despedida sem justa causa (art. 121, *g*), entre outras prerrogativas.

Destarte, a partir da Constituição de 1934, tida como marco fundamental no direito laboral do Brasil, as demais constituições subsequentes vieram e continuaram garantindo e até criando outros direitos dos trabalhadores.

Não obstante, somente com o Decreto-lei n. 5.452, de 1º de maio de 1943, foi promulgada a Consolidação das Leis do Trabalho (CLT), que regeu essa matéria, distribuída em onze títulos, elucidando e determinando, paralelamente à Carta Magna vigente e demais normas, todos os direitos laborais até hoje adquiridos.

O Direito do Trabalho atual, decorrente da revolução tecnológica e do liberalismo e sua consequente flexibilização laboral, resguarda a possibilidade de substituição do Poder Estatal em detrimento dos acordos praticados pelos particulares (patrão e empregado), nas relações trabalhistas. Em face disto, observamos que passam a surgir novas formas de contratação funcional, como o contrato por prazo determinado (Lei n. 9.601/98(6)), o contrato

(4) SÜSSEKIND, Arnaldo. *Curso de Direito do Trabalho*. Rio de Janeiro: Renovar, 2002. p. 13-14.

(5) MONEREO PEREZ, José Luis. *Introduccion al nuevo derecho del trabajo:* una reflexion critica sobre el derecho flexible del trabajo. 1. ed. Valencia: Tirant Lo Blanch, 1996.

(6) Esta norma trabalhista surgiu no intuito de gerar novos empregos, visto que ampliou a possibilidade da contratação laboral temporária, e, assim, supostamente, incentivaria a contratação por parte dos empregadores. Todavia, após o decurso desses sete anos de sua vigência, observa-se a inexistência

por tempo parcial e a terceirização, que aparecem como minimizadores da atuação do Poder Estatal e propiciadores de uma relação mais paritária entre o empregado e o empregador.

O surgimento da Organização Internacional do Trabalho (OIT)

A Organização Internacional do Trabalho (OIT), Agência mais antiga do Sistema das Nações Unidas, foi criada pelo Tratado de Paz assinado em Versalhes em junho de 1919. Consoante ficou consignado em sua Constituição, a OIT foi estabelecida com o objetivo de definir e promover políticas sociais a nível internacional numa fase marcada pela revolução industrial.

Desde sempre, a OIT integrou representantes dos Governos, das Organizações sindicais e das Organizações patronais. A participação de representantes dos empregadores e dos trabalhadores, colaborando em pé de igualdade com os representantes dos Governos, tendo em vista a procura de consensos para promover o bem comum (cooperação tripartida) constitui um traço distintivo da OIT em relação às demais Organizações das Nações Unidas.

A atividade normativa da OIT, traduzida pela adoção de convenções e recomendações internacionais do trabalho, constitui um instrumento essencial ao serviço dos objetivos da Organização. As regras de direito internacionais da OIT, elaboradas no seio da Conferência com a participação de governos, empregadores e trabalhadores, uma vez ratificadas pelos Estados Membros, são aplicadas a nível interno, constituindo padrões de orientação para os legisladores no aperfeiçoamento e promoção do direito do trabalho e das relações profissionais.

A Declaração da OIT foi aprovada pela Conferência Internacional do Trabalho em 1998. A Comunidade internacional assume a obrigação de aplicar, promover e respeitar as convenções essenciais da OIT relativas aos direitos fundamentais no trabalho, quais sejam: **Convenção n. 29**, que trata do trabalho forçado (1930); **Convenção n. 105**, que trata da eliminação do trabalho forçado (1957); **Convenção n. 87**, que trata da liberdade sindical e a proteção do direito sindical (1948); **Convenção n. 98**, que trata do direito de organização e de negociação coletiva (1949); **Convenção n. 100**, que trata da igualdade de remuneração (1951); **Convenção n. 111**, que trata da discriminação do emprego e da profissão (1958); **Convenção n. 138**, que trata da idade mínima (1973); **Convenção n. 182**, que trata das piores formas de trabalho infantil (1999).

A Declaração constitui um instrumento ao serviço de um desenvolvimento capaz de conciliar o progresso econômico e a proteção social.

Flexibilização e desregulamentação das normas trabalhistas

Flexibilização: conceitos e distinções

Conforme mencionado anteriormente, a necessidade de proteção do trabalhador com vistas a alcançar a justiça social veio desenvolvendo-se ao longo da história, e, através de inúmeros movimentos sociais, foram tendo, paulatina e arduamente, seus direitos conquistados. No entanto, observa-se que, com o decorrer dos tempos, a conquista destes direitos e sua consequente normatizacão transformou as relações trabalhistas cada vez mais rígidas, de tal maneira que se chegou à necessidade de se flexibilizar, ou melhor, de se adaptar alguns direitos sociais, com o objetivo hipotético de controlar um dos problemas sociais mais graves do fim do século passado (XX) e início deste (XXI): o desemprego.

Além disso, o temor diante da desenfreada concorrência mundial e das iminentes baixas das condições de trabalho e dos salários, ocasionam a busca descomedida à criação de riquezas, surgindo, assim, o processo de flexibilização que, *a priori*, expande-se pela Europa e, posteriormente, pelo resto do mundo.

A flexibilização trabalhista pressupõe sistemas legais que prevêem fórmulas opcionais ou flexíveis de estipulação das condições laborais, sejam elas reflexos de negociação coletiva ou do contrato individual de trabalho. Essas flexibilizações ampliariam o espaço para a complementação ou suplementação do ordenamento jurídico; permitem a adaptação de normas cogentes a peculiaridades regionais, empresariais ou profissionais; admitem derrogações de condições anteriormente estipuladas para adaptá-las a situações emergenciais ou conjunturais, vigente por um certo lapso temporal.

No que pertine a este tema, flexibilidade ou flexibilização laboral, Fábio Túlio Barroso preleciona que esta possui uma função bastante ativa na dinâmica econômica a favor do empresário, localizando-se num termo médio entre juridificação imperativa das normas trabalhistas e a desregulamentação[7].

---

de novos postos de trabalho, mas conclui-se, apenas, a criação de postos de trabalho precários ante a instabilidade laboral gerada pela temporariedade prevista nessa legislação.

(7) BARROSO, Fábio Túlio. *Novo contrato de trabalho por prazo determinado*. Curitiba: Juruá, 2004. p. 46.

Flexibilização[8], etimologicamente, significa transformar o rígido em flexível, ou o que já o é, mais ainda. Tal termo pressupõe maleabilidade, elasticidade. Em outras palavras, flexibilizar é tornar mais flácido, é adaptar o objeto ao ambiente em que se insere, é ampliar a liberdade de aplicação da norma jurídica.

No âmbito do Direito do Trabalho, "flexibilizar" é a maneira de adaptação de normas jurídicas trabalhistas para atender às alterações verificadas na economia, refletidas nas relações entre trabalho e capital; em outras palavras, é a possibilidade de a empresa contar com mecanismos jurídicos que lhe permitam ajustar a produção, emprego e condições de trabalho ante as flutuações rápidas e contínuas do sistema econômico. Desta maneira, a flexibilidade dos ordenamentos jurídicos da economia tende a acentuar a produção de riquezas a apenas um lado da relação laboral, o empresarial.

Flexibilização, no entanto, é expressão difusa, que pode ser tomada em várias acepções. Para Plá Rodrigues, é um termo elástico, com variados graus de intensidade, e também cômodo, porque o sentido contrário seria a rigidez, a intolerância. Pode significar mera adaptação através de leis mais elásticas, ou até desregulação, com substituição da norma estatal pela convenção coletiva ou individual[9].

A doutrina é indiscutivelmente inquieta no que pertine aos benefícios ou não da flexibilização. Por um lado, há a opinião que ampara a tese intervencionista, ou seja, a que defende a ideia de proteção do trabalhador, economicamente mais frágil, através de normas de proteção provenientes da lei ou do contrato coletivo, limitadoras dos poderes do capital. Por outro lado, existem opiniões que pregam maior liberdade de gestão da empresa, com redução da intervenção ao mínimo necessário, e adoção de mecanismos revogáveis a qualquer tempo, conforme as necessidades de produção e do mercado, uma vez que a competitividade da empresa é reconhecida como fator de sobrevivência.

Segundo José Armando Caro Figueiroa, a flexibilização seria uma técnica de neorregulação, com a modificação do sentido e intensidade das normas tutelares estatais, mas sem a destruição do modelo. Ainda afirma que a flexibilidade seria uma fórmula abreviada para designar um processo de redistribuição do poder normativo mais sensível às exigências da produção do que às preocupações sociais[10].

Flexibilizar não é desregulamentar o que já se encontra regulamentado, normatizado. Mas é regulamentar de modo diferente ao qual se encontra regulamentado. O ato de flexibilizar uma norma, destarte, não se destina a torná-la, necessariamente, mais rígida. Caberá observar a forma ao qual é proposto tal processo de flexibilização.

Neste contexto, Arnaldo Süssekind entende que a desregulamentação do Direito do Trabalho, que alguns autores afirmam ser uma das formas de flexibilização, com esta não se confunde. Uma vez que a desregulamentação retira a proteção do Estado ao trabalhador, permitindo que a autonomia privada, individual ou coletiva regule as condições de trabalho e os direitos e obrigações advindos da relação de emprego. Já a flexibilização pressupõe a intervenção estatal, ainda que superficial, com normas gerais, através das quais não se pode conceber a vida do trabalhador com dignidade[11].

A flexibilização dos direitos trabalhistas está atrelada ao processo de globalização da economia e do neoliberalismo, que, consoante já delineamos no capítulo precedente, implicam o progressivo afastamento do Estado das relações negociais.

Tal fenômeno flexibilista é a manifestação mais evidente da doutrina política e econômica neoliberal nas relações trabalhistas. No contexto neoliberal, é característica fundamental a disparidade crescente entre os ingressos econômicos dos empregados e empregadores, tanto os provenientes dos benefícios empresariais obtidos pela exploração do trabalho alheio, como os salariais. No sistema de produção neoliberal, o objetivo principal é o lucro através da produção mercantil, deixando-se de lado a preocupação social das pessoas.

O Direito do Trabalho sempre oscilou entre o econômico e o social, funcionando como mediador, na procura de soluções de compromisso, entre os interesses da economia e as necessidades do social. A flexibilidade tornou mais visível, mais claro, tal compromisso, oferecendo mecanismos jurídicos que permitem à empresa ajustar sua produção, emprego e condições de trabalho às flutuações rápidas do sistema econômico.

Sobre a flexibilidade laboral, Luciane Alves Sávio acrescenta:

> É no argumento da busca por soluções para a crise mundial que surge a discussão em torno da flexibilização do Direito do Trabalho. Também no Brasil,

---

(8) FERREIRA, Aurélio Buarque de Holanda. *Novo Dicionário da Língua Portuguesa*. 1. ed. Rio de Janeiro: Nova Fronteira, [198]. "Flexibilização é o ato de tornar elástico, maleável, domável, complacente, submisso; é fazer com que seja fácil de ser manejado".

(9) AMÉRICO, Plá Rodrigues. *Enfoque sobre la flexibilización*. Derecho del Trabajo. n. 2. Buenos Aires: La Ley, 1990. p. 154.

(10) CARO FIGUEIROA, José Armando. *El debate sobre la flexibilidad laboral em Europa y en Argentina*. Derecho Del Trabajo. Buenos Aires: La Ley, 1989. p. 2.139.

(11) SÜSSEKIND, Arnaldo. *Instituições de Direito do Trabalho*. 18. ed. São Paulo: LTr, 1999. p. 213.

onde as dificuldades econômicas não decorrem apenas do processo de globalização da economia, mas também são conjunturais, a controvérsia a respeito da implantação de um novo sistema de equilíbrio das forças do capital e do trabalho ainda é mais acentuada.[12]

Esse fenômeno incidente na esfera trabalhista significa o afastamento do Estado das relações de trabalho — sem o retorno, destaque-se, ao *laissez faire, laissez passer*, isto é, sem a destruição do Estado. O que visa a ocorrer é a liberação estatal para o exercício de outras funções nas quais se faz mais necessária sua presença. Almeja, tal fenômeno, propiciar uma maior autonomia privada, com o fito de que os particulares (patrão e empregado) estabeleçam, mediante negociação, as regras disciplinadoras de suas relações. Nesse mesmo argumento, a flexibilização vislumbra ainda criar órgãos sem jurisdição e capazes de solucionar as controvérsias laborais, através da arbitragem e da mediação, limitando a atuação do Estado-juiz ao exame e decisão das causas em que se vislumbrasse ofensa à norma constitucional ou legal.

Sob essa perspectiva, Luiz Carlos Robortella reitera que flexibilizar, nada mais é que, dar uma *"maior possibilidade de disciplina das relações de trabalho pelas partes e menos pelo Estado, projetando-se o direito do trabalho como instrumento regulador do processo econômico e, por essa via, apto a atingir seus desígnios de proteção ao empregado"*[13].

A flexibilização surge, portanto, com o intuito de afastar a rigidez legislativa a partir do cenário neoliberal e globalizante e procura justificá-lo pela crise econômica ou pela busca por produtividade e margem de lucros maiores.

Ives Grandra Martins ainda esclarece:

> A flexibilização tende ao ideal de restringir a intervenção do Estado no campo trabalhista, passando-se ao sistema da auto-regulamentação das relações laborais, pelas próprias partes interessadas, por meio da negociação coletiva.[14]

Há autores, como Robortella, que buscam explicar este tema de forma mais aprofundada e afirmam que os fatores que geraram o movimento flexibilizador têm profunda natureza econômica, uma vez que estão determinando a flexibilização dos mercados de trabalho e, via de consequência, levando-a à posição estratégica hoje ocupada[15]. Tais fatores podem ser assim descritos: a) os imperativos de desenvolvimento econômico; b) a competição econômica no plano internacional; c) a velocidade das mudanças tecnológicas; d) o aumento do desemprego; e) a tendência à formação de forte economia submersa, informal, para fugir à rigidez da lei.

Por outro lado, no que tange à desregulamentação, cabe-nos, de forma primordial e efêmera, distingui-la da flexibilização. Enquanto esta se propõe a dar maior maleabilidade à aplicação da norma, aquela propõe o afastamento do campo de aplicação de legislação em determinados casos.

Da desregulamentação laboral

A desregulamentação[16] está ligada à retirada da norma legal como determinante dos estreitos limites para estabelecimento de contrato de trabalho; já a flexibilização tende a manter esses limites, sem afastar a norma legal, embora remeta à discricionariedade das partes o estabelecimento da maioria das regras da relação jurídica que pretendem estabelecer. A flexibilização apresenta diferentes significados e a mais variada amplitude, significando sempre o ajuste das normas laborais à realidade econômica, com mudanças, mais ou menos intensas, do repertório de categorias jurídicas, a fim de contribuir para a solução de problemas da sociedade e ensejar, portanto, a governabilidade.

Jorge Luiz Souto Maior, destaca que:

> Conceitualmente falando, flexibilização é ideia distinta da desregulamentação. Por flexibilização entende-se a adaptação das regras trabalhistas à nova realidade das relações de trabalho, que permite, e muitas vezes exige, um reordenamento do sistema jurídico, não necessariamente no sentido de diminuição de direitos ou de exclusão de regras positivadas, mas no sentido de regular, de modo diferente, as relações de trabalho. Por desregulamentação identifica-se a ideia de eliminação de diversas regras estatais trabalhistas, buscando uma regulamentação por ação dos próprios interessados[17].

Desta forma, entende-se a flexibilização do Direito do Trabalho como o instrumento de política econômica

(12) SÁVIO, Luciane Alves. Flexibilização do Direito do Trabalho e implantação da autonomia privada coletiva no Brasil. *In: Direito do Trabalho — Estudos*. São Paulo: LTr, 1997.

(13) ROBORTELLA, Luiz Carlos Amorim. *O Moderno Direito do Trabalho*. São Paulo: LTr, 1994. p. 117.

(14) MARTINS FILHO, Ives Grandra da Silva. *Manual esquemático de Direito e Processo do Trabalho*. 7. ed. São Paulo: Saraiva, 1998. p. 9.

(15) ROBORTELLA, Luiz Carlos Amorim. *O Moderno Direito do Trabalho*. São Paulo: LTr, 1994. p. 97-99.

(16) FERREIRA, Aurélio Buarque de Holanda. *Novo Dicionário da Língua Portuguesa*. 1. ed. Rio de Janeiro: Editora Nova Fronteira, [198-]. "Desregulamentar é deixar de sujeitar-se a um regulamento, a uma norma".

caracterizado pela adaptação constante das normas jurídicas à realidade econômica e social, mediante intensa participação de trabalhadores e empresários, a fim de que se obtenha a eficaz regulação do mercado de trabalho, tendo como objetivos o desenvolvimento econômico, o progresso e o bem-estar social.

Nesse diapasão, Orlando Teixeira Filho da Costa, esclarece que a flexibilização laboral surge como um meio de sobrevivência das empresas ante à crescente e intensa influência do capitalismo e da globalização, ao afirmar que:

> A flexibilização é o instrumento ideológico neoliberal e pragmática de que vêm se servindo os países de economia de mercado, para que as empresas possam contar com mecanismos capazes de compatibilizar seus interesses e os dos seus trabalhadores, tendo em vista a conjuntura mundial, caracterizada pelas rápidas flutuações do sistema econômico, pelo aparecimento de novas tecnologias e outros fatores que exigem ajustes inadiáveis[18].

Destarte, salientamos que flexibilização distingue-se da desregulamentação, uma vez que aquela tem sentido de adaptar as relações de trabalho visando uma melhor competitividade das empresas, sem, contudo, abdicar de direitos sociais; esta — a desregulamentação — visa a aumentar a competitividade empresarial, diminuindo o seu custo através da retirada de direitos trabalhistas.

Assim, não há que se confundir flexibilização e desregulamentação, sendo esta última caracterizada pela total ausência do Estado no disciplinamento das relações de trabalho, permitindo assim um maior desenvolvimento da plena liberdade sindical e das normatizações coletivas no âmbito privado das relações entre capital e trabalho.

A flexibilização é um fenômeno que se mostra em outros campos das ciências humanas e se conecta com a concepção funcional do Direito do Trabalho, que não se resume à simples tutela do trabalhador. Esse foi seu objetivo inicial, mas não como função e sim como método para atingir o equilíbrio nas relações de trabalho, através da criação de uma ordem pública de proteção.

Mister se faz, ainda, destacar algumas consequências na organização do trabalho, provocadas pela flexibilização, quais sejam: a) o *trabalhador polivalente*, isto é, aquele que pode e é capaz desempenhar inúmeras funções na empresa; b) salário segundo rendimento; e c) contrato com "diferentes velocidades" em termos de salário, garantias e direitos. Também se constata uma evolução das formas de emprego flexível ou precário, através dos chamados contratos atípicos, criando enormes distinções entre os trabalhadores permanentes e os precários, dada a desigualdade de proteção.

Por fim, ao deixarmos de lado as concepções doutrinárias acerca do fenômeno da flexibilização — isto é, a que defende tal fenômeno ao lutar pela redução da intervenção estatal ao mínimo necessário, e, em contraposição, a que proclama a ideia de proteção do trabalhador —, percebemos que a flexibilização não é um fim em si mesma. Trata-se de apenas um meio de aflorar questões fundamentais do mercado de trabalho, tais como custo e produtividade da mão de obra, competitividade, modernização, mercado, lucro e desenvolvimento econômico.

O fenômeno da flexibilização no Direito do Trabalho pós-moderno e sua relação com o desemprego e com a economia informal

Observa-se que, com o passar dos tempos, a classe empregadora busca, cada vez mais, produzir menores custos e obter maiores recursos econômicos para sua empresa, e uma alternativa para tanto, ao menos supostamente, é a flexibilidade laboral. Por outro lado, as reformas trabalhistas ocorridas em vários países, diminuem consideravelmente os direitos e garantias dos trabalhadores, e, em contrapartida, aumentam os poderes empresariais.

Fábio Barroso esclarece que em tempos de reformas estruturais, normas e conceitos perdem a eficácia pelas mudanças no marco do desenvolvimento da relação capital-trabalho, visto que a flexibilidade parece renunciar à possibilidade de proteção e de avanço a uma grande parcela de trabalhadores destinados a padecer da enfermidade do progresso[19].

A globalização atinge os instrumentos e métodos de produção, visando tornar as empresas mais competitivas, e, em busca desta competitividade, procura-se diminuir os custos, acarretando uma reestruturação do mundo do trabalho, tendo como efeito principal a desvalorização do labor, uma vez que a mão de obra humana é substituída pelas máquinas. Como consequência dessa mudança estrutural na forma de produção, ou seja, com um número cada vez menor de operadores humanos, verificamos que houve aumento da riqueza (para alguns) e, por outro lado, diminuição do trabalho (para muitos).

Desta forma, percebe-se que um dos mais graves problemas do mundo contemporâneo é o persistente, contínuo e aparentemente incontrolável aumento de desemprego.

---

(17) SOUTO MAIOR, Jorge Luiz. *O Direito do Trabalho como Instrumento de Justiça Social*. São Paulo: LTr, 2002. p. 139.

(18) COSTA, Orlando Teixeira Filho da. *Direito Alternativo ou Flexibilização*. n. 56. São Paulo: LTr, 1992. p. 779.

(19) BARROSO, Fábio Túlio. *Novo contrato de trabalho por prazo determinado*. Curitiba: Juruá, 2004. p. 50.

Em todas as economias os estudiosos apontam para um desemprego estrutural e não meramente conjuntural. O modelo de industrialização ou reestruturação, baseado de implementação ativa e intensa da tecnologia, não favorece a criação de empregos; ao contrário, o que se vê é a diminuição de postos de trabalho, apesar da paradoxal realidade de aumento da produtividade.

Ademais, no mundo acadêmico, a flexibilidade suscita intensa discussão. Para seus adeptos, o Direito do Trabalho deve flexibilizar-se, a fim de que não se constitua obstáculo ao desenvolvimento econômico. Pois, nos casos de empresas com dificuldades econômicas, é mais favorável continuar empregado, mesmo em condições inferiores, do que se transformar em desempregado. Devendo-se destacar ainda que o trabalho atípico é uma realidade que deve ser reconhecida e regulada.

Nesse diapasão, ante à atual conjuntura mundial no âmbito trabalhista, que se traduz pelas altíssimas taxas de desempregos no mundo, a ocorrência do fenômeno da flexibilidade laboral tende a ser (supostamente) um meio de escape a evitar o desemprego e a inviabilizar a informalidade — desde que as normas de trabalho e as condições de emprego estejam minimamente controladas pelo poder público.

O crescimento constante do desemprego — ou ao menos, a sua manutenção em altíssimos índices — é um fato concreto. Por isso, as políticas passam da lógica social para a lógica do desemprego. A flexibilização do contrato individual pode contribuir para a manutenção dos empregos, quando propõe substituir a rigidez da qualificação profissional pela polivalência de funções do empregado, ensejando maior mobilidade ocupacional, e, consequentemente, maior possibilidade de sua conservação no ambiente laboral.

No que tange à economia informal, são muitos os estudos que versam sobre a sua existência em todas as economias, desenvolvidas ou não. No Brasil, por exemplo, mais da metade dos trabalhadores situam-se na economia informal[(20)].

É clara a segmentação entre o setor formal e o setor informal, que tende a crescer, especialmente na América Latina. A magnitude deste último é tamanha que seria difícil precisar sua importância.

A flexibilização normativa pode fazer emergir muitas atividades que se colocam fora das instituições econômicas oficiais. Até porque, flexibilização maior, e com grande difusão, é mero descumprimento da lei. Esta é, efetivamente, a pior das flexibilidades, permitindo a dicotomia flexibilização formal e flexibilização informal.

Se a realidade a impõe, é preferível que a flexibilização venha pelos caminhos da formalidade, plenamente integrada ao ordenamento jurídico, para que seja efetivo seu controle e regulação.

Conclusão

Com o desenvolvimento do presente trabalho, objetivou-se propiciar maiores esclarecimentos acerca deste tema de tão grande relevância no cenário econômico mundial, bem como compreendê-lo e debatê-lo de forma mais objetiva, haja vista, principalmente, a realidade fática brasileira, em que, cada vez mais, os entes particulares buscam solucionar seus conflitos sem a intervenção do Estado.

Percebeu-se que, no caso do Brasil, nos últimos anos, o desemprego, acompanhado pela crescente flexibilização, pelo discurso neoliberal, pela abertura econômica, precarização e informalização do emprego, tornou-se o mais grave drama nacional. As estatísticas oficiais escondem uma brutal queima de empregos de qualidade na indústria e nos bancos – compensados parcialmente pela "geração" de empregos precários no comércio e nos serviços.

Por conseguinte, somos tendenciosos à corrente antiflexibilista, que afirma ser a flexibilização do Direito do Trabalho algo nocivo para os trabalhadores, cujo objetivo é a eliminação de certas conquistas que foram feitas ao longo dos anos. Entende-se, portanto, que esta seria uma forma de reduzir direitos dos trabalhadores, agravando a situação dos mesmos sem que houvesse qualquer aperfeiçoamento ou fortalecimento das relações de trabalho.

Como efeito dessa flexibilização, destaca-se a proposta de reforma trabalhista brasileira, a qual baseia-se na mínima intervenção estatal nas relações trabalhistas, deixando, basicamente, em face da autonomia privada, individual ou coletiva, a regulamentação das condições de trabalho e dos direitos e obrigações advindos da relação de emprego, sob a argumentação de que, desta forma, haverá uma majoração nos postos de trabalho. Mero devaneio jurídico. Porquanto, resta por demais comprovado, essencialmente em decorrência do surgimento da Lei n. 9.601/98, que a classe patronal somente admite novos trabalhadores em seu quadro, acaso realmente careça deles, e não porque o sistema jurídico brasileiro dá margem, ou até mesmo, incentiva tal atitude.

Resta evidente, portanto, que a flexibilização da legislação trabalhista não é o caminho para a criação de novos postos de trabalho e a retirada de trabalhadores da informalidade. Há, no entanto, que se repensar as regras de custeio da previdência que estão a gerar a cobrança de encargos sociais

(20) Fonte: IBGE/PNAD, em 2003. A pesquisa indicou que 63% dos trabalhadores ativos estão na informalidade e só 27% têm carteira de trabalho assinada.

elevados, e, ao mesmo passo, cobrar dos governos a boa administração do patrimônio da previdência social, evitando, principal e fundamentalmente, a corrupção existente nesta entidade federal e deflagrada nos últimos anos.

Referências bibliográficas

AMÉRICO, Plá Rodriguez. *Enfoque sobre la flexibilización*. Derecho Del Trabajo. n. 2. Buenos Aires: La Ley, 1990.

BARROSO, Fábio Túlio. *La ley del contrato de trabajo por plazo determinado de Brasil: configuración técnica y estudio de su régimen jurídico*. Madrid: ProQuest, Information and learning España, 2002.

________. *Novo contrato de trabalho por prazo determinado*. Curitiba: Juruá, 2004.

________ (Org.). *Elementos Doutrinários do Novo Direito do Trabalho*. Estudos em Homenagem ao Prof. Dr. Francisco Solano de Godoy Magalhães. 1. ed. Recife: Nossa Livraria, 2004.

________. O perigo da precarização. A flexibilização em voga. *Revista do Tribunal Regional do Trabalho da 6ª Região*, Recife, v. 10, n. 26, 1999.

CARO FIGUEROA, José Armando. *El debate sobre la flexibilidad laboral em Europa y en Argentina*. Derecho Del Trabajo. Buenos Aires: La Ley, 1989.

CATHARINO, José Martins. *Neoliberalismo e sequela:* privatização, desregulação, flexibilização, terceirização. São Paulo: LTr, 1997.

COSTA, Orlando Teixeira Filho. *Direito Alternativo ou Flexibilização*. n. 56. São Paulo: LTr, 1992.

FERREIRA, Aurélio Buarque de Holanda. *Novo Dicionário da Língua Portuguesa*. 1. ed. Rio de Janeiro: Nova Fronteira, [198-].

FRANCO, Guilherme Alves de Mello. *Flexibilização dos direitos sociais*: remédio para a cura do desemprego no Brasil ou simples placebo jurídico? *Jus Navegandi*, Teresina, ano 7, n. 60, nov. 2002. Disponível em: <http://www1.jus.com.br/doutrina/texto.asp?id=3422> Acesso em: 8 dez. 2002.

GÓIS, Ancelmo César Lins de. *A flexibilização das normas trabalhistas frente à globalização*. *Jus Navegandi*, Teresina, ano 4, n. 45, set. 2000. Disponível em: <http://www1.jus.com.br/doutrina/texto.asp?id=1145> Acesso em: 17 mar. 2003.

MARTINS, Sérgio Pinto. *Direito do Trabalho*. 18. ed. São Paulo: Atlas, 2003.

MARTINS FILHO, Ives Grandra da Silva. *Manual esquemático de direito e processo do trabalho*. 7. ed. São Paulo: Saraiva, 1998.

MELHADO, Reginaldo. *Poder e sujeição:* os fundamentos da relação de poder entre capital e trabalho e o conceito de subordinação. São Paulo: LTr, 2003.

MONEREO PEREZ, José Luis. *Introducción al nuevo derecho del trabajo:* una reflexion critica sobre el derecho flexible del trabajo. 1. ed. Valencia: Tirant Lo Blanch, 1996.

MORATO, João Marcos Castilho. *Globalização e flexibilização trabalhista*. Belo Horizonte: Inédita, 2003.

NASCIMENTO, Amauri Mascaro. *Curso de Direito do Trabalho:* história e teoria geral do Direito do Trabalho, relações individuais e coletivas do trabalho. 17. ed. rev. e atual. São Paulo: Saraiva, 2001.

NASSAR, Rosita de Nazaré Sidrim. *Flexibilização do Direito do Trabalho*. São Paulo: LTr, 1991.

ROBORTELLA, Luiz Carlos Amorim. *O moderno Direito do Trabalho*. São Paulo: LTr, 1994.

SÁVIO, Luciane Alves. Flexibilização do Direito do Trabalho e implantação da autonomia privada coletiva no Brasil. *In: Direito do Trabalho — Estudos*. São Paulo: LTr, 1997.

SOARES FILHO, José. Flexibilização dos Direitos Trabalhistas. *Revista Amatra*, Recife, ano III. n. 6, 1999.

SOUTO MAIOR, Jorge Luiz. *O Direito do Trabalho como Instrumento de Justiça Social*. São Paulo: LTr, 2002.

SÜSSEKIND, Arnaldo. *Direito Constitucional do Trabalho*. 2. ed. rev. e atual. Rio de Janeiro: Renovar, 2001.

________. *Curso de Direito do Trabalho*. Rio de Janeiro: Renovar, 2002.

________. *Instituições de Direito do Trabalho*. 18. ed. São Paulo: LTr, 1999.

TEIXEIRA, Sérgio Torres. *Proteção à relação de emprego*. 1. ed. São Paulo: LTr, 1998.

A Responsabilidade Civil do Empregador por Acidente de Trabalho com Empregado *Motoboy*

Maíra Yasmin Félix Silva(*)

1. Introdução

Quantas vidas valem um alimento mais quente e o *status* de rapidez de um serviço? Esse questionamento evidencia a relevância da análise da responsabilidade civil do empregador em caso de acidente de trabalho que envolva *motoboys*, por atentar para o crescente número de acidentes com motociclistas no Brasil e a dependência da sociedade quanto aos serviços prestados por essa categoria.

A tônica do debate perpassa, pois, o enfrentamento de como o empregador pode ser responsabilizado diante de infortúnios desta espécie, precipuamente sob os aspectos das três teorias levantadas sobre o tema, a saber: a responsabilidade subjetiva, consubstanciada na necessidade de comprovação da culpa do empregador em caso de acidente de trabalho e fundamentada no art. 7º, XXVIII, da CF/88; a objetiva com esteio no parágrafo único do art. 927 do Código Civil de 2002, para o caso de atividades pontuais; e a objetiva com fulcro no art. 2º da CLT, a refutar, por completo, a imprescindibilidade do elemento culpa, qualquer que seja a atividade desenvolvida.

2. Responsabilidade civil subjetiva do empregador

A Constituição da República de 1988, em seu art. 7º, inciso XXVIII, assegura ao trabalhador urbano e rural, além do seguro contra acidentes de trabalho, a cargo do empregador, "a indenização a que este está obrigado, quando incorrer em dolo ou culpa."(1)

Diante do supracitado dispositivo constitucional, parte da doutrina posiciona-se no sentido de que a responsabilidade do empregador deve ser tratada segundo as regras da responsabilidade subjetiva, porque assim o quis expressamente o constituinte(2).

Para os adeptos desse entendimento, cujo principal argumento reside na maior hierarquia da Constituição da República de 1988 frente às demais leis ordinárias, no momento em que a CF/88 exige a presença do elemento culpa ou dolo, não pode lei ordinária se sobrepor a tal exigência constitucional(3).

Nesse sentido, trazer o art. 927, parágrafo único, do CC/2002 para disciplinar a responsabilidade civil do empregador em caso de acidente de trabalho representaria uma afronta à Carta Magna e, assim, a inobservância do critério hierárquico *Lex superior derogat inferiori*(4), pois a regra contida no dispositivo civilista apenas deve se reportar a casos outros, não afetos aos acidentes de trabalho.

Segundo a ótica da responsabilidade subjetiva, portanto, o empregador fica obrigado a reparar o dano tão somente quando venha a incorrer em dolo ou culpa, como quando descumpre deveres de segurança, higiene e prevenção previstos legalmente(5), notadamente na hipótese de não fornecimento de equipamentos individuais de proteção (EPIs) aos empregados, sobre os quais recai o ônus de comprovar a relação entre o dano e alguma ação ou omissão dolosa ou que resultante de imprudência, negligência ou imperícia do empregador(6).

3. Responsabilidade civil objetiva do empregador

A dificuldade probatória no que concerne à demonstração da culpa do causador do dano, projetada para o âmbito dos acidentes de trabalho, ensejou o desenvolvimento de argumentos contrários à aplicação exclusiva da responsabilidade civil fundamentada na culpa, atualmente voltados para a responsabilidade objetiva prevista no art. 927, parágrafo único, do CC/2002, assim como para a inserta no art. 2º da CLT.

(*) Bacharel em Direito pela Faculdade de Direito do Recife — UFPE e servidora do Tribunal de Justiça de Pernambuco — TJPE.

(1) BRASIL. Presidência da República. *Constituição da República Federativa do Brasil de 1988*. Disponível em: <http://www.planalto.gov.br/ccivil_03/constituicao/constituicao.htm> Acesso em: 24 jul. 2014.

(2) Nesse sentido, Antônio Cleto Gomes entende que a teor do disposto no inciso XXVIII do art. 7º da CF/88, permanece a responsabilidade subjetiva do empregador em caso de ação de indenização por acidente de trabalho, ocasião em que refuta como a aplicação do art. 927, parágrafo único do CC/2002 em sendo feita pelos tribunais do trabalho brasileiros, o qual apenas deveria ser aplicado em caso de atividade de risco assim reconhecia em lei ou norma regulamentar. GOMES, Antônio Cleto. Acidente de trabalho e a responsabilidade civil do empregador. *Revista Síntese Trabalhista e Previdenciária*, São Paulo, v. 23, n. 269, nov. 2011. p. 25.

(3) SOUZA, Wendell Lopes Barbosa de. *A responsabilidade civil objetiva fundada na atividade de risco*. São Paulo: Atlas, 2010. p. 167.

(4) BELFORT, Fernando José Cunha. *A responsabilidade objetiva do empregador nos acidentes de trabalho*. São Paulo: LTr, 2010. p. 153.

(5) PACHECO, Iara Alves Cordeiro. Responsabilidade civil do empregador. *Revista LTr*, São Paulo, v. 75, n. 8, p. 953, ago. 2011.

(6) SILVA, Michael Hideo Atakiama. A responsabilidade civil da empresa por acidente de trabalho. *Revista de Direito do Trabalho*, São Paulo, ano 34, n. 131, p. 139, jul./set. 2008.

Por cautela, salienta-se que o art. 7º, XVIII, da CF/88, ao exigir a presença do elemento culpa, rege as hipóteses de acidentes de trabalho tipo individual[7], situação que difere do caso em que o dano é direcionado ao próprio ambiente do trabalho[8], em que o meio ambiente, por sofrer alguma lesão[9], acaba por atingir a saúde do empregado ou, muito provavelmente, de vários deles.

Pois bem. Quando o acidente de trabalho é resultado de um dano ambiental, o entendimento pacífico aponta para a responsabilidade civil objetiva do empregador, com esteio nos art. 225, § 3º c/c art. 200, VII e art. 14, § 1º da Lei n. 6.938/81[10]; quando o infortúnio, por sua vez, é considerado em sua individualidade, também a responsabilidade civil objetiva passa a ser levada em consideração, mas com base nos dispositivos legais a serem analisados nos tópicos que seguem.

3.1. Responsabilidade civil objetiva do art. 927, parágrafo único do CC/2002

Com fundamento legal no art. 927, parágrafo único do CC/2002, de aplicação supletiva ao disposto no art. 7º, inc. XXVIII da Carta Maior[11], a doutrina majoritária adota um posicionamento misto ou eclético, ao admitir a coexistência das teorias subjetiva, como regra geral, e objetiva — de invocação excepcional —, aplicável apenas quando o acidente de trabalho verificar-se em atividade de risco mais acentuado em relação aos da coletividade.

Na seara trabalhista, o emprego do art. 927, parágrafo único, do CC/2002 encontra permissão no art. 8º, parágrafo único, da Consolidação das Leis do Trabalho, que admite o direito comum como fonte subsidiária do Direito do Trabalho, na medida em que não seja incompatível com seus princípios fundamentais[12].

Por sua vez, o art. 927, parágrafo único, do CC/2002 dispõe que "haverá obrigação de reparar o dano, independentemente de culpa, nos casos especificados em lei, ou quando a atividade normalmente desenvolvida pelo autor do dano implicar, por sua natureza, risco para os direitos de outrem."[13]

Quanto à primeira parte do dispositivo em evidência, são exemplos de legislações a consagrar a responsabilidade objetiva o Código de Defesa do Consumidor e a própria lei acidentária; no que concerne à segunda — uma norma aberta — o legislador não define o que vem a ser atividade de risco, o que possibilita a ampliação dos casos de danos indenizáveis[14] por demandar a delimitação em lei específica ou pelo intérprete, na análise do caso a ele apresentado.

Diante desse panorama, ainda emerge o questionamento: a partir de que grau de risco o dano causado acarreta o direito à indenização?[15] Em outros termos, como definir, então, quando uma atividade implica, ou não, por sua natureza, risco aos direitos de outrem?

De fato, mostra-se árdua a tarefa de interpretar o que vem a se enquadrar como atividade de risco, tendo em vista a existência de riscos inerentes à própria vida em uma sociedade globalizada e de produção em massa. Entretanto, a doutrina entende que o risco da atividade há de ser considerado maior que o suportado pelo homem médio, ou seja, se o trabalhador desempenha atividade que apresenta maior grau de risco, maior probabilidade de dano quando comparado ao risco em geral, fará *jus* à indenização pelo tão só fato de exercê-la[16].

Em que pese o termo "risco" seja polivalente[17] — que pode, em dado momento, ter acepção de elemento essencial, como no contrato aleatório, ou mesmo o perigo

(7) ROCHA, 1997 *apud* BELFORT, 2010, p. 144.

(8) O art. 200, VII, aproxima o local de trabalho à definição de meio ambiente, *in verbis*: colaborar na proteção do meio ambiente, nele compreendido o do trabalho. BRASIL. Presidência da República. *Constituição da República Federativa do Brasil de 1988*. Disponível em: <http://www.planalto.gov.br/ccivil_03/constituicao/ConstituicaoCompilado.htm> Acesso em: 28 abr. 2013.

(9) O meio ambiente do trabalho, que é aproximado ao conceito de meio ambiente, ao ser lesionado sujeita os agentes causadores a sanções, nos termos do art. 225, § 3º, o qual dispõe: "As condutas e atividades consideradas lesivas ao meio ambiente sujeitarão os infratores, pessoas físicas ou jurídicas, a sanções penais e administrativas, independentemente da obrigação de reparar os danos causados". *Idem*.

(10) Art. 14, § 1º da Lei n. 6.938/81: "Sem obstar a aplicação das penalidades previstas neste artigo, é o poluidor obrigado, independentemente da existência de culpa, a indenizar ou reparar os danos causados ao meio ambiente e a terceiros, afetados por sua atividade. O Ministério Público da União e dos Estados terá legitimidade para propor ação de responsabilidade civil e criminal, por danos causados ao meio ambiente". BRASIL. Presidência da República. Lei n. 6.938, de 31 de agosto de 1981. Disponível em: <http://www.planalto.gov.br/ccivil_03/leis/L6938compilada.htm> Acesso em: 28 abr. 2013.

(11) DALLEGRAVE NETO, José Affonso. *Responsabilidade civil no direito do trabalho*. 4. ed. São Paulo: LTr, 2010. p. 391.

(12) BRASIL. Presidência da República. *Decreto-lei n. 5.452, de 1º de maio de 1943*. Disponível em: <http://www.planalto.gov.br/ccivil_03/decreto-lei/del5452.htm> Acesso em: 23 jul. 2014.

(13) BRASIL. Presidência da República. *Lei n. 10.406, de 10 de janeiro de 2002*. Disponível em: <http://www.planalto.gov.br/ccivil_03/leis/2002/l10406.htm> Acesso em: 23 jul. 2014.

(14) GONÇALVES, Carlos Roberto. *Responsabilidade civil*. 10. ed. rev., atual. e ampl. São Paulo: Saraiva, 2008. p. 26.

(15) *Ibidem*, p. 411.

(16) *Ibidem*, p. 412.

(17) PEREIRA, Caio Mário da Silva. *Responsabilidade civil*. 8. ed. rev. Rio de Janeiro: Forense, 1996. p. 279.

de deterioração a que se sujeita o objeto de uma relação jurídica —, para o instituto da responsabilidade civil, desenvolve-se como fundamento do dever de reparar[18], e, assim, assume, dentre os existentes, conceito próprio no vocabulário jurídico.

Nesse âmbito, portanto, a acepção do termo "riscos" representa uma probabilidade de dano, de modo que se estará diante de uma atividade de risco quando este, em outras situações similares, se verificou de forma reiterada[19], caso em que aquele que a exerça tenha de assumir os inerentes riscos, com a consequente reparação do dano causado[20].

De todo modo, a doutrina e a jurisprudência adotam o sentido estabelecido no Enunciado n. 38 aprovado na I Jornada de Direito Civil do Conselho da Justiça Federal, para quem a atividade de risco é aquela que, normalmente desenvolvida pelo autor do dano, causa a determinada pessoa ônus maior que o suportado pelos demais membros da coletividade[21].

Nessa conjectura, a questão só pode ser analisada casuisticamente, representando uma atividade de risco aquela que, em razão de sua natureza ou periculosidade inerente, exponha o trabalhador a maior probabilidade de dano, sem descuidar que o Código Civil Pátrio não exige como pressuposto o desenvolvimento de uma atividade perigosa, mas a toda e qualquer atividade que implique riscos aos direitos de outras pessoas, porquanto não só atividades perigosas causam riscos[22].

Em suma, do acidente de trabalho decorrem três tipos de responsabilidade: uma subjetiva — regra geral — disciplinada pelo art. 7º, XVIII, segunda parte, da Constituição da República de 1988, e duas objetivas, a primeira referente à indenização acidentária (primeira parte do mesmo artigo) e a segunda relativa ao parágrafo único do art. 927 do CC/02[23]; na hipótese de acidente típico com efeitos de ordem individual, em que ausente atividade de risco, a responsabilidade da patronal será a fundada na culpa, do contrário, caso se trate de lesão ambiental ou presente a atividade de risco, será a objetiva[24].

3.2. Responsabilidade civil objetiva com fulcro no art. 2º da CLT

Outra corrente retira do art. 2º da CLT o fundamento para responsabilizar objetivamente o empregador em caso de acidente de trabalho. O dispositivo em comento, ao mesmo tempo em que define o empregador, ainda estabelece que é dele a assunção dos riscos da atividade econômica, quando dispõe: "considera-se empregador a empresa, individual ou coletiva, que, assumindo os riscos da atividade econômica, admite, assalaria e dirige a prestação pessoal de serviço."[25]

Para essa doutrina, minoritária, apesar de a aplicação do parágrafo único do art. 927 do CC/2002 significar um avanço diante da visão literal que se tem do art. 7º, XVIII, da CF/88, é mais antiga a proteção dada pelo legislador Pátrio aos trabalhadores que desempenham não apenas atividades de risco.

Trata-se do art. 2º da CLT, segundo o qual é o empregador quem deve assumir os riscos da atividade econômica, dentre os quais os riscos por acidente de trabalho, haja vista ser de sua responsabilidade todo e qualquer risco, e, em razão do próprio contrato de trabalho, tem o dever de zelar por seu empregado para que este retorne ao meio social com a saúde física e mental de que gozava quando do início da prestação de seus serviços[26], pois o empregador deve arcar com todos os ônus exigidos para viabilizar sua atividade empresarial, sem que o empregado assuma qualquer dano pelo tão só fato de executar o contrato de trabalho[27].

Destarte, os riscos aludidos no dispositivo celetista não estão restritos à ordem econômica. Englobam, igualmente, o risco de causar danos aos empregados em caso de acidente do trabalho, e interpretação em sentido contrário representa limitação não prevista em lei[28].

---

(18) PEREIRA, *loc. cit.*

(19) SOUZA, ob. cit., p.108.

(20) CAVALIERI FILHO, Sergio. *Programa de responsabilidade civil*. 9. ed. rev. e ampl. São Paulo: Atlas, 2010. p. 142.

(21) JORNADA DE DIREITO CIVIL, 1. *Enunciados aprovados*. Disponível em: <http://daleth.cjf.jus.br/revista/enunciados/IJornada.pdf> Acesso em: 8 jul. 2013.

(22) OLIVEIRA, Sebastião Geraldo de. Responsabilidade civil objetiva por acidente do trabalho: teoria do risco. *Revista LTr*, São Paulo, v. 68, n. 4, p. 412, abr. 2004.

(23) BRANDÃO, Cláudio. *Acidente do trabalho e responsabilidade civil do empregador*. 3. ed. São Paulo: LTr, 2009. p. 312-313.

(24) DALLEGRAVE NETO, ob. cit., p. 394.

(25) BRASIL. Presidência da República. *Decreto-lei n. 5.452, de 1º de maio de 1943*. Aprova a Consolidação das Leis do Trabalho. Disponível em: <http://www.planalto.gov.br/ccivil_03/decreto-lei/Del5452compilado.htm> Acesso em: 15 nov. 2012.

(26) SILVA, Jose Antonio Ribeiro de Oliveira. A responsabilidade objetiva do empregador pelos danos decorrentes de acidente do trabalho. *Revista do TRT6*, Recife, v. 19, n. 36, p. 224, 2009.

(27) Apesar de o referido autor fazer menção ao art. 2º da CLT nesse sentido, seu posicionamento é pela responsabilidade objetiva de acordo com o parágrafo único, art. 927 do CC. DALLEGRAVE NETO, ob. cit., p. 394.

(28) COSTA, Larissa Rabello Souto Tavares. *Indenizações por danos decorrentes de acidente do trabalho*. Trabalho de Conclusão de Curso (Gradução de bacharel em Direito) — Fundação Eurípedes Soares da Rocha — Centro Universitário Eurípedes de Marília (UNIVEM), Marília-SP, 2010. f. 31. Disponível em:

Poucos são, entretanto, os doutrinadores e intérpretes que enfrentam o art. 2º da CLT enquanto dispositivo a abarcar a responsabilidade civil por acidente de trabalho.

Para José Antônio Ribeiro de Oliveira Silva, um dos que mais se dedica e enfrenta o tema:

> Se a responsabilidade do empregador é objetiva em relação a todas as suas obrigações trabalhistas, por que deve ser diferente no infortúnio laboral, o fato mais grave para o trabalhador no curso da relação de emprego? Por que os danos causados diretamente à pessoa do trabalhador devem ser indenizados de forma menos protetiva do que os causados de forma indireta?(29)

A retórica das questões levantadas sintetiza bem o seu posicionamento, no sentido de que não seria razoável o empregador ser objetivamente responsável apenas quanto a algumas atividades, as de risco acentuado, e a outras não; não existiria, igualmente, razão para tratar desigualmente as situações, principalmente quando adotado o método sistemático de interpretação(30).

Em sentido contrário a esse posicionamento, Claudio Brandão entende ser equivocada a interpretação segundo a qual o art. 2º da CLT teria consagrado a responsabilidade civil objetiva sobre qualquer infortúnio laboral, devendo a responsabilidade do empregador ser objetiva em caso de atividade de risco específico acentuado, vez que o risco gerado pelo simples fato de se trabalhar se destinaria ao seguro previdenciário(31).

De todo modo, para a teoria da responsabilidade objetiva com base no art. 2º da CLT, basta a ocorrência do dano e de que este ocorreu enquanto o trabalhador estava a serviço do empregador para que restar configurada a obrigação de indenizar(32).

O que se percebe, assim, é que a interpretação do real alcance da expressão "riscos da atividade econômica", no sentido de se identificar se a expressão comporta ou não os riscos por acidentes de trabalho, é ponto crucial para se visualizar a responsabilidade civil objetiva do empregador em caso de acidente de trabalho.

4. Afastamento da responsabilidade civil subjetiva em caso de acidente de trabalho com *motoboy*

Pode-se identificar o *motoboy* como sendo o profissional que se utiliza da motocicleta para levar o produto objeto da atividade empresarial até o cliente final, mediante o transporte rápido de produtos e outros serviços externos(33).

Inicialmente, acidentes de trânsito, quando verificados enquanto o *motoboy* realiza sua atividade laboral, inserem-se no tipo conceitual de acidente de trabalho. Tal situação difere, entretanto, do caso do acidente *in itinere*, uma vez que a atividade desempenhada por *motoboys* tem por pressuposto lógico deslocamentos rotineiros ou corresponde a serviços externos(34).

Os acidentes com motocicletas, como se verá adiante, vêm crescendo bastante nos últimos anos, e fatores como a própria natureza da atividade do *motoboy* aliados à má condução do Poder Diretivo(35), ao exigir maior velocidade nas entregas, colaboram para o aumento dos riscos no exercício dessa atividade(36).

<http://aberto.univem.edu.br/bitstream/handle/11077/637/Indeniza%C3%A7%C3%B5es%20por%20danos% 20decorrentes%20de%20acidente%20do%20trabalho.pdf?sequence=1> Acesso em: 30 out. 2012.

(29) SILVA, ob. cit., p.13.

(30) O mesmo autor ainda elucida situações de perplexidade resultantes das construções jurídicas abordadas até então para fundamentar a responsabilidade civil objetiva do empregador (art. 927, parágrafo único da CC/2002 e art. 225, § 3º, Cf/88). É o caso da ocorrência de uma explosão de gás em um posto de combustíveis (atividade de risco) e da mesma situação, agora em um restaurante (atividade sem risco excepcional): no primeiro caso, sobrevindo queimadura de segundo grau ou perda de um dos membros, a obrigação será objetiva e o empregado receberá a correspondente reparação; no segundo, de idêntica conjuntura, o empregado poderá não vir a receber qualquer indenização, posto que deverá comprovar a culpa de seu empregador. Pode ocorrer, ainda, que no caso de dois empregados que exerçam atividade "normal" dentro de uma mesma empresa, apenas um consiga comprovar a culpa do empregador pelo acidente de trabalho, enquanto o outro, não obtendo a mesma sorte, restará desamparado. SILVA, *loc. cit.*

(31) BRANDÃO, ob. cit., p. 313.

(32) CAMPOS, Adriana Lima de. Indenização por acidente de trabalho: dúvidas que ainda persistem. *Revista LTr*, São Paulo, n. 5, p. 625, maio 2008.

(33) COUTO FILHO, Reinaldo de Souza. *Natureza jurídica do contrato firmado entre o* "moto-boy" *e a empresa intermediária.* Disponível em: <http://jus.com.br/revista/texto/1186/natureza-juridica-do-contrato- firmado-entre-o-moto-boy-e-a-empresa-intermediaria#ixzz2XgiDWirr> Acesso em: 16 maio 2013.

(34) BRANDÃO, ob. cit., p. 192.

(35) Sobre o tema, Mauricio Godinho Delgado conceitua o Poder Diretivo como "o conjunto de prerrogativas tendencialmente concentradas no empregador, dirigidas à organização da estrutura e espaço empresariais internos." DELGADO, Mauricio Godinho. *Curso de Direito do Trabalho*. 10. ed. São Paulo: LTr, 2011. p. 592.

(36) É como, aliás, reconhecem os próprios *motoboys*, principalmente para os que recebem comissão, que seus próprios patrões colaboram para o aumento dos riscos na atividade, ao promoverem a competição entre os empregados de seu quadro, garantindo bônus para os que consigam fazer o maior número de entregas. VERONESE, Andréa Márian; OLIVEIRA, Dora Lúcia Leidens Corrêa de. Os riscos dos acidentes de trânsito na perspectiva dos moto--boys: subsídios para a promoção da saúde. *Cad. Saúde Pública*, Rio de Janeiro, v. 22, n. 12, p. 2.718, dez. 2006. Disponível em: <http://www.scielosp.org/pdf/csp/v22n12/20.pdf>. Acesso em: 13 mar. 2012.

Nesse contexto, a má condução do Poder Diretivo de que dispõe o empregador acaba por colocar o *motoboy* em uma situação de escolha entre conduzir seu veículo de trabalho com cautela ou agir de forma temerária no trânsito para a consecução de metas; entre preservar sua integridade física ou a assegurar a continuidade do contrato de trabalho.

Em caso de acidente de trabalho cuja vítima se enquadre como empregado *motoboy*, a interpretação segundo a qual a respectiva responsabilidade civil do empregador é subjetiva (e aqui caberia a difícil tarefa de comprovação da má condução do Poder Diretivo) não encontra respaldo se confrontada com a interpretação feita à luz do princípio da proteção, abrangedor de outros princípios típicos do Direito do Trabalho, dentre os quais o *in dubio, pro operario* e o da Norma mais Favorável.

O Princípio da Proteção, em verdade, é o grande norteador do Direito do Trabalho, porque corresponde à sua própria razão de ser, qual seja, a de estabelecer desigualdades, dando um tratamento preferencial a uma das partes, que é o trabalhador. Isso porque, no Direito Comum, existe uma preocupação muito grande em se garantir uma igualdade jurídica entre as partes em conflito, ao passo que, no Direito do Trabalho, a ideia é proteger o trabalhador, e por meio deste princípio, equilibrar a desigualdade anteriormente existente entre empregado e empregador[(37)].

Desse modo, tendo por finalidade precípua corrigir desigualdades, este ramo do Direito criou uma igualdade formal entre a relação empregado/empregador[(38)], diante da desigualdade material existente na relação entre esses sujeitos, na qual o empregado apresenta-se como parte hipossuficiente.

A aplicação do Princípio sob enfoque determina que, caso haja mais de uma norma aplicável ao caso, o intérprete deve optar pela norma mais favorável ao trabalhador, ainda que tal não seja a de maior hierarquia, independentemente de sua posição na hierarquia das normas jurídicas[(39)].

Não por outro motivo se diz que o próprio art. 7º da Constituição da República de 1988 é um dispositivo que se inspirou no Princípio da Proteção, bem como em um de seus corolários[(40)], o Princípio da Norma Mais Favorável, ao permitir a existência de outras normas que visem a melhoria da condição social do trabalhador.

Infere-se, pois, que o art. 7º não é taxativo, vez que assegura outros direitos além dos elencados em seus incisos, caso visem à melhoria da condição social do trabalhador[(41)], o que viabiliza, em um primeiro momento, a aplicação tanto do parágrafo único do art. 927 do CC/2002 quanto do art. 2º da CLT, os quais se mostram mais favoráveis que o art. 7º, XXVIII, por retirarem o fardo da comprovação da culpa.

Não resiste à refutabilidade, portanto, a exigência de se perquirir a culpa do empregador para que este responda diante de eventual acidente de trabalho com *motoboy* a ele subordinado. A discussão remanesce, apenas, em saber qual dos dois dispositivos legais, de mesma hierarquia, é o mais favorável, dada a possibilidade de aplicação de norma infraconstitucional ao caso.

O art. 927, parágrafo único do Código Civil de 2002, em um primeiro momento, é de inteira aplicação aos casos de acidente de trabalho com *motoboys*, por ser, em essência, uma atividade de risco acentuado, dada a necessidade de cumprimento de metas que exigem rapidez no trânsito.

Além disso, pesquisa[(42)] realizada com a categoria evidencia que também fatores humanos, problemas ambientais e mecânicos são responsáveis por agravar o risco da atividade, que tem por especialidades a urgência e a competição na rotina do trabalho desses profissionais.

Com efeito, a intrínseca urgência nas entregas acarreta o aumento da velocidade no trânsito, cuja imprescindibilidade assume tamanha importância no trabalho do *motoboy* a ponto de garantir sua permanência no emprego ou mesmo sua contratação[(43)].

Ademais, dentre as próprias peculiaridades da profissão brevemente apontadas, o risco mais acentuado é decorrência do próprio meio utilizado por esses empregados para atingir as finalidades da atividade empresarial: a motocicleta.

Ora, em sendo a atividade e os meios de seu desempenho indissociáveis[(44)], as consequências devem ser as

(37) PLÁ RODRIGUEZ, Américo. *Princípios de Direito do Trabalho*. 3. ed. atual. São Paulo: LTr, 2000. p. 83.

(38) TEIXEIRA, Sérgio Torres; BARROSO, Fábio Túlio. Os princípios do Direito do Trabalho diante da flexibilidade laboral. *Revista TST*, Brasília, v. 75, n. 3, p. 60, jul./set. 2009.

(39) SÜSSEKIND, Arnaldo. *Curso de Direito do Trabalho*. 3. ed. rev. e atual. Rio de Janeiro: Renovar, 2010. p. 119.

(40) BARROS, Alice Monteiro de. *Curso de Direito do Trabalho*. 7. ed. rev. e atual. São Paulo: LTr, 2011. p. 142.

(41) SILVA, Jose Antonio Ribeiro de Oliveira. A responsabilidade objetiva do empregador pelos danos decorrentes de acidente do trabalho. *Revista do TRT6*, Recife, v. 19, n. 36, p. 227, 2009.

(42) VERONESE; OLIVEIRA, ob. cit., p. 2.718. Disponível em: <http://www.scielosp.org/pdf/csp/v22n12/20.pdf> Acesso em: 13 mar. 2012.

(43) *Idem*.

(44) SOUZA, ob. cit., p. 106.

mesmas, o que conduz à conclusão de que se a motocicleta, enquanto meio, expõe o motociclista à condição mais vulnerável, também o faz quanto ao empregado que dela se utiliza para a prestação de seus serviços.

Em confirmação às constatações acima esposadas, destaca-se que o Brasil aparece em segundo lugar em número de vítimas fatais em acidentes com motocicleta, atrás apenas do Paraguai[45], assim como o fato de a mortalidade de motociclista ter sofrido aumento de 846,5% nos últimos anos, situação inédita em número de mortes no país com um único tipo de veículo[46].

Ainda, estudo realizado pelo Instituto Sangari, em Mapa da Violência 2012, evidencia que a mortalidade de motociclista superou na última década a das demais categorias, representando quase 1/3 dos óbitos no trânsito, com tendência de crescimento[47].

Atento aos problemas de ordem pública ocasionados pela proliferação de acidentes com *motoboys*, o legislador brasileiro buscou impor limites aos abusos de empregadores, editando a Lei n. 12.436, de 6 de julho de 2011[48], a qual veda práticas que estimulem o aumento de velocidade de motociclistas profissionais, aplicando multas para o caso de descumprimento de seu preceito.

O que fez a Lei n. 12.436/2011, na verdade, foi formalizar um problema já conhecido na prática e que se encontrava desamparado, buscando inibir o mau uso do Poder Diretivo pelas empresas. Em que pese a iniciativa legislativa ter sua importância, a eficácia almejada poderá ser inoperante, vez que para o cumprimento do comando da lei faz-se imprescindível uma fiscalização efetiva.

A corroborar de forma enfática com os perigos enfrentados pelos trabalhadores *motoboys*, a Lei n. 12.997, de 18 de junho de 2014, acrescentou o § 4º ao art. 193 da CLT, no qual passa a constar que "são também consideradas perigosas as atividades de trabalhador em motocicleta."[49]

Com os referidos dados trazidos acerca do risco desse meio de trabalho, forçoso, pois, concluir que aquele que trabalha sobre duas rodas está exposto a risco mais acentuado, o que chama a aplicação do parágrafo único do art. 927 do CC/2002, o que já é capaz de afastar a responsabilidade civil subjetiva.

A responsabilidade civil com fundamento no elemento culpa também perde espaço quando atendida a interpretação do art. 2º da CLT segundo o Princípio *in dúbio pro operario*[50], no qual há uma única norma, que é passível de interpretações diversas, mas que deve ser solucionada em favor do empregado[51], ou seja, não se está mais diante de duas ou mais normas em conflito, aplicáveis ao mesmo caso, mas de uma única norma que comporta outros sentidos e enseja dúvida quanto ao seu alcance.

Conforme já abordado, há entendimento no sentido de que o dispositivo em apreço alberga os danos sofridos por qualquer empregado; seja ele *motoboy* ou não (maior abrangência), deverá ser suportado pelo empregador sem se cogitar de dolo ou culpa de sua parte.

Apreciado o dispositivo celetista à luz do que informa o Princípio *in dúbio pro operário*, chega-se à compreensão de que o alcance da expressão "riscos da atividade" também deve abarcar o risco relativo ao infortúnio laboral, notadamente por inexistir em seu teor qualquer distinção entre atividades.

Nesse diapasão, ante o Princípio da Norma mais Favorável e do sentido mais favorável do art. 2º da CLT, este deve ser aplicado caso se esteja diante de pleitos de indenização civil por acidente de trabalho com *motoboy*, conclusão que advém da própria interpretação sistemática necessária à espécie.

A proteção celetista, por não se destinar apenas a uma categoria de trabalhadores, evita possíveis interpretações equivocadas da jurisprudência ou da doutrina, no sentido de afastar o risco da atividade do *motoboy*. E não apenas: de um modo geral, é a mais favorável, pois não importa se é o caso de empregado *motoboy*: todo e qualquer empregado é alcançado pela norma, o que também atende ao Princípio da Razoabilidade, o qual deve sempre guiar o interprete nas áreas em que a norma não pode prescrever limites muito rígidos[52].

(45) LOPES, Adriana Dias. A morte pede passagem. *Revista Veja*, São Paulo, ed. 2.268, ano 45, n. 19, p. 136, maio 2012.

(46) *Ibidem*, p. 139.

(47) WAISELFISZ, Julio Jacobo. *Mapa da violência 2012:* caderno complementar 2: acidentes de trânsito. São Paulo: Instituto Sangari, 2012. p. 8. Disponível em: <http://mapadaviolencia.org.br/pdf2012/mapa2012_transito.pdf> Acesso em: 23 out. 2012.

(48) BRASIL. Presidência da República. *Lei n. 12.436, de 6 de julho de 2011*. Veda o emprego de práticas que estimulem o aumento de velocidade por motociclistas profissionais. Disponível em: <http://www.planalto.gov.br/ccivil_03/_Ato2011-2014/2011/Lei/L12436.htm> Acesso em: 23 out. 2012.

(49) BRASIL. Presidência da República. *Lei n. 12.997, de 18 de junho de 2014*. Disponível em: <http://www.planalto.gov.br/ccivil_03/_Ato2011-2014/2014/Lei/L12997.htm> Acesso em: 24 jul. 2014.

(50) Para Delgado, o princípio *in dubio pro operario* restou inútil por já ser abarcado pelo princípio da norma mais favorável. DELGADO, ob. cit., p. 206.

(51) SILVA, Luiz de Pinho Pedreira da. *Principiologia do Direito do Trabalho*. 2. ed. São Paulo: LTr, 1999. p. 41.

(52) PLÁ RODRIGUEZ, ob. cit., p. 393.

5. Jurisprudência brasileira

Apesar de os tribunais virem, atualmente, se inclinando pela responsabilidade civil objetiva, no que parece mesmo ser uma tendência da prática forense, ainda subsistem divergências em seus julgados, vez que também se pronunciam pela responsabilidade civil subjetiva, quer por considerarem que a responsabilidade do empregador decorrente de acidente de trabalho é sempre desse tipo, quer por considerarem que a profissão do *motoboy* não possui um risco maior a ser levado em consideração.

E não apenas. Ainda quando se leva em conta a aplicabilidade da responsabilidade objetiva ao caso, existem julgados que se fundamentam no parágrafo único do art. 927 do CC/2002, outros pelo art. 2º da CLT, ou mesmo que lançam mão de ambos os artigos.

Diante desse quadro de dissenso de julgados, a título de exemplo, a 7ª Turma do TST não só aplicou a responsabilidade subjetiva, como entendeu ser esta a única a regular as relações trabalhistas, ao expor, primeiramente, que a norma civil não alcança a esfera trabalhista, diante do comando constitucional presente no art. 7º, XXVIII e, por outro lado, que "nenhuma atividade laboral está infensa a riscos de acidente (no próprio dizer de Guimarães Rosa, em sua epopeia *Grande Sertão:* Veredas, 'viver é muito perigoso')."[53]

Em alguns julgados, inclusive, é possível constatar que os Tribunais do Trabalho brasileiros adotam a responsabilidade subjetiva por afastarem a profissão do *motoboy* do âmbito das atividades enquadráveis como de risco[54], posicionamento esse seguido, por exemplo, pela 16ª Turma do TRT da 2ª Região, para quem os pressupostos da responsabilidade civil em caso de acidente de trabalho são o dano, nexo causal e a culpa do empregador[55].

Apesar dos posicionamentos acima colacionados, a jurisprudência atual mostra-se simpática à adoção da responsabilidade objetiva com base no art. 927, parágrafo único do CC/2002, diante do crescente reconhecimento do risco da atividade do *motoboy* e da inexistência de ofensa à Constituição da República de 1988 em decorrência da respectiva aplicação.

Os tribunais passam a admitir a aplicação da responsabilidade objetiva, substancialmente em razão de a norma inserida no art. 7º, XXVIII, da CF/88 configurar um mínimo assegurado ao trabalhador, que não impede outros que visem à melhoria de sua condição social[56].

A jurisprudência que abraça tal teoria, no entanto, de fato o faz com respaldo no parágrafo único do art. 927 do CC/2002, por vislumbrar que o *motoboy* se encontra, sim, exposto a um alto grau de risco[57].

O risco da atividade exercida por *motoboys* ainda é reconhecido em diversos julgados da mesma 9ª Turma do TRT da 4ª Região, que chama a atenção para o fato de que tais trabalhadores encontram-se permanentemente sujeitos ao risco inerente ao trânsito[58].

Em julho de 2013, também a SBDI-1 do TST, ao reconhecer o risco da atividade que exige o deslocamento com motocicleta, aplicou a responsabilidade civil objetiva para condenar a empresa empregadora no pagamento de indenização pela morte de seu empregado[59], no mesmo trilhar da 1ª Turma do TST[60].

(53) BRASIL. Tribunal Superior do Trabalho. 7ª Turma. Acórdão. Relator: Ministro Ives Gandra Martins Filho. Brasília, 24 de abril de 2009. Disponível em: <http://aplicacao5.tst.jus.br/consultaunificada2/inteiroTeor.do?action=printInteiroTeor&format=html&highli ght=true&numeroFormatado=RR%20-%20333600-5.2006.5.09.0019&base=acordao&rowid=AAANGhAAF AAAp1MAAP&dataPublicacao=24/04/2009&query=motocicleta> Acesso em: 9 out. 2012.

(54) SÃO PAULO. Tribunal Regional do Trabalho (2ª Região). 11ª Turma. Recurso Ordinário. Relatora: Des. Rosa Maria Villa. São Paulo, 29 de junho de 2010. Disponível em: <http://aplicacoes1.trtsp.jus.br/vdoc/TrtApp.action?getEmbeddedPdf=&id=5964> Acesso em: 4 out. 2012.

(55) SÃO PAULO. Tribunal Regional do Trabalho (2ª Região). 16ª Turma. Recurso Ordinário. Relatora: Des. Sandra Curi de Almeida. São Paulo, 26 de abril de 2012. Disponível em: <http://aplicacoes1.trtsp.jus.br/vdoc/TrtApp.action?getEmbeddedPdf=&id=327466> Acesso em: 4 out. 2012.

(56) SÃO PAULO. Tribunal Regional do Trabalho (2ª Região). 9ª Turma. Recurso Ordinário. Relatora: Des.Vilma Mazzei Capatto. Disponível em: <http://aplicacoes1.trtsp.jus.br/vdoc/TrtApp.action?getEmbeddedPdf=&id=400369> Acesso em: 4 out. 2012.

(57) PORTO ALEGRE. Tribunal Regional do Trabalho (4ª Região). 8ª Turma. Recurso Ordinário. Relator: Juiz Wilson Carvalho Dias. Disponível em: <http://gsa3.trt4.jus.br/search?q=cache:blK5x1sfD3IJ:iframe.trt4.jus.br/nj4_jurisp/jurispnovo.ExibirDocumentoJurisprudencia%3FpCodAndamento%3D34492873++motoboy++%22responsabilidade+civil%22&client= jurisp&site=jurisp&output=xml_no_dtd&proxystylesheet=jurisp&ie=UTF-&lr=lang_pt&access=p&oe=UTF8> Acesso em: 6 out. 2012.

(58) PORTO ALEGRE. Tribunal Regional do Trabalho (4ª Região). 9ª Turma. Recurso Ordinário. Relatora: Carmen Gonzalez. Disponível em: <http://gsa3.trt4.jus.br/search?q=cache:zp7V_7_M_JMJ:iframe.trt4.jus.br/nj4_jurisp/jurispnovo.ExibirDocumentoJurisprudencia%3FpCodAndamento%3D38969169++motoboy++%22responsabilidade+civil%22&client=jurisp&site=jurisp&output=xml_no_dtd&proxystylesheet=jurisp&ie=UTF-8&lr=lang_pt&access=p&oe=UTF-8> Acesso em: 6 out. 2012.

(59) Na ocasião do julgado, foi ressaltado que: "os condutores de motocicletas, notoriamente, enfrentam riscos de sofrer acidentes de trânsito em maior quantidade e de piores consequências em comparação aos usuários de outros veículos BRASIL". Tribunal Superior do Trabalho. SBDI-1. Processo: RR – 324985- 09.2009.5.12.0026. Relator: Ministro João Oreste Dalazen. Disponível em: <https://aplicacao5.tst.jus.br/consultaProcessual/consultaTstNumUnica.do?conscsjt=&numeroTst= 324985&digitoTst=09&anoTst=2009&orgaoTst=5&tribunalTst=12&varaTst=0026&consulta=Consultar> Acesso em: 9 jul. 2013.

(60) BRASIL. Tribunal Superior do Trabalho. 1ª Turma. Processo: AIRR - 532-32.2011.5.08.0004. Relator: Ministro Lelio Bentes Corrêa. Brasília, 27 de fevereiro de 2013. Disponível em: <http://aplicacao5.tst.jus.br/consultaunificada2/inteiroTeor.do?action=printInteiroTeor&format=html&highlight=true&num

Apesar de a jurisprudência pouco empregar o art. 2º da CLT para responsabilizar objetivamente o empregador por acidente de trabalho com *motoboy*, pode-se mencionar a referência a ele feita pela 6ª Turma do TST[61] e também em julgado recente da 8ª Turma do TST[62], no sentido de demonstrar que os riscos da atividade econômica são do empregador e não do empregado.

Da análise dos julgados, tanto dos Tribunais Regionais do Trabalho quanto do próprio Tribunal Superior do Trabalho, infere-se que o tema ainda envolve diversos entendimentos e, ainda que recentemente, os Tribunais do Trabalho inclinem-se pela teoria da responsabilidade objetiva do empregador em caso de acidente de trabalho, o art. 2º da CLT não é muito utilizado, e, quando o é, vem juntamente com o parágrafo único do art. 927 do Código Civil de 2002.

Todavia, deve-se evitar a menção ao art. 2º da CLT como um permissivo à aplicação do parágrafo único do art. 927, do CC/2002, vez que ele é, por si só, suficiente à proteção do empregado em atividade de risco acentuado ou não, e a cumulação de ambos os dispositivos apenas se afigura como reforço argumentativo para o caso de atividades de risco acentuado.

6. Considerações finais

A responsabilidade civil tem por finalidade precípua reparar o dano sofrido por alguém e, no campo dos acidentes de trabalho, destina-se à indenização do dano material ou moral experimentado pelo empregado.

A vulnerabilidade do meio com o qual trabalham os *motoboys* — a motocicleta —, responsável por uma exposição mais acentuada desses profissionais, intensifica o debate acerca da responsabilidade civil do empregador em caso de acidentes de trabalho com obreiro da categoria e deságua em posicionamentos que ora consideram a necessidade de demonstração da culpa da patronal, ora não.

Inicialmente, com esteio no argumento da maior hierarquia da Constituição da República de 1988 em relação às demais normas infraconstitucionais, a doutrina trabalhista entendia ser subjetiva a responsabilidade civil do empregador, conforme a literalidade do art. 7º, XXVIII da CF/88.

Diante da dificuldade inerente à demonstração do elemento subjetivo, buscou-se afastar de algum modo tal necessidade, com a aplicação, para determinadas atividades de risco, da responsabilidade civil objetiva inserida no parágrafo único do art. 927 do CC/2002, e do art. 2º da CLT, no que concerne a toda e qualquer atividade.

A interpretação segundo a qual a responsabilidade civil demanda a demonstração da culpa do empregador apresenta o inconveniente de desamparar o empregado no momento em que mais precisa, de modo que não basta uma leitura isolada do dispositivo constitucional para aplicar o instituto na seara trabalhista: é necessária uma interpretação sistemática, que atente para os diversos dispositivos cabíveis e paute-se pelos Princípios norteadores do Direito do Trabalho.

Neste panorama, destaca-se que o rol do art. 7º da CF/88 não é taxativo, pois por expressa previsão de seu *caput*, existe a possibilidade de aplicação de outras normas que visem à melhoria da condição social do trabalhador, o que é atendido tanto pelo parágrafo único do art. 927 do CC/2002, quanto pelo art. 2º da CLT.

Em razão do enquadramento da atividade exercida pelo empregado *motoboy* como de risco, a categoria já se encontraria protegida pela responsabilidade objetiva albergada no parágrafo único do art. 927 do CC/2002, mas apesar de a doutrina e jurisprudência majoritárias buscarem respaldo jurídico neste dispositivo, a interpretação à luz dos princípios da Norma Mais Favorável, da Razoabilidade e do *in dúbio pro operário* conduz à aplicação do art. 2º da CLT, pelo simples fato do sentido mais favorável dele aferível revelar que o risco da atividade, a cargo do empregador, também abarca o próprio risco de supervenientes acidentes de trabalho, o qual não pode ser compartilhado com o obreiro.

Ao compreender todas as atividades, o dispositivo celetista também protege o *motoboy* acidentado, o qual não precisará comprovar a culpa do empregador, nem mesmo se verá desprotegido diante de eventual dissenso

---

eroFormatado=AIRR%20-%20532-32.2011.5.08.0004&base=acordao&rowid=AAANGhAAFAJWHAAD&dataPublicacao=08/03/2013&query=ACIDENTE%20DE%20TRABALHO%20MOTOBOY> Acesso em: 30 abr. 2013.

(61) BRASIL. Tribunal Superior do Trabalho. 6ª Turma. RR – 106500-44.2006.5.02.0020. Relator: Ministro Aloysio Corrêa da Veiga. Brasília, 10 de abril de 2013. Disponível em: <http://aplicacao5.tst.jus.br/consultaunificada2/inteiroTeor.do?action=printInteiroTeor&format=html&highlight=true&numeroFormatado=RR%20-%20106500- 44.2006.5.02.0020&base=acordao&rowid=AAANGhAAFAAAJfzAAY&dataPublicacao=12/04/2013&query=motoboy> Acesso em: 15 maio 2013.

(62) Apesar de ainda tratar da questão sobre o enfoque do risco mais acentuado da atividade, a Turma ressaltou que o risco da atividade empresarial já era consagrado pelo art. 2º da CLT. BRASIL. Tribunal Superior do Trabalho. 8ª Turma. Processo: RR - 72800-73.2008.5.16.0002. Relatora: Ministra Dora Maria da Costa. Brasília, 17 de abril de 2013. Disponível em: <http://aplicacao5.tst.jus.br/consultaunificada2/inteiroTeor.do?action=printInteiroTeor&format=html&highlight=true&numeroFormatado=RR%20-%2072800-3.2008.5.16.0002&base=acordao&rowid=AAANGhAAFAAAKJcAAP&dataPublicacao=19/04/2013&query=acidente%20de%20trabalho.%20Assalto.%202%BA> Acesso em: 30 abr. 2013.

jurisprudencial acerca do risco de sua atividade. Com respeito à interpretação sistemática e Princípios norteadores do Direito do Trabalho, portanto, a responsabilidade civil do empregador em caso de acidente de trabalho com *motoboy* nunca há de ser analisada pela ótica subjetiva, qualquer que seja a teoria objetiva adotada.

7. Referências bibliográficas

BARROS, Alice Monteiro de. *Curso de Direito do Trabalho*. 7. ed. rev. e atual. São Paulo: LTr, 2011.

BELFORT, Fernando José Cunha. *A responsabilidade objetiva do empregador nos acidentes de trabalho*. São Paulo: LTr, 2010.

BRANDÃO, Cláudio. *Acidente do trabalho e responsabilidade civil do empregador*. 3. ed. São Paulo: LTr, 2009.

BRASIL. Presidência da República. *Constituição da República Federativa do Brasil de 1988*. Disponível em: <http://www.planalto.gov.br/ccivil_03/constituicao/ConstituicaoCompilado.htm> Acesso em: 28 abr. 2013.

________. ________. Disponível em: <http://www.planalto.gov.br/ccivil_03/constituicao/constituicao.htm> Acesso em: 24 jul. 2014.

________. *Decreto-Lei n. 5.452, de 1º de maio de 1943*. Aprova a Consolidação das Leis do Trabalho. Disponível em: <http://www.planalto.gov.br/ccivil_03/decreto-lei/Del5452compilado.htm> Acesso em: 15 nov. 2012.

________. ________. Disponível em: <http://www.planalto.gov.br/ccivil_03/decreto-lei/del5452.htm> Acesso em: 23 jul. 2014.

________. *Lei n. 6.938, de 31 de agosto de 1981*. Disponível em: <http://www.planalto.gov.br/ccivil_03/leis/L6938compilada.htm> Acesso em: 28 abr. 2013.

________. *Lei n. 10.406, de 10 de janeiro de 2002*. Disponível em: <http://www.planalto.gov.br/ccivil_03/leis/2002/l10406.htm> Acesso em: 23 jul. 2014.

________. *Lei n. 12.436, de 6 de julho de 2011*. Veda o emprego de práticas que estimulem o aumento de velocidade por motociclistas profissionais. Disponível em: <http://www.planalto.gov.br/ccivil_03/_Ato2011-2014/2011/Lei/L12436.htm> Acesso em: 23 out. 2012.

________. *Lei n. 12.997, de 18 de junho de 2014*. Disponível em: <http://www.planalto.gov.br/ccivil_03/_Ato2011-2014/2014/Lei/L12997.htm> Acesso em: 24 jul. 2014.

________. Tribunal Superior do Trabalho. 1ª Turma. Processo: AIRR - 532-32.2011.5.08.0004. Relator: Ministro Lelio Bentes Corrêa. Brasília, 27 de fevereiro de 2013. Disponível em: <http://aplicacao5.tst.jus.br/consultaunificada2/inteiroTeor.do?action=printInteiroTeor&format=html&highlight=true&numeroFormatado=AIRR%20-%20532-32.2011.5.08.0004&base=acordao&rowid=AAANGhAAFAJWHAAD&dataPublicacao=08/03/2013&query=ACIDENTE%20DE%20TRABALHO%20MOTOBOY> Acesso em: 30 abr. 2013.

________. 6ª Turma. RR - 106500-44.2006.5.02.0020. Relator: Ministro Aloysio Corrêa da Veiga. Brasília, 10 de abril de 2013. Disponível em: <http://aplicacao5.tst.jus.br/consultaunificada2/inteiroTeor.do?action=printInteiroTeor&format=html&highlight=true&numeroFormatado=RR%20-%20106500-44.2006.5.02.0020&base=acordao&rowid=AAANGhAAFAAAJfzAAY&dataPublicacao=12/04/2013&query=motoboy> Acesso em: 15 maio 2013.

________. 7ª Turma. Acórdão. Relator: Ministro Ives Gandra Martins Filho. Brasília, 24 de abril de 2009. Disponível em: <http://aplicacao5.tst.jus.br/consultaunificada2/inteiroTeor.do?action=printInteiroTeor&format=html&highlight=true&numeroFormatado=RR%20-%20333600-5.2006.5.09.0019&base=acordao&rowid=AAANGhAAFAAAp1MAAP&dataPublicacao=24/04/2009&query=motocicleta> Acesso em: 09 out. 2012.

________. 8ª Turma. Processo: RR – 72800-73.2008.5.16.0002. Relatora: Ministra Dora Maria da Costa. Brasília, 17 de abril de 2013. Disponível em: <http://aplicacao5.tst.jus.br/consultaunificada2/inteiroTeor.do?action=printInteiroTeor&format=html&highlight=true&numeroFormatado=RR%20-%2072800-3.2008.5.16.0002&base=acordao&rowid=AAANGhAAFAAAKJcAAP&dataPublicacao=19/04/2013&query=acidente%20de%20trabalho.%20Assalto.%202%BA> Acesso em: 30 abr. 2013.

________. SBDI-1. Processo: RR – 324985- 09.2009.5.12.0026. Relator: Ministro João Oreste Dalazen. Disponível em: <https://aplicacao5.tst.jus.br/consultaProcessual/consultaTstNumUnica.do?conscsjt=&numeroTst=324985&digitoTst=09&anoTst=2009&orgaoTst=5&tribunalTst=12&varaTst=0026&consulta=Consultar> Acesso em: 9 jul. 2013.

CAMPOS, Adriana Lima de. Indenização por acidente de trabalho: dúvidas que ainda persistem. *Revista LTr*, São Paulo, n. 05, maio 2008.

CAVALIERI FILHO, Sergio. *Programa de responsabilidade civil*. 9. ed. rev. e ampl. São Paulo: Atlas, 2010.

COSTA, Larissa Rabello Souto Tavares. *Indenizações por danos decorrentes de acidente do trabalho*. Trabalho de Conclusão de Curso (Graduação de Bacharel em Direito) – Fundação Eurípedes Soares da Rocha – Centro Universitário Eurípedes de Marília (UNIVEM), Marília-SP, 2010. Disponível em: <http://aberto.univem.edu.br/bitstream/handle/11077/637/Indeniza%C3%A7%C3%B5es%20por%20danos%20decorrentes%20de%20acidente%20do%20trabalho.pdf?sequence=1> Acesso em: 30 out. 2012.

COUTO FILHO, Reinaldo de Souza. *Natureza jurídica do contrato firmado entre o "moto-boy" e a empresa intermediária*. Disponível em: <http://jus.com.br/revista/texto/1186/natureza-juridica-do-contrato-firmado-entre-o-moto-boy-e-a-empresa-intermediaria#ixzz2XgiDWirr> Acesso em: 16 maio 2013.

DALLEGRAVE NETO, José Affonso. *Responsabilidade civil no Direito do Trabalho*. 4. ed. São Paulo: LTr, 2010.

DELGADO, Mauricio Godinho. *Curso de Direito do Trabalho*. 10. ed. São Paulo: LTr, 2011.

GOMES, Antônio Cleto. Acidente de trabalho e a responsabilidade civil do empregador. *Revista Síntese Trabalhista e Previdenciária*, São Paulo, v. 23, n. 269, nov. 2011.

GONÇALVES, Carlos Roberto. *Responsabilidade civil*. 10. ed. rev., atual. e ampl. São Paulo: Saraiva, 2008.

JORNADA DE DIREITO CIVIL, 1. *Enunciados aprovados*. Disponível em: <http://daleth.cjf.jus.br/revista/enunciados/IJornada.pdf> Acesso em: 8 jul. 2013.

LOPES, Adriana Dias. A morte pede passagem. *Revista Veja*, São Paulo, ed. 2.268, ano 45, n. 19, maio 2012.

OLIVEIRA, Sebastião Geraldo de. Responsabilidade civil objetiva por acidente do trabalho: teoria do risco. *Revista LTr*, São Paulo, v. 68, n. 4, abr. 2004.

PACHECO, Iara Alves Cordeiro. Responsabilidade civil do empregador. *Revista LTr*, São Paulo, v. 75, n. 08, ago. 2011.

PEREIRA, Caio Mário da Silva. *Responsabilidade civil*. 8. ed. rev. Rio de Janeiro: Forense, 1996.

PLÁ RODRIGUEZ, Américo. *Princípios de Direito do Trabalho*. 3. ed. atual. São Paulo: LTr, 2000.

PORTO ALEGRE. Tribunal Regional do Trabalho (4ª Região). 8ª Turma. Recurso Ordinário. Relator: Juiz Wilson Carvalho Dias. Disponível em: <http://gsa3.trt4.jus.br/search?q=cache:blK5x1sfD3IJ:iframe.trt4.jus.br/nj4_jurisp/jurispnovo.ExibirDocumentoJurisprudencia%3FpCodAndamento%3D34492873++motoboy++%22responsabilidade+civil%22&client=jurisp&site=jurisp&output=xml_no_dtd&proxystylesheet=jurisp&ie=UTF-&lr=lang_pt&access=p&oe=UTF8> Acesso em: 6 out. 2012.

________. 9ª Turma. Recurso Ordinário. Relatora: Carmen Gonzalez. Disponível em: <http://gsa3.trt4.jus.br/search?q=cache:zp7V_7_M_JMJ:iframe.trt4.jus.br/nj4_jurisp/jurispnovo.ExibirDocumentoJurisprudencia%3FpCodAndamento%3D38969169++motoboy++%22responsabilidade+civil%22&client=jurisp&site=jurisp&output=xml_no_dtd&proxystylesheet=jurisp&ie=UTF-8&lr=lang_pt&access=p&oe=UTF-8> Acesso em: 6 out. 2012.

SÃO PAULO. Tribunal Regional do Trabalho (2ª Região). 9ª Turma. Recurso Ordinário. Relatora: Des. Vilma Mazzei Capatto. Disponível em: <http://aplicacoes1.trtsp.jus.br/vdoc/TrtApp.action?getEmbeddedPdf=&id=400369> Acesso em: 4 out. 2012.

________. 11ª Turma. Recurso Ordinário. Relatora: Des. Rosa Maria Villa. São Paulo, 29 de junho de 2010. Disponível em: <http://aplicacoes1.trtsp.jus.br/vdoc/TrtApp.action?getEmbeddedPdf=&id=5964> Acesso em: 4 out. 2012.

________. 16ª Turma. Recurso Ordinário. Relatora: Des. Sandra Curi de Almeida. São Paulo, 26 de abril de 2012. Disponível em: <http://aplicacoes1.trtsp.jus.br/vdoc/TrtApp.action?getEmbeddedPdf=&id=327466> Acesso em: 4 out. 2012.

SILVA, Jose Antonio Ribeiro de Oliveira. A responsabilidade objetiva do empregador pelos danos decorrentes de acidente do trabalho. *Revista do TRT6*, Recife, v. 19, n. 36, 2009.

SILVA, Luiz de Pinho Pedreira da. *Principiologia do Direito do Trabalho*. 2. ed. São Paulo: LTr, 1999.

SILVA, Michael Hideo Atakiama. A responsabilidade civil da empresa por acidente de trabalho. *Revista de Direito do Trabalho*, São Paulo, ano 34, n. 131, jul./set. 2008.

SOUZA, Wendell Lopes Barbosa de. *A responsabilidade civil objetiva fundada na atividade de risco*. São Paulo: Atlas, 2010.

SÜSSEKIND, Arnaldo. *Curso de direito do trabalho*. 3. ed. rev. e atual. Rio de Janeiro: Renovar, 2010.

TEIXEIRA, Sérgio Torres; BARROSO, Fábio Túlio. Os princípios do Direito do Trabalho diante da flexibilidade laboral. *Revista TST*, Brasília, v. 75, n. 3, jul./set. 2009.

VERONESE, Andréa Márian; OLIVEIRA, Dora Lúcia Leidens Corrêa de. Os riscos dos acidentes de trânsito na perspectiva dos moto-boys: subsídios para a promoção da saúde. *Cad. Saúde Pública*, Rio de Janeiro, v. 22, n. 12, p. 2717-2721, dez. 2006. Disponível em: <http://www.scielosp.org/pdf/csp/v22n12/20.pdf> Acesso em: 13 mar. 2012.

WAISELFISZ, Julio Jacobo. *Mapa da violência 2012:* caderno complementar 2: acidentes de trânsito. São Paulo: Instituto Sangari, 2012. Disponível em: <http://mapadaviolencia.org.br/pdf2012/mapa2012_transito.pdf> Acesso em: 23 out. 2012.

Efeitos da Globalização nas Normas Trabalhistas: Análise sob a Luz do Princípio do não Retrocesso Social(1)

Maria Azevedo Ximenes(*)

1. Introdução

O presente estudo procura apresentar a problemática que se presencia nos dias atuais no que se refere aos efeitos que surgiram com o advento da globalização em conjunto com a ideologia neoliberal sob a luz do princípio implícito constitucional da proibição do retrocesso social. Tal tema é objeto de discussão incessante na doutrina, pois trata da contraposição antiga do capital *versus* o trabalho, em que se demonstram diferentes posições sobre qual dos dois valores teria predominância em relação ao outro.

Objetivando analisar as mudanças normativas em seu aspecto político-jurídico, relacionadas no âmbito do Direito Trabalhista, advindas da globalização, que por sua vez consubstancia no novo modelo de sociedade chamado de pós-modernidade, devem ser levados em consideração os fenômenos decorrentes da globalização em seus diferentes aspectos e influências sobre as relações laborais: a flexibilização, a desregulamentação e a precarização dos direitos e das garantias laborais na esfera tanto do Direito do Trabalho quanto do Direito Constitucional.

Para tanto, este trabalho está dividido em três capítulos, dentre os quais o primeiro destina-se a relatar a evolução do Direito do Trabalho, desde a Revolução Industrial até o Neoliberalismo, observando sua função social e sua importância para a ordem da sociedade e do Estado. Tal descrição faz-se necessária para o entendimento dos fenômenos que surgiram com a globalização como se a entende nos dias atuais, a partir do final do século XX.

Após isso, entrando no capítulo da globalização, há sua caracterização, em que demonstra a ligação entre ela e a ideologia neoliberal, resultando, no âmbito do Direito do Trabalho, no aparecimento de dois importantes efeitos: a flexibilização e a desregulamentação. Tais fenômenos serão conceituados e discorridos até chegar-se no que se pretende chamar atenção: a precarização do labor. Será discutida a problemática do retorno da visão do trabalhador como facilmente substituível própria da pós-modernidade e nas repercussões sociais que ela vem a trazer.

Por fim, no último capítulo, será conceituado o princípio do não retrocesso social, fazendo a ponte com os efeitos da globalização nas normas trabalhistas, a fim de explicar sua importância na prevenção à perda de direitos que foram arduamente logrados ao longo dos séculos, indicando-o como uma ferramenta de resistência ao direito flexível do trabalho.

2. Evolução histórica do Direito do Trabalho

Antes de qualquer coisa, para a melhor compreensão da situação em que se encontra o Direito do Trabalho na pós-modernidade e de seus efeitos quando se o analisa à luz do princípio da proibição do retrocesso social, mister se faz descrever o escorço histórico deste ramo do Direito, desde sua criação até os dias atuais, objeto desta pesquisa.

É consenso na doutrina que os primeiros germens do que viria a ser o Direito do Trabalho surgiram no século XVIII, com as Revoluções Francesa e Industrial. Este momento histórico foi fonte de mudanças drásticas no modo de produção: o crescimento econômico da parcela da população que antes não passavam de comerciantes, a burguesia — que com a automatização da produção passou a deter muito poder — ensejou na superação ao Absolutismo e em grande parte da Europa ocidental, deu lugar ao liberalismo como sistema político-econômico.

O liberalismo preza, por ideologia, pela produção em massa, pela propriedade privada e, principalmente, pela liberdade dos indivíduos acima de tudo. Como rejeição ao sistema anterior, os liberalistas defendiam a abstenção do Estado nas relações privadas, abrindo espaço para se preocupar com questões em que sua presença se fazia mais necessária.(2) O que ocorreu, contudo, não correspondeu ao ideal de "igualdade e fraternidade" da tríade da Revolução Francesa, pois, passando a ser a classe dominante, a burguesia tornou-se o explorador.

A liberdade ilimitada associada à produção em massa resultou na possibilidade de o empregador decidir sobre a jornada de trabalho, o salário a ser pago, o tipo de empregado que viria a ter em suas fábricas. Desta forma, o cenário

---

(*) Bacharel em Direito pela Universidade Católica de Pernambuco. Ex-integrante do Programa Institucional de Bolsas de Iniciação Científica e Tecnológica da Universidade Católica de Pernambuco — UNICAP. Pós-graduanda em Direito do Trabalho e Previdenciário pela PUC-Minas. Advogada.

(1) Realizado a partir da pesquisa premiada com o 1º lugar na área de Ciências Humanas da 14ª Jornada de Iniciação Científica (PIBIC CATÓLICA/CNPq/FACEPE).

(2) SOARES FILHO, José. Proteção da relação de emprego numa sociedade globalizada. *Revista Jus et Fides*, Recife, Universidade Católica de Recife, ano 1, n. 1, dez. 2001.

era de locais de trabalho extremamente insalubres, onde trabalhavam idosos, mulheres e crianças em funções arriscadas por jornadas que chegavam até a 18 horas diárias. Diante da situação de total ausência de consciência social[(3)], não tardou para aparecerem as primeiras revoltas ao novo sistema.

Obras de suma importância como *Germinal* de Zola, *O Manifesto do Partido Comunista* de Marx e Engels e a *Encíclica Rerum Novarum*, trouxeram ao trabalhador a consciência de classe que faltava para que os mesmos fossem buscar, através de manifestações, seus direitos. Em face do caos que se instalava, o Estado viu-se obrigado a dar alguma satisfação à massa proletária, a impor limites a essa liberdade. Independente da intenção do Estado ao se voltar ao social, se sinceramente preocupado com o proletariado ou se somente visando a manutenção do *status quo* do sistema capitalista, nasceram as primeiras normas trabalhistas, estas que, desde sua criação até os dias atuais, visam a proteção do trabalhador hipossuficiente.

Contudo, foi somente após a Primeira Guerra Mundial, com a criação do Tratado de Versalhes, que finalmente foi considerado o Direito do Trabalho como ramo do Direito e que o mesmo passou a ser incorporado nas Constituições, dando ao trabalho o status de direito social com força máxima na hierarquia normativa destes ordenamentos jurídicos.

Mais tarde, com a Declaração dos Direitos do Homem e do Cidadão, promulgada em 1948, demonstrou-se a força maior dos direitos sociais, a nova conscientização dos povos em favor do princípio máximo e fundamento do Estado Democrático de Direito: a dignidade da pessoa humana.[(4)] Não é surpresa que os direitos ao trabalho digno, à liberdade de escolha de emprego e à remuneração justa e satisfatória, dentre outros direitos trabalhistas, fizessem parte da citada Declaração e que, posteriormente, viessem a ser seguidos à risca na edição da Constituição brasileira de 1988.

Durante a existência da União Soviética e demais países de ideologia socialista, como parâmetro diverso do capitalismo, havia uma opção a este sistema, e enquanto existissem os dois, sempre haveria uma visão diferenciada do mundo. Porém, com a queda do Muro de Berlim em 1989, passou a reinar sozinho no mundo ocidental o modelo econômico "vencedor", o capitalismo, o que proporcionou a "difusão das crenças ultraliberais"[(5)]. Nasce aí o neoliberalismo a nível mundial.

O novo liberalismo tem como principal proposta a volta da redução da intervenção do Estado nas relações particulares, prevalecendo a lei da concorrência[(6)]. Isso ocorreu em diversas searas, mas foi na do direito trabalhista que se demonstrou maior celeuma. Se neste sistema as empresas são livres para se organizar e realizar suas atividades mercadológicas, seu raciocínio é de que serão livres também para a definição das condições de trabalho de seus empregados. Como preconiza o ilustre advogado José Alberto Couto Maciel: "o trabalho, para os neoliberais, não difere de outras mercadorias, estando essa filosofia baseada nas doutrinas da autonomia da vontade e da liberdade contratual"[(7)].

No Brasil, o neoliberalismo teve seu auge durante o governo do ex-Presidente da República Fernando Henrique Cardoso. Nesta fase, observou-se bem o sentido em que andava o país: as privatizações demonstravam a intenção de não mais centralizar o comando de certos serviços no Estado, fortalecendo a iniciativa privada.

O neoliberalismo, quando associado ao maior fenômeno da pós-modernidade, a globalização, causou em várias partes do mundo efeitos que geraram a problemática que virá a ser estudada nesta pesquisa.

3. Globalização e as relações de emprego na pós-modernidade

A partir do fim do século XX até os dias atuais tornou-se difícil imaginar-se vivendo isolado. Como advento das novas tecnologias, em especial, a internet, é fácil e, principalmente, rápido descobrir o que ocorre de um polo a outro do globo terrestre. Isso ocorre pois hoje se vive inserido no fenômeno mundial conhecido por globalização.

Tal fenômeno pode ser conceituado como a quebra das barreiras invisíveis entre os países de todo o mundo em diversos aspectos: a globalização não se atém somente ao seu viés econômico, mas repercute também nas áreas política, social e jurídica[(8)].

3.1. Mecanização do trabalho e desemprego

Para melhor entender o que se procura esclarecer com este trabalho, não basta analisar a globalização puramente, mas, sim, ela combinada à ideologia neoliberal, tendo em

(3) BERGER, Cristine. A flexibilização do direito do trabalho como meio de retrocesso social. *Justiça do Trabalho*, Porto Alegre , v. 25, n. 299, p. 59-74, nov. 2008.

(4) ARAÚJO, Maria Letícia Coelho de. Direito do Trabalho, Direitos Sociais fundamentais e globalização. *Revista Jus et Fides*, Recife, Universidade Católica de Pernambuco, ano 1, n. 1, dez. 2001.

(5) MAGNOLI, Demétrio. *Globalização:* Estado Nacional e Espaço Mundial. São Paulo: Moderna, 2010. p. 22.

(6) COUTO MACIEL, José Alberto. *Desempregado ou Supérfluo?* Globalização. São Paulo: LTr, 1998. p. 13.

(7) *Idem*.

(8) SOARES FILHO, José. *Proteção da Relação de emprego*. Análise crítica em face de normas da OI e da legislação nacional. São Paulo: LTr, 2002.

vista, também, que ambas estão intrinsecamente ligadas. A professora Maria Letícia Coelho de Araújo analisa que a globalização, pelo viés neoliberal, "tem por pressupostos a livre circulação de pessoas, bens e serviços, mas com a diminuição da mão de obra, servindo-se de tecnologia ultradesenvolvida e dando ênfase ao setor financeiro da economia através da especulação"(9).

Atendo-se à visão econômica, é esta ligação entre a globalização e o neoliberalismo que traz ao mundo, e em grande escala, aos países em desenvolvimento, efeitos avassaladores. Através da globalização, as relações mercadológicas vão além dos limites geográficos, e, naturalmente, também as relações de emprego, trazendo sua principal consequência: o desemprego.

Este efeito é causado pelo que alguns autores chamam de "Terceira Revolução Industrial". O que ocorre é o mesmo efeito da Revolução Industrial do século XVIII, quando da criação da máquina a vapor e a automatização do trabalho. Percebendo a rapidez na produção e a enorme redução de gastos, os empregadores não tinham mais por que manter mais empregados que o estritamente necessário. Hoje, a produção é ainda mais rápida e precisa, tendo em vista a crescente competitividade entre as grandes empresas a nível internacional, gerando a inevitável eliminação de postos de trabalho, em especial, aqueles de baixa qualificação(10).

3.2. Precarização laboral

Tendo em vista o pensamento neoliberal de gastos cada vez menores para a obtenção de lucros sempre maiores e apresentando-se como solução ao desemprego que assola o mundo como um todo, surgiu uma nova tendência entre as empresas na pós-modernidade: que o Estado se afastasse ainda mais das relações privadas, agora no sentido de que os direitos trabalhistas fossem minimizados a ponto de prevalecer a vontade dos contraentes(11).

A tal situação pode notar-se o desdobramento em dois efeitos principais da pós-modernidade: a flexibilização e a desregulamentação dos direitos trabalhistas. O primeiro efeito propõe que o Direito do Trabalho seja maleável, adaptável às necessidades diversas de cada empresa, já o segundo, mais grave, procura a abstinência total do Estado, deixando o contrato de trabalho livre às regras do mercado(12).

Disfarçados sob o argumento de que tais medidas levam à redução do desemprego e do subemprego e que as mesmas melhor se adaptam às exigências do mercado mundial, o que ocorreu, em verdade, foi a precarização do trabalho(13). Hoje, o material humano é desvalorizado, substituível, rotativo.

Pela experiência brasileira e também internacional, é notória a falácia de que flexibilizar as normas trabalhistas é medida eficaz de combate ao desemprego. O que buscam as empresas, na realidade, é reduzir seus custos. No Brasil, medidas flexibilizatórias como a implementação do FGTS, esta que possibilitou a despedida sem motivação e que, posteriormente, excluiu a estabilidade decenal da Consolidação das Leis do Trabalho; o aparecimento de novas formas de contratação, como o contrato temporário, o contrato de estágio e a terceirização; e a utilização da arbitragem e mediação como formas de solução de conflitos não demonstraram, estatisticamente, até agora, qualquer melhoria positiva no sentido de diminuir-se o desemprego(14).

Todas estas flexibilizações levaram, pelo contrário, à diminuição das condições de trabalho do obreiro. Hoje, consideram-se os direitos trabalhistas, estes que logrados tão dificilmente ao longo da história, como obstáculos ao crescimento econômico. Contudo, o que ocorre é que as empresas querem livrar-se de uma obrigação que já deveria estar incorporada há muito. Não há qualquer tipo de preocupação com o trabalhador como ser humano através desta prática. O que deveria ser utilizado com razoabilidade, com o intuito apenas de preservar a saúde da empresa, é utilizado como meio de aumentar seus lucros.

Obviamente, a precarização laboral ocorre com muito mais força nos países subdesenvolvidos, onde há ainda uma carência na educação de grande parte da população. Ainda assim, em países desenvolvidos demonstrou-se que esquecer dos direitos laborais não traz qualquer benefício ao trabalhador. Isto ocorre nos Estados Unidos, em que, mesmo havendo pouquíssimos empregados sindicalizados (nesse país, os únicos que gozam de direitos protetivos), mesmo havendo diminuído seus salários e aumentados

(9) ARAÚJO, Maria Letícia Coelho de. Direito do Trabalho, Direitos Sociais fundamentais e globalização. *Revista Jus et Fides*, Recife, Universidade Católica de Pernambuco, ano 1, n. 1, dez. 2001.

(10) RIFKIN, Jeremy. *O fim dos empregos:* o declínio inevitável dos níveis dos empregos e a redução da força global de trabalho. São Paulo: Makron Books, 1996. p. 93.

(11) FILAS, Rodolfo Capón; PAIVA, Mário Antonio Lobato de. A mundialização do Direito laboral (o retorno *high tech* ao feudalismo). *Revista do Direito Trabalhista*, 07-05, 31 maio 2001.

(12) CASSAR, Vólia Bomfim. *Direito do Trabalho*. Rio de Janeiro: Ímpetus, 2008. p. 23.

(13) BARROSO, Fábio Túlio. *Direito Flexível do Trabalho — Abordagens Críticas*. Recife: EDUFPE, 2009.

(14) BERGER, Cristine. A flexibilização do direito do trabalho como meio de retrocesso social. *Justiça do Trabalho*, Porto Alegre , v. 25, n. 299, p. 59-74, nov. 2008.

suas jornadas de trabalho, isso sem falar das férias, que somente são concedidas após 5 anos de trabalho, sua taxa de desemprego fechou em 9,2% em junho de 2011[15], sendo que em agosto de 2008, a taxa era de 6,1%[16].

Vê-se que o crescimento do desemprego não se deu pela manutenção ou aumento da proteção dos direitos laborais, mas sim, durante a crise econômica mundial em sua fase mais aguda. O mesmo ocorreu em países europeus como a Espanha, cuja taxa de desemprego, segundo a Dow Jones, alcançou os 22,85% nos últimos meses de 2011[17], e a França, que o número de desempregados em dezembro de 2011 é de 152.000 pessoas a mais que o mesmo mês no ano anterior[18].

Quanto aos países subdesenvolvidos, Couto Maciel[19] demonstra que se o país for superpopuloso e não tiver suficientes direitos trabalhistas regulamentados, a redução dos custos das grandes empresas com seus empregados torna-se ainda maior. O caso dos países asiáticos é peculiar e não pode ser comparado neste âmbito com as condições de trabalho no Brasil, pois, neles, sequer há regulamentação. É por isso que, lá, a mão de obra é baratíssima e de grande atrativo para as grandes empresas mundiais[20]. Percebe-se, finalmente, que as normas trabalhistas, quando existentes, servem para frear a exploração do hipossuficiente, e não podem ser usados como desculpa para dificultar sua contratação.

Voltando ao âmbito nacional, a existência de novos tipos de contrato de trabalho gera a falsa impressão de que há mais vagas no mercado de trabalho. Contudo, a maioria destas contratações se dá por tempo determinado, prorrogável ou não, suprindo uma necessidade momentânea do empregado, mas demonstrando, ao fim do contrato, que quem se beneficiou de fato foi o empregador, pois ele não teve que arcar com diversos encargos trabalhistas típicos apenas da relação de emprego.

Nestes casos, tendência natural do empregador será de preferir contratar funcionários através de contrato por prazo determinado ou de terceirização ao contrato tradicional de emprego, o que levou alguns doutrinadores preverem a extinção do mesmo, restando, em um futuro próximo, contratos regidos por acordo de vontades entre as partes, regulamentados pelo Direito Civil. Para o empregado, esta hipótese se assemelharia a uma desregulamentação, pois, acabada a relação de emprego, os direitos trabalhistas seriam simplesmente suprimidos.

Sendo assim, quando se fala em flexibilização e desregulamentação das normas trabalhistas e na sua consequente precarização do trabalho, é notável a ocorrência de, no mínimo, uma abstenção ao cumprimento dos direitos sociais, entre os quais se incluem alguns direitos trabalhistas, previstos na Constituição e que, por sua vez, são baseados no já anteriormente citado fundamento maior do Estado Democrático de Direito, a dignidade da pessoa humana, bem como nos princípios da liberdade, da igualdade e da solidariedade[21] e no decorrente princípio específico do direito do trabalho, o da proteção ao trabalhador.

Não há como fechar os olhos para a possibilidade de se estar procurando desvios do que preconizam os princípios mencionados, o que traz ao trabalhador nada mais que perdas, além da volta para as condições de trabalho condizentes com um tempo em que não havia qualquer regulamentação para o mesmo. Destarte, é inevitável a discussão acerca do tão discutido princípio implícito constitucional da proibição do retrocesso social e da impossibilidade de haver modificações que venham a representar mácula aos direitos sociais garantidos a todo trabalhador.

4. Princípio do não retrocesso social

Para Alexandre de Moraes[22], os "direitos sociais são direitos fundamentais do homem, caracterizando-se como verdadeiras liberdades positivas, de observância obrigatória em um Estado Social de Direito, tendo por finalidade a melhoria de condições de vida aos hipossuficientes, visando a concretização da igualdade social, e são consagrados como fundamentos do Estado democrático, pelo art. 1º, IV, da Constituição Federal". Baseando-se nesta visão humanista dos direitos sociais, a doutrina

(15) Desemprego nos EUA chega a 9,2% e preocupa mercado. *FOLHA*. Disponível em: <http://www1.folha.uol.com.br/mundo/940797-desemprego-nos-eua-chega-a-92-e-preocupa-mercado.shtml> Acesso em: 26 jan. 2012.

(16) EUA têm maior taxa de desemprego em quase cinco anos. *BBC BRASIL*. Disponível em: <http://www.bbc.co.uk/portuguese/reporterbbc/story/2008/09/080905_euadesemprego_np.shtml> Acesso em: 26 jan. 2012.

(17) Número de desempregados na Espanha chega a 5,27 milhões. *EXAME*. Disponível em: <http://exame.abril.com.br/economia/noticias/no-de-desempregados-na-espanha-chega-a-5-27-milhoes> Acesso em: 26 jan. 2012.

(18) França: desemprego sobe em dezembro e afeta 2,87 milhões. *TERRA*. Disponível em: <http://not.economia.terra.com.br/noticias/noticia.aspx?idNoticia=201201251948_AFP_80771701> Acesso em: 26 jan. 2012.

(19) COUTO MACIEL, José Alberto. *Desempregado ou Supérfluo?* Globalização. São Paulo: LTr, 1998.

(20) BERGER, Cristine. A flexibilização do direito do trabalho como meio de retrocesso social. *Justiça do Trabalho*, Porto Alegre , v. 25, n. 299, p. 59-74, nov. 2008.

(21) ARRUDA, Kátia Magalhães. O princípio da dignidade da pessoa humana e sua força normativa. *Revista do TST*, Brasília, vol. 75, n. 3, p. 39, jul./set. 2009.

(22) MORAES, Alexandre de. *Direito Constitucional*. 17. ed. atual. São Paulo: Atlas, 2005. p. 177. *Apud* AFONSO, Túlio Augusto Tayano. Direitos sociais e o princípio do não retrocesso social. *Revista de Direito do Trabalho*, São Paulo, v. 32, n. 124, p. 237-252, out./dez. 2006.

preocupou-se em definir e discutir sobre um princípio constitucional implícito que representa o impedimento de se legislar ou agir retirando-lhes qualquer dos direitos sociais: o princípio da proibição do retrocesso social.

O grande doutrinador português de Direito Constitucional José Joaquim Gomes Canotilho[23] defende que as garantias sociais, quando atingem um grau de realização, constituem direito subjetivo, de modo que o princípio do não retrocesso social limita a possibilidade de reverter-se os direitos adquiridos, bem como procura proibir o Poder Público de legislar no sentido de suprimir e reduzir direitos fundamentais. Entende-se, contudo, que tal princípio não é absoluto e que diante de recessões econômicas, ele nada pode fazer.

Porém, os direitos adquiridos sempre deverão ser respeitados, de modo que seu descumprimento deverá ser penalizado pela inconstitucionalidade. Isso quer dizer que todos os direitos já consolidados pela própria Constituição e por leis esparsas que estiverem em conformidade com os direitos sociais serão garantidos constitucionalmente, tornando, assim, qualquer norma posterior que traga prejuízo a eles inconstitucional, proibindo-se a modificação dos mesmos a menor.

Naturalmente, haverá momentos em que um direito fundamental se oporá a outro, e o confronto que se adéqua nesta pesquisa — capital x trabalho —, se dá entre os princípios da livre iniciativa e do valor social do trabalho. Contudo, apesar de haver quem atribua maior à livre-iniciativa empresarial, é intrínseca a ligação que os direitos sociais, onde incluem-se os direitos trabalhistas, têm com o princípio fundamental da dignidade da pessoa humana. Entendendo-o como o princípio de maior relevância do ordenamento jurídico, não há como negar a importância dos direitos trabalhistas na efetivação da garantia de dignidade ao trabalhador.

O princípio do não retrocesso social, apesar de implícito, está presente em vários dispositivos constitucionais em decorrência de seu texto. Entretanto, ao contrário do que se imagina, ele não se encontra somente nos arts. 6º e 7º da Constituição, referentes aos direitos sociais em si, mas também no art. 170, que, ao tratar da ordem econômica e de sua regência jurídica, prevê a valorização do trabalho humano em seu *caput*, demonstrando um objetivo de harmonização dos agentes econômicos e da pessoa humana, como o trabalhador e o consumidor.

Além deste, o art. 5º, que trata dos direitos individuais, mas que abre espaço para os direitos sociais, em seu inciso XLI, dispõe que serão puníveis as práticas que atentarem contra os direitos e liberdades fundamentais[24].

A Constituição da República Federativa Brasileira de 1988 trata de limitar os fenômenos da flexibilização e desregulamentação das normas trabalhistas, no *caput* de seu art. 7º, quando determina que "são direitos dos trabalhadores urbanos e rurais, além de outros que visem à melhoria de sua condição social". Ao se referir à melhoria da condição social do trabalhador, proíbe a Carta Magna, por outro lado, que se possa agir em prejuízo do mesmo.

Uma vez que a flexibilidade das normas trabalhistas, bem como sua desregulamentação, representam uma modificação nas condições sociais do ser humano, o princípio da proibição do retrocesso social em relação aos direitos sociais pode ser considerado como um freio, uma resistência aos efeitos da globalização nas relações de trabalho[25].

O que estes fenômenos propõem é que os direitos e garantias previstos para os trabalhadores no art. 7º da Carta Maior possam ser negociados informalmente entre patrão e empregado ou por meio dos instrumentos de negociação coletiva, possibilitando sua redução ou exclusão, o que até já se cogitou intentar por meio de Projeto de Emenda Constitucional. Ora, nossa Constituição é considerada rígida justamente pelo fato de que preceitos fundamentais não podem ser modificados por legislação de hierarquia inferior, muito menos por pactos coletivos. Ainda que não existisse o direito adquirido nem a proibição do retrocesso social, esta rigidez, por si só, já impediria tal situação[26].

Permitir que os direitos trabalhistas pudessem ser minorados ou até mesmo destruídos configuraria uma verdadeira volta ao *laissez faire*, acabando com qualquer garantia à segurança jurídica e ao direito adquirido dos obreiros que tanto lutaram para lográ-los. Destarte, aos olhos do princípio do não retrocesso social e considerando que não há crescimento econômico que possa ser mais valoroso que o bem-estar social, qualquer legislação que proporcionar a flexibilização e/ou a desregulamentação

(23) CANOTILHO, José Joaquim Gomes. *Direito Constitucional e Teoria da Constituição*. 5. ed. Coimbra: Almedina, 2002. p. 336-337. *Apud* MEIRELES, Edilton. Princípio do não retrocesso social no direito do trabalho. *Síntese Trabalhista*, Porto Alegre, v. 15, n. 179, p. 56-60, maio 2004.

(24) AFONSO, Túlio Augusto Tayano. Direitos sociais e o princípio do não retrocesso social. *Revista de Direito do Trabalho*, São Paulo, v. 32, n. 124, p. 237-252, out./dez. 2006.

(25) TEIXEIRA, Sérgio Torres; BARROSO, Fábio Túlio. Os princípios do Direito do Trabalho diante da flexibilização laboral. *Revista do TST*, Brasília, vol. 75, n. 3, jul./set. 2009.

(26) SÜSSEKIND, Arnaldo. *Direito Constitucional do Trabalho*. 2. ed. ampl. e atual. Rio de Janeiro: Renovar, 2001. p. 89.

de direitos trabalhistas deverão ser reputadas inconstitucionais pelo Tribunal.

Infelizmente, tendo em vista a exclusão e desigualdade social que ainda assola o Brasil, é difícil que as previsões constitucionais sejam efetivadas em sua integridade[27], o que leva ao sentimento de que os direitos fundamentais, e, por consequência, os direitos sociais, sejam privilégio de uma pequena parcela da população. O que se deve estimular, entretanto, é a tendência de um pensamento humanista, que veja o trabalhador como pessoa humana que é, não como simples instrumento para o fornecimento de lucro, buscando sempre o equilíbrio entre os interesses das classes de modo a concretizar a efetivação de um trabalho digno.

5. Conclusão

Os efeitos da flexibilização e da desregulamentação das normas trabalhistas já comprovaram não ser de nenhuma melhoria para ninguém, exceto o próprio empresário. A continuidade de sua utilização é retrógrada e não condiz com o sentido da Constituição, não à toa chamada de cidadã, e é por isso que alguns autores defendem sua utilização apenas em casos extremos e temporariamente, para salvar uma empresa da falência, e com ela, vários empregos.

O que se defende ao longo do projeto é a formação da consciência de que no momento em que se flexibiliza um direito que já era certo e determinado (direito adquirido), há um retrocesso, no caso, social, e isso é proibido constitucionalmente, ainda que se trate de um princípio implícito. Não se pode esquecer que a proteção ao trabalhador é de suma importância para a garantia de sua dignidade e não algo supérfluo.

A importância do princípio da proibição do retrocesso social como forma de se evitar a desenfreada redução ou modificação dos direitos trabalhistas se manifesta enormemente hodiernamente, não obstante ter sido discutida com afinco somente a partir da última década. Ele se apresenta como uma mudança de pensamento, uma evolução humanista, que demonstra uma preocupação voltada ao social e aos interesses difusos, o que se espera que seja uma tendência do século XXI.

6. Referências bibliográficas

AFONSO, Túlio Augusto Tayano. Direitos sociais e o princípio do não retrocesso social. *Revista de Direito do Trabalho*, São Paulo, v. 32, n. 124, out./dez. 2006.

ARAÚJO, Maria Letícia Coelho de. Direito do Trabalho, Direitos Sociais fundamentais e globalização. *Revista Jus et Fides*, Recife, Universidade Católica de Pernambuco, ano 1, n. 1, dez. 2001.

ARRUDA, Kátia Magalhães. O princípio da dignidade da pessoa humana e sua força normativa. *Revista do TST*, Brasília, vol. 75, n. 3, jul./set. 2009.

BARROSO, Fábio Túlio. *Direito Flexível do Trabalho – Abordagens Críticas*. Recife: EDUFPE, 2009.

EUA têm maior taxa de desemprego em quase cinco anos. *BBC BRASIL*. Disponível em: <http://www.bbc.co.uk/portuguese/reporterbbc/story/2008/09/080905_euadesemprego_np.shtml> Acesso em: 26 jan. 2012.

BERGER, Cristine. A flexibilização do direito do trabalho como meio de retrocesso social. *Justiça do Trabalho*, Porto Alegre , v. 25, n. 299, nov. 2008.

CASSAR, Vólia Bomfim. *Direito do Trabalho*. Rio de Janeiro: Ímpetus, 2008.

COUTO MACIEL, José Alberto. *Desempregado ou Supérfluo?* Globalização. São Paulo: LTr, 1998.

Número de desempregados na Espanha chega a 5,27 milhões. *EXAME*. Disponível em: <http://exame.abril.com.br/economia/noticias/no-de-desempregados-na-espanha-chega-a-5-27-milhoes> Acesso em: 26 jan. 2012.

FILAS, Rodolfo Capón e PAIVA, Mário Antonio Lobato de. A mundialização do Direito laboral (o retorno *high tech* ao feudalismo). *Revista do Direito Trabalhista*, 07-05, 31 maio 2001.

Desemprego nos EUA chega a 9,2% e preocupa mercado. *FOLHA*. Disponível em: <http://www1.folha.uol.com.br/mundo/940797-desemprego-nos-eua-chega-a-92-e-preocupa-mercado.shtml> Acesso em: 26 jan. 2012.

MAGNOLI, Demétrio. *Globalização:* Estado Nacional e Espaço Mundial. São Paulo: Moderna, 2010.

MEIRELES, Edilton. Princípio do não retrocesso social no direito do trabalho. *Síntese Trabalhista*, Porto Alegre, v. 15, n. 179, maio 2004.

RIFKIN, Jeremy. *O fim dos empregos:* o declínio inevitável dos níveis dos empregos e a redução da força global de trabalho. São Paulo: Makron Books, 1996.

SARLET, Ingo Wolfgang. Notas sobre a assim designada proibição do retrocesso social no constitucionalismo latino-americano. *Revista do TST*, Brasília, vol. 75, n. 3, jul./set. 2009.

SOARES FILHO, José. *Proteção da Relação de emprego*. Análise crítica em face de normas da OI e da legislação nacional. São Paulo: LTr, 2002.

______. Proteção da relação de emprego numa sociedade globalizada. *Revista Jus et Fides*, Recife, Universidade Católica de Pernambuco, ano 1, n. 1, dez. 2001.

SÜSSEKIND, Arnaldo. *Direito Constitucional do Trabalho*. 2. ed. ampl. e atual. Rio de Janeiro: Renovar, 2001.

TEIXEIRA, Sérgio Torres e BARROSO, Fábio Túlio. Os princípios do Direito do Trabalho diante da flexibilização laboral. *Revista do TST*, Brasília, vol. 75, n. 3, jul./set. 2009.

TERRA. França: desemprego sobe em dezembro e afeta 2,87 milhões. Disponível em: <http://not.economia.terra.com.br/noticias/noticia.aspx?idNoticia=201201251948_AFP_80771701>. Acesso em: 26 jan. 2012.

(27) SARLET, Ingo Wolfgang. Notas sobre a assim designada proibição do retrocesso social no constitucionalismo latino-americano. *Revista do TST*, Brasília, vol. 75, n. 3, jul./set. 2009.

A Terceirização: Relações de Trabalho e a Dicotomia Atividade-Meio e Atividade-Fim

Maria do Perpétuo Socorro Wanderley de Castro(*)

1. Introdução

A terceirização, como fenômeno de gestão das empresas, surge com a intensificação da expansão do mercado. Sua introdução nas empresas acarretou o surgimento da atribuição a outras empresas, da realização de algumas atividades, por meio de contratos celebrados entre elas. Esse procedimento, por sua vez, se tornou um fenômeno do Direito do Trabalho, pois ocorreu uma alteração das relações de trabalho, retirando-lhes a nitidez e clareza diante da fragmentação e instabilidade dos vínculos trabalhistas porque destinados à execução de contratos que a empregadora firmava com outras empresas. Surgem os contratos trabalhistas de curta duração e de proteção social mínima. Na busca de estabelecer os contornos desse procedimento e de seus efeitos nas relações de trabalho, foi erigida a distinção entre atividade-fim e atividade-meio cuja elaboração e contornos foram dados eminentemente pela jurisprudência. No momento em que são debatidos os limites da terceirização e está em tramitação um projeto de lei que propõe a terceirização ampla, em qualquer setor das empresas, é importante refletir sobre a extensão desse fenômeno e suas consequências na proteção dos direitos sociais.

2. A terceirização: fato da gestão e fenômeno do Direito do Trabalho

A globalização, ao trazer a intensificação da expansão do mercado, concentrou seu poder no viés econômico, no mercado. Disso advieram mudanças políticas, econômicas e sociais que, no campo das relações trabalhistas, implicaram a proposta de alteração das relações de trabalho, retirando a nitidez e clareza do seu conteúdo definido no Direito do Trabalho Clássico para dar lugar a formas imprecisas de trabalho, além de modelos atípicos de contrato de trabalho. O agigantamento do significado do mercado acentuou o foco sobre a empresa e a produtividade, ao mesmo tempo em que relegava o trabalhador dos mais variados segmentos e categorias profissionais à precariedade da proteção social, embora a esse papel coadjuvante tenha sido dada a denominação ilusória de colaborador.

Ligada ao toyotismo e fundada na economia e no mercado, essa ordem laboral trouxe a relativização das relações e de seus sujeitos, sob o signo da fragmentação e da multiplicidade.

O Estado de Bem-Estar diminui seu papel e se torna residual e limitado a garantir aos cidadãos direitos sociais de intensidade protetora mínima, em termos quantitativos e qualitativos, o que afeta a cidadania social dentro do Estado Social(1).

Seguindo essas modificações, um outro Direito do Trabalho passou a ser configurado no qual se destaca a perversa divisão entre os cada vez menos frequentes contratos com uma carga de proteção social para os trabalhadores e os contratos em que há proteção mínima.

A flexibilização laboral representa a mudança do centro protetor institucional e do fundamento do Direito do Trabalho para nele entronizar o mercado, a economia e os empregadores que se tornam politicamente mais fortes, em um contexto de desemprego massivo(2). É a negação do princípio de que o trabalho não é mercadoria, princípio fundante do Direito do Trabalho. Como destaca Fábio Túlio Barroso(3), para a filosofia neoliberal os princípios do Direito do Trabalho estão ultrapassados e o trabalho não difere de outras mercadorias, tratado segundo os princípios da autonomia da vontade e da liberdade contratual.

Esse foi o caminho trilhado para instalar contratos trabalhistas de curta duração e contratos civis em que o objeto é a prestação de serviços, entrelançando na relação Direito do Trabalho e Direito Civil mediante a técnica de gestão administrativa da terceirização, que serão examinadas, a seguir.

No Brasil, no momento inicial, ocorre a previsão da contratação do trabalho temporário, dada pela Lei n. 6.019, de 3 de janeiro de 1974, que atrelava essa modalidade a necessidades transitórias ou fatos temporários, no âmbito da empresa. Antes dela e com a finalidade de atender à necessidade de segurança em instituições bancárias, fora editado o Decreto-lei n. 1.034, de 21 de outubro de 1969, que, por sua vez, deu início às empresas de segurança e vigilância patrimonial.

(*) Desembargadora Federal do Trabalho, TRT 21 (em convocação extraordinária ao Tribunal Superior do Trabalho, 2014). Mestra em Direito, Processo e Cidadania pela UNICAP, Recife-PE. Professora da Universidade Federal do Rio Grande do Norte (Direito Civil VIII – Responsabilidade Civil).

(1) MONEREO PÉREZ, José Luis. Introdução. *In:* BARROSO, Fábio Túlio. *Direito Flexível do Trabalho*. Abordagens Críticas. Recife: Universitária da UFPE, 2009. p. 24.

(2) BARROSO, Fábio Túlio. *Direito Flexível do Trabalho*. Abordagens críticas. Recife: Editora Universitária da UFPE, 2009. p. 37.

(3) *Ibidem*, p. 67.

A intensificação das mudanças se situa, porém, a partir dos anos 90, quando as empresas adotaram um conjunto de inovações administrativas para enfrentarem a concorrência e reforçarem seu desempenho econômico. Como registra Barroso[(4)], pouco a pouco, criaram-se novas espécies de contratos, na tendência de desfigurar a regra de permanência dos contratos de trabalho, que levara à construção da estabilidade. Com a instituição do regime do FGTS, desde 1967 a estabilidade no emprego e, portanto, a manutenção do seu contrato de trabalho com a empresa, fora fragilizada, e sua extinção como instituto de aplicação geral, ocorreu em 1988, quando a Constituição da República estabeleceu, no art. 7º, III, o fundo de garantia do tempo de serviço como direito dos trabalhadores.

O padrão de transitoriedade que passou a caracterizar a sociedade também foi instaurado no mundo do trabalho, mediante as relações trabalhistas temporárias. São modelos que fragmentam o trabalho e os trabalhadores, uma vez que eles podem ser contratados sob diferentes formas e distribuídos em diferentes momentos, segundo as necessidades da empresa. Essas mudanças na legislação trabalhista brasileira com a criação de situações paralelas tem sua feição mais visível e clara, na terceirização dos serviços, na qual se tem um trabalho precário, e um trabalhador periférico, de pouca qualificação ou multifuncional[(5)].

Para Catharino[(6)], a terceirização, entre as sequelas do neoliberalismo, é o fenômeno que dele recebeu menor influência, por ser muito antigo, na história do Direito do Trabalho, localizando-se em institutos tradicionais como a subempreitada e o trabalho a domicílio. No entanto, ela se apresentou no cenário das relações trabalhistas como um fenômeno novo porque, no toyotismo, lhe foi conferido um papel relevante.

Como estrutura da prática funcional, a flexibilidade laboral pode adotar o modelo da flexibilidade interna ou da flexibilidade externa. Na flexibilidade externa, inserem-se os procedimentos que afetam indiretamente a configuração da relação de emprego, mediante a adoção de contratos comerciais e civis e de subcontratos, dentre outros. Como explica Barroso[(7)], a flexibilização, nesses contratos, leva à descaracterização do modelo-padrão de relação de trabalho e instaura relações indiretas de trabalho, mediante as subcontratações e a intermediação de empresas. Na flexibilidade interna, são contados os trabalhadores terceirizados que, sendo empregados de outras empresas, as empresas de prestação de serviços ou as empresas de trabalho temporário, passam a trabalhar dentro da empresa contratante, na terceirizante.

Há, dessa maneira, uma relação triangular, em que figuram a empresa e a prestadora de serviços, ligadas por um contrato civil, ou administrativo, e o trabalhador vinculado por um contrato trabalhista à prestadora de serviços. Mesmo com a distinção da natureza dos contratos, pode-se ver que o trabalhador é o elo entre eles, pois é para o serviço que ele executa que se volta a finalidade do ajuste empresarial. Esse ajuste pode adotar a fórmula direta, em que o trabalhador constitui uma empresa, entre as quais as empresas de prestação de serviços intelectuais, para prestar serviços que já executava no âmbito da contratante, ou para estabelecer um contrato civil com uma empresa; ou a fórmula indireta, em que há contratação de uma empresa terceirizante, à qual se vinculam formalmente os trabalhadores.

A terceirização é um dos procedimentos mais evidentes da transformação havida nas relações de produção com a introdução do conceito da empresa em rede; ela insere também a modificação do Direito do Trabalho, por meio da flexibilização que, por sua vez, surgira para a reestruturação das relações de trabalho.

No contrato de trabalho temporário, expressão inicial de terceirização, tem-se um contrato previsto em lei trabalhista, na qual também são definidos os direitos desses trabalhadores, enquanto, nos novos casos, é adotado um contrato de direito civil, a prestação de serviços que se passa exclusivamente entre as empresas. Por meio desse procedimento, a empresa transfere parte de sua atividade produtiva, como setores ou seções, a outras empresas, suas parceiras, ou leva para suas dependências para, ali, prestarem certos serviços, trabalhadores vinculados a outras empresas.

A terceirização ocorre, portanto, sob duas modalidades: externa e interna e, como forma contratual de realização dos serviços destinados à empresa, se apresenta, ora como meio destinado à obtenção de serviços periféricos que contribuem para a atividade, ora como meio identificado com as atividades da empresa correspondendo à realização de seus fins. Daí, a distinção entre atividades-fim e atividades-meio de que se cuidará a seguir.

3. A terceirização entre atividade-fim e atividade-meio

O aspecto mais debatido na terceirização é a distinção entre atividade-fim e atividade-meio, porque tem como

(4) BARROSO, Fábio Túlio. Internacionalização das Relações de Trabalho. *Jornal Carta Forense*, maio 2011. Disponível em: <www.cartaforense.com.br>.

(5) "Padaria, sapataria, gráfica, é só dizer, eu tenho as qualificações — disse uma das mulheres com uma risada, quando olhávamos os tonéis de lixo." SENNET, Richard. *A corrosão do caráter.* Consequências pessoais do trabalho no novo capitalismo. Trad. de Marcos Santarrita. Rio de Janeiro: Record. 1999. p. 82.

(6) CATHARINO, José Martins. *Neoliberalismo e sequela*. São Paulo: LTr, 1997. p. 70-72.

(7) BARROSO, Fábio Túlio. *Novo contrato de trabalho por prazo determinado*. 1. ed. 2. tir. Curitiba: Juruá, 2005.

consequência os limites dessa contratação, refletidos na licitude ou ilicitude do procedimento. Essa distinção foi eriçada a partir do texto da Súmula n. 331, cujo item III se refere à terceirizaçãoem atividade-meio:

> III – Não forma vínculo de emprego com o tomador a contratação de serviços de vigilância (Lei n. 7.102, de 20.6.1983) e de conservação e limpeza, bem como a de serviços especializados ligados à atividade-meio do tomador, desde que inexistente a pessoalidade e a subordinação direta.

A terceirização teve como marco legislativo inicial a Lei n. 6.019, de 3 de janeiro de 1974, que dispôs sobre o trabalho temporário nas empresas urbanas; por meio ele, as empresas urbanas poderiam atender a necessidade transitória de substituição de seu pessoal regular e permanente ou o acréscimo extraordinário de serviços. Trata-se de modalidade de contratação entre empresas caracterizada pela transitoriedade e destinada a situações ali especificadas de forma restrita.

Essa previsão legal do trabalho temporário foi a primeira modalidade para a instabilidade dos contratos de trabalho; era, então, atrelada a necessidades transitórias ou fatos temporários dada pela Lei n. 6.019, de 3 de janeiro de 1974[8].

Antes dela, fora editado, com a finalidade de atender à necessidade de segurança em instituições bancárias, o Decreto-lei n. 1.034, de 21 de outubro de 1969[9] que, por sua vez, deu início às empresas de segurança e vigilância patrimonial.

Com a Lei n. 7.102, de 1983, foi prevista a contratação de empresas especializadas em segurança, vigilância ostensiva e transporte de valores, pelos estabelecimentos financeiros, isto é, bancos oficiais ou privados, caixas econômicas, sociedades de crédito, associações de poupanças, suas agências e subagências, prosseguindo e aprofundando as disposições anteriores, constantes do Decreto-lei n. 1.034, de 21 de outubro de 1969[10]. Note-se que, então, os trabalhadores bancários, cuja jornada, condições de exercício e a própria estruturação e gestão do serviço estão disciplinadas na CLT[11], como contratos especiais, tiveram seus serviços e contratações fracionadas. É que, sob essa especialização, inaugurou-se um outro serviço, convivendo as condições especiais do trabalho bancário com o contrato externo e especial de segurança. A categoria dos trabalhadores bancários, que se situa precisamente no âmbito da prestação de serviços, teve seus trabalhadores divididos, trazendo para o âmbito do próprio estabelecimento outros trabalhadores. Assim, teve início um procedimento que desaguou em contratos de trabalhadores secundários, em uma nova divisão do trabalho que traz embutida a descaraterização das classes em sua especificidade.

As atividades de vigilância e segurança correspondem a um serviço ancilar à atividade bancária, mas em razão da exigência de segurança de instalações e equipamentos em outras atividades, podiam ser também ali adotadas, alteração em seu conteúdo.

Nessas duas modalidades de contratação terceirizada, Medeiros[12] considera estarem delineados limites diferentes pois, no trabalho temporário, há possibilidade da inserção de trabalhadores na área fim, enquanto na contratação de serviços de segurança e vigilância, ela ocorre na atividade meio.

A terceirização, como contrato entre empresas, tornou-se um mecanismo utilizado para atender a objetivos de redução de custos e obtenção de mais-valia com aumento das vantagens econômicas para as empresas e de obtenção de melhores técnicas mediante o conjunto de competitividade e produtividade, em que todos obtêm vantagens do processo produtivo.

Essa técnica instaurou também uma nova visão dos conceitos de empregado e empregador. Em relação ao empregador, porque o conceito formulado no art. 2º quanto à assunção dos riscos da atividade econômica passa a ser compartilhado com a empresa tomadora de serviços, pois

---

(8) NEVES DELGADO, Gabriela. *Terceirização*. Paradoxo do Direito do Trabalho Contemporâneo. São Paulo: LTr, 2003. p. 155-156, analisa o trabalho temporário a partir da justificativa da Lei n. 6.019 e encontra nesse modalidade de trabalho uma antecipação da ideologia neoliberal, materializada na regulamentação de contrato de emprego precário, por prazo determinado.

(9) PROSCURCIN, Pedro. *Compêndio de Direito do Trabalho:* introdução às relações de trabalho em transição à nova era tecnológica. São Paulo: LTr, 2007. p. 155, nota 12. Os serviços de vigilância iniciaram atendendo precipuamente aos bancos. Naquela fase, o Estado percebeu que se tivesse de vigiar cada agência bancária não teria como cobrir a segurança pública. Como trabalhavam em bancos vigias em número cada vez maior, o TST se apressou em desqualificá-los como bancários, excluindo-os da jornada de seis horas. Súmula n. 257. O vigilante, contratado diretamente por bancos ou por intermédio de empresas especializadas, não é bancário. Atualmente, com o aumento da exclusão social e da consequente violência, até os bares contratam vigilantes. Consta que o setor de vigilância lidera o *ranking* de criação de empregos. A falta de emprego na sociedade brasileira é a fonte inesgotável da violência social.

(10) Art. 4º Os estabelecimentos de crédito manterão a seu serviço, admitidos diretamente ou contratados por intermédio de empresas especializadas, os elementos necessários à sua vigilância, podendo organizar serviço especial para esse fim, mediante aprovação do Ministro da Justiça, ou, quando se tratar de serviço local, do Secretário de Segurança ou Chefe de Polícia.

(11) CLT, arts. 224 a 226.

(12) MEDEIROS, Benizete Ramos. As terceirizações no Brasil e o método interpretativo de Ronald Dworkin. *Revista LTr, Legislação do Trabalho*, São Paulo, n. 78-01, p. 18-19, jan. 2014.

em ambas o insucesso econômico se reflete nas obrigações trabalhistas existentes. Da parte do empregado, cujo conceito dado no art. 3º da CLT corresponde à pessoa física que presta serviços de natureza não eventual a empregador, sob a dependência deste e mediante salário, verifica-se uma modificação quanto ao destinatário da prestação de serviços, os quais passam a ser realizados em proveito da tomadora e, predominantemente, nas dependências do seu estabelecimento.

A ligação entre a terceirização e as atividades da empresa determinou que, ao possibilitar ir além da necessidade transitória dos serviços[13], passasse a ser indagada da sua pertinência ao objeto da empresa. Surgiu, assim, a oposição entre transitório e permanente, já que as atividades eram permanentes e os contratos transitórios.

Observa-se que, ao ser editada, a Lei n. 7.102, de 1983, previu a contratação de empresas especializadas em segurança, vigilância ostensiva e transporte de valores, pelos estabelecimentos financeiros, isto é, bancos oficiais ou privados, caixas econômicas, sociedades de crédito, associações de poupanças, suas agências e subagências. Em 1994, por meio da Lei n. 8.863, ela teve incluída disposição no sentido de que a prestação de serviços de segurança, vigilância e transporte de valores também pudesse atender à segurança privada de pessoas, e aos estabelecimentos comerciais, industriais, de prestação de serviços e residências e entidades sem fins lucrativos, órgãos e empresas públicas. Em 2008, por meio da Lei n. 11.718, o rol passou a incluir os postos de atendimento e as cooperativas singulares de crédito.

Outra fórmula de terceirização foi dada para a atividade bancária[14], com a definição e autorização, pelo Banco Central, do correspondente bancário; pela Circular n. 220, de 15 de outubro de 1973, foi facultado aos estabelecimentos bancários atribuírem a pessoas jurídicas, sob contrato especial, o desempenho dessas funções. Seguiram-se as Resoluções n. 2.166, de 30 de junho de 1995 e n. 2.640, de 25 de agosto de 1999, ambas do Banco Central, ampliando a terceirização, com a dilatação das áreas de atuação e dos titulares da faculdade, ao estender o procedimento dos bancos múltiplos com carteira de crédito, financiamento e investimento, corretoras, financeiras aos bancos comerciais e à Caixa Econômica.

Em seguida, maior amplitude foi dada à possibilidade de outras pessoas jurídicas desempenharem atividades bancárias. Com a Resolução n. 3.110, de 31 de julho de 2003, foi autorizada sua realização, inclusive por empresas, integrantes ou não do Sistema Financeiro Nacional, e em inúmeras áreas de expressão da atividade bancária. Foram então arrolados, em caráter exemplificativo, os serviços de recepção e encaminhamento de propostas de abertura de contas de depósitos à vista, a prazo e de poupança; recebimentos e pagamentos relativos a contas de depósitos à vista, a prazo e de poupança, bem como a aplicações e resgates em fundos de investimentos; recebimentos, pagamentos e outras atividades decorrentes de convênios de prestação de serviços mantidos pelo contratante na forma da regulamentação vigente; execução ativa ou passiva de ordens de pagamento em nome do contratante; recepção e encaminhamento de pedidos de empréstimos e de financiamento; análise de crédito e cadastro; execução de serviços de cobrança; recepção e encaminhamento de propostas de emissão de cartões de crédito; outros serviços de controle, inclusive processamento de dados, das operações pactuadas; outras atividades, a critério do Banco Central do Brasil. Essa Resolução foi revogada por meio da Resolução n. 3.954, de 24 de fevereiro de 2011, que altera e consolida as normas que dispõem sobre a contratação de correspondentes no país, mantendo a atividade bancária por terceiros.

Por outro lado, quanto à Lei n. 6.019/74, o movimento marcado pela pressão do capital e do mercado vem esmaecendo seu traço mais relevante, que é a limitação temporal posta no art. 10 da Lei n. 6019/74[15] sendo promovida a distensão do limite do prazo contratual, previsto em caráter exceptivo. Assim, ato do Ministro do Trabalho e Emprego, a Portaria n. 574, de 22 de novembro de 2007, previu a prorrogação do contrato de trabalho temporário mediante justificação, da necessidade transitória de substituição de pessoal regular e permanente excedente ao prazo inicialmente previsto, ou da subsistência das circunstâncias que geraram o acréscimo extraordinário dos serviços. Em 2010, por meio da Portaria n. 550, de 12 de março, foi viabilizada a ampliação injustificada do prazo de vigência do mesmo contrato para até seis meses, com a admissão da hipótese simples de sua prorrogação, limitada a uma única vez, além da hipótese justificada em razão de circunstâncias atinentes à celebração por período superior a três meses. Com a recente Portaria n. 789, de 2 de junho de 2014, do Ministério do Trabalho e Emprego foi estabelecida a possibilidade de, na substituição

(13) Lei n. 6.019, de 3 de janeiro de 1974. Art. 2º Trabalho temporário é aquele pretado por pessoa física a uma empresa, para attender à necessidade transitória de substituição de seu pessoal regular e permanente ou à acrescimo extraordinário de serviços.

(14) COUTINHO, Grijalbo Fernandes. *Terceirização Bancária no Brasil.* Direitos Humanos violados pelo Banco Central. São Paulo: LTr, 2011. p. 144-153.

(15) Lei n. 6.019, de 3 de janeiro de 1974. Art. 10. O contrato entre a empresa de trabalho temporário e a empresa tomadora ou cliente, com relação a um mesmo empregado, não poderá exceder de três meses, salvo autorização conferida pelo órgão local do Ministério do Trabalho e Previdência Social, segundo instruções a serem baixadas pelo Departamento Nacional de Mão de Obra.

transitória de pessoal regular e permanente, o contrato ser pactuado por mais de três meses com relação a um mesmo empregado, até o limite de um período total de nove meses e, na hipótese de acréscimo extraordinário de serviços, ocorrer a prorrogação do contrato de trabalho temporário por até três meses além do prazo legal de três meses. Como se vê, de forma lenta e gradativa, o trabalho temporário tem sido objeto de ampliação de sua duração, o que desfigura sua feição originária.

De outra parte, com a intensificação das privatizações no Brasil, tornou-se urgente o estabelecimento do regime de concessão e permissão da prestação de serviços públicos previsto no art. 175 da Constituição da República[16], o que ocorreu por meio da Lei n. 8.987, de 13 de fevereiro de 1995.

Surgiu, nessa Lei, a autorização a que a concessionária contratasse com terceiros o desenvolvimento de atividades inerentes, acessórias ou complementares ao serviço concedido[17]. Em seguida, a previsão específica aos serviços de telecomunicações por meio da Lei n. 9.472, de 16 de julho de 1997, também se referiu à possibilidade da contratação de terceiros para o desenvolvimento de atividades inerentes[18].

Com o advento dessas normas, a distinção entre atividade-fim e atividade-meio, que já existia nas primeiras leis sobre terceirização e estava retratada na Súmula n. 331, item III[19], do Tribunal Superior do Trabalho, passou ao centro da discussão.

O verbete sumular cuidara desse aspecto, ao considerar regular o vínculo de emprego do trabalhador terceirizado e aludira ao cabimento da terceirização em atividade-meio com prestação de serviços especializados, desde que não se verificassem, quanto ao tomador, os requisitos típicos do contrato de trabalho relativos à pessoalidade e subordinação direta. Ficou, portanto, subjacente da regra do paralelismo, que o trabalho na atividade-fim constituía a terceirização irregular.

Comenta Viana[20] que esse entendimento constante da Súmula, a um só tempo, reforça e restringe a terceirização interna, porquanto a admite mesmo em hipóteses não previstas em lei, sob a exigência de implementação de certos requisitos.

Com efeito, o item III da Súmula n. 331 faz referência expressa à atividade-meio que denota seu oposto: a atividade-fim, surgindo essa distinção como o elemento definidor da legalidade, ou ilegalidade da terceirização. Também adverte Viana que quem exerce uma atividade especializada tende a se encaixar mais na atividade-fim do que na atividade-meio, ponderando que essa distinção, todavia, não causa dúvida em grande parte dos casos[21]. Assim, o Enunciado n. 331, atual e revisada Súmula n. 331, ao substituir o pensamento jurisprudencial anterior sobre a contratação entre empresas, expresso na Súmula n. 256 no sentido de que somente eram regulares as contratações de prestações de serviços previstas nas Leis ns. 6.019/74 e 7.102/83[22], instaurou uma nova dimensão das possibilidades da terceirização, para além da estrita previsão legal.

Nessa linha, quando houve a inclusão, em lei, da expressão atividade inerente, as empresas terceirizantes tomaram-na como um novo elemento da questão que lhes propiciava estender sem medidas suas contratações. Essa visão foi propagada notadamente nas empresas de telecomunicações e de energia elétrica que dela se valeram na busca de estender o procedimento da terceirização.

A iniciativa legislativa, por meio do PL n. 4.330/04, apresentado pelo Deputado Sandro Mabel, ora em tramitação, ao dispor sobre o contrato de prestação de serviço a terceiros e as relações de trabalho dele decorrentes se refere à contratação para realização de serviços, sem configurar vínculo empregatício entre a empresa contratante e os trabalhadores ou sócios das empresas prestadoras de serviços, qualquer que seja o ramo; refere-se também ao contrato de prestação de serviços determinados e

---

(16) Art. 175. Incumbe ao Poder Público, na forma da lei, diretamente ou sob regime de concessão ou permissão, sempre através de licitação, a prestação de serviços públicos. Parágrafo único. A lei disporá sobre: I – o regime das empresas concessionárias e permissionárias de serviços públicos, o caráter especial de seu contrato e de sua prorrogação, bem como as condições de caducidade, fiscalização e rescisão da concessão ou permissão; II – os direitos dos usuários; III – política tarifária; IV – a obrigação de manter o serviço adequado.

(17) Lei n. 8.987, de 13 de fevereiro de 1995. Art. 25, § 1º Sem prejuízo da responsabilidade a que se refere este artigo, a concessionária poderá contratar com terceiros o desenvolvimento de atividades inerentes, acessórias ou complementares ao serviço concedido, bem como a implementação de projetos associados.

(18) Lei n. 9.472, de 16 de julho de 1997. Art. 94. No cumprimento de seus deveres, a concessionária poderá, observadas as condições e limites estabelecidos pela Agência: (...) II – contratar com terceiros o desenvolvimento de atividades inerentes, acessórias ou complementares ao serviço, bem como a implementação de projetos associados.

(19) III – Não forma vínculo de emprego com o tomador a contratação de serviços de vigilância (Lei n. 7.102, de 20.06.1983) e de conservação e limpeza, bem como a de serviços especializados ligados à atividade-meio do tomador, desde que inexistente a pessoalidade e a subordinação direta.

(20) VIANA, Márcio Túlio. A terceirização revisitada — Algumas críticas e sugestões para um novo tratamento da matéria. *Revista LTr, Legislação do Trabalho*, São Paulo, n. 77-06, p. 142-148, fev. 2013.

(21) *Idem*.

(22) Súmula n. 256. Salvo os casos de trabalho temporário e de serviço de vigilância, previstos nas Leis ns. 6.019, de 3.11.1974, e 7.102, de 20.6.1983, é ilegal a contratação de trabalhadores por empresa interposta, formando-se o vinculo empregatício diretamente com o tomador dos serviços.

específicos que podem versar sobre o desenvolvimento de atividades inerentes, acessórias ou complementares à atividade econômica da contratante e estabelece as cláusulas do contrato entre as empresas. Não se encontra, nele, a distinção entre atividades o que denota sua superação, para admitir a terceirização ampla.

Constata-se um movimento que parte da distinção jurisprudencial entre atividade-meio e atividade-fim para superá-la e estabelecer a terceirização ampla. Atenta-se para a advertência de Medeiros(23) de que o texto da Súmula n. 331, pela abstração do texto, instaurou distanciamento interpretativo que ampliou a aplicabilidade da terceirização para, também, nas "atividades meio da empresa" e nos serviços de conservação e limpeza, desde que inexistentes a pessoalidade e a subordinação.

A criação da dicotomia se tornou, pelo uso de conceitos amplos e indeterminados, um campo de disputa acerca da terceirização, digladiando-se os que pretendem, à sombra da flexibilização, torná-la aplicável sem limites, a todas as empresas e a todas as atividades. Todavia, a destruição dessa distinção não pode ser tomada apenas para propiciar a celebração de contratos entre empresas em qualquer ramo e em qualquer atividade. Pode-se atentar para uma outra forma, de modo a que a terceirização somente seja válida quando prevista estritamente em lei.

O Direito do Trabalho é moldado por normas indisponíveis e elas devem ser o norteamento também para a terceirização. Não basta que a contratação se dê entre empresas se dela há necessário ingresso no campo contratual trabalhista. Essa intersecção contratual não pode ser apagada sob pena de, não apenas ingressar em choque com o Direito do Trabalho, mas também de enfrentar conceitos ligados à empresa. Como analisa Frazão(24), a função social da empresa não anula a livre-iniciativa nem inibe as inovações na órbita da empresa, mas tem a finalidade de assegurar que o projeto do empresário seja compatível com o igual direito de todos os membros da sociedade de realizarem seus projetos de vida, de forma que o fim da empresa é o de proporcionar benefícios para todos os envolvidos na atividade, e portanto os empregados.

Os limites da terceirização são o centro do debate atual sobre essa modalidade de gestão de pessoas na empresa, e por seu nítido cunho interpretativo, tem destaque o pensamento jurisprudencial a respeito.

4. Os limites da terceirização no enfoque da atividade

Estabelecer os limites da terceirização se tornou necessário, uma vez que as duas leis existentes sobre a matéria, disciplinando os contratos dessa natureza, apresentavam enfoque opostos: na Lei do trabalho temporário, o elemento central é o tempo, de sorte que poderia ocorrer em todas as atividades, surgindo em sua regulamentação, a exigência de que se tratasse de pessoal especializado(25); na lei de contratação de segurança patrimonial, era destacada uma atividade específica, todavia pertinente à genérica exigência de segurança que caracteriza o nosso tempo, a sociedade de risco.

Ora, estabelecer a atividade-meio como a forma da contratação terceirizada que tem objeto lícito significou uma posição que prestigiou a lei específica, isto é, aquele em que a atividade era permanente, mas era restrita à vigilância e segurança patrimonial. O sistema administrativo público ofereceu, para as licitações, uma definição de serviços, por meio do Decreto-lei n. 2.300/86(26), considerando para aqueles fins "toda atividade realizada direta ou indiretamente, tais como demolição, fabricação, conserto, instalação, montagem, operação, conservação, reparação, manutenção, transporte, comunicação ou trabalhos técnicos profissionais". O mesmo ocorreu na Lei n. 8.666/93(27).

Coube à jurisprudência afirmar as hipóteses de terceirização regular, reconhecendo e apontando situações de terceirização em atividade-fim e as rejeitando.

São exemplos desse procedimento as contratações de prestação de serviços de transporte, de plantio, de embalagem, de abate e desossa de animais, de remoção e acondicionamento do produto.

Sua análise, em decisões proferidas pelo Tribunal Superior do Trabalho, aponta rejeição de: contratação de serviços de transporte, uma vez que a atividade-fim da empresa,

(23) MEDEIROS, Benizete Ramos. As terceirizações no Brasil e o método interpretativo de Ronald Dworkin. *Revista LTr, Legislação do Trabalho*, São Paulo, n. 78-01, p. 27, jan. 2014.

(24) FRAZÃO, Ana de Oliveira. A ordem econômica constitucional e os contornos da proteção do trabalhador. *In:* SARLET. Ingo Wolfgang. MELLO FILHO, Luiz Philippe de; FRAZÃO, Ana de Oliveira (Coords.). *Diálogos entre o direito do trabalho e o direito constitucional:* estudos em homenagem a Rosa Maria Weber. São Paulo: Saraiva, 2014.

(25) Decreto n. 73.841, de 13 de março de 1974. Art. 2]. A empresa de trabalho temporário tem por finalidade colocar pessoal especializado, por tempo determinado, à disposição de outras empresas que dele necessite.

(26) Decreto-lei n. 2.300, de 21 de novembro de 1986. Dispõe sobre licitações e contratos da Administração Federal e dá outras providências.

(27) Lei n. 8.666, de 13 de fevereiro de 1995. Art. 6º. Para os fins desta Lei, considera-se: (...) II – Serviço — toda atividade destinada a obter determinada utilidade de interesse para a Administração, tais como: demolição, conserto, instalação, montagem, operação, conservação, reparação, adaptação, manutenção, transportes, locação de bens, publicidade, seguro ou trabalhos técnico-profissionais; (...).

segundo seu contrato social, é a fabricação, distribuição, venda e comércio atacadista de bebidas (AIRR-40200-76.2009.5.01.0003, 7ª Turma, relator Ministro Ives Gandra Martins Filho, DEJT 1º.6.2012); contratação de serviços de empilhamento dos produtos fabricados pela tomadora de serviços para distribuição no comércio, que ela também promove (AIRR-165700-81.2009.5.03.00138, 7ª Turma, relatora Ministra Delaíde Miranda Arantes, DEJT 29.6.2012); contratação pela produtora e distribuidora do transporte de bebidas (AIRR-102400-44.2009.5.04.0001, 8ª Turma, relatora Ministra Dora Maria da Costa, DEJT 23.8.2013).

No tocante à atividade de plantio, colhem-se à amostragem: o objeto do contrato celebrado pelas reclamadas foram as atividades de plantio de eucalipto nas áreas de propriedade da tomadora ou por ela arrendadas (RR-26400-05.2009.5.04.0841, 2ª Turma, relator Ministro José Roberto Freire Pimenta, DEJT 31.8.2012); a realização de trabalhos concernentes à atividade econômica da instituição produtora de mudas e outras formas de propagação vegetal (AIRR-475-05.2012.5.08.0125, 3ª Turma, relator Ministro Mauricio Godinho Delgado, DEJT 11.10.2013); o objeto do contrato celebrado pelas reclamadas é a prestação de serviços que se relacionam ao plantio e conservação de árvores, que posteriormente são utilizadas pela tomadora de serviços como matéria-prima, tendo a reclamada por objeto social a indústria e comércio, no atacado e no varejo de celulose, papel, papelão e quaisquer outros produtos derivados desses materiais (RR-4200-94.2009.5.04.0811, 2ª Turma, relator Ministro José Roberto Freire Pimenta, DEJT 20.6.2014); o objeto contratual é a colheita de laranja nos períodos de safra, sendo indissociável da atividade-fim da empresa beneficiária do trabalho (E-RR-717555-69.2000.5.15.5555, Subseção I Especializada em Dissídios Individuais, relator Ministro João Oreste Dalazen, DEJT 15.4.2005).

A prestação de serviços para embalagem de produtos também foi considerada como contratação de atividade-fim e, como tal, infensa à terceirização: o contrato tendo por objeto o acondicionamento dos produtos alimentícios nas embalagens, correspondendo ao segmento final da atividade produtiva (RR-217900-49.2007.5.09.0015, 4ª Turma, relator Ministro Fernando Eizo Ono, DEJT 1º.2.2013); empacotamento de chocolates como serviços integrantes de parte da linha de produção (AIRR-1398-74.2010.5.15.0038, 6ª Turma, relator Ministro Aloysio Corrêa da Veiga, DEJT 26.10.2012). Situação particular, nesta área, ocorreu com o exame do modo da realização do serviço, o contrato de prestação de serviços tinha por objeto o fornecimento e execução pela contratada dos serviços de administração de almoxarifado de embalagens descartáveis, manuseio de embalagens retornávaeis e serviços de embalagem de componentes para o mercado de reposição, que, cotejado ao objeto social da tomadora de serviços, por consistir em fabricação, comercialização, importação e exportação de, (as) partes, peças componentes, acessórios, conjuntos e subconjuntos para motores e veículos automotores, produtos de utilidade doméstica, produtos de mecânica de precisão e de alta precisão entre outros, levou à conclusão de que se tratava de atividade-meio, embora fosse permanente e necessário à atividade, mas, houvera a pessoalidade e, notadamente a subordinação pois a tomadora auxiliava na fiscalização do trabalho da autora, dando ordens diretas, verificando o serviço executado mediante *cheque list* por ela fornecido (AIRR-1620-87.2011.5.09.0001, 2ª Turma, relator Ministro José Roberto Freire Pimenta, DEJT 23.5.2014).

Também foi perscrutado como atividade-fim e terceirização irregular em: processo industrial e contratação de parte dele em situações como: contrato de prestação de serviços em que a prestadora tinha por obrigação o abate e desossa de 900 suínos por dia útil, devendo entregar o produto em condições de comercialização, de acordo com as orientações da tomadora e as especificações sanitárias federais, cabendo à tomadora entregar a matéria-prima e exercer controle desde o descarregamento até o acondicionamento dos produtos em caminhões frigoríficos já embalados para venda (AIRR-207400-90.2009.5.04.0661, 2ª Turma, relator Desembargador Convocado Valdir Florindo, DEJT 25.10.2013); em outro contrato, atinente à produção e caracterizado como contrato de parceria, a contratante se obrigou a fornecer aves de um dia para serem criadas e terminadas até atingirem o peso ideal para atenderem às necessidades do mercado, fornecendo também ração, vacinas, medicamentos, assistência técnica e veterinária cabendo ao contratado criador disponibilizar os equipamentos e mão de obra para apanha e carregamento, havendo cláusula de preferência na venda das aves, sendo então concluídos que esses serviços, executados pela reclamante, através da contratada, estavam relacionados à atividade-fim da tomadora (Ag-AIRR-892-67.2010.5.09.0749, 3ª Turma, relator Ministro Alberto Luiz Bresciani de Fontan Pereira, DEJT 9.8.2013). Na mesma linha foi interpretada a contratação de atividades consistentes em remoção de estéril e de rocha, acondicionamento e movimentação interna do produto acabado, como atividades ligadas ao processo produtivo da empresa mineradora e como tal havendo terceirização de atividade-fim (E-ED-RR-19600-90.2008.5.03.0010, Subseção I Especializada em Dissídios Individuais, relator Ministro Augusto César Leite de Carvalho, DEJT 16.8.2013).

Este mosaico mostra que, sob várias formas e nas mais diferentes atividades, é realizada a terceirização da atividade-fim. A vedação erigida pela jurisprudência tem o objetivo de evitar que o negócio seja explorado sem a assunção do risco, elemento da atividade econômica e assegurar que o trabalho humano, que igualmente integra o conjunto da produção, seja desvalorizado.

Sendo essencialmente jurisprudencial o campo em que se estabeleceu a distinção entre atividade-fim e atividade--meio, houve uma tentativa ambígua de anular ou reduzir os traços dessa dicotomia nas leis que dispuseram sobre a concessão de serviços públicos e sobre alguns desses serviços. A expressão "atividades inerentes" ocupou o debate. Ele pode ser visto em decisão proferida pelo Tribunal Superior do Trabalho, Subseção I de Dissídios Individuais. Os fatos do julgado, objeto de ação civil pública ajuizada pelo Ministério Público do Trabalho consistiam em contratação de construção e reforma de redes de energia elétrica, manutenção de emergência em redes de energia elétrica, serviços técnicos comerciais e manutenção em redes energizadas e desenergizadas, por empresa do ramo de energia elétrica. Nesse julgado[28], tendo como pano de fundo a terceirização realizada por empresa do ramo de energia elétrica, foi destacado que a Lei n. 8.987/95 tem regência no âmbito administrativo e, ao tratar, no art. 25, da contratação com terceiros de atividades inerentes, acessórias ou complementares ao serviço concedido não autoriza a terceirização da atividade-fim, uma vez que ela não dispõe sobre matéria trabalhista. Também foi apontada a norma do parágrafo único do art. 31 e a menção aí existente às relações das concessionárias com terceiros, entendida como abrangente do trabalhador da empresa concessionária e dos trabalhadores das empresas contratadas pela concessionária[29].

Consignou, no acórdão, à luz do pensamento de Canaris e da existência de uma lacuna de colisão, como contradição de valores, que a resposta a ser dada a essa colisão só pode decorrer do problema, dos fatos relevantes, analisados topicamente, sob o signo da operabilidade, pois o termo "atividade-fim" não conceitua, apenas delimita, mas tem um caráter genérico que a torna um conceito indeterminado. Assinalou que:

> De outro giro, a terceirização na esfera finalística das empresas, além de atritar com o eixo fundamental da legislação trabalhista, como afirmado, traria consequências imensuráveis no campo da organização sindical e da negociação coletiva. O caso dos autos é emblemático, na medida em que a empresa reclamada, atuante no setor de energia elétrica, estaria autorizada a terceirizar todas as suas atividades, quer na área fim, quer na área meio. Nessa hipótese, pergunta-se: a CELG, apesar de beneficiária final dos serviços prestados, ficaria totalmente protegida e isenta do cumprimento das normas coletivas pactuadas, por não mais responder pelas obrigações trabalhistas dos empregados vinculados aos intermediários? Não resta dúvida de que a consequência desse processo seria, naturalmente, o enfraquecimento da categoria profissional dos eletricitários, diante da pulverização das atividades ligadas ao setor elétrico e da consequente multiplicação do número de empregadores. Todas essas questões estão em jogo e merecem especial reflexão.

Noutra ocasião, o tema foi suscitado quanto à situação dos serviços de instalação e manutenção de redes telefônicas, nos quais são empregados os instaladores, reparadores de rede, cabistas[30]. A Corte Superior Trabalhista fixou que o serviço de instalação e manutenção de linhas telefônicas é atividade-fim, e não atividade-meio das empresas concessionárias do serviço de telecomunicações, mediante a interpretação do art. 60, § 1º da Lei de regência. Partindo do conceito, nele enunciado de que o serviço de telecomunicações é o conjunto de atividades que possibilita a oferta de telecomunicações por intermédio de transmissão, emissão ou recepção de símbolos, caracteres, sinais, escritos, imagens, sons ou informações de qualquer natureza, considerou que "*a prestação de serviços vinculados à implantação e manutenção de redes de acesso, equipamentos e sistema de telecomunicações está inserida nas atividades essenciais da empresa*" pois o intuito primordial das empresas de telecomunicação não é somente a telecomunicação propriamente dita, mas igualmente o oferecimento dos serviços de telecomunicação à sociedade, o que é possibilitado pela atividade de instalação e manutenção de linhas telefônicas.

Outra celeuma que envolve a concepção de terceirização, como atividade-fim ou atividade-meio, encontra-se nas situações relativas ao *call center*. A esse respeito, o Tribunal Superior do Trabalho[31] afirmou, mais uma vez, que se tratava da atividade-fim, entendimento retirado da Corte em face das empresas de telecomunicações em contratos

(28) Processo: E-RR-586.341/1999. Data de Julgamento: 28.5.2009, relator Ministro: Luiz PhillippeVieira de Melo Filho, SBDI-1, Data de Publicação: DEJT 16.10.2009.

(29) Note-que a expressão atividades inerentes, constante do § 1º do art. 25 da Lei n. 8.987/95 é apontada como "expressão polissêmica e marcantemente imprecisa que pode ser compreendia em várias acepções" (Processo: RR-58200.94.2006.5.09.0072, Data de Julgamento: 2.10.2013, relator Ministro José Roberto Freire Pimenta, 2ª Turma, Data de publicação: DEJT 11.10.2013); também recebeu a leitura de que "A contratação permitida é com terceiros e não de terceiros." (Processo: RR-355.91.2011.5.03.01.06. Data de Julgamento: 2.4.2014, relator Ministro: Luiz Phillippe Vieira de Melo Filho, 7ª Turma, Data de Publicação: DEJT: 4.4.2014).

(30) Processo: RR-58200-94.2006.5.09.0072. Data de Julgamento: 2.10.2013, telator Ministro: José Roberto Freire Pimenta, 2ª Turma, Data de Publicação: DEJT 11.10.2013.

(31) Processo: AIRR-2044-57.2012.5.03.0003. Data de Julgamento: 19.2.2014, relator Ministro: Luiz Philippe Vieira de Mello Filho, 7ª Turma, Data de Publicação: DEJT 21.2.2014.

dessa natureza. Assim, considerou que os atendentes do sistema são aproveitados em funções essenciais para o funcionamento da empresa. Para tanto, deu ressonância, à luz dos precedentes da Corte, ali citados, que o art. 3º, inciso IV, da Lei n. 9.472/1997 conferia ao usuário de serviços de telecomunicações o direito à informação adequada sobre as condições de prestações de serviços, suas tarifas e preços, atividade realizada em conformidade às normas de proteção do consumidor.

A propósito, Viana observa que o caso da atividade dos *call centers* pode ser visto como um caso fronteiriço e propõe uma solução que reputa bem simples: aplicação do princípio da interpretação mais favorável ao trabalhador para concluir que a atividade é fim.(32)

O estado atual da questão mostra a tendência jurisprudencial a restringir o conceito de atividade-meio, desautorizando inserções que, em última análise, a ela reduzem todas as situações, esvaziando a um tempo a distinção e seus efeitos, haja vista que, no caso da atividade-meio, a terceirização é considerada ilícita.

Ora, na Súmula n. 331, do Tribunal Superior do Trabalho encontra-se, *verbis*:

> Súmula n. 331. Contrato de Prestação de Serviços. Legalidade (nova redação do item IV e inseridos os itens V e VI à redação) - Res. n. 174/2011, DEJT divulgado em 27, 30 e 31.5.2011.
>
> I - A contratação de trabalhadores por empresa interposta é ilegal, formando-se o vínculo diretamente com o tomador dos serviços, salvo no caso de trabalho temporário (Lei n. 6.019, de 3.1.1974).
>
> II - A contratação irregular de trabalhador, mediante empresa interposta, não gera vínculo de emprego com os órgãos da Administração Pública direta, indireta ou fundacional (art. 37, II, da CF/1988).
>
> III - Não forma vínculo de emprego com o tomador a contratação de serviços de vigilância (Lei n. 7.102, de 20.6.1983) e de conservação e limpeza, bem como a de serviços especializados ligados à atividade-meio do tomador, desde que inexistente a pessoalidade e a subordinação direta.

Medeiros entende que a Súmula leva à ampliação da terceirização pois a admitiu também nas atividades-meio da empresa e nos serviços de conservação e limpeza, a despeito de norma específica que apontava para uma não utilização ampla(33).

A fisionomia da terceirização aferida nos julgados do Tribunal Superior do Trabalho, de modo a lhe estabelecer um patamar civilizatório segundo paradigmas sociais e democráticos tornou renhido o debate sobre os limites da terceirização, isto é, o reconhecimento de sua regularidade apenas na atividade-meio, e o contrato como fonte de relação jurídica.

5. A discussão sobre os limites da terceirização: questão de relevância

A questão assume novo contorno com a decisão proferida pelo Supremo Tribunal Federal, ao declarar Repercussão Geral(34) no Recurso Extraordinário com Agravo n. 713.211 — Minas Gerais, Relator o sr. Ministro Luiz Fux. Nesse recurso, interposto pela empresa Celulose Nipo Brasileira S/A — Cenibra, o Plenário reputou constitucional a questão sobre a liberdade de contratar ante a delimitação da terceirização em face do que constitui atividade-fim. Consignou na decisão proferida:

> MANIFESTAÇÃO DE REPERCUSSÃO GERAL. RECURSO EXTRAORDINÁRIO COM AGRAVO. ADMINISTRATIVO. AÇÃO CIVIL PÚBLICA. POSSIBILIDADE DE TERCEIRIZAÇÃO E SUA ILICITUDE, CONTROVÉRSIA SOBRE A LIBERDADE DE TERCEIRIZAÇÃO. FIXADA DE PARÂMETROS PARA A IDENTIFICAÇÃO DO QUE REPRESENTA ATIVIDADE FIM. POSSIBILIDADE.
>
> 1 - A proibição genérica de terceirização calcada em interpretação jurisprudencial do que seria atividade fim pode interferir no direito fundamental de livre iniciativa, criando em possível ofensa direta ao art. 5º, inciso II, da CRFB, obrigação não fundada em lei capaz de esvaziar a liberdade do empreendedor de organizar sua atividade empresarial de forma lícita e da maneira que entenda ser mais eficiente.
>
> 2 - A liberdade de contratar prevista no art. 5º, II, da CF é conciliável com a terceirização dos serviços para o atingimento do exercício-fim da empresa.
>
> 3 - O *thema decidendum, in casu*, cinge-se à delimitação das hipóteses de terceirização de mão de obra diante do que se compreende por atividade-fim, matéria de índole constitucional, sob a ótica da liberdade de contratar, nos termos do art. 5º, inciso II, da CRFB.
>
> 4 - Patente, assim, a repercussão geral do tema, diante da existência de milhares de contratos de terceirização de mão de obra em que subsistem dúvidas quanto à sua legalidade, o que poderia ensejar condenações expressivas por danos morais coletivos semelhantes àquela verificada nestes autos.
>
> 5 - Diante do exposto, manifesto-me pela existência de Repercussão Geral do tema, *ex vi* art. 543, CPC.

Assim, a discussão sobre os limites da terceirização, sob a compreensão do que é atividade-fim foi considerada

(32) VIANA, Márcio Túlio. A terceirização revisitada — Algumas críticas e sugestões para um novo tratamento da matéria. *In: Revista LTr, Legislação do Trabalho*, São Paulo, n. 77-06, p. 142-148, fev. 2013.

(33) MEDEIROS, Benizete Ramos. As terceirizações no Brasil e o método interpretativo de Ronald Dworkin. *Revista LTr, Legislação do Trabalho*, São Paulo, n. 78-01, p. 27, jan. 2014.

(34) Repercussão geral é procedimento previsto no art. 102, § 3º da Constituição da República (decorrente da EC n. 45/2004) pelo qual o recorrente deverá demonstrar, para a admissibilidade do recurso extraordinário, a repercussão geral da questão constitucional debatida. Essa questão, conforme art. 543-A, § 1º, do Código de Processo Civil, consistirá na existência de questões relevantes do ponto de vista econômico, político, social ou jurídico, que ultrapassem os interesses subjetivos da causa.

uma questão de repercussão geral, mediante seu enquadramento na exigência de questão relevante do ponto de vista econômico, político, social ou jurídico, que ultrapassa os interesses subjetivos da causa porque são muito numerosos os contratos em que ela é realizada, o que causa danos morais coletivos.

6. Conclusão

A terceirização, apesar de seus avanços sobre as relações de trabalho, as quais modificou e relativizou, permanece como mecanismo de gestão das empresas e meio de intensificação da atividade e obtenção do lucro. Em suas três faces, duas espécies de contrato se interligam: o contrato de trabalho, sob visa à proteção do trabalhador sob ao primado constitucional do direito ao trabalho digno, como tal o trabalho com proteção social; e o contrato civil, que é o meio clássico de circulação de bens, propriedades e riqueza, mas com a superação do dito voluntarista de Fouillé: quem diz contratual, diz justo. A natureza social do Direito preside a ambos: ao trabalho como valor na República do Brasil; ao contrato como função.

Atualmente, três enfoques dividem o pensamento sobre terceirização nas relações de trabalho: sua limitação às hipóteses legais, encontrada no pensamento doutrinário e que implica a exigência de lei para autorizar a celebração, em atividade determinadas, de contratos de prestação de serviços específicos; sua apreciação, caso a caso, considerando as especificidades sob a distinção jurisprudencial entre atividade-fim e atividade-meio; sua adoção ampla, mediante a iniciativa legislativa.

O uso das cláusulas e conceitos indeterminados é pertinente à sociedade atual, cuja configuração jurídica é dada por uma pauta de valores. Em razão da proteção social ao trabalho, a terceirização não pode ser adotada de forma ampla. A preservação dos direitos sociais é uma garantia para que seja realizada a promessa constitucional de uma sociedade livre, justa e solidária. Esses três conceitos exigem para seu alcance o respeito aos direitos sociais. A terceirização desatende a esses direitos, pois imprime, nas relações de trabalho, a instabilidade. No cenário jurídico, ela representa uma fórmula excepcional e, como tal, deve ser interpretada caso a caso sendo afastada sempre que, de sua utilização, decorra a afronta aos direitos sociais plenos, de índole constitucional. A promoção dos direitos da pessoa humana, nas relações de trabalho, enriquece o debate sobre a terceirização para recusar validade a procedimentos que amesquinhem os direitos sociais.

O confronto entre o princípio da liberdade que informa os contratos e o imperativo da igualdade que assegura a todos os trabalhadoes os mesmos direitos sociais de sua condição exige o equilíbrio das duas posições a se dar mediante enfoque que prestigie o valor central da Constituição da República: o princípio da dignidade da pessoa humana.

7. Referências bibliográficas

BARROSO, Fábio Túlio. Internacionalização das Relações de Trabalho. *Jornal Carta Forense*, maio 2011. Disponível em: <www.cartaforense.com.br>.

_______. *Direito Flexível do Trabalho*. Abordagens Críticas. Recife: Editora Universitária da UFPE, 2009.

_______. *Novo Contrato de Trabalho por Prazo Determinado*. 1. ed., 2.tir. Curitiba: Juruá, 2005.

BRASIL. *Decreto-lei n. 1034, de 21 de outubro de 1969*. Dispõe sobre medidas de segurança para Instituições Bancárias, Caixas Econômicas e Cooperativas de Créditos e dá outras providências. Disponível em: <http://www4.planalto.gov.br> Acesso em: 17 jun. 2014.

_______. *Lei n. 6.019, de 3 de janeiro de 1974*. Dispõe sobre o Trabalho Temporário nas Empresas Urbanas, e dá outras providências. Disponível em: <http://www4.planalto.gov.br> Acesso em: 17 jun. 2014.

_______. *Lei n. 7.102, de 20 de junho de 1983*. Dispõe sobre a segurança para estabelecimentos financeiros, estabelece normas para constituição e funcionamento das empresas particulares que exploram serviços de vigilância e de transporte de valores, e dá outras providências. Disponível em: <http://www4.planalto.gov.br> Acesso em: 17 jun. 2014.

_______. *Decreto-lei n. 2.300, de 21 de novembro de 1986*. Dispõe sobre licitações e contratos da Administração Federal e dá outras providências. Disponível em: <http://www4.planalto.gov.br> Acesso em: 7 jul. 2014.

_______. *Lei n. 8.987, de 13 de fevereiro de 1995*. Dispõe sobre o regime de concessão e permissão da prestação de serviços públicos previsto no art. 175 da Constituição Federal, e dá outras providências. Disponível em: <http://www4.planalto.gov.br> Acesso em: 17 jun. 2011.

_______. *Lei n. 8.666, de 16 de julho de 1997*. Regulamenta o art. 37, inciso XXI, da Constituição Federal, institui normas para licitações e contratos da Administração Federal e dá outras providências. Disponível em: <http://www4.planalto.gov.br> Acesso em: 7 jul. 2014.

_______. *Lei n. 9.472, de 16 de julho de 1997*. Dispõe sobre a organização dos serviços de telecomunicações, a criação e funcionamento de um órgão regulador e outros aspectos institucionais, nos termos da Emenda Constitucional n. 8, de 1995. Disponível em: <http://www4.planalto.gov.br> Acesso em: 17 jun. 2014.

_______. *Constituição da República Federativa do Brasil*. Disponível em: <http://www4.planalto.gov.br> Acesso em: 17 jun. 2014.

_______. *Lei n. 11.196, de 21 de novembro de 2005*. Institui o Regime Especial de Tributação para a Plataforma de Exploração de Serviços de Tecnologia da Informação — REPES, o Regime Especial de Aquisição de Bens de Capital para Empresas Exportadoras 3 RECAP e o Programa de Inclusão Digital; dispõe sobre incentivos fiscais para a inovação tecnológica; altera o Decreto-lei n. 288, de 28 de fevereiro de 1967, o Decreto n. 70.235, de 6 de março de 1972, o Decreto-lei n. 2.287, de 23 de julho de 1986, as Leis n.s 4.502, de 30 de novembro de 1964, 8.212, de 24 de julho de 1991, 8.245, de 18 de outubro de 1991, 8.387, de 30 de dezembro de 1991, 8.666, de 21 de junho de 1993, 8.981, de 20 de janeiro de 1995, 8.987, de 13 de fevereiro de 1995, 9.989, de 24 de fevereiro de 1995, 9.249, de 26 de dezembro de 1995, 9.250, de 26 de dezembro de 1995, 9.311, de 24 de outubro de 1996, 9.317, de 5 de dezembro de 1996, 9.430, de 27 de dezembro de 1996, 9.718, de 27 de novembro de 1998, 10.336, de 19 de dezembro de 2001, 10.438, de 26 de abril de 2002, 10.485, de 3 de julho de 2002, 10.637, de 30 de dezembro de 2002, 10.755, de 3 de novembro de 2003, 10.833, de 29 de dezembro de 2003, 10.685, de 30 de abril de 2004, 10.925, de 23 de julho de 2004, 10.931, de 2 de agosto de 2004, 11.033, de 21 de dezembro de 2004, 11.051, de 29 de dezembro de 2004, 11.053, de 29 de dezembro de 2004, 11.101, de 9 de fevereiro de 2005, 11.128, de 28 de junho de 2005, e a Medida Provisória n. 2.199-14, de 24 de agosto de 2001; revoga a Lei n. 8.661, de 28 de junho de 2005, e dispositivos das Leis n.s 8.668, de 25 de junho de 1993, 8.981, de 20 de janeiro de 1995, 10.637, de 30 de dezembro de 2002, 10.755, de 3 de novembro de 2003, 10.865, de 30 de abril de 2004, 10.931, de 2 de agosto de 2004 e da Medida Provisória n. 2.158-35, de 24 de agosto de 2001; e dá outras providências disponível em: <http://www4.planalto.br/legislacao/legislação> Último acesso em: 17 jun. 2014.

________. Ministério do Trabalho e Emprego. *Portaria n. 789, de 2 de junho de 2014*. Disponível em: <http://portal.mte.gov.br/legislacao/portaria> Acesso em: 4 jul. 2014, 13:51 h.

________. Ministério do Trabalho e Emprego. *Portaria n. 550, de 12 de março de 2010*. Disponível em: <http://portal.mte.gov.br/data/files> Acesso em: 17 jun. 2014.

________. Ministério do Trabalho e Emprego. *Portaria n. 574, de 22 de novembro de 2007*. Disponível em: <www.normaslegais.com.br/legislacao/portariamte574 2007.htm> Acesso em: 17 jun. 2014.

________. *Medida Provisória n. 2.164-41, de 24 de agosto de 2001*. Altera a Consolidação das Leis do Trabalho — CLT, para dispor sobre o trabalho a tempo parcial, a suspensão do contrato de trabalho e o programa de qualificação profissional, modifica as Leis ns. 4.923, de 23 de dezembro de 1965, 5.889, de 8 de junho de 1973, 6.321, de 14 de abril de 1976, 6.494, de 7 de dezembro de 1977, 7.998, de 11 de janeiro de 1990, 8.036, de 11 de maio de 1990 e 9.601, de 21 de janeiro de 1998 e dá outras providências. Disponível em: <www4.planalto.gov.br/legislação> Acesso em: 17 jun. 2014.

________. *PL-4330/04*. Disponível em: <www.camara.gov.br/proposicoesWeb/fichadetramitacao?idProposicao+359983> Acesso em: 17 jun. 2014.

CATHARINO, José Martins. *Neoliberalismo e sequela*. São Paulo: LTr, 1997.

COUTINHO, Grijalbo Fernandes. *Terceirização Bancária no Brasil*. Direitos Humanos violados pelo Banco Central. São Paulo: LTr, 2011.

DELGADO, Mauricio Godinho. *Capitalismo, Trabalho e Emprego*. São Paulo: LTr, 2006.

FRAZÃO, Ana de Oliveira. A ordem econômica constitucional e os contornos da proteção do trabalhador. In: SARLET, Ingo Wolfgang; MELLO FILHO, Luiz Philippe de; FRAZÃO, Ana de Oliveira (Coords.). *Diálogos entre o Direito do Trabalho e o Direito Constitucional:* estudos em homenagem a Rosa Maria Weber. São Paulo: Saraiva, 2014.

MEDEIROS, Benizete Ramos. As terceirizações no Brasil e o método interpretativo de Ronald Dworkin. *Revista LTr, Legislação do Trabalho*, São Paulo, n. 78-01, jan. 2014.

MONEREO PÉREZ, José Luis. *Introducción al nuevo Derecho del Trabajo*. Una reflexión crítica sobre el Derecho flexible del Trabajo. Valencia: Tirant Lo Blanch, 1996.

NEVES DELGADO, Gabriela. *Terceirização*. Paradoxo do Direito do Trabalho Contemporâneo. São Paulo: LTr, 2003.

OLIVEIRA, Christiana d'Arc Damasceno. *(O) Direito do Trabalho contemporâneo*. São Paulo: LTr, 2010.

PROSCURCIN, Pedro. *Compêndio de Direito do Trabalho: introdução às relações de trabalho em transição à nova era tecnológica*. São Paulo: LTr, 2007.

SARLET, Ingo. *A eficácia dos direitos fundamentais*. Uma teoria geral dos direitos fundamentais na perspectiva constitucional. 10. ed. Porto Alegre: Livraria do Advogado, 2009.

SENNET, Richard. *A corrosão do caráter*. Consequências pessoais do trabalho no novo capitalismo. Trad. de Marcos Santarrita. Rio de Janeiro: Record, 1999.

SUPREMO TRIBUNAL FEDERAL. Repercussão geral no Recurso Extraordinário com Agravo 713.211-Minas Gerais, rel. Ministro Luiz Fux. Disponível em: <www.stf.jus.br> Acesso em: 1º jul. 2014, 16:06h.

TRIBUNAL SUPERIOR DO TRABALHO. RR – 355.91.2011.5.03.0106. Data de Julgamento: 2.4.2014, relator Ministro: Luiz Phillippe Vieira de Mello FIlho, 7ª Turma, Data de Publicação: DEJT 4.4.2014. Disponível em: <www.aplicação5.tst.jus.br/consultaunificada2/inteiroteor> Acesso em: 4 jul. 2014, 17:16 h.

________. RR-58200-94.2006.5.09.0072. Data de Julgamento: 2.10.2013, relator Ministro: José Roberto Freire Pimenta, 2ª Turma, Data de Publicação: DEJT 11.10.2013. Disponível em: <www.aplicação5.tst.jus.br/consultaunificada2/inteiroteor> Acesso em: 4 jul. 2014, 17:16 h.

________. RR-568200-61.2008.5.12.0034. 6ª Turma. Relator Ministro Aloysio Corrêa da Veiga. Disponível em: <www.aplicação5.tst.jus.br/consultaunificada2/inteiroteor> Acesso em: 9 jan. 2012, 17:16 h.

________. E-RR-586.341/1999.4. Data de Julgamento: 28.5.2009, relator Ministro: Luiz PhillippeVieira de Melo Filho, SBDI-1, Data de Publicação: DEJT 6.6.2009.

________. AIRR-1282-91.201.5.03.0009. 7ª Turma. Relator Ministro Ives Gandra Martins Filho. Disponível em: <www.aplicação5.tst.jus.br/consultaunificada2/inteiroteor> Acesso em: 9 jan. 2012, 17:16 h.

VIANA, Márcio Túlio. A terceirização revisitada – Algumas críticas e sugestões para um novo tratamento da matéria. *Revista LTr, Legislação do Trabalho*, São Paulo, n. 77-02, fev. 2013.

Neoliberalismo e Extrajudicialização dos Conflitos Trabalhistas

Roberta Corrêa de Araujo(*)

1. Introdução

O capitalismo se reinventa em cada ciclo de crises enfrentadas, revigorando-se sob novas e aperfeiçoadas formas e roupagens. Assim é que o Estado capitalista atual sob a nova roupagem do ideário neoliberal consolidou-se no sentido de operar a desconstrução do capitalismo do *Welfare State*. Seu discurso consiste num repertório de contrapontos a cada elemento da fórmula keynesiana. Redução fiscal, privatização, despatrimonialização, desregulamentação e flexibilização de normas trabalhistas, tal é o perfil do Estado neoliberal.

Neste contexto, o trabalhador se vê inserido em grandes e constantes desafios para se adequar às exigências da competitividade do mercado global, aliar-se às novas tecnologias e resguardar direitos historicamente e arduamente conquistados diante de um ambiente em permanente transformação.

O discurso da reforma da legislação trabalhista com vistas à sua adequação às novas exigências do desenvolvimento nacional tem ocupado posição de destaque nos debates do Direito do Trabalho e na pauta ideológica do neoliberalismo. Para tal desiderato, defendem-se alterações no marco normativo constitucional e infraconstitucional, precarizando as relações de trabalho e fomentando meios de conciliação extrajudicial dos conflitos trabalhistas.

Neste ambiente, delineia-se um cenário de reordenação e reestruturação dos sindicatos, que dia a dia são enfraquecidos em seu perfil combativo e na sua feição representativa dos interesses das categorias profissionais. Tal se dá porque este processo de reestruturação capitalista, no qual o capital financeiro eleva-se hegemônico e determinante na nova dinâmica de acumulação flexível leva a um redimensionamento da conjuntura política da luta de classes, restringindo-a quase a uma pauta de variáveis de sobrevivência e manutenção da classe trabalhadora.

Não se pode perder de vista, nesse contexto que o Direito do Trabalho reveste-se de crucial importância para a vida social em vista dos contornos políticos e econômicos que são inerentes à natureza da relação que visa tutelar e para a viabilidade do próprio regime capitalista e equilíbrio da relação capital/trabalho e, por conseguinte, da paz social.

Os valores e princípios de proteção ao trabalho devem ser preservados, aperfeiçoados, conformados aos novos tempos e não alijados ou desprezados.

O esforço neoliberal por afastar o estado das relações individuais de trabalho, eliminando e flexibilizando direitos dos trabalhadores protegidos por lei não parece um bom caminho para o equilíbrio social e a história já comprovou isso. A valorização do trabalho humano, seja sob que modalidade for, deve ser compreendida como forma de realização do ideal de justiça social nas relações de trabalho e a função central do Direito do Trabalho não pode ser apreendida sob uma ótica meramente individualista, enfocando o trabalhador isolado, mas a própria relação entre o capital e o trabalho. A busca pelo ideal de justiça social passa necessariamente pelos ditames que guiam a ordem econômica e requer um equilíbrio entre os dois polos de desenvolvimento das relações econômico-sociais. Daí a relevância da tutela estatal sobre as relações de trabalho, inclusive no que tange a presença da jurisdição trabalhista em face dos conflitos decorrentes dessa relação.

2. O neoliberalismo

A história das ideias políticas no século XIX e início do século XX foi marcada pela intensa disputa em torno da questão democrática e pelo confronto entre as tendências políticas dominantes na época, o liberalismo de um lado e o socialismo de outro. Nos séculos XVII e XVIII a ascensão política da burguesia, as ideias liberais e humanistas e a necessidade de reestruturação da organização política em face das novas demandas do modelo capitalista de produção, suscitaram os movimentos revolucionários liberais que levaram à superação do absolutismo monárquico e a instauração do Estado Liberal.

Nesse modelo estatal, o liberalismo articula-se com a emergência da burguesia enquanto sujeito político, consolidando as bases teórico-culturais que vão conformar a dinâmica de transição do feudalismo para a acumulação primitiva de capital e seus eixos teóricos fundamentais têm por base a livre iniciativa e o livre mercado, sendo este erigido a instância reguladora da vida social por meio da chamada mão-invisível[1], sendo relegada ao Estado a missão de não intervenção na ordem econômica e de mero

(*) Juíza do Trabalho – TRT 6ª Região. Mestre e Doutora em Direito Público pela UFPE. Especialista em Direito Material e Direito Processual do Trabalho pela UNICAP. Professora em Graduação e Pós-Graduação nas disciplinas de Direito Processual do Trabalho, Direito Material do Trabalho e Teoria Geral da Constituição.

(1) SMITH, Adam. *A Riqueza das Nações — Investigação sobre sua natureza e suas causas*. São Paulo: Abril Cultural, 1996 (Coleção Os Economistas). v. I, p. 438.

guardião dos direitos individuais dos sujeitos sociais e da dinâmica do mercado.

Como pondera Boaventura Sousa Santos(2), a democracia liberal dos países ocidentais que firmou-se como modelo político hegemônico no século XX implicou em um remodelamento das suas premissas clássicas para torná-la compatível com as exigências do liberalismo, operando exclusivamente na esfera política e abandonando qualquer ideal igualitário ou dimensão emancipatória. Assim, a democracia liberal afirmou-se como um método político sem efeito sobre as desigualdades e as relações de dominação e de exploração econômica.

Numa síntese da ideologia liberal clássica, Habermas(3) analisa que segundo esse paradigma, uma sociedade econômica e institucionalizada através do direito privado, em especial através dos direitos da propriedade e da liberdade de contratos, deveria ser desacoplada do Estado, enquanto esfera de realização do bem comum, e entregue à ação espontânea de mecanismos do mercado.

O Estado do *laissez-faire* privilegiou o capital em detrimento do trabalho e a liberdade, desvirtuada na prática, passou a ser utilizada pelo homem burguês como capacidade ilimitada de afirmar os seus interesses econômicos e os seus direitos individuais. A concentração de riqueza na mão de poucos e o excesso de oferta de mão de obra proletária levou à árdua e indigna exploração do trabalho humano e a proliferação de miseráveis condições de vida nos centros urbanos, tornando cada vez mais insustentável a manutenção da política de não intervenção do Estado na seara econômica. Nas últimas décadas do século XIX, o desenvolvimento da crítica social, do ideário socialista e comunista, da doutrina social da igreja católica, do sindicalismo e da organização política da classe operária acirraram a discussão e a reação em face da ausência da igualdade material e da ineficiência da política estatal absenteísta para assegurar condições de vida digna à população, lançando, destarte, as bases para a formação do Estado Social, de modo que "nas primeiras décadas do século XX, um surto intervencionista já não poderia ser contido"(4).

O Estado Social resultou precipuamente da conjugação de três fatores históricos que demandaram um remodelamento das premissas ideológicas do Estado Liberal, quais sejam, o surgimento da ação organizada classista dos trabalhadores urbanos, a transposição da fase do capitalismo competitivo para o capitalismo monopolista e a consequente crise da autorregulação mercantil.

A própria burguesia assimilou satisfatoriamente esse processo, com vistas à preservação do próprio sistema capitalista do qual se beneficiava e com base no qual defendia seus interesses econômicos, visto que no Estado Social o modelo econômico mantém suas bases estruturais capitalistas, sendo antes um resultado de ajustes para melhor organizar e defender o próprio sistema capitalista. Ou seja, o Estado Social nasce sob forte pressão popular dos movimentos socialistas e da ação operária, mas tem o firme propósito de legitimar e dar continuidade ao sistema capitalista. Ademais, conforme ressalta Fabio Usdeo:

> A despeito de isto ter sido feito em prol da grande massa de excluídos do processo político e econômico de então, a própria burguesia se beneficiou desta intervenção, pois possibilitou que a infraestrutura básica necessária para o desenvolvimento das atividades de acumulação e expansão do capital fosse gerada com verbas do Estado, que são de todo o povo. Assim, abrindo o sistema econômico-político, uma vez que possuía o controle do Estado, abriu também uma via para que o Estado passasse a participar do processo produtivo, incentivando-o, vetando-o ou mesmo dirigindo-o.(5)

O Estado Social conservou os valores jurídico-políticos clássicos do Estado Liberal, mas passou a incorporar uma feição interventiva e incluir em sua agenda um redirecionamento do individualismo típico do liberalismo clássico na busca do bem-estar social, que é a fórmula geradora do *Welfare State*.(6)

A transição do Estado Liberal para o Estado Social se engendrou *vis-à-vis* a trajetória histórica da formação das forças políticas que gravitaram em torno dos limites da democracia política burguesa para superação dos problemas socioeconômicos. A denominada democracia social ou

(2) SANTOS, Boaventura de Sousa (Org.). *Democratizar a Democracia:* os caminhos da democracia participativa. Porto: Afrontamento, 2003.

(3) HABERMAS, Jürgen. *Direito e democracia:* entre facticidade e validade. vol. II. 2. ed. Trad. de Flávio Beno Siebeneichler. Rio de Janeiro: Tempo Brasileiro, 2003. p. 138.

(4) USDEO, Fabio. *Curso de Economia Introdução ao Direito Econômico*. 3. ed. São Paulo: RT, 2001. p. 213.

(5) *Ibidem*, p. 212.

(6) Registre-se que o *Welfare State* (Estado de Bem-Estar Social) possui as mesmas características interventivas do Estado Social para correção dos desajustes sociais advindos do Estado Liberal, todavia, este termo surgiu logo após a crise da Bolsa de Valores de Nova Iorque em 1929, que resultou em colapso econômico e desemprego em massa. Nos EUA, a crise socioeconômica desencadeada pelo crack de 1929 foi tratada pelo chamado *New Deal*, do presidente americano Franklin Delano Roosevelt, cuja agenda social tratou a pobreza não como ausência de recursos, mas como ausência de investimento público.

social-democracia[7] é gestada o final do século XIX na Europa no seio do amplo debate político e doutrinário travado no interior dos partidos políticos e círculos intelectuais socialistas em torno dos limites e fronteiras da democracia política liberal. Este debate desde sua gênese foi marcado por uma riquíssima pluralidade de correntes dentre as quais o socialismo, enquanto movimento social, político e econômico tornar-se-ia um dos principais movimentos políticos e ideológicos do século XIX e XX.

As doutrinas de índole socialista eclodem na Europa propagando os excessos do capitalismo e explicitando uma nova perspectiva social alternativa da sociedade voltada à construção de uma sociedade socialista e desdobraram-se em várias correntes de pensamento diferentes, plasmando uma variedade de expressões doutrinárias, ideológicas e econômicas cujo assento essencial era a socialização da propriedade e dos recursos e tinham por fundamentação comum o repúdio à injustiça social e a má distribuição da riqueza propiciada pela consolidação do liberalismo econômico.

A social democracia emerge nesse cenário como uma ideologia revolucionária que nos primeiros anos do século XX tornou-se das mais difundidas ideologias, moldando programas políticos e políticas sociais, sobretudo no continente europeu, representando uma forte justificação e sustentação ideológica ao Estado Social, especialmente em face da vitória do socialismo revolucionário com Revolução russa de Outubro de 1917 quando então, mais que nunca os padrões da sociedade burguesa, capitalista e liberal ficaram ameaçados.

Ao término da Primeira Grande Guerra Mundial, quando as potências imperialistas encontravam-se economicamente arruinadas e devastadas pela destruição dos bombardeios a sociedade passa a responsabilizar o poder político instituído pela situação precária e instável em que viviam e as democracias liberais não logravam dar respostas satisfatórias a essa situação. Por outro lado, a revolução comunista de 1917 que restou exitosa tornara-se um caminho para as massas que lutavam contra a exploração, o que assustou a burguesia. Nesse ambiente socioeconômico de crise os ferrenhos defensores do capitalismo se reorganizam em diversos países em torno de uma nova ordem política apta a disputar a hegemonia política e combater o avanço das forças revolucionárias socialistas, o que abre caminho ainda para o apoio da burguesia aos regimes totalitários de extrema direita, vistos como aliados na contensão do avanço do comunismo.

Com a crise de 1929 que levou ao colapso a economia mundial e interrompeu o processo de reconstrução da Europa pós-guerra, dois grupos resultam nitidamente do reagrupamento de forças políticas no continente europeu, estando de um lado os comunistas revolucionários que avançavam em meio ao caos em que se encontravam as nações e de outro lado, a burguesia capitalista, avessa ao comunismo e que buscava combater e impedir o seu avanço. E, na medida em que as estruturas estatais viram-se responsáveis por reerguer a economia de seus países, o Estado de Bem-Estar Social se desenvolve e se consolida, atingindo o seu auge após a Segunda Guerra Mundial.

Como analisa Pimenta de Faria[8] são três os elementos essenciais para se compreender a consolidação do Estado de Bem-Estar Social após 1945. O primeiro deles refere-se à disponibilidade de excedente econômico passível de ser realocado; o segundo é relativo à lógica keynesiana surgida na época, que viabilizou a aplicação desse excedente econômico; e, por fim, a própria centralização estatal, como resultado do esforço de guerra, resultou no aumento da capacidade administrativa do Estado, que pôde ser usada para conduzir a expansão do Estado de Bem-Estar Social.

Com a trágica experiência bélica da II Guerra Mundial dá-se início a um processo de reorganização da Europa e ao estabelecimento de novos parâmetros para construção de um mundo baseado na primazia da dignidade da vida humana. Em meio a esse processo, a Europa perde a sua hegemonia política e os EUA e a URSS tornam-se as duas grandes potências mundiais e os grandes centros de decisões, levando o mundo a conviver em um antagonismo estabelecido em torno de duas ideologias contrapostas, gerando focos de tensões em várias partes do mundo demarcando o inicio de um novo momento histórico, conhecido como "Guerra Fria", que levou ao enrijecimento dos regimes políticos nas áreas que cada uma controlava num mundo separado ideologicamente entre capitalismo e comunismo.

Nesse percurso histórico, o modelo do Estado Social não tardou a mostrar suas limitações internas e externas, demarcadas especialmente pelo déficit orçamentário gerado pelas demandas das prestações sociais assumidas que o tornaram cada vez mais extenso, oneroso e pesado, e pela grande crise que abateu as economias capitalistas, prefigurando a necessidade de novas técnicas de intervenção econômica dos Estados.

A grave crise do petróleo da década de 70 e as profundas consequências que dela resultaram para o mundo

(7) É importante frisar que inexistem, na prática, diferenças conceituais entre social democracia e socialismo democrático. Na verdade, vários cientistas políticos consideram-nas "variante nominal" de uma mesma ideologia política. Têm o seu berço no marxismo e acabam por separar-se ideologicamente com o Revisionismo. BERNSTEIN, Eduard. *Os Pressupostos do Socialismo e as Tarefas da Social-Democracia*. México: Siglo Veintiuno, 1982.

(8) FARIA, Carlos Aurélio Pimenta de. Uma genealogia das teorias e modelos do estado de bem-estar social. *BIB 46*, p. 39-78, 1998.

contribuíram para o enfraquecimento e desestabilização do modelo do Estado do Bem-Estar Social, cujos ideais predominaram até a década de 70. Ademais, como acentua Boaventura de Souza Santos[(9)]:

> [...] não apenas os problemas financeiros, caracterizados pela redução progressiva de recursos estatais, mas também sua crescente incapacidade para dar cumprimento aos compromissos assistenciais e providenciais assumidos para com a classe popular sinalizavam para a derrocada desse paradigma estatal.

A globalização e a revolução tecnológica aceleradas nas últimas décadas do século XX, bem como o soerguimento das economias europeias outrora fragilizadas pelas consequências das duas grandes guerras mundiais findaram por provocar novas modificações na concepção das funções e tarefas do Estado, especialmente no tocante a sua atuação na esfera econômica privada. As alterações demográficas, com o envelhecimento da população, reduzindo a relação população economicamente ativa/população em idade de se aposentar agravaram a pressão fiscal sobre o Estado, já sobrecarregado pelo conjunto de responsabilidades assumidas em décadas de *welfare state*.

Nesse cenário, a alteração na estrutura produtiva e as consequentes transformações no mundo do trabalho, com impactos significativos na estrutura das ocupações, contribuíram também para fragilizar e diminuir o poder das organizações sindicais. Em meio a todo esse processo se desenha o ambiente propício para a propagação das ideias chamadas neoliberais, que passam a indicar que apenas um Estado mínimo que propiciasse a acumulação e a expansão do capital seria capaz de superar a crise que se instalara. Esse novo modelo ideológico é gestado com a pretensão de responder a complexidade dos problemas e anseios da nova realidade social, ensejando uma reestruturação e reconfiguração do Estado Social.

Os ideais do chamado neoliberalismo sedimentaram-se politicamente e foram difundidos por todo o mundo, especialmente a partir de sua consolidação no eixo anglo-saxão, promovendo reformas nos Estados que passaram a minar pilares fundamentais do Estado Social, desacelerando sua expansão ou desativando muitos de seus programas e mantendo como ponto fulcral a remercantilização da força de trabalho, a desregulamentação dos mercados de trabalho, a flexibilização das leis trabalhistas, a fragilização do movimento sindical e a privatização de serviços sociais.

Os governos de Margaret Thatcher, na Inglaterra, e Ronald Reagan, nos Estados Unidos foram na década de 80 expressivas manifestações políticas do neoliberalismo e a disseminação dessa doutrina na América Latina se deu, sobretudo, a partir do Consenso de Washington (1989), pelas imposições estabelecidas pelo Fundo Monetário Internacional — FMI e pelo Banco Mundial para concessão de empréstimos condicionada à adoção de políticas de abertura econômica, de desestatização e de outro modelo de regulação econômica. Defende-se um Estado Mínimo que concentre suas ações na economia através de uma intervenção indireta, com viés eminentemente regulamentador. Neste sentido, Washington Peluso Albino de Souza[(10)] aduz que:

> Os objetivos da "regulação", portanto, enquadram-se no mesmo sistema operacional da "intervenção". De certo modo, a Regulação afasta-se da forma densamente intervencionista do Estado do Bem-Estar, ou das atuações diretas do Estado-Empresário. Orienta-se no sentido do absenteísmo, sem jamais atingi-lo completamente, sob pena de negar a sua existência, por ser, ela própria, uma forma de "ação" do Estado.

O neoliberalismo de regulação dá início a uma era em que se desloca "a atuação estatal do campo empresarial para o domínio da disciplina jurídica, com a ampliação de seu papel na regulação e fiscalização dos serviços públicos e atividades econômicas"[(11)].

As mudanças ocorridas na conjuntura política e econômica mundial especialmente a partir do final dos anos 80 foram desfavoráveis, nos planos nacional e internacional, aos movimentos populares. A desintegração da União Soviética e do bloco de países sob sua hegemonia, em 1991 resultou em grande impacto ideológico sobre os movimentos operário e popular em escala internacional e no Brasil, o movimento sindical não ficou alheio à ofensiva neoliberal que busca manter a ação reivindicativa dos trabalhadores dentro de limites compatíveis com a política neoliberal onde o reconhecimento e proteção aos direitos dos trabalhadores são paulatinamente negados enquanto dever e obrigação do estado e relegados à autonomia privada e a via negocial.

3. A crise do sindicalismo em face da política neoliberal

No Manifesto Comunista, em 1848, Marx afirma que a burguesia não pode existir sem revolucionar continuamente os instrumentos de produção e, por conseguinte,

(9) SANTOS, Boaventura de Sousa. Introdução à sociologia da justiça. *Revista de Direito Processual*, São Paulo, n. 37, p. 124, 1985.

(10) SOUZA, Washington Peluso Albino de. *Primeiras Linhas de Direito Econômico*. 6. ed. São Paulo: LTr, 2005. p. 331.

(11) BARROSO, Luís Roberto. *Agências reguladoras*. Constituição, transformações do Estado e legitimidade democrática. *Jus Navigandi*, Teresina, ano 7, n. 59, 1º out. 2002. Disponível em: <http://jus.com.br/revista/texto/3209> Acesso em: 25 set. 2011.

as relações de produção, portanto, todo o conjunto das relações sociais.[12] Deveras, marca característica da sociedade capitalista, no passado e no presente, é a existência de profundos antagonismos de classes, crescentemente acentuados pela lógica destrutiva do capital.

O processo político-econômico de abertura comercial e financeira do Brasil à concorrência internacional, iniciado na década de 90, desencadeou o consequente processo de reestruturação produtiva empresarial permeado pela adoção de inovações tecnológico-organizacionais de modo a permitir ao capital se reciclar e se reproduzir em um feixe de reestruturações que põem a classe trabalhadora e suas organizações representativas em uma posição, sobretudo, defensiva. Novas formas de dominação foram encontradas pelo sistema e os referidos processos de reestruturação ocorridos nas empresas brasileiras conduziram a uma ofensiva sobre o trabalho, fragmentando contínua e crescentemente a classe trabalhadora e provocando uma retração das estratégias e ações do movimento sindical, além de precarizar as relações de trabalho, incrementando uma intensa terceirização de atividades, sendo crescente a desregulamentação de leis trabalhistas e flexibilização da utilização da força de trabalho.

A ofensiva do capital na produção traz uma justificação para a desregulamentação e flexibilização das normas trabalhistas baseada em uma suposta necessidade de adequação à competitividade internacional, o que restaria facilitada pela rotatividade da força de trabalho e desentrave dos processos de contratação e demissão de trabalhadores, mediante a adoção de mecanismos como contratos temporários, subcontratação, flexibilização das condições de trabalho. Surgem setores de produção inteiramente novos, novos mercados, novas formas e modalidades de trabalho, novos formatos comerciais, novas formas padronizadas pelas tecnologias atuais, novas formas de organização empresarial e organização e divisão do trabalho. Intensifica-se o setor de prestação de serviços, a produção torna-se flexível, descentralizada. Aumenta a precarização dos contratos de trabalho, disseminando subcontratos, subempregos, serviços temporários, serviços em tempo parcial, refletindo mutilações e mutações que se desdobram nas formas variadas de trabalho precário, predatório e descontínuo que passam a ser peças centrais dessa nova engrenagem.

As consequências desse processo para os trabalhadores, como não poderia deixar de ser, são as mais nefastas possíveis, pois essas novas modalidades de trabalho, se por um lado parecem vantajosas e melhores para o mercado, deixam os trabalhadores à margem de proteção jurídica. Todo esse processo provocou profundo impacto sobre as entidades sindicais profissionais no Brasil nesses últimos anos. Como analisa Andreia Galvão[13]:

> "O surgimento de um novo complexo de reestruturação produtiva, a partir da era neoliberal, nos anos 90, contribuiu para a instauração de mudanças estratégicas nas práticas sindicais do sindicalismo brasileiro. Ocorreu o desenvolvimento de estratégias sindicais propositivas de cariz neocorporativo no interior do sindicalismo da CUT, com claro esvaziamento da perspectiva classista [...] É, assim, uma incapacidade relativa de erguer uma contra-hegemonia à lógica do capital".

Não há dúvidas que o processo de reorganização da produção vem mudando significativamente a correlação de forças entre capital e trabalho de maneira que:

> As mudanças no perfil do mercado de trabalho, o aumento do desemprego e a desregulamentação das relações de trabalho são fatores que têm levado à diminuição da eficácia da ação sindical nos países centrais. Esta dinâmica também está presente nos países em desenvolvimento, em particular naqueles que adotaram políticas de ajuste econômico, abertura do mercado etc. no tocante à aplicação de novas formas de gestão nas empresas, por exemplo, os sindicatos têm se defrontado com uma gama variada de novas estratégias gerenciais e de política de recursos humanos. Essas transformações na organização da produção, do trabalho e da gestão têm sido tema de amplo debate no interior do movimento sindical[14].

O enfrentamento dessa ofensiva do capital tem mudado a feição do sindicalismo brasileiro em seu viés de confronto, dando lugar a uma atuação quase resignada e de luta pelo mínimo, observando-se, como consequência, que "... na defensiva, os sindicatos partem para negociações descentralizadas..."[15] fragmentando as negociações.

Como ressalta Siqueira Neto[16], as discussões acerca dos problemas enfrentados no mundo do trabalho forma tomadas de assalto pela onda neoliberal:

(12) MARX, Karl; ENGELS, Friedrich. *Manifesto do Partido Comunista*. 7. ed. São Paulo: Global, 1988. p. 69.

(13) GALVÃO, Andreia. Do coletivo ao setor, do setor à empresa: a trajetória do "novo sindicalismo" metalúrgico nos anos 90. *In:* RODRIGUES, Iram Jácome (Org.). *O novo sindicalismo vinte anos depois*. São Paulo: Vozes, 1999. p. 276.

(14) RODRIGUES, Iram Jácome (Org.). *O novo sindicalismo vinte anos depois*. São Paulo: Vozes, 1999. p. 79.

(15) GALVÃO, Andreia. Ob. cit., p. 126.

(16) SIQUEIRA NETO, José Francisco. Flexibilização, desregulamentação e o direito do trabalho no Brasil. *In:* MATTOSO, Jorge Eduardo Levi; OLIVEIRA, Carlos Eduardo Barbosa de (Orgs.). *Crise e trabalho no Brasil, modernidade ou volta ao passado?* São Paulo: Scritta, 1996. p. 328.

As ideias que impulsionam o debate nacional sobre a flexibilização do direito do trabalho são as mesmas que embalam o sonho das teses neoliberais no estrangeiro. De fato, a confusão sobre o assunto se instala quando os propaladores desta nova onda destinada a proporcionar a salvação nacional, afoitamente, universalizam diagnósticos sobre assuntos que dependem de particularização nacional (inserção na concorrência internacional), vulgarizam o conceito de rigidez do direito e do mercado de trabalho através de vaticínio superficial e banalizam a negociação coletiva do trabalho e o papel do Estado nas relações de trabalho.

É manifesto o desenvolvimento de estratégias sindicais propositivas de cariz neocorporativo no seio do movimento sindical brasileiro, com evidente esvaziamento da perspectiva classista, revelando uma incapacidade de erguer uma contra hegemonia à lógica do capital. Como assevera Giovanni Alves[(17)],

> Na verdade, o novo complexo de reestruturação produtiva, com suas determinações estruturais, tais como a integração do país à mundialização do capital pela abertura da economia, atingem, de modo abrupto, a subjetividade da classe, impulsionando mais ainda a crise das estratégias sindicais (e políticas) de cariz classista e contribuindo para o desenvolvimento de uma crise do sindicalismo no Brasil caracterizado, principalmente, pelo predomínio de um defensivismo de novo tipo, de cariz neocorporativo

Consolida-se, neste cenário, um sindicalismo de participação ou de mera concertação social ao tempo em que também se observa um abandono paulatino dos instrumentos tradicionais de reivindicação dos trabalhadores e a adoção da negociação com a classe empresarial como tática de defesa e superação dos novos e grandes desafios da ofensiva do capital sobre o trabalho.

A dificuldade de mobilização e aglutinação dos trabalhadores quanto a pautas que façam frente à desregulamentação dos direitos sociais, dentre eles os trabalhistas levam os sindicatos a uma crise de representatividade e capacidade de mobilização, pois diante da sua fragilidade, a prevalência do negociado sobre o legislado só tende a rebaixar o que a legislação assegura. O movimento sindical brasileiro tem nitidamente sofrido crescentemente refluxo em suas lutas, hoje já defensivas, perdendo cada vez mais a capacidade e a legitimidade da representação dos interesses dos trabalhadores, o que, ademais, compromete seriamente a eficácia dos meios extrajudiciais de conflitos trabalhistas.

4. A extrajudicialização dos conflitos trabalhistas

É inequívoco que no cenário sociopolítico e econômico atual o papel do Estado e do Direito tem sido minimizado e reequacionado, baseando-se, sobretudo, em normas de manutenção da estrutura política e econômica, garantindo-se destarte a volatilidade do capital e das formas de seu incremento produtivo. Observa-se neste cenário a crescente e deliberada retirada do Estado do seu papel interventor e a sua substituição por sujeitos privados nas mais diversas áreas e interesses, como na delegação de serviços públicos, na solução de controvérsias e conflitos de interesses , no primado pelas instâncias decisórias da autonomia privada coletiva por meio da negociação coletiva, ou ainda das normas administrativas das agências reguladoras.

Como parte desse processo tem-se o fomento a utilização das vias extrajudiciais de resolução de conflitos de interesses, o que se desdobra também para o âmbito trabalhista, lastreando-se tal fenômeno em um discurso focado na crise de legitimidade e eficácia das formas tradicionais e judiciais de resolução de controvérsias.

Atualmente o incentivo aos meios de solução extrajudiciais de conflitos de interesse integra o âmago da discussão acerca do próprio acesso à Justiça no seu mais amplo sentido, a partir do lastro argumentativo de primado pela celeridade, autonomia e participação decisória das partes na conciliação dos seus interesses. Contudo, o ideal de justiça na solução dos conflitos que se busca incrementar por meio dos métodos extrajudiciais não podem se impor sem estar devidamente colmatados com os princípios inerentes ao Direito do Trabalho, de modo a permitir e viabilizar renuncia à direitos fundamentais inerentes aos trabalhadores e ao valor do trabalho humano.

O incentivo e a utilização das vias alternativas de solução de conflitos no âmbito trabalhista não devem subestimar ou desconsiderar a importância da intervenção direta do Estado como ponto de equilíbrio na marcante desigualdade entre as partes envolvidas.

Com efeito, os conflitos decorrentes das relações de trabalho possuem inegavelmente uma índole social, sempre refletindo, por menor que seja o valor envolvido em litígio, um conflito entre o capital e o trabalho. Daí porque as formas de solução extrajudiciais dos conflitos trabalhistas, embora válidas, eficazes e ágeis, não se prestam como argumento para que o Estado se esquive de suas obrigações para com a sociedade, afastando-se da atuação

(17) ALVES, Giovanni. *O novo (e precário) mundo do trabalho — reestruturação produtiva e crise do sindicalismo*. São Paulo: Boitempo, 2000. p. 278.

judiciária, na otimização do princípio da igualdade consagrado na Constituição Federal e realizador do Estado Democrático de Direito.

Não se está a negar a ideia de que os envolvidos em conflitos não podem ou não devem ser aptos a solucionar seus problemas, tomando como base as normas jurídicas, de forma justa e equânime, mas sim contrapor a essa ideia a compreensão de que embora o Estado não deva ser o detentor do monopólio da pacificação dos conflitos sociais a sua intervenção no âmbito das relações trabalhistas é inegavelmente fundamental para preservação de direitos fundamentais e resguardo do valor social do trabalho.

Deveras, a história e a realidade têm ensinado que as chamadas vias extrajudiciais de solução de conflitos individuais do trabalho tem sido no mais das vezes prejudiciais aos trabalhadores e precarizadoras dos seus direitos. Os métodos extrajudiciais de solução de conflitos trabalhistas devem ser analisados sem perder de vista a condição de desigualdade econômico-financeira que há entre trabalhadores e empregadores, o que por si só expõe e revela o desnível e desequilíbrio na posição assumida pelas partes envolvidas nos patamares de negociação e busca de solução dos litígios. Precisamente por esta circunstância, as soluções extrajudiciais de conflitos no âmbito trabalhista não têm em regra o caráter emancipatório que se pretende imputar às formas de soluções autônomas de conflitos nas demais áreas da vida privada. No âmbito das relações de trabalho, o sistema estatal de proteção ao trabalhador revela-se essencial para manutenção da ordem e do respeito às conquistas sociais democráticas consolidadas pela Constituição Federal do Brasil e pelo Direito do Trabalho.

Neste sentido, é preciso observar que as demandas remetidas à Justiça do Trabalho, normalmente, se referem a direitos já adquiridos pelos trabalhadores. Não são, portanto direitos incertos[18]. E, diante de litígios envolvendo desiguais, tal como se verifica nos conflitos de índole trabalhista, a pacificação do conflito pode tão somente significar a precarização e renúncia dos direitos do trabalhador. Nesse sentido é inegável que no âmbito judicial, onde se assegura a ampla possibilidade de conciliação de interesses, há com mais segurança, controle e eficácia, resguardo e blindagem dos diretos fundamentais do trabalhador, em observância ao devido processo legal e atenção aos princípios informativos do Direito do Trabalho e do Direito Processual do Trabalho.

Revela-se destarte, não recomendável o prestígio a utilização de métodos extrajudiciais de conflitos no âmbito do Direito Individual do Trabalho, precisamente em vista da condição de hipossuficiência do empregado frente ao empregador, ressaltando ademais ser imensuravelmente mais acurada e eficaz no âmbito judicial o rechaço e combate à existência de fraude, erro, dolo ou coação, práticas lamentavelmente e rotineiramente percebidas nas soluções obtidas nas instâncias extrajudiciais.

Não há como se acatar indiscriminadamente e acriticamente a ideia de que a morosidade judicial ou os custos processuais devem recomendar o primado da autonomia e liberdade das partes na solução de suas lides, pois autonomia e liberdade pressupõe inexoravelmente igualdade. O Poder Judiciário Trabalhista tem um caráter especial, comprometido com o valor social do trabalho e com a preservação da dignidade do trabalhador, posto que lida com direitos fundamentais indisponíveis, porquanto de natureza alimentar e pelo caráter peculiar da natureza dos interesses que lhe são afetos, norteia-se pelo princípio protetivo, devendo prevenir e obstar renúncia de direitos.

Não há como se negar as inúmeras violações de direitos, as fraudes, as precarização das condições de trabalho perpetradas em sede extrajudicial demonstrando que fora do âmbito judicial, o vergaste às normas trabalhistas e à dignidade dos trabalhadores ainda é ainda mais violenta. Observe-se, ademais, que tais considerações não se voltam apenas à esfera da conciliação extrajudicial de conflitos individuais, mas estende-se ainda de modo mais grave as negociações coletivas, que envolvem direitos de classe, voltados a toda a categoria.

Com efeito, no ambiente atual em que a reorganização econômica, política e ideológica das relações sociais de produção legitima-se no âmbito teórico pelo ideário neoliberal, os sindicatos perdem sua força reivindicatória e representativa frente aos trabalhadores e a captura da subjetividade e da objetividade do trabalhador pelo capital se desenha e se perfaz em meio a uma feixe de fatores tais como o aumento do desemprego e do subemprego, a recorrência à subcontratação, a ampliação do exército industrial de reserva e a fragmentação dos trabalhadores. Nesse contexto, é evidente o processo de fragilização da mobilização sindical e nítida a utilização e instrumentalização das entidades sindicais dos trabalhadores como fontes legitimadoras das medidas desregulamentadoras e flexibilizadoras de maneira que a negociação coletiva tem se viabilizado como instrumento mor da precarização das condições de trabalho.

No contexto atual e sob o manto do ideário neoliberal fincado nos indisfarçáveis propósitos de desregulamentação e flexibilização das relações de trabalho, as entidades

(18) ALEMÃO, Ivan; SOARES, José Luiz. *Pressão por conciliação dificulta acesso à Justiça*. Disponível em: <http://www.conjur.com.br/2009-nov-25/pressao-conciliacao-revela-chicane-acesso-justica-trabalho> Acesso: 29 jan. 2014.

sindicais detêm um protagonismo apenas formal, pois não estão em condição de igualdade negocial com a classe empresarial e atuam como meros coadjuvantes, sendo chamados a negociar a precarização das relações de trabalho de maneira a, como já asseverado, legitimar o procedimento. Ou seja, tornarem-se legitimadoras dessa nova ordem.

Isto não quer significar, necessariamente, uma cooptação do sindicalismo mas sobretudo um recuo do movimento, havendo evidente enfraquecimento do poder de intervenção da organização de trabalhadores nestas negociações. Nesse contexto, o fomento das vias extrajudiciais de resolução dos conflitos individuais e coletivas do trabalho representa uma perigosa, crescente e deliberada retirada do Estado do seu papel interventor e tutelar desta tão relevante relação que se perfaz no âmbito do capital e trabalho.

Se de um lado é certo que o sistema legal brasileiro fomenta a negociação coletiva de trabalho como meio de solução de conflitos (arts. 7º, XXVI, 8º, III, 8º VI, 114, § 2º da CF/88 e arts. 611, 611, § 1º, 616 e parágrafos da CLT), também é certo que a alegada crise de legitimidade e eficácia das formas tradicionais e judiciais de resolução de controvérsias não pode ser argumento viável à defesa da sobreposição dos meios auto compositivos dos conflitos, nem tampouco alternativa a se por no lugar do Poder Judiciário, mas devem ser manejadas e examinadas acuradamente e criticamente para não serem admitidas como instrumento de precarização e desregulamentação das relações de trabalho.

Não por outra razão inúmeras são as situações em que cláusulas consolidadas em instrumentos normativos coletivos tem sido revistas e muitas vezes reputadas por nulas pelo Poder Judiciário, pela inadmissibilidade de anularem ou violarem normas de ordem públicas que tratem de direitos irrenunciáveis do trabalhador. Lamentavelmente, o que se vislumbra não poucas vezes é que a negociação coletiva, apontada como ideal para resolução de conflitos coletivos trabalhistas por contar com a participação direta dos interlocutores sociais envolvidos no conflito tem-se revelado reiteradamente um elemento precarizador das relações laborais e os sindicatos, porquanto atuam na condição de representantes dos interesses da categoria, como entes legitimadores do procedimento.

O sindicalismo não pode sucumbir em face da hegemonia do capital. Antes, precisa ser repensado em função do contexto em que atua a fim de lograr responder às novas realidades de que fazem parte e com que lidam. Ao movimento sindical impõe-se reinventar-se, traçando novos rumos, sem sucumbir ao papel de instrumento de legitimação da dominação do capital sobre a dignidade e valor do trabalho humano.

Como preleciona Fábio Túlio Barroso[19], o fomento à negociação coletiva

> É adotado pelo Direito do Trabalho, comparado como fator gradual de eliminação direta dos interesses contrapostos ou uma indução direta dos interesses contrapostos ou uma indução a finalidades em comum entre empregados e empregadores por meio da aposta na composição privada coletiva.

E, nessa linha de raciocínio, adverte o autor que:

> Designa-se um protagonismo prático-formal aos pactos normativos, como modelos de composição legal entre os agentes do tecido produtivo. Insiste-se na afirmação de ser um protagonismo formal pelo simples fato de que a participação operária de reivindicação ativa é um elemento que contrapõe aos interesses do fenômeno flexibilista, entrando em contradição com o traço flexível da lei, que implica um fracionamento (pela diferença dos tipos contratuais) da participação ativa dos coletivos de trabalhadores, impedindo paulatinamente o exercício da dialética nas relações de produção.[20]

Sob a mesma perspectiva crítica, a arbitragem como solução para dirimir os litígios trabalhistas revela-se absolutamente inadmissível e frontalmente incompatível com os princípios fundamentais norteadores do Direito do Trabalho e com o caráter de indisponibilidade das normas trabalhistas, além do claro desequilíbrio entre as partes decorrente da hipossuficiência típica da relação de emprego.

Deveras, a arbitragem nos moldes brasileiros é instância e instrumento para renúncia de direitos indisponíveis, sendo, portanto inaplicável a conflitos individuais trabalhistas especialmente em face da cláusula compromissória, nos termos da Lei n. 9.307/96 que retiraria a competência da Justiça Trabalhista de reavaliar a questão após exarada sentença arbitral, a não ser com relação a vícios. Como magistralmente analisa Fábio Túlio[21],

> A utilização da arbitragem trabalhista tendo como instrumento legal a Lei n. 9.307/96 possui uma mensagem subliminar, agregando valores aos interpretes do direito e usuários, como se fosse a coisa

(19) BARROSO, Fábio Túlio. *Extrajudicialização dos conflitos do Trabalho*. São Paulo: LTr, 2010. p. 38.

(20) *Ibidem*, p. 37.

(21) BARROSO, Fábio Túlio. *Considerações acerca da arbitragem trabalhista*. Disponível em: <http://www.ambito-juridico.com.br/site/index.php?n_link=revista_artigos_leitura&artigo_id=2503#_ftn7> Acesso em: 29 jan. 2014.

mais natural e certa a utilização de um instrumento que preza pela plena disponibilidade de direitos, na ordem privada, para a solução de conflitos que possuam características de ordem pública, o Direito do Trabalho.

5. Considerações finais

O fortalecimento e prestígio dos meios extrajudiciais de pacificação dos conflitos trabalhistas tem sido apresentados como resposta para a crise do Judiciário, notadamente no que tange à celeridade e efetividade da prestação jurisdicional. Há, contudo, que se observar com cautela e ressalvas esse fenômeno por representar perigosamente uma verdadeira privatização da jurisdição[22]. O esvaziamento do manto protetivo estatal sobre as relações de trabalho é mola propulsora ao desmonte do aparato protetivo legal voltado aos trabalhadores como condição de garantia e preservação da sua dignidade e de seus direitos fundamentais.

O caráter de fundamentalidade de que se revestem os direitos trabalhistas demanda que toda e qualquer disponibilidade ou flexibilidade referente aos mesmos se dê mediante rígidos critérios de controle, limites e observância ao devido processo legal e judicial, sob pena de instituir-se, em nome dos ideários e objetivos neoliberais, um verdadeiro estado de exceção nas relações de trabalho.

Urge uma séria e ponderada reflexão acerca da importância da tutela estatal na seara dos conflitos rotineiros entre o capital e o trabalho de modo a resguardar ao máximo os direitos e garantias fundamentais diante do inerente embate político ideológico entre a livre iniciativa, os interesses do capital e a promoção e preservação da dignidade da pessoa humana.

Neste cenário em que floresce e se alarga o ambiente de flexibilização das normas de proteção ao trabalho é preciso não perder de vista que no ambiente do neoliberalismo não há universalização, apenas exclusão, de modo que dominantes e dominados compartilham dos mesmos valores, desejando a classe dominante manter a diferença e consolidar a exclusão total dos dominados. E neste contexto, a tutela estatal deve ser concebida não como única opção viável à solução dos conflitos, mas como eficaz instrumento da inclusão social da massa trabalhadora e da democracia em seu aspecto material que perpassa pelo respeito e garantia de direitos fundamentais da pessoa humana.

(22) BARROSO, Fábio Túlio. Ob. cit., p. 77.

6. Referências bibliográficas

ALEMÃO, Ivan; SOARES, José Luiz. *Pressão por conciliação dificulta acesso à Justiça*. Disponível em: <http://www.conjur.com.br/2009-nov-25/pressao-conciliacao-revela-chicane-acesso-justica-trabalho>.

ALVES, Giovanni. *O novo (e precário) mundo do trabalho — reestruturação produtiva e crise do sindicalismo*. São Paulo: Boitempo, 2000.

BARROSO, Fábio Túlio. *Extrajudicialização dos conflitos do Trabalho*. São Paulo: LTr, 2010.

________. *Considerações acerca da arbitragem trabalhista*. Disponível em: <http://www.ambito-juridico.com.br/site/index.php?n_link=revista_artigos_leitura&artigo_id=2503#_ftn7>.

BARROSO, Luís Roberto. *Agências reguladoras*. Constituição, transformações do Estado e legitimidade democrática. *Jus Navigandi*, Teresina, ano 7, n. 59, 1º out. 2002. Disponível em: <http://jus.com.br/revista/texto/3209>.

BERNSTEIN, Eduard. *Os Pressupostos do Socialismo e as Tarefas da Social-Democracia*. México: Siglo Veintiuno, 1982.

FARIA, Carlos Aurélio Pimenta de. Uma genealogia das teorias e modelos do estado de bem-estar social. *BIB 46*, 1998.

GALVÃO, Andreia. Do coletivo ao setor, do setor à empresa: a trajetória do "novo sindicalismo" metalúrgico nos anos 90. *In:* RODRIGUES, Iram Jácome (Org.). *O novo sindicalismo vinte anos depois*. São Paulo: Vozes, 1999.

HABERMAS, Jürgen. *Direito e democracia:* entre facticidade e validade. vol. II. 2. ed. Trad. de Flávio Beno Siebeneichler. Rio de Janeiro: Tempo Brasileiro, 2003.

MARX, Karl; ENGELS, Friedrich. *Manifesto do Partido Comunista*. 7. ed. São Paulo: Global, 1988.

RODRIGUES, Iram Jácome (Org.). *O novo sindicalismo vinte anos depois*. São Paulo: Vozes, 1999.

SANTOS, Boaventura de Sousa. Introdução à sociologia da justiça. *Revista de Direito Processual*, São Paulo, n. 37.

SANTOS, Boaventura de Sousa (Org.). *Democratizar a Democracia:* os caminhos da democracia participativa. Porto: Afrontamento, 2003.

SIQUEIRA NETO, José Francisco. Flexibilização, desregulamentação e o direito do trabalho no Brasil. *In:* MATTOSO, Jorge Eduardo Levi; OLIVEIRA, Carlos Eduardo Barbosa de (Orgs.). *Crise e trabalho no Brasil, modernidade ou volta ao passado?* São Paulo: Scritta, 1996.

SMITH, Adam. *A Riqueza das Nações — Investigação sobre sua natureza e suas causas*. São Paulo: Abril Cultural, 1996 (Coleção Os Economistas).

SOUZA, W. P. A. *Primeiras linhas de direito econômico*. 6. ed. São Paulo: LTr, 2005.

USDEO, Fabio. *Curso de Economia Introdução ao Direito Econômico*. 3. ed. São Paulo: RT, 2001.

A Inserção do Acordo Coletivo de Propósito Específico no Direito do Trabalho Brasileiro como Instrumento de Flexibilização das Relações Laborais

Tácio Oliveira Paes(*)

Introdução

O presente trabalho estudará o confronto entre os princípios do Direito do Trabalho e a Constituição Federal vigente com o anteprojeto do Acordo Coletivo com Propósito Específico (ACE).

Para tanto, em sede de contextualização, considera-se que a estabilidade financeira advinda com a conquista de um bom emprego reflete-se em toda a família do trabalhador/empregado. Por outro lado, as dificuldades próprias de uma relação precária de trabalho/emprego perpassam a esfera jurídica individual do (mal) empregado e atinge toda sua família, que experimenta as vicissitudes e provações características de tal situação.

Épocas de desenvolvimento econômico tendem a facilitar não apenas a inserção dos cidadãos no mercado de trabalho e emprego, mas também a conquista de direitos, vantagens, e melhorias nas condições do exercício do labor. Assim ocorreu, por exemplo, com importantes conquistas dos metalúrgicos nos idos da década de 1980.

Por outro lado, em tempos de crise, observa-se tendência ao retrocesso em garantias e benefícios conquistados, sob o argumento principal de que para a manutenção dos empregos é necessária a redução de custos para que o empregador mantenha-se no mercado. Como exemplo, tem-se a Lei n. 9.601/98, que trata da contratação de trabalhador por tempo determinado e a Medida Provisória n. 2.164-41 de 24.8.2001, que, ao alterar o § 2º do art. 59 da Consolidação das Leis Trabalhistas (CLT), instituiu o banco de horas e criou o vínculo empregatício conhecido como *part time*, ou seja, trabalho por tempo parcial.

A globalização das economias nacionais amplia consideravelmente a complexidade das relações trabalhistas no que concerne às conquistas e cessão de direitos, pois crescimento e crise econômicos dependem não apenas de políticas internas de cada país, mas também do contexto mundial.

Não é de estranhar, portanto, que neste momento em que as principais economias passam por uma crise que remonta, em grandiosidade e alcance, à de 1929, haja ampliação do pleito dos detentores do capital no sentido de reduzir custos com o barateamento da mão de obra.

Foi nesse contexto que o Sindicato dos Metalúrgicos do ABC paulista apresentou o anteprojeto de lei objeto de estudo deste artigo.

Assim, serão estudados os princípios do direito do trabalho e sua aplicação no ordenamento pátrio, confrontando-os com as propostas contidas no ACE.

Princípios aplicados ao Direito do Trabalho

Diante do novo paradigma que a Revolução Francesa e a Revolução Industrial propuseram ao mundo moderno nos séculos XVIII e XIX, respectivamente, promovendo a reordenação da organização social, os trabalhadores foram, de uma forma ou de outra, se mobilizando e galgando conquistas no campo das relações laborais. Mais na frente, já no século XX, o Estado do Bem-Estar Social amparou tais conquistas de forma mais sólida e robusta ao alimentar os Ordenamentos nacionais com esta filosofia. Assim é que se consolidaram os princípios do Direito do Trabalho.

Princípios, para Francisco Amaral, "são pensamentos diretores de uma regulamentação jurídica, critérios para a ação e para a constituição de normas e de institutos jurídicos".(1)

Já Miguel Reale, afirmando que os princípios se inserem na experiência jurídica e por isso são elementos componentes do direito e destacando que alguns deles são tão importantes que o legislador lhes confere força de lei, como, por exemplo, os princípios da isonomia e da irretroatividade, assim os define:

> [...] os princípios são "verdades fundantes" de um sistema de conhecimento, como tais admitidos, por serem evidentes ou por terem sido comprovadas, mas também por motivos de ordem prática de caráter operacional, isto é, como pressupostos exigidos pelas necessidades da pesquisa e da práxis.(2)

Destaca Saeguza que a CF/88 dispõe em seu art. 5º, § 2º que os direitos e garantias expressos no texto constitucional

(*) Bacharel em Direito pela FACIPE e Bacharel em História pela UFPE. Servidor do Tribunal Regional do Trabalho da 6ª Região.

(1) AMARAL, Francisco. *Direito civil:* introdução. Rio de Janeiro: Renovar, 2006. p. 54.

(2) REALE, Miguel. *Lições preliminares de direito*. São Paulo: Saraiva, 2002. p. 303.

não excluem outros, decorrentes do regime e dos princípios por ela adotados.[3] No mesmo sentido, Miguel Reale destaca que os princípios são definidos pela Lei de Introdução ao Código Civil, art. 4º, e Consolidação das Leis Trabalhistas (CLT), em seu art. 8º, como fontes do direito.[4]

Dos princípios constitucionais aplicados ao Direito do Trabalho

Arnaldo Süssekind destaca como sendo princípios constitucionais gerais que se aplicam ao Direito do Trabalho a dignidade humana e valores sociais do trabalho e da livre iniciativa (art. 1º, III e IV, CF/88); o livre exercício de qualquer trabalho, ofício ou profissão, desde que atendidas as qualificações profissionais que a lei estabelecer; a plena liberdade de associação para fins lícitos, vedando-se a de caráter paramilitar; e que ninguém pode ser compelido a associar-se ou manter-se associado (art. 5º, incisos XIII, XVII e XX, respectivamente).[5]

Além dos já mencionados, destaca o autor o art. 170, CF/88, *caput* e incisos II e III; que determinam a valorização do trabalho humano e a busca pela justiça social, além de estabelecer a função social da propriedade e a busca do pleno emprego.

Dentre os princípios acima mencionados, destaca-se o da dignidade da pessoa humana, que para Ingo Wolfgang é qualidade integrante e irrenunciável da própria condição humana, devendo ser reconhecida, respeitada, promovida e protegida. Por ser inerente ao Ser Humano, não pode ser criada, nem concedida ou retirada, podendo ser, entretanto, violada. Independe de reconhecimento pelo Direito, embora, quando o faça, exerça papel fundamental em sua promoção e proteção. Sua inserção no art. 1º, inciso III da CF/88 indica não apenas seu enquadramento como princípio e regra fundamental, mas também como fundamento de posições jurídico-subjetivas, ou seja, norma que define direitos e garantias e, ao mesmo tempo, também define deveres fundamentais.[6]

Outrossim, compõem o rol dos princípios constitucionais aplicados ao direito do trabalho: 1) o da não discriminação, que proíbe que haja diferentes critérios para admissão, exercício de funções e salários por razão de sexo, idade, cor ou estado civil, ou ainda em razão de deficiência física (art. 7º, incisos XXX, XXXI e XXXII, da CF/88); 2) da continuidade da relação de emprego, o qual não é absoluto e emana das normas sobre indenização por demissão arbitrária, independente de levantamento do Fundo de Garantia por Tempo de Serviço (FGTS) (art. 7º, incisos I e XXI); 3) liberdade sindical, que é relativo, uma vez que a própria Constituição Federal impõe a unicidade sindical[7] e institui cobrança de imposto sindical.[8]

Princípio da proteção do trabalhador

É princípio ligado à origem do Direito do Trabalho, sendo que em seu surgimento histórico desempenhou papel de inibir a exploração do trabalho pelo capital.[9] Destaca Arnaldo Süssekind que a proteção social dos trabalhadores constitui a raiz sociológica do próprio Direito do Trabalho, sendo o mais importante e fundamental à construção, interpretação e aplicação desse ramo do Direito.[10]

Daniela Muradas, relacionando-o com a noção de progresso e de não retrocesso social, assim o qualifica:

> O princípio da proteção ao trabalhador, como se sabe, grava a originalidade do Direito do Trabalho, enunciando o seu sentido teleológico. Com lastro na dignidade da pessoa humana e no valor ínsito ao trabalho humano, o princípio tutelar enuncia ser a missão deste ramo jurídico a proteção do trabalhador, com a retificação jurídica da desigualdade socioeconômica inerente à relação entre capital e trabalho.[11]

No mesmo sentido, Américo Plá Rodrigues destaca que:

> O princípio de proteção se refere ao critério fundamental que orienta o Direito do Trabalho, pois este, ao invés de inspirar-se num propósito de igualdade,

(3) SAEGUSA, Cláudia Zaneti. *A flexibilização e os princípios de Direito Individual e Coletivo do Trabalho*. São Paulo: LTr, 2008. p. 47.

(4) REALE. Ob. cit., p. 304.

(5) SÜSSEKIND, Arnaldo. *Curso de Direito do Trabalho*. 3. ed., rev. e atual. Rio de Janeiro: Renovar, 2010. p. 113.

(6) SARLET, Ingo Wolfgang. *Dignidade da pessoa humana e direitos fundamentais na Constituição Federal de 1988*. 9. ed. Porto Alegre: Livraria do Advogado, 2011. p. 83.

(7) Sobre o tema, Oliveira (2004, p. 91/92) posiciona-se no sentido de que a imposição constitucional da unicidade sindical trata-se não apenas de um conservadorismo, mas também de uma afronta direta ao princípio de liberdade exposto no preâmbulo da CF/88 e à liberdade de associação definida no art. 5º, inciso XVII. Esta última constituindo-se como cláusula pétrea, nos termos do art. 60, § 4º, inciso IV. Ressalta ainda que a unicidade sindical, a sindicalização por categoria e a contribuição compulsória foram institutos consagrados na Constituição Federal de 1937 e, para a autora, lamentavelmente mantidos pela atual Carta Magna.

(8) SÜSSEKIND, Arnaldo. Ob. cit., p. 554.

(9) GARCIA, Gustavo Filipe Barbosa. *Curso de Direito do Trabalho*. 3. ed. São Paulo: Método, 2009. p. 94.

(10) SÜSSEKIND, Ob. cit., p. 116-117.

(11) REIS, Daniela Muradas. *O princípio da vedação do retrocesso no Direito do Trabalho*. São Paulo, LTr, 2010. p. 20.

responde ao objetivo de estabelecer um amparo preferencial a uma das partes: o trabalhador.(12)

Ressalta, assim, que a igualdade entre os contratantes (empregador e empregado) deixa de ser um ponto de partida, como defendido pela teoria da vontade, e passa a ser uma meta, uma aspiração da Ordem Jurídica.

Ainda conforme o mesmo autor, esse princípio se justifica pela dependência que o trabalhador tem tanto no âmbito pessoal (advinda da subordinação às ordens do empregador) quanto econômico (pois o meio de subsistência do obreiro é a venda de sua força de trabalho), de forma que esse princípio não se liga a concepções ideológicas ou políticas.

Já Alice Monteiro, pontuando que o princípio da proteção encontra albergue na parte final do art. 7º da CF/88, por adotar uma técnica legislativa direcionada para o princípio da tutela, destaca que o princípio da proteção se consubstancia na norma e na condição mais favorável ao obreiro.(13)

Como desdobramento do princípio de proteção, há ainda o *in dubio pro operario*, o qual indica que, quando for possível a extração de mais de um sentido para a mesma norma jurídica, deve-se optar pela que favoreça ao trabalhador.(14)

Partindo da tese que o Direito do Trabalho legitima para a classe trabalhadora a exploração de sua força de trabalho ao mesmo tempo em que, por outro lado, legitima as lutas e as vantagens obtidas, Luis Monereo defende não apenas que tal Direito possibilita a reprodução do modelo capitalista, como também tem dupla função, quais sejam, proteger o trabalhador e conservar a ordem social existente: "[...] la mejora de las condiciones de trabajo encuentra um limite objetivo: no puede anular la capacidade de funcionamento y por consiguiente la supervivência del propio modo de producción capitalista".(15)

Assim, para Luis Monereo, a aplicação do princípio protetor encontra limites definidos pelo contexto do sistema vigente, o qual busca, antes de proteger o trabalhador, a proteção do sistema econômico.(16)

Ainda conforme Luis Monereo, o princípio da proteção ao trabalhador é também delimitado pelos princípios da livre iniciativa e da economia de mercado, de forma que, em períodos de crise, mitiga-se o primeiro em favor dos últimos. Tal mitigação ocorre, inclusive, por meio de positivação no Ordenamento através e normas com este fim.(17)

Portanto, destaca o doutrinador que a proteção ao obreiro não chega a tanto que subverta o sistema, havendo um acordo tácito entre as distintas forças sociais, o que não apenas naturaliza o capitalismo como contribui para a mistificação de que o interesse da empresa é o interesse comum de todos.(18)

Princípio da irrenunciabilidade

Conforme entendimento de Sérgio Torres e Fábio Túlio por este princípio veda-se ao empregado que renuncie aos direitos trabalhistas previstos no sistema normativo, pois são de ordem pública e, por isso, imperativas, inderrogáveis e indisponíveis. A renúncia é nula de pleno direito.(19)

Para Arnaldo Süssekind este princípio, positivado no art. 9º da CLT(20), tem como matriz o princípio da proteção. Ressalta o autor que tal princípio, assim como o da proteção, vem sendo mitigado pela flexibilização empreendida em diversos países, inclusive no Brasil. Quase sempre, tal flexibilização exige participação dos sindicatos obreiros.(21)

Outros princípios

Para além dos princípios já estudados, há outros também importantes, dentre os quais destacamos o da continuidade da relação de emprego e o da primazia da realidade.

Pelo primeiro, o Ordenamento, ao proteger a relação de emprego em busca da maior continuidade possível, gera não apenas a conservação e proteção do emprego, favorecendo assim o trabalhador, mas também, justamente por isso, beneficia o empregador, que tem a sua disposição mão de obra experiente e conhecedora de suas funções, o que evita experiências com novas contratações e treinamentos, o que gera perda de tempo, erros e prejuízo.

(12) PLÁ RODRIGUES, Silvio. *Direito civil, volume 3:* dos contratos e das declarações unilaterais da vontade. São Paulo: Saraiva, 2004. p. 83.

(13) BARROS, Alice Monteiro de. *Curso de Direito do Trabalho*. 8. ed. São Paulo: LTr, 2012. p. 181-183.

(14) SAEGUSA, ob. cit., p. 52.

(15) PÉREZ, José Luis Monereo. *Introducción al nuevo derecho del trabajo:* una reflexión crítica sobre el Derecho flexible del Trabajo. Valencia: Tirant Lo Blanch, 1996. p. 30.

(16) *Idem*.

(17) *Ibidem*, p. 36.

(18) *Ibidem*, p. 34.

(19) TEIXEIRA, Sérgio Torres; BARROSO, Fábio Túlio. Os princípios do direito do trabalho diante da flexibilidade laboral. *Revista TST*, Brasília, v. 75, n. 3, p. 60, jul./set. 2009.

(20) Art. 9º CLT: "serão nulos de pleno direito os atos praticados com o objetivo de desvirtuar, impedir ou fraudar a aplicação dos preceitos trabalhistas".

(21) SÜSSEKIND, ob. cit., p. 117.

Assim, sendo beneficente para empregado e empregador, resta beneficiada, mesmo que de maneira indireta, a própria sociedade.[22]

Já pelo segundo, o intérprete deve dar preferência ao que ocorre no campo dos fatos em detrimento das formalidades e da aparência formal,[23] sendo que "no Direito do Trabalho a verdade real deve prevalecer sobre a verdade formal, isto é, a realidade dos fatos é mais importante que os documentos".[24]

Princípio do não retrocesso social

Destaca José Joaquim Gomes Canotilho que o princípio em estudo se caracteriza como proibição à "contra revolução social", ou "revolução reacionária", definindo-o assim:

> Com isto quer dizer-se que os direitos sociais e econômicos (ex.: direito dos trabalhadores, direito à assistência, direito à educação), uma vez obtido um determinado grau de realização, passam a constituir simultaneamente, uma garantia institucional e um direito subjetivo.[25]

Pontua Aline Paula que tal princípio não é recente, posto que foi expresso no acórdão TC n. 39/84 do Tribunal Constitucional de Portugal, que invalidou a revogação de parte significativa da Lei do Serviço Nacional de Saúde.[26] Ana Cristina e Edilton Meirelles transcrevem importante trecho do mencionado acórdão:

> A partir do momento em que o Estado cumpre (total ou parcialmente) as tarefas constitucionalmente impostas para realizar um direito social, o respeito constitucional deste deixa de consistir (ou deixa de consistir apenas) numa obrigação positiva, para se transformar ou passar também a ser uma obrigação negativa. O Estado, que estava obrigado a actuar para dar satisfação ao direito social, passa a estar obrigado a abster-se de atentar contra a realização dada ao direito social.[27]

Observa-se que não é um princípio com aplicação específica na seara trabalhista. Antes disso, por se tratar de matéria propriamente constitucional, aplica-se a todos os ramos do Direito. Ressalta Ingo Wolfgang, inclusive, que não se aplica apenas aos direitos sociais, mas também todos os direitos fundamentais.[28]

Acrescenta Canotilho que pelo princípio do não retrocesso social o legislador infraconstitucional encontra limites na proibição de discriminações e de implementação de políticas antissociais.[29]

No mesmo sentido, destaca Aline Paula que tal princípio não mitiga a discricionariedade do legislador no exercício de suas funções precípuas, apenas excluindo do ordenamento normas que ataquem direitos fundamentais sem a implementação de uma política substitutiva equivalente e provoque um significativo esvaziamento da Carta Magna.[30]

Complementa José Joaquim Gomes que não se pode fazer nada contra as recessões e crises econômicas, mas que o princípio em estudo limita a reversibilidade dos direitos adquiridos:[31]

> O núcleo essencial dos direitos sociais já realizados e efetivados através de medidas legislativas ("lei de segurança social", "lei do subsídio de desemprego", "lei do serviço de saúde") deve considerar-se constitucionalmente garantidos, sendo inconstitucionais quaisquer medidas estaduais que, sem a criação de outros esquemas alternativos ou compensatórios se traduzam na prática numa "anulação", "revogação" ou "aniquilação" pura e simples desse núcleo essencial.[32]

Destaca Aline Paula que a contra partida (ou esquemas alternativos, como quer Canotilho), deve ser específica e real, não cabendo, no seu entendimento, o argumento de criação de novos empregos, pois:

> [...] esse discurso, via de regra, é falacioso e, mesmo que ocorra a criação de novos postos de trabalho, esses são francamente mais precários que os anteriores, muitas vezes não atendendo sequer ao patamar básico de uma existência condigna.[33]

Citando Ingo Wolfgang, a mesma autora destaca que no âmbito nacional o princípio do não retrocesso social

(22) PLÁ RODRIGUES, A., ob. cit., p. 97.

(23) TEIXEIRA, ob. cit., p. 61.

(24) SAEGUSA, ob. cit., p. 59.

(25) CANOTILHO, José Joaquim Gomes. *Direito Constitucional e teoria da Constituição*. 4. ed. Coimbra: Almedina, 2008. p. 332.

(26) BONNA, Aline Paula. A Vedação do Retrocesso Social como Limite à Flexibilização das Normas Trabalhistas Brasileiras. *Revista do Tribunal Regional do Trabalho da 3ª Região*. Belo Horizonte, v. 47, n. 77, p. 58, jan./jun. 2008.

(27) MEIRELES, Ana Cristina Costa; MEIRELES, Edilton (Cols.). *A intangibilidade dos direitos trabalhistas*. São Paulo: LTr, 2009. p. 20.

(28) SARLET, ob. cit., p. 123.

(29) CANOTILHO, ob. cit., p. 333.

(30) BONNA, ob. cit., p. 58.

(31) CANOTILHO, ob. cit., p. 332.

(32) *Ibidem*, p. 333.

(33) BONNA, ob. cit., p. 63.

foi acolhido pela Constituição Federal de 1988 em três passagens, quais sejam,

> Ao instituir um Estado Democrático Social e Direito, explicitando já no preâmbulo[34] a segurança como um valor supremo da sociedade; no § 1º do art. 5º, ao proclamar o princípio da máxima eficácia das normas definidoras de direitos fundamentais; e, finalmente, ao inserir a dignidade humana no rol de fundamentos da República Federativa do Brasil.[35]

Ana Cristina e Edilton Meireles destacam que os princípios constitucionais referentes aos direitos fundamentais têm como característica tendência à progressiva ampliação das conquistas nessas áreas.[36] Já Aline Paula menciona a eficácia negativa que possuem, ou seja, sua existência inibe que a atividade estatal atue em desconformidade com seus preceitos.[37]

Observa-se, ainda, que o princípio do não retrocesso social foi acolhido pela atual Constituição Federal no *caput* do art. 7º, *in verbis*: "Art. 7º São direitos dos trabalhadores urbanos e rurais, *além de outros que visem à melhoria de sua condição social*".[38]

No mesmo sentido, destaca Aline Paula que:

> [...] a exegese de um dispositivo jurídico deve se pautar no teor de seu *caput*. Logo, outra conclusão não se chega senão a de que quaisquer modificações no rol de direitos sociais devem consistir em melhoria da posição jurídica o obreiro.[39]

Outrossim, conforme destaque de Ana Cristina e Edilton, a Constituição Federal da República vigente no país adotou o princípio do não retrocesso também no § 2º do art. 114, com redação da Emenda Constitucional n. 45/2004, que dispõe que nos dissídios coletivos os Tribunais do Trabalho devem respeitar "as disposições mínimas legais de proteção ao trabalho, bem como as convencionadas anteriormente", ou seja, não pode retroceder em relação a convenções anteriores.[40]

No campo das Constituições dos Estados latino-americanos, ressalta Ingo Wolfgang, que é princípio que se encontra nos sistemas constitucionais como um todo, inclusive quando as Cartas se abrem para o sistema internacional de proteção aos direitos humanos.[41]

Flexibilização

Por flexibilização entende Gustavo Filipe que "pode ser entendida como forma de amenizar o rigor ou a rigidez de certas normas jurídicas, referentes, no caso, ao Direito do Trabalho."[42]

Para Oliveira a flexibilização é o ato de se vergar e curvar perante algo ou alguém. Contemporaneamente, surgiu na década de 1980 no continente europeu, sendo que sua origem remonta não apenas à Revolução Francesa, que elegeu o liberalismo e a não intervenção do Estado na economia e vida social, mas também ao comunismo: "As críticas ao liberalismo extremado e ao radicalismo das correntes ideológicas comunistas levaram ao que se denomina flexibilização."[43]

É diminuição de custos ao empregador às custas da redução de vantagens e direitos dos trabalhadores, para que se mantenha competitivo no mercado globalizado e possa, para seus defensores, manter os empregos.[44]

Para Cláudia Zaneti a flexibilização:

> [...] é uma corrente doutrinária desenhada por juristas do novo paradigma neoliberal, patrocinada por em-

(34) Assim é o texto do preâmbulo constitucional: "[...] instituir um Estado Democrático, destinado a assegurar o exercício dos direitos sociais e individuais, a liberdade, a segurança, o bem-estar, o desenvolvimento, a igualdade e a justiça como valores supremos de uma sociedade fraterna, [...].

(35) BONNA, ob. cit., p. 59.

(36) MEIRELES, A.; MEIRELES, E., ob. cit., p. 119-120.

(37) No mesmo sentido, mas discorrendo acerca do princípio da dignidade humana, escreve Ingo Wolfgang (2011, p. 57), destacando a dupla função defensiva e prestacional da dignidade, pois quando o texto constitucional a reconheceu como princípio fundamental impôs não apenas condutas positivas no sentido de promover e mesmo protegê-la, mas também outorgou direitos subjetivos de cunho negativo (não violação da dignidade) (nota 179 da p. 83). Já Pedro Lenza, citando José Afonso da Silva, acerca de normas constitucionais de eficácia limitada, fala que elas possuem, ao menos, eficácia jurídica imediata, direta e vinculante, pois estabelecem um dever para o legislador ordinário; condicionam a legislação futura; informam a concepção do Estado e da sociedade e inspiram sua ordenação jurídica, mediante a atribuição de fins sociais, proteção dos valores da justiça social e revelação dos componentes do bem comum; constituem sentido teleológico para a interpretação, integração e aplicação das normas jurídicas; condicionam a atividade discricionária da Administração e do Judiciário; e criam situações jurídicas subjetivas, de vantagem ou desvantagem.

(38) MEIRELES, A.; MEIRELES, E., ob. cit., p. 82. (grifo nosso)

(39) BONNA, ob. cit., p. 63.

(40) MEIRELES, A.; MEIRELES, E., ob. cit., p. 120.

(41) SARLET, Ingo Wolfgang. *Notas sobre a assim designada proibição de retrocesso social no constitucionalismo latino americano*. Disponível em: <http://www.tst.jus.br/documents/1295387/1312882/7.+Notas+sobre+a+assim+designada+proibi%C3%A7%C3%A3o+de+retrocesso+social+no+constitucionalismo+latino-americano?version=1.0> Aceso em: 1º nov. 2013, p. 119.

(42) GARCIA, ob. cit., p. 107.

(43) CREPALDI *apud* OLIVEIRA, Murilo Carvalho Sampaio. *(Re)pensando o princípio da proteção na contemporaneidade*. São Paulo: LTr, 2009. p. 45.

(44) SÜSSEKIND, ob. cit., p. 55.

presários e organizações financeiras mundiais, que visa basicamente: a) desregulamentar a legislação trabalhista; b) estimular formas flexíveis de contratação de empregados e rescisões sem ônus; c) acabar com o princípio de proteção do empregado — introduzido pelo paradigma do Estado Social intervencionista, no início deste século.[(45)]

Fábio Túlio, ressaltando que a flexibilização, com o aumento de empregos precários, provoca a desarticulação da solidariedade e sentido de mobilização inerentes ao modelo tradicional de relação laboral, destaca que o tipo de flexibilização aplicada no mundo e também no Brasil é a chamada flexibilização defensiva[(46)], o qual tem como estratégias: o imediato retorno da relação econômico-laboral e o consequente aumento dos poderes empresariais; legislação pouco regulada ou mesmo desregulamentada; e o desmoronamento dos direitos e conquistas sociais dos trabalhadores.[(47)]

Desregulamentação

Por outro lado, há a desregulamentação, que não se confunde com a flexibilização, pois não pretende a alteração e adequação das normas heterogêneas, mas sim sua supressão, o que para Arnaldo Süssekind representa uma "[...] afronta, sem dúvida, a Declaração Universal dos Direitos do Homem, aprovada pela Assembleia Geral das Nacões Unidas de 1948".[(48)]

Já Oliveira entende ser melhor denominar a desregulamentação de precarização, pois torna mais frágeis o contrato e as condições de trabalho, liberando as empresas para admitir e demitir, ao mesmo tempo em que retira do Estado atribuições relacionadas à proteção do trabalhador.[(49)]

A flexibilização ocorre na seara interna do contrato, enquanto que a desregulamentação se realiza na seara externa.[(50)]

A flexibilização tem como objetivo final a desregulamentação, paulatinamente aprofundando a implantação do neoliberalismo e a política do Estado Mínimo. Assim é que diminui-se a responsabilidade social do empregador ao mesmo tempo em que, pela precarização do emprego, exclui-se o obreiro do regime formal de acumulação de riquezas, provocando, dessa forma, a ruptura do Direito do Trabalho tradicional, dos princípios tutelares do Direito trabalhista e do pacto social. Promove-se também o crescimento de relações atípicas de trabalho. Por fim, afasta-se o Estado tanto do direito material quanto do instrumental (como, por exemplo, a positivação das Comissões de Conciliação Prévia).[(51)]

Pelo lado das empresas, observa-se que há grande movimento de racionalização produtiva com o enxugamento dos contingentes de trabalhadores, especialmente os de baixa qualificação, passando a contratá-los por meio de empresas menores, terceirizados e com empregos precários.[(52)]

Para Cláudio Salvadori:

> O procedimento dessas empresas é garantido tanto pela disponibilidade crescente de força de trabalho à procura de emprego em tempo integral, como pela fragilidade das negociações coletivas e pela desregulamentação dos mercados e relações de trabalho promovida pelos Estados Nacionais.[(53)]

Para esse autor não se sustenta o argumento de que o processo de desregulamentação funciona como instrumento de oxigenação das empresas, pois, tem-se observado que, no movimento real da economia, há forte tendência de as empresas se aproveitarem da desregulamentação para implementar política de racionalização da produção e emprego, reforçando, assim, a lógica do desemprego, sendo que, além disso há aprofundamento das desigualdades salariais pelo aumento de trabalhadores de baixa remuneração e com empregos precários.[(54)]

Destacando que o desemprego é estrutural do capitalismo avançado, que os jovens, apesar de mais qualificados, têm maior dificuldade de inserção e permanência no mercado que é preciso rearticular a rede de segurança de mercado

(45) SAEGUSA, ob. cit., p. 80.

(46) Para Jean-Claude Javalier, citado por Cláudia Zaneti, a flexibilização pode ser: 1) de proteção, quando combina normas heterônomas com procedimentos autônomos em um sentido favorável ao trabalhador; 2) de adaptação, se promover a derrogação de normas heterônomas *in pejus* ao obreiro; e 3) de desregramento, se prestigia a autonomia privada no sentido de quebrar a rigidez do Direito do Trabalho permitindo supressão de direitos e alterações para pior quanto aos trabalhadores. p. 76.

(47) BARROSO, Fábio Túlio. *Direito flexível do trabalho:* abordagens críticas. Recife: Editora Universitária da UFPE, 2009. p. 39.

(48) SÜSSEKIND, ob. cit., p. 55.

(49) OLIVEIRA, M., ob. cit., p. 48.

(50) *Idem.*

(51) BARROSO, ob. cit., p. 48-49.

(52) DEDECCA, Cláudio Salvadori. *Racionalização econômica e trabalho no capitalismo avançado.* 2. ed. Campinas: Unicamp, 2005.

(53) *Ibidem*, p. 215.

(54) *Idem.*

de trabalho, segurança do emprego, trabalho e ocupação, segurança da renda e da representação do trabalho, conclui Cláudio Salvadori:

> Assim, a solução dos problemas de emprego e renda não apenas exige que se recomponha o sistema de regulação econômica e social, a dominância do interesse público sobre o privado e o aparelho de Estado, mas que se supere a fragmentação e que se rearticulem os interesses políticos nesta direção.[55]

Assim, a flexibilização, e a desregulamentação em maior nível, gera instabilidade quanto ao grau de certeza referente à continuidade do trabalho; falta de controle e de proteção quanto às condições de trabalho, ritmo de trabalho e salário; e vulnerabilidade econômica e social.[56]

O anteprojeto do Acordo Coletivo de Propósito Específico

Em meados do ano de 2011 o sindicato dos metalúrgicos do ABC paulista concluiu a cartilha denominada ACE — Acordo Coletivo Especial, e apresentou à Casa Civil do Governo Federal o projeto de lei denominado Acordo Coletivo de Propósito Específico.

Segundo a cartilha:

> Trata-se de um projeto de lei no campo da negociação coletiva que garantirá a um sindicato profissional e a uma empresa do setor econômico correspondente, estipular, com segurança jurídica, condições específicas de trabalho.[57].

Em sua contextualização, afirma que o Brasil chegou ao século XX com problemas sociais e gargalos econômicos frutos da herança colonial, escravocrata e predadora. Apesar disso, é a oitava economia do mundo e deve ser a quinta em um período de dez anos.

Ressalta que os avanços no combate ao desemprego crônico, divida externa e fome endêmica tornam o momento atual de otimismo.

Pontua também que com a Constituição Federal de 1988 houve o crescimento da democracia, definida como "o regime que reconhece a legitimidade das disputas". A afirma ainda que "só na convivência democrática temos chances reais de avançar respondendo às demandas dos trabalhadores, dos mais pobres e, ao mesmo tempo, dos segmentos empresariais."[58]

Quanto à Consolidação das Leis Trabalhistas, lembra que tem cerca de setenta anos e foi gestacionada no governo ditatorial de Getúlio Vargas, argumentando que estabelece um controle excessivo do Estado sobre a relação entre capital e trabalho, tolhendo a liberdade sindical e restringindo o campo das negociações coletivas, além de se constituir em barreira ao estabelecimento de um equilíbrio entre os sujeitos da relação. Afirma, inclusive, que o controle excessivo e regras engessadas causam a morte da liberdade.

Ao mesmo tempo em que define a postura adotada pelo sindicato dos metalúrgicos do ABC paulista como avançada, moderna, democrática e voltada para o século XXI, afirma existir dois outros tipos de sindicatos: aqueles que buscam mais a satisfação dos interesses dos sindicalistas do que os da categoria e trabalhadores; e o que prioriza a denúncia ideológica das características e injustiças do sistema capitalista, mas que não acumula força suficiente para obter vitórias e conquistas, não contribuindo também para a democratização do ambiente de trabalho.

Discorre acerca da Câmara Setorial da Indústria Automotiva, que foi acordo realizado entre empregadores, empregados e Estado, enaltecendo o fato de ter afastado o fantasma do desemprego que rondava os lares dos brasileiros, concluindo que "os trabalhadores conseguiram defender o seu mais estratégico direito naquela conjuntura desfavorável: a garantia de emprego sem redução de salários".[59] Aqui, conforme a cartilha do ACE, as normas do direito não obstaculizaram a Câmara Setorial.

Continua discorrendo acerca da mudança na postura dos trabalhadores (por meio do sindicato), definindo-a como amadurecimento em direção à democracia. Por outro lado, defende que as empresas devem adotar o conceito de responsabilidade social, ou seja, as metas econômicas têm mais possibilidade de serem alcançadas quando se considera o bem-estar do trabalhador nos aspectos de alimentação, saúde, educação, salários dignos, relações de trabalho respeitosas, tolerância, estabilidade e negociação permanente, além de respeito ao meio ambiente e cuidados com a saúde do trabalhador.

Para a cartilha, é preciso incluir a atualização das leis trabalhistas como meio de superar os desafios do país. Relata que tais leis pertencem a uma época em que o patronato respondia de maneira autoritária às manifestações da classe trabalhadora, o que não acontece mais na atualidade pela adoção de práticas empresariais responsáveis.

Passa a defender o ACE, que vem para eliminar uma suposta insegurança jurídica, pois:

(55) *Ibidem*, p. 242.

(56) BARROSO, ob. cit., p. 54.

(57) ACORDO COLETIVO ESPECIAL. *Tribuna Metalúrgica*, São Paulo, Sindicato dos Metalúrgicos da ABC, p. 3, 2011.

(58) *Ibidem*, p. 07.

(59) *Ibidem*, p. 21.

> [...] se a CLT contém dispositivos que podem ser invocados por uma autoridade discordante, fica instalada uma insegurança jurídica que traz riscos para todos. E arremata: por um lado, os trabalhadores e empresários interessados no avanço democratizante são punidos; de outro, são premiados o conservadorismo e a inércia.[60]

Partindo da constatação de que o Brasil não possui uma legislação que sustente e promova a negociação coletiva, a cartilha defende que é preciso garantir mais liberdade às partes, bem como garantir a existência de mecanismos e instrumentos jurídicos que sejam capazes de favorecer o equilíbrio de forças entre os atores do processo.

Como características do ACE, a cartilha destaca que se trata de acordo e não convenção coletiva e que, portanto, não pode ser feito entre sindicatos dos trabalhadores e empregadores, além de que há a prevalência das cláusulas negociadas sobre o disposto em lei, bastando que se cumpra os requisitos do projeto.

Elencando suas principais virtudes, a cartilha enumera: maior autonomia das partes; adesão voluntária; representatividade e responsabilidade, pois será preciso habilitação do sindicato profissional no Ministério do Trabalho e Emprego, que só será concedida se houver comitê sindical na empresa e que a empresa não pode ter condenações judiciais transitado em julgado por práticas antissindicais; segurança jurídica; a decisão pertence a o trabalhador, que participará de votação secreta e deverá ter aprovação de, ao menos, 60%, além de o sindicato profissional ter ao menos 50% mais 1 de trabalhadores sindicalizados; por fim, define como virtude o estabelecimento de um novo papel ao Estado.

Abaixo se transcreve o art. 2º do ACE:

> Art. 2º Para os fins desta Lei considera-se:
>
> I – Negociação coletiva, o procedimento adotado por sindicatos profissionais e empresas para solução de conflitos e celebração de Acordos Coletivos de Trabalho com Propósito Específico;
>
> II – Acordo Coletivo de Trabalho com Propósito Específico, o instrumento normativo por meio do qual o sindicato profissional, habilitado pelo Ministério do Trabalho e Emprego e uma empresa do correspondente setor econômico, estipulam condições específicas de trabalho, aplicáveis no âmbito da empresa e às suas respectivas relações de trabalho;
>
> III – Condições específicas de trabalho, aquelas que, em decorrência de especificidades da empresa e da vontade dos trabalhadores, justificam adequações nas relações individuais e coletivas de trabalho e na aplicação da legislação trabalhista, observado o art. 7º da Constituição.

Confronto entre o Acordo Coletivo de Propósito Específico e os princípios do Direito do Trabalho

O anteprojeto do Acordo Coletivo de Propósito Específico tem objeto semelhante ao projeto de Lei n. 5.483/2001, ou seja, a prevalência da matéria negociada sobre o legislado, mesmo que seja em prejuízo da classe trabalhadora. Essa afirmativa, inclusive, consta na justificativa, quando elenca as características do ACE.

É novo, pois foi apresentado no ano de 2011 e ainda está na Casa Civil do Governo Federal. É atual e relevante, pois propõe mudanças e alterações que certamente impactarão no curso do desenvolvimento do país e também na vida das pessoas trabalhadoras. É curioso também que, sendo um projeto de cunho flexibilizante, tenha sido apresentado por um sindicato obreiro.

Em artigo publicado no sítio da Associação Nacional dos Procuradores do Trabalho (ANPT), o Procurador do Trabalho Rafael de Araújo Gomes observa que o anteprojeto apresentado pelo sindicato do ABC é mais permissivo que o de 2001, pois permite a flexibilização sobre normas de saúde e segurança do trabalho. Destaca, ainda, a título de exemplo, que a norma regulamentadora n. 18 do MTE, que prevê normas de segurança para o setor da construção civil, poderia ser mitigada no todo ou em parte.

Percebe-se, portanto, o confronto entre o anteprojeto e o princípio da proteção do trabalhador, o qual, não apenas tem função histórica de inibir a exploração do trabalho pelo capital,[61] como também se constitui em raiz sociológica do Direito do Trabalho.[62] É basilar a esse ramo do Direito e tem como premissa a desigualdade das partes envolvidas, empregador e empregado, uma vez que este último apresenta-se com dependência pessoal e econômica com relação ao primeiro e por isso não apresenta conotações ideológicas ou mesmo políticas.[63]

Observa-se também que a justificativa do ACE, contraditoriamente a esse princípio, procura estabelecer uma equiparação formal dos sujeitos da relação de trabalho, como, por exemplo, quando afirma que "[...] a lei tolhe a autonomia dos trabalhadores e empresários, impondo uma tutela pelo Estado, que, como toda tutela, se converte em barreira para o estabelecimento de um equilíbrio mais consistente".[64]

(60) *Ibidem*, p. 32.

(61) GARCIA, ob. cit., p. 94.

(62) SÜSSEKIND, ob. cit., p. 117.

(63) PLÁ RODRIGUES, Américo. *Princípios de Direito do Trabalho*. São Paulo: LTr, 2000. p. 88-89.

(64) ACORDO COLETIVO ESPECIAL, ob. cit., p. 13.

Em outro trecho, discorre acerca da insegurança jurídica que a CLT provoca ao permitir que autoridades possam invocá-la para questionar acordos realizados entre os empregadores e empregados, que, sintonizados com a democracia e adotando uma postura de vanguarda, possam-se ver frustrados em suas intenções. Entretanto, empregadores e empregados ocupam lados opostos na dicotômica relação trabalhista, pois os primeiros pleiteiam desoneração dos custos de produção e os segundos reivindicam melhores condições de trabalho, inclusive de salários. Outrossim, essa dicotomia já era assinalada por Marx e Engels em *O Manifesto Comunista*: "a sociedade como um todo está cada vez mais dividindo-se em dois grandes campos hostis, em duas grandes classes que se confrontam frente a frente: burguesia e proletariado".[(65)]

Por outro lado, antes e promover o equilíbrio entre empregador e empregado, os elementos da flexibilização introduzidos pelo ACE, tem como característica a acentuação do desequilíbrio das forças que compõem o tecido produtivo social, o que causa o aumento das diferenças socioeconômicas. Além disso, a precarização induz o trabalhador a uma permanente requalificação em busca da manutenção não apenas do emprego, mas também de sua empregabilidade e adequação à nova organização das relações de produção.[(66)]

Assim, recusando a aplicação do princípio da proteção o ACE aceita que sejam realizados acordos que introduzam modificações para pior nas condições de trabalho dos trabalhadores.

Há também a previsão de que são necessárias duas condições para que um sindicato possa celebrar o acordo coletivo com propósito específico, quais sejam: obter autorização própria do MTE e deve haver a constituição de comitê sindical de empresa (art. 2º, V e art. 9º, II, a do anteprojeto, respectivamente). Sobre tais exigências, observa Rafael de Araújo que o MTE é órgão político e não técnico, de forma que não há critério rígido estabelecido. Pelo contrário, tal órgão teve sua atuação questionada no Fórum Nacional do Trabalho, criado no governo Lula, quanto ao grande número de autorizações para criação de novos sindicatos. Quanto à segunda exigência, pontua o procurador que a mera existência formal dos comitês não lhes garante efetividade.[(67)]

O anteprojeto também significa mitigação do princípio da irrenunciabilidade de direitos, pois, em nome da manutenção dos empregos ou das condições de empregabilidade e por meio do acordo com propósito específico, permite o afastamento da aplicação de dispositivos legais garantidores de direitos e condições de trabalho. Inclusive, na justificativa do anteprojeto, há trecho em que, ao elogiar a Câmara Setorial Automotiva, de 1992, faz expressa referência ao "fantasma do desemprego" que rondava a família brasileira e que o maior bem do empregado era manter o emprego.

Considera-se também que o ACE, ao permitir a mitigação dos princípios da proteção e da irrenunciabilidade, permite também o ataque ao princípio do não retrocesso social, adotado pela Constituição Federal/1988 no *caput* do art. 7º. Ressalta-se, ainda que o anteprojeto prevê o respeito a este artigo constitucional, residindo, neste ponto a seguinte contradição: se o dispositivo ora estudado adota sistema orientado ao crescimento dos direitos, como conciliar com lei que prevê a mitigação desses mesmos direitos?

Sobre o tema, o procurador do trabalho Rafael de Araújo traz o seguinte exemplo, ocorrido na cidade de Patos-MG:

> A necessidade de tal audiência pública se fez óbvia ante a descoberta da proliferação, em toda a região, de acordos coletivos firmados com grandes fazendeiros que previam, entre outras coisas, que: a) o custo das ferramentas de trabalho (enxada e rastelo, por exemplo) seria suportado pelos trabalhadores rurais; b) o empregador era dispensado de fornecer na fazenda água potável e fresca; c) seria considerado como falta o dia em que o empregado não apresentasse a produtividade esperada pelo empregador; d) não haveria limitação ao número de horas extras diárias durante a colheita; entre outros absurdos.[(68)]

Destaca Fábio Túlio Barroso que a mitigação dos princípios trabalhistas em favor da autonomia da vontade, da livre concorrência e da propriedade privada significa o retorno de valores liberais, onde o Estado transfere poderes e responsabilidades a terceiros particulares, mercantilizando suas atribuições de poder público garantidor de prestação de serviços aos cidadãos e substituindo a normativa do social pela racionalidade econômica.[(69)] De fato, a autonomia da vontade é a primeira das consideradas "principais virtudes" do ACE, enquanto que segurança jurídica e novo papel do Estado finalizam-nas.

Como elemento de flexibilização das normas trabalhistas, o anteprojeto do ACE se constitui como mitigação

(65) MARX, Karl; ENGELS, Friedrich. *O Manifesto Comunista*. Rio de Janeiro: Paz e Terra, 1996. p. 10.

(66) BARROSO, ob. cit., p. 52.

(67) GOMES, Rafael de Araújo. *O projeto de flexibilização trabalhista da CUT:* o que é isso, companheiro? Disponível em: <http://www.anpt.org.br/index2.jsp?tipo_noticia=3&pagina_=3> Acesso em: 2 out. 2013, p. 5-6.

(68) *Ibidem*, p. 07.

(69) BARROSO, ob. cit., p. 63.

ao princípio da continuidade da relação de emprego ao implementar novas políticas de reordenação dos mercados de trabalho, o que acarreta a deterioração do emprego ordinário e o paulatino empobrecimento e gradual diminuição da saúde física e moral do trabalhador.(70)

Há também, na cartilha do anteprojeto, assertiva de que a CLT é antiquada e autoritária, pelo que observa Fábio Túlio que tal diploma não pode ser velha se está sempre sendo atualizada pelo grande número de leias que surgiram ao longo do tempo.(71) Como exemplos, elenca-se as seguintes leis que alteraram a consolidação: Lei n. 7.855/89, que diz respeito à anotação de ponto pelo empregado; Lei n. 9.601/98, que introduziu a contratação por prazo determinado; Lei n. 9.658/98, que trata da prescrição dos créditos trabalhistas; Lei n. 10.243/01, que limita a tolerância ao atraso para o início do trabalho; Lei n. 12.551/2011, que trata do teletrabalho; Lei n. 12.812/13, que trata da estabilidade da gestante no curso do aviso-prévio; e Lei n. 12.873/13, que trata da licença-maternidade em caso de guarda judicial com fins de adoção.

Quanto ao caráter autoritário da CLT e ressaltando que onde há capital não há preocupação com o social, afirma Fábio Túlio que "[...] uma reforma flexibilizadora deixará as leis muito mais autoritárias, pondo nas mãos dos empresários as diretrizes de uma política de organização do trabalho conveniente ao tipo de investimento que lhes apeteça".(72)

Conclusão

Ao longo deste artigo procurou-se demonstrar as características dos princípios mais relevantes do Direito do Trabalho, com destaque para o da proteção ao trabalhador, irrenunciabilidade, incluindo também o princípio do não retrocesso social, o qual, mesmo não sendo próprio da seara trabalhista, é deveras significativo para essa área.

Estudou-se também os institutos da flexibilização, da desregulamentação e o anteprojeto do Acordo Coletivo de Propósito Específico, não apenas caracterizando-os, mas também contextualizando-os perante os princípios do Direito do Trabalho, demonstrando-se as principais características do ACE, projeto flexibilizante proposto pelo sindicato obreiro dos metalúrgicos do ABC paulista.

Por fim, promoveu-se o confronto entre os argumentos do Acordo Coletivo de Propósito Específico com os princípios do Direito do Trabalho, concluindo-se que, caso aprovado pelo Congresso Nacional e sancionado pelo chefe do Poder Executivo, será negativo não apenas ao Ordenamento, mas também aos próprios trabalhadores, pois trata-se de um anteprojeto que visa introduzir norma flexibilizante agressiva, abrindo espaço, inclusive para a desregulamentação no caso concreto, não havendo, sequer, a previsão de respeito às normas de segurança do trabalho.

Referências bibliográficas

ACORDO COLETIVO ESPECIAL. *Tribuna metalúrgica*. São Paulo: Sindicato dos Metalúrgicos da ABC, 2011.

AMARAL, Francisco. *Direito Civil:* introdução. Rio de Janeiro: Renovar, 2006.

BARROS, Alice Monteiro de. *Curso de Direito do Trabalho*. 8. ed. São Paulo: LTr, 2012.

BARROSO, Fábio Túlio. *Direito flexível do trabalho:* abordagens críticas. Recife: Editora Universitária da UFPE, 2009.

BONNA, Aline Paula. A Vedação do Retrocesso Social como Limite à Flexibilização das Normas Trabalhistas Brasileiras. *Revista do Tribunal Regional do Trabalho da 3ª Região*, Belo Horizonte, v. 47, n. 77, jan./jun. 2008.

BRASIL. *Decreto-lei n. 5.452, de 1º de maio de 1943 — Consolidação das Leis do Trabalho*. São Paulo: RT, 2012b.

________. *Constituição Federal de 1988*. São Paulo: RT, 2012a.

CANOTILHO, José Joaquim Gomes. *Direito constitucional teoria da Constituição*. 4. ed. Coimbra: Almedina, 2008.

DEDECCA, Cláudio Salvadori. *Racionalização econômica e trabalho no capitalismo avançado*. 2. ed. Campinas: Unicamp, 2005.

DELGADO, Mauricio Godinho. Os princípios na estrutura do direito. *Revista TST*, Brasília, v. 75, n. 3, jul./set. 2009.

GARCIA, Gustavo Filipe Barbosa. *Curso de Direito do Trabalho*. 3. ed. São Paulo: Método, 2009.

GOMES, Fábio Rodrigues. *O direito fundamental ao trabalho:* perspectivas histórica, filosófica e dogmático-analítica. Rio de Janeiro: Lumen Juris, 2008.

GOMES, Rafael de Araújo. *O projeto de flexibilização trabalhista da CUT*: o que é isso, companheiro? Disponível em: <http://www.anpt.org.br/index2.jsp?tipo_noticia=3&pagina_=3> Acesso em: 2 out. 2013.

MARTINS, Sérgio Pinto. *Direito do Trabalho*. 27. ed. São Paulo: Atlas, 2011.

MARX, Karl; ENGELS, Friedrich. *O Manifesto Comunista*. Rio de Janeiro: Paz e Terra, 1996.

MEIRELES, Ana Cristina Costa; MEIRELES, Edilton (Colbs.). *A intangibilidade dos direitos trabalhistas*. São Paulo: LTr, 2009.

OLIVEIRA, Dalva Amélia de. *Reformas:* a atualização da legislação trabalhista e os direitos fundamentais no trabalho, segundo a declaração e princípios da OIT. São Paulo: LTr, 2004.

OLIVEIRA, Murilo Carvalho Sampaio. *(Re)pensando o princípio da proteção na contemporaneidade*. São Paulo: LTr, 2009.

(70) BARROSO, ob. cit., p. 56-57.

(71) *Ibidem*, p. 63.

(72) *Idem*.

PÉREZ, José Luis Monereo. *Introducción al nuevo derecho del trabajo:* una reflexión crítica sobre el Derecho flexible del Trabajo. Valencia: Tirant lo Blanch, 1996.

PLÁ RODRIGUES, Américo. *Princípios de Direito do Trabalho*. São Paulo: LTr, 2000.

REALE, Miguel. *Lições preliminares de Direito*. São Paulo: Saraiva, 2002.

REIS, Daniela Muradas. *O princípio da vedação do retrocesso no Direito do Trabalho*. São Paulo: LTr, 2010.

RODRIGUES, Silvio. *Direito Civil, volume 3:* dos contratos e das declarações unilaterais da vontade. São Paulo: Saraiva, 2004.

SAEGUSA, Cláudia Zaneti. *A flexibilização e os princípios de Direito Individual e Coletivo do Trabalho*. São Paulo: LTr, 2008.

SARLET, Ingo Wolfgang. *Dignidade da pessoa humana e direitos fundamentais na Constituição Federal de 1988*. 9. ed. Porto Alegre: Livraria do Advogado, 2011.

______. *Notas sobre a assim designada proibição de retrocesso social no constitucionalismo latino americano*. Disponível em: <http://www.tst.jus.br/documents/1295387/1312882/7.+Notas+sobre+a+assim+designada+proibi%C3%A7%C3%A3o+de+retrocesso+social+no+constitucionalismo+latino-americano?version=1.0> Aceso em: 1º nov. 2013.

SÜSSEKIND, Arnaldo. *Curso de Direito do Trabalho*. 3. ed., rev. e atual. Rio de Janeiro: Renovar, 2010.

TEIXEIRA, Sérgio Torres; BARROSO, Fábio Túlio. Os princípios do Direito do Trabalho diante da flexibilidade laboral. *Revista TST*, Brasília, v. 75, n. 3, jul./set. 2009.

A Súmula n. 331 do TST como Instrumento de Precarização Laboral

Tatiana Cesarina Tôrres Costa(*)

1.1. Direito Social ao Trabalho

O Trabalho é típico exemplo de direito social prestacional (art. 6º, Constituição do Brasil de 1988), bem como todas as suas repercussões, ou seja, todos os direitos elencados no art. 7º da Constituição de 1988 são, igualmente, Direitos Humanos Sociais, de cunho prestacional. Isso quer dizer que o trabalho deve ser efetivado pelo Estado, na busca de uma sociedade mais digna e mais igualitária.

Em especial, a Constituição Brasileira, no seu art. 7º, prevê direitos próprios do trabalhador, direitos esses que devem ser considerados fundamentais, pois embora não tragam expressamente as palavras "vida", "saúde", "igualdade", a sua concretização protege referidos direitos. Até porque não seria suficiente viver apenas por viver. Faz-se necessária a existência com condições dignas. E essa dignidade é alcançada mediante o respeito aos direitos sociais, dentre eles os trabalhistas.

Alguns incisos do art. 7º da Constituição do Brasil de 1988 podem ser citados a fim de demonstrar que os direitos trabalhistas ali previstos são de cunho fundamental. Tais são eles: I, II, IV, XIII, XIV, XV, XVI, XVII, XVIII, XIX, dentre outros.

O Estado não só tem o dever de garantir o pleno emprego, mas também o dever de proteção dos direitos trabalhistas, como o décimo terceiro salário, as férias, o tratamento igualitário entre os trabalhadores, o Fundo de Garantia por Tempo de Serviço, aposentadoria, a proteção à maternidade, à mulher, dentre outros. Esses direitos, embora tenham aplicabilidade a uma determinada classe (classe trabalhadora), geram repercussão na sociedade como um todo. Quando são respeitados, menos conflitos passam a existir no seio social. Em contrapartida, quanto menos emprego, menos respeito aos direitos trabalhistas, novos conflitos surgem, os quais acabam por gerar influências negativas em toda a sociedade.

1.2. Princípios fundamentais aplicáveis ao trabalhador

Tratar de princípios faz aproximar o Direito da Ética(1). Passados os anos de devoção ao positivismo, chega o momento de agregar preceitos éticos ao Direito. Verdade que diante do modelo de Estado que nos deparamos atualmente, fica difícil acreditar num Direito voltado à ética. Mas não podemos também fechar os olhos e não percebermos que os princípios tomaram lugar de destaque nas decisões judiciais, nos fundamentos da doutrina, bem como nos estudos acadêmicos (Neoconstitucionalismo). E isso, embora não seja totalmente posto em prática, torna o Direito mais humano e menos dependente da letra rígida da lei.

A constitucionalização dos princípios não só os consagra como normas jurídicas, normas estas superiores a quaisquer outras, como também recebe a instância valorativa máxima de categoria constitucional.

Na visão de Delgado(2), as Constituições modernas trazem princípios como o da dignidade da pessoa humana, valorização do trabalho e, em especial, do emprego.

1.2.1. Princípio da valorização do trabalho, destacando-se o emprego

O ser humano se afirma através do trabalho digno. A conduta laboral se mostra como instrumento especial para que o homem seja realizado, individual ou socialmente considerado. É com o trabalho que o homem mantém a si e a sua família.

O constituinte ao prever, como fundamento da República Federativa do Brasil, a valorização do trabalho junto com a dignidade da pessoa humana preconiza que o trabalho não deve ser encarado como uma obrigação, algo indesejável, que não realiza o trabalhador, e sim como algo que lhe dá prazer em sua plenitude. O que se busca através deste princípio é a valorização do trabalho digno.

O princípio da valorização do trabalho tem especial relevância para o trabalho regulado, o emprego, aquele protegido e assegurado pelas regras trabalhistas. É no âmbito do trabalho regulado pelas normas trabalhistas que encontramos a maior proteção ao trabalhador, enquanto pessoa, pois o mesmo se encontra protegido em face dos maus acontecimentos que a vida lhe proporciona. Em

---

(*) Especialista em Direito e Processo do Trabalho pela Universidade Mackenzie. Mestra em Direito pela UNICAP. Advogada e professora de Direito do Trabalho da Faculdade Luso-brasileira, em Carpina/PE.

(1) BARROSO, Luís Roberto; BARCELLOS, Ana Paula de. O começo da história. A nova interpretação constitucional e o papel dos princípios no direito brasileiro. *In:* BARROSO, Luís Roberto (Org.). *A nova interpretação constitucional*. Ponderação, direitos fundamentais e relações privadas. 2. ed. Rio de Janeiro: Renovar, 2006. p. 336.

(2) DELGADO, Maurício Godinho. Direitos fundamentais na relação de trabalho. *In:* SILVA, Alessandro da *et al* (Coord.). *Direitos Humanos:* essência do Direito do Trabalho. São Paulo: LTr, 2007. p. 69.

caso de doença, de desemprego, de morte, o trabalhador--empregado tem para si e para sua família maior proteção.

1.2.2. Princípio da não discriminação

Por meio do princípio da isonomia, os homens não podem se submeter a tratamento discriminatório e arbitrário, proibindo-se toda e qualquer forma de tratamento desigual.

Muito embora seja um princípio de caráter geral, ele se aplica especificamente à relação de trabalho, no que pertine à proibição de tratamento diferenciado para os trabalhadores, no que concerne a salários, função, critério de admissão, tratamento, em razão do sexo, cor ou estado civil.

Entretanto, existe uma forma de discriminação, na atual realidade do trabalho, bastante maquiada, sobre a qual não se desperta atenção das pessoas. A terceirização de serviços, que é o foco deste trabalho, e será analisada em detalhes mais adiante, fere o princípio da não discriminação, o qual se desdobra no direito a não discriminação na relação de trabalho, especificamente.

O trabalhador terceirizado é um trabalhador encarado pelos colegas apenas como uma pessoa que será substituída a qualquer momento por outra, e que está prestando serviços desqualificados. Um trabalhador terceirizado não se insere no quadro da empresa, muito menos no cotidiano dos trabalhadores com vínculo permanente. Trata-se de um ser estranho. Em relação ao aspecto remuneratório, o trabalhador terceirizado tem uma remuneração muito abaixo do nível normal, tendo em vista que seu trabalho geralmente é realizado por pessoas que não possuem qualificação adequada e em vista da alta-rotatividade de mão de obra.

1.2.3. Princípio do trabalho digno como desdobramento do Princípio da dignidade da pessoa humana

Tarefa difícil é tentar conceituar o princípio da dignidade da pessoa humana, pelo fato de que se trata de expressão bastante vaga, com alto grau de ambiguidade. Pensamos ser mais fácil perceber situações que atinjam negativamente a dignidade humana, a conceituá-la. Não há um único conceito capaz de satisfazer a completude do princípio.

"A dignidade da pessoa humana deve ser considerada ofendida sempre que o homem for rebaixado à condição de objeto, tratado como uma coisa e desconsiderado como sujeito de direitos (...)"[3].

O princípio da dignidade da pessoa humana obriga todos a respeitarem o indivíduo como ser humano, sem tratamentos discriminatórios, indecentes ou vexatórios. Toda e qualquer forma de tratamento humilhante, que não condiga com a devida valoração do ser humano, será contrária ao princípio em análise.

A dignidade não é mais um direito do homem. A dignidade é algo superior a tudo isso. Ela deve ser vista como um princípio-valor, um vetor de toda a humanidade, devendo esta ter como meta, a sua constante proteção. Todos, indiscutivelmente, devem primar pelo valor da dignidade humana. É este valor que atribui fundamento para os Direitos Humanos, princípios fundamentais, bem como para todo o ordenamento jurídico, obrigando tanto o Estado, quanto os particulares.

Trazendo o princípio da dignidade da pessoa humana para a órbita do trabalho, percebemos alguns aspectos: um, referente à pessoa do trabalhador, o qual deve ser respeitado enquanto pessoa humana; dois, refere-se à remuneração. Esta deve permitir que tanto o trabalhador quanto sua família disponham de meios para um vida digna; três, no que pertine às condições de trabalho, como segurança e higiene.

Percebam que o trabalho (digno) faz do homem ser social, integrando-o na comunidade e dignificando-o. O trabalho tem efeitos que extrapolam a pessoa do trabalhador. Sua falta ou sua precariedade acarreta inúmeros males à sociedade.

Conforme Delgado[4], "entende-se que o trabalho não violará o homem enquanto fim em si mesmo, desde que prestado em condições dignas. O valor da dignidade deve ser o sustentáculo de qualquer trabalho humano."

O contrato de trabalho, apesar de ser de cunho privado, deve se submeter às condições mínimas previstas tanto na ordem constitucional quanto na legal, como fruto do dirigismo estatal. Desta forma, o contrato de trabalho também está sujeito à observância da dignidade humana. A relação e as condições de trabalho devem ser dignas.

O trabalhador não poder ser visto como um meio para a realização da atividade econômica, já que por ser pessoa ele é o centro da ordem jurídico-social. A pessoa humana não pode ser transformada em objeto ou instrumento de outrem ou de uma dada situação[5].

(3) RIBEIRO, Marcus Vinícius. *Direitos humanos e fundamentais*. 2. ed. Campinas: Russel Editores, 2009. p. 12.

(4) DELGADO, Gabriela Neves. *Direito fundamental ao trabalho digno*. São Paulo: LTr, 2006. p. 207.

(5) KANT, Immanuel. *Fundamentação da metafísica dos costumes*. São Paulo, 1980, *apud* SARLET, Ingo Wolfgang. *Dignidade da pessoa humana e direitos fundamentais na Constituição Federal de 1988*. Porto Alegre: Livraria do Advogado, 2004. p. 33.

O Estado Brasileiro trouxe para si uma obrigação que é a de promover, bem como proteger o trabalho. No entanto, considere que não estamos falando de qualquer trabalho (subumano, análogo à condição de escravo, precário). O trabalho a ser protegido e promovido pelo Estado é o trabalho digno e decente.

Nas palavras de Brito Filho[(6)], trabalho decente é aquele visto como um "conjunto mínimo de direitos do trabalhador que corresponde: à existência de trabalho; à *liberdade*; à *igualdade do trabalho*; ao *trabalho em condições justas*, incluindo a remuneração (...)". (destaques nossos)

Para melhor entendimento da interpretação sistemática feita entre o direito ao trabalho e o princípio da dignidade humana, lembre-se que este é vetor para todo o ordenamento jurídico. E os Direitos Humanos, inclusive o direito ao trabalho, devem ser interpretados à luz desse valor informador.

1.2.4. Princípio do não retrocesso social

Com a transformação do modelo estatal liberal para o social, um novo sentimento foi criado nas novas Constituições (de cunho social), no sentido de que as conquistas sociais não poderiam retroagir. Assim, os Direitos Humanos sociais sempre devem avançar[(7)].

Podemos dizer que o Princípio do Não Retrocesso Social está intimamente ligado aos Direitos Humanos Sociais.

"A compreensão do princípio da proibição de retrocesso social envolve, como dito, a proteção dos direitos sociais, tanto no que concerne à sua concretização quanto à preservação do nível já alcançado dessa concretização"[(8)].

Desta forma, os direitos sociais previstos na Constituição devem ser concretizados e protegidos, evitando-se práticas tendentes à relativização dessa concretização. Uma vez concretizados, as práticas devem se dirigir no sentido de manter ou melhorar o nível de concretude. Jamais se admitirá a sua redução. O que pode ocorrer é a substituição do mecanismo de concretização por outro equivalente. Nesse caso redução não haverá.

Quaisquer medidas tendentes a anular o núcleo essencial dos Direitos dos Homens, sem que se criem outras alternativas compensatórias, deverão ser consideradas inconstitucionais[(9)].

Embora o princípio em análise seja fundamento para a manutenção de todos os direitos sociais, em relação aos direitos do trabalhador, a proibição do retrocesso deve ser mais incisiva, tendo em vista que estes direitos são os que mais sofrem relativização, devido às práticas flexibilistas.

1.2.5. Princípio da liberdade de escolha do emprego

O direito à livre escolha do emprego, para o presente trabalho, pode ser interpretado no sentido de que todo trabalhador tem o direito de escolher para quem irá prestar seus serviços.

Na terceirização, o trabalhador da empresa de prestação de serviços terceirizados empregará sua mão de obra para quem a empresa determinar. É dever do trabalhador cumprir as ordens que lhe são dirigidas. Assim, ele trabalhará em empresas diferentes, a todo momento, independente de se sentir à vontade ou não no ambiente de trabalho.

Trata-se de uma ofensa à liberdade de escolha do local de trabalho. Isso pode ensejar em situações desconfortáveis para o trabalhador por ter que trabalhar numa empresa tomadora com a qual não se identifica.

2. Terceirização como forma de flexibilização da relação de trabalho e consequente precarização laboral

2.1. Flexibilização laboral e seu conceito jurídico

Com o argumento de que as empresas precisam diminuir seus gastos, em prol de uma concorrência internacional mais leal, muitos defendem regras que flexibilizam os direitos trabalhistas. As legislações dos países desenvolvidos foram repaginadas, e esse acontecimento serviu de exemplo e até exigência para que os países em desenvolvimento agissem de igual forma.

A flexibilização faz surgir um Direito flexível, adaptável às oscilações do mercado econômico, que produz uma desconstrução do modelo ordinário e garantista de Direito do Trabalho[(10)].

A tendência crescente é não mais conferir direitos à classe trabalhadora. Não há mais inovação, criação de direitos. O que há, no máximo, é a manutenção das condições existentes, o que já vem sendo, inclusive, objeto de recusa por várias empresas. Na realidade, o que mais

(6) BRITO FILHO, José Cláudio Monteiro de. Trabalho com redução à condição análoga à de escravo: análise a partir do trabalho decente e de seu fundamento, a dignidade da pessoa humana. *In:* VELLOSO, Gabriel (Coord.). *Trabalho escravo:* o desafio de superar a negação. São Paulo: LTr, 2006. p. 128.

(7) MEIRELES, Edilton. Princípio do não retrocesso social no Direito do Trabalho. *Revista de Direito do Trabalho*, Curitiba, n. 129, p. 339, set. 2003.

(8) DERBLI, Felipe. *O princípio da proibição de Retrocesso Social na Constituição de 1988*. Rio de Janeiro: Renovar, 2007. p. 85.

(9) CANOTILHO, José Joaquim Gomes. *Direito Constitucional e Teoria da Constituição*. 5. ed. Coimbra: Almedina, 2002. p. 337-338.

(10) MONEREO PEREZ, José Luís. El control colectivo de la subcontratación empresarial en el proceso permanente de reforma laboral. *In:* GIANIBELLI, Guillermo *et al* (Coords.). *Estudios de teoría crítica de Derecho del Trabajo*. Buenos Aires: Bomarzo Latinoamericana, 2006. p. 179.

se vê é o descumprimento dos direitos trabalhistas. Estes são desconsiderados no decorrer da relação de emprego e até mesmo no seio das negociações coletivas.

No Brasil, a flexibilização tomou vulto na década de 90, ocasionando em condutas voltadas para a implementação de novas formas de gestão empresarial, de tecnologia e de organização do trabalho(11).

O processo de reestruturação das empresas engloba medidas de redução do emprego, com base na implementação de novas formas de contratação, como é o caso da terceirização e da subcontratação de mão de obra, e na reorganização do trabalho.

O termo flexibilização imprime algumas interpretações, já que pode ir desde a elasticidade das leis do trabalho, fazendo com que o Direito se adapte à realidade, até a desregulamentação, como referido acima, mecanismo pretendido por muitos, devido ao fato de que passa a existir uma substituição do agente formador da norma. O Estado deixa de ser responsável pela criação da norma, papel agora a ser desempenhado pelas entidades sindicais, através das negociações coletivas.

Flexibilizar é tornar algo menos rígido, mais maleável, portanto. Especificamente quanto à relação de trabalho, é retirar a "rigidez" das normas que conferem proteção a essa relação, bem como aos trabalhadores, principalmente. A flexibilização torna o contrato de trabalho precário, com desrespeito aos direitos trabalhistas.

Barroso(12) entende a que a flexibilidade possui ligação com o número de trabalhadores pertencentes ao quadro da empresa. Cada vez mais esse quantitativo vem diminuindo, cedendo espaço para a externalização das contratações (contratações atípicas), como a terceirização, o contrato a tempo parcial, o contrato por prazo determinado etc.

É impossível haver, concomitantemente, flexibilização e respeito aos direitos do trabalhador. Quando o Estado se abre para a flexibilização, inexoravelmente, direitos serão renegados. Ora, se a flexibilização tem como bandeira a redução de custos, não há outra maneira de fazê-lo, senão por meio da supressão de direitos trabalhistas, já que o Estado não se mostra simpático à possível redução dos encargos tributários.

Há quem entenda, por sua vez, a flexibilização como política social, no sentido de ser utilizada como instrumento de adaptação da norma à realidade econômica, onde trabalhadores e empregadores, juntos, regulariam o mercado de trabalho(13).

Entendemos que até pode existir esse intuito de pensar a flexibilização como nova forma de regulação da relação de trabalho, onde os dois polos dessa relação, por meio de seus representantes e em mesmo nível de igualdade, é que criariam suas normas.

Ocorre que esse pensamento pode ser perfeitamente admitido em países cujos trabalhadores têm participação intensa na empresa e os sindicatos são bem desenvolvidos. Contudo, essa não é a nossa realidade, onde, cada vez mais, os sindicatos perdem espaço no cenário das negociações.

2.2. Terceirização. Aspectos gerais e delineamentos conceituais

A terceirização, uma das formas de flexibilização, é uma prática que vem sendo cada vez mais usada pelas entidades empresarias, pela razão de que diminui os custos com trabalhador. Num mundo cada vez mais sem fronteiras, a empresa precisa ter menos gastos para suportar a concorrência global. Estes são os argumentos (econômicos e políticos) daqueles que não levam em consideração que estão tratando com trabalhadores, pessoas responsáveis por suas famílias, trabalhadores estes que, pela nossa Constituição, têm direito ao trabalho digno.

No Brasil, a terceirização foi intensificada e disseminada na década de 90, a fim de reestruturar a produção, tendo como objetivo o alcance de índices consideráveis de competitividade(14).

As empresas, no intuito de se modernizarem tecnologicamente e se tornarem competitivas, passaram a enxugar seus postos de trabalho, reduzindo os custos. Resultado: piora das condições de trabalho.

Pequenas e médias empresas passaram a se especializar no fornecimento de mão de obra, com o intuito de atender aos anseios das grandes empresas e das transnacionais, anseios estes no sentido de reduzir os encargos trazidos pelo emprego direto. Os custos que eram fixos passam a ser variáveis. A depender das necessidades, a empresa-cliente aluga mais ou menos mão de obra.

A terceirização, esclareça-se, não é um fenômeno jurídico, mas sim pertencente à Ciência da Administração de Empresas. Foi desenvolvido, primeiramente, para

(11) POCHMANN, Márcio; BORGES, Altamiro. *Era FHC:* a regressão do trabalho. São Paulo: Anita Garibaldi, 2002. p. 23.

(12) BARROSO, Fábio Túlio. *Novo contrato de trabalho por prazo determinado.* Flexibilização laboral e internacionalização das relações de trabalho. Curitiba: Juruá, 2005. p. 57-58.

(13) ROBORTELLA, Luiz Carlos Amorim. *O moderno Direito do Trabalho.* Flexibilização, terceirização, novas tecnologias, contratos atípicos, participação na empresa. São Paulo: LTr, 1994. p. 97.

(14) DIEESE. *Relações e condições de trabalho no Brasil.* São Paulo: Dieese, 2008. p. 73 e 77.

horizontalizar a atividade empresarial, exteriorizando a cadeia produtiva e, posteriormente, para minimizar os custos gerados pelo trabalho humano diretamente prestado à empresa. Por isso que a terceirização sofre tantas críticas, pois não foram levados em consideração vários aspectos jurídicos, a exemplo da legislação trabalhista, dos princípios do Direito do Trabalho, dos princípios constitucionais de Direito do Trabalho, dos Direitos Humanos do trabalhador, dentre outros.

A maioria das empresas atualmente mantém contratos de prestação de serviços com outras (prestadoras), para que estas executem as atividades desejadas por aquelas.

Na terceirização, a relação de trabalho deixa de ser bilateral e direta, entre empregador e trabalhador, para ser trilateral ou triangular, como queiram. Esta relação, portanto, tem em seus vértices o trabalhador, a empresa tomadora de serviços (real beneficiária da força de trabalho humano) e a empresa prestadora de serviços, que é quem possui vínculo com o obreiro. Assim, uma empresa decide externalizar uma ou mais fases da produção, atribuindo-as à outra empresa, a qual ficará responsável pela consecução do que lhe foi contratado.

> "(...) insere-se no interior da relação efetiva entre trabalhador e seu tomador de serviços uma empresa intermediária, chamada prestadora de serviços que passa a responder pelo vínculo empregatício com o obreiro. Ao invés, portanto, da clássica sistemática pela qual o tomador de serviços habituais enquadra-se como empregador da pessoa física que lhe presta serviços, separam-se, artificialmente, as relações, por meio da inserção, nesta seara, da empresa prestadora de serviços, que passa a deter o vínculo empregatício com o obreiro"(15).

O vínculo empregatício se dá entre o trabalhador e a empresa de trabalho terceirizado. O liame existente entre as empresas prestadora e tomadora é de cunho civil ou administrativo.

Pamplona(16) entende a terceirização como sendo a "transferência do segmento ou segmentos do processo de produção da empresa para outros de menor envergadura, porém de maior especialização na atividade transferida".

As empresas-tomadoras reservam para si apenas as atividades essenciais à consecução de sua finalidade. Todo o restante da produção é repassado a um terceiro.

Terceirização seria, portanto, uma prática cada vez mais adotada pelas empresas, no sentido de se descentralizar parte de suas atividades, a fim de que seja possível, à empresa tomadora, a concentração do mínimo necessário à sua produção final.

3. Terceirização e Súmula n. 331 do TST: ofensas aos direitos humanos do trabalhador e aos princípios fundamentais aplicáveis à relação de emprego

As empresas de trabalho terceirizado, em muitos casos, não oferecem nem estrutura física nem boas condições de trabalho, pois se utilizam da subcontratação de trabalhadores, onde as normas de proteção à saúde e à higiene não são observadas. As pessoas (trabalhadores) que a elas se vinculam são aquelas que perderam seus postos de trabalho e, por não terem qualificação o suficiente, não retornam ao mercado de trabalho. O máximo que elas conseguem são subcontratos, sem observância das regras de segurança e higiene no trabalho, além do que seus direitos trabalhistas são renunciados. Muitas vezes são os próprios ex-empregados das empresas contratantes que, ao perderem seus postos de trabalho com estas, voltam a lhes prestar serviços, desta vez, como terceirizados ou autônomos.

No que concerne ao serviço ou ao produto da terceirização, as empresas tomadoras só se interessam pelo seu resultado final, independente de quem o executou e de como. Existe uma total desconsideração pela pessoa e pelo seu trabalho.

A empresa tomadora não mais gerencia a realização do serviço ou do bem, quem o faz, se é uma pessoa qualificada ou não, muito menos se preocupam com as condições de trabalho. O que lhe interessa é o cumprimento das condições acertadas.

O objeto da contratação de uma transação baseada na terceirização, ou são pessoas ou bens. Em sendo pessoas, estas irão prestar serviços no âmbito da tomadora; em sendo bens, estes serão produzidos pela empresa terceirizada e, quando finalizados, serão entregues à tomadora.

3.1. A terceirização como forma de precarização laboral

A terceirização é uma das formas encontradas, pelo avançado capitalismo, de flexibilizar as práticas trabalhistas, tornando-as menos onerosas.

O que muito contribuiu para a propagação de meios que tornam o trabalho precário, em especial a terceirização,

(15) DELGADO, Mauricio Godinho. *Capitalismo, trabalho e emprego*. Entre o paradigma da destruição e os caminhos da reconstrução. São Paulo: LTr, 2007. p. 44.

(16) PAMPLONA, Rodolfo. Terceirização e responsabilidade Patrimonial da Administração Pública. *Revista Diálogo Jurídico*, Salvador, n. 11, p. 36, 2002.

foram, também, o uso, cada vez maior, de novas tecnologias e a exigência de trabalho especializado, fazendo-se multiplicarem as contratações autônomas de pequenas e médias empresas.

Utiliza-se da terceirização, primordialmente, para reduzir os custos. Entretanto, outros objetivos são também conhecidos, como desmobilização dos trabalhadores para reivindicar seus direitos, para deflagrar greves, eliminação das ações sindicais e das ações trabalhistas. Percebam que estes objetivos têm a ver, necessariamente com os trabalhadores, não dizendo respeito à produção.

A terceirização de serviços, uma das formas de flexibilização destacada pela doutrina, é vista como meio de alugar mão de obra barata, por meio das empresas que a possuem.

O objetivo maior das empresas que se utilizam da força de trabalho terceirizado é a redução dos custos que as contratações diretas geram para as mesmas. Não se trata de melhorar a qualidade dos serviços ou dos produtos. A questão é puramente econômica.

Os interesses do intermediador e do tomador são distintos, já que aquele não se utiliza da força de trabalho para produzir bens, e sim para disponibilizá-la, como uma troca, a esse.

É por esse motivo que defendemos aqui a ideia de que a terceirização é uma verdadeira locação de mão de obra. Enquanto o tomador procura reduzir seus custos, dispensando trabalhadores diretos e colocando terceirizados em seus lugares, o intermediador, consciente dessa demanda, oferece esses trabalhadores a preços baixos.

A terceirização só interessa às empresas. Os piores danos são sentidos pela classe trabalhadora.

A prática de terceirizar dá ensejo a inúmeros malefícios à classe trabalhadora, como precarização de trabalho, instabilidade, desemprego, o que faz gerar alta rotatividade de mão de obra, redução salarial, piora nas condições de saúde e segurança, degradação do ambiente de trabalho, substituição de mão de obra qualificada por aquela sem qualificação, dificuldade de organização sindical etc.

Os trabalhadores terceirizados não possuem proteção alguma. Não há sequer uma lei que regulamente tal prática. O único instrumento normativo que dela se aproxima é a Lei n. 6.019/74, a qual regulamenta o trabalho temporário. Diante da omissão legislativa, a regulamentação se deu através de súmula do Tribunal Superior do Trabalho, como será estudado adiante.

3.2. Regulamentação da terceirização pelo Estado: análise da Súmula n. 331 do TST em face dos princípios fundamentais e direitos do trabalhador

Sendo a terceirização um instituto próprio da flexibilização trabalhista, onde por meio dela se prima por tornar o sistema trabalhista menos rígido, devemos nos perguntar, o nosso sistema jurídico comporta tal instituto? A nossa Constituição Federal vigente suporta os anseios flexibilistas? Não estaria, o Estado Brasileiro, ao aceitar tal instituto, contrariando os direitos e Princípios Fundamentais por ele mesmo previstos?

A validade de quaisquer atos político, legislativo e jurídico deve ter respaldo constitucional, pois este documento é o vértice do nosso ordenamento jurídico. A Constituição é o instrumento de validade de todo o ordenamento jurídico, de forma que todas as leis, bem como todos os atos normativos devem com ela ser compatíveis. Assim, as políticas neoliberais de submissão do trabalho ao capital, inclusive a Súmula n. 331 do Tribunal Superior do Trabalho, encontram sustentação no texto constitucional?

É diante desses questionamentos que iremos trabalhar o presente item. Saber se a Súmula n. 331 do Tribunal Superior do Trabalho contraria preceitos constitucionais, será fundamental para tentarmos chegar a uma conclusão acerca dos benefícios ou malefícios que a terceirização traz à classe trabalhadora.

A Súmula n. 331 do TST adquiriu nova redação em virtude da Resolução de n. 174/2011, divulgada em 27, 30 e 31.5.2011 pelo DEJT. Algumas alterações ocorreram, tais como nova redação do item IV e inserção dos itens V e VI, tais como transcritos a seguir:

> I – A contratação de trabalhadores por empresa interposta é ilegal, formando-se o vínculo diretamente com o tomador dos serviços, salvo no caso de trabalho temporário (Lei n. 6.019, de 3.1.1974).

O Tribunal Superior do Trabalho procurou fazer uma distinção entre a contratação interposta ilegal (terceirização) e a contratação de trabalhadores temporários, com base na Lei n. 6.019/74. Para este Tribunal, a princípio, admite-se a intermediação nas hipóteses previstas na lei, apenas.

A Lei n. 6.019/74 só admite a contratação por empresa interposta para substituir pessoal regular e permanente e no caso de acréscimo extraordinário de serviço. Seria, portanto, essa uma das diferenças entre a contratação de trabalhadores temporários e de terceirizados, ou seja, os motivos da contratação. Na verdade, não há maiores e importantes diferenças, já que tanto a terceirização quanto a contratação temporária fazem com que o trabalhador seja objeto de conveniência para a empresa tomadora de seus serviços, dele podendo se utilizar quando bem entender. Não se mostrando mais útil, este trabalhador é simplesmente afastado.

A essência da contratação temporária é a mesma da terceirização, já que uma empresa (tomadora ou cliente) necessita de trabalhadores, mas prefere não contratá-los diretamente, e sim por meio de uma intermediária. A busca pela redução dos custos é latente em ambas as hipóteses. Aliás, a contratação temporária é mais agravante para o trabalhador, pois ela pode ocorrer em qualquer situação, seja a atividade fim ou meio.

A terceirização e a contratação temporária não passam de mera intermediação de mão de obra, as quais usam o trabalhador — pessoa humana — como objeto de conveniência das empresas.

> II – A contratação irregular de trabalhador, mediante empresa interposta, não gera vínculo de emprego com os órgãos da administração pública direta, indireta ou fundacional (art. 37, II, da CF/1988).

Esse dispositivo admite as chamadas terceirizações na Administração Pública. Faz pior. Admite que a Administração Pública terceirize, mesmo sem levar em consideração os limites impostos pela própria súmula. Abre espaço para que esta terceirize sem restrições. Por não lhe impor obstáculos, ela poderá, a todo tempo, contratar trabalhadores terceirizados, descumprindo sua obrigação de realizar concurso público.

Os serviços da Administração Pública devem ser prestados por pessoas concursadas, conforme art. 37, II, da Constituição do Brasil, quando, atualmente, esta abriga, em seus quadros, um percentual de 30% a 50% de trabalhadores terceirizados[(17)].

Quando a Administração Pública contrata trabalhadores terceirizados, paga remuneração inferior àquela percebida por seus funcionários concursados. Embora realizem as mesmas funções, essas pessoas recebem distintos salários. É uma clara ofensa ao princípio da igualdade, previsto no art. 5º da Constituição do Brasil.

> III – Não forma vínculo de emprego com o tomador a contratação de serviços de vigilância (Lei n. 7.102, de 20.06.1983) e de conservação e limpeza, bem como a de serviços especializados ligados à atividade-meio do tomador, desde que inexistente a pessoalidade e a subordinação direta.

Aqui, a súmula distingue atividade-meio da atividade-fim. A terceirização seria admitida para a atividade-meio, formando-se vínculo se a mesma ocorrer em atividades-fim da empresa.

A atividade-fim seria o conjunto de etapas necessárias à produção final, ou seja, os procedimentos indispensáveis, nucleares para que a empresa atinja a finalidade para a qual foi criada. Seria, portanto, a razão de existir da empresa. Por sua vez, atividade-meio seria aquela secundária, de apoio, dispensável para se atingir a finalidade da empresa, atividade que não interfere na produção final, como telefonia, vigilância, limpeza.

No âmbito empresarial, toda e qualquer função ou etapa da produção é necessária para se chegar à produção final. Para que fossem respeitados os direitos e princípios fundamentais do trabalhador, correto seria proibir toda e qualquer forma de aluguel de mão de obra, para se dar total eficácia às normas constitucionais de proteção ao trabalho digno.

Independente do tipo de atividade desenvolvida pelo trabalhador, este deve ter o devido respeito e ser tratado com igualdade no âmbito da empresa, sem ver a sua profissão ser tratada com menos respeito, menos significância que outras.

> IV – O inadimplemento das obrigações trabalhistas, por parte do empregador, implica a responsabilidade subsidiária do tomador dos serviços quanto àquelas obrigações, desde que haja participado da relação processual e conste também do título executivo judicial.

Já admitida a terceirização de forma pacífica, o Tribunal Superior do Trabalho arbitra uma responsabilidade subsidiária para a empresa tomadora de serviços, nos casos de descumprimento da legislação trabalhista pela empresa de trabalho terceirizado. E essa responsabilidade subsidiária só existira caso a empresa (ou a Administração Pública) tomadora de serviço tenha participado da relação processual e conste do título executivo judicial.

No decorrer do contrato de trabalho terceirizado, o trabalhador é subordinado tanto à empresa tomadora de serviço, quanto à empresa prestadora desses serviços. Há uma dupla subordinação. Ele possui obrigações com ambas as empresas, devendo cumprir todos os seus deveres no interior de ambas.

Por que admitir apenas responsabilidade subsidiária à empresa tomadora de serviços? Por que apenas o trabalhador possui obrigações com ambas as empresas? Dessa

(17) FERRAZ, Fernando Bastos. *Terceirização e demais formas de flexibilização do trabalho*. São Paulo: LTr, 2006. p. 252.

forma, qual a responsabilidade da empresa tomadora com aquele que lhe presta serviços com cumprimento de todos os deveres?

A terceirização em si ofende a Constituição do Brasil, em seus princípios fundamentais e direitos, além de ofender os próprios princípios do Direito do Trabalho (já que todos eles tendem a uma proteção do trabalhador, o que de fato não ocorre na terceirização) e, para piorar, o Tribunal Superior do Trabalho edita súmula regulamentando o instituto. Isso é prejudicial ao trabalhador.

A terceirização, por ensejar uma relação tripartite, como já ressaltamos, faz com que a análise do cometimento de falta grave, pelo empregado, ocorra tanto no âmbito da empresa prestadora, quanto no âmbito da empresa-cliente. Se o trabalhador pode ser fiscalizado tanto no interior da uma empresa quanto no de outra, submetendo-se ao poder fiscalizador de ambas, por que admitir apenas responsabilidade subsidiária à tomadora?

Todas as empresas que integram a cadeia de produção devem ter a mesma responsabilidade, já que as mesmas compartilham dos mesmos serviços. Razão não há para se atribuir tratamento diverso a pessoas que de fato possuem a mesma responsabilidade para com os trabalhadores.

A terceirização faz nascer um sentimento de menosprezo em relação aos trabalhadores que laboram na condição de terceirizados. Isso se dá porque eles não são vistos, pelos trabalhadores do quadro, como colegas de trabalho, mesmo desenvolvendo, em muitos casos, suas atividades de forma conjunta. Há uma barreira que os separa do restante dos trabalhadores, aqueles fixos da empresa. Isso ocorre tanto em relação ao tratamento que lhes é dispensado pelos demais trabalhadores, quanto pelo tratamento vindo da própria empresa–tomadora. Os terceirizados sempre serão vistos como terceirizados, tanto que é dessa forma que os identificam no âmbito da empresa. Eles não possuem os mesmos benefícios dos trabalhadores contratados, como alimentação, creche, saúde, participação nos lucros etc.

Os espaços que os trabalhadores terceirizados laboram são delimitados, proibindo, muitas vezes, sua circulação pelos demais ambientes da empresa. Além disso, os terceirizados são identificados por crachás e fardas distintas das dos trabalhadores da tomadora. De uma forma ou de outra, essas práticas bastante usuais dispensam um tratamento diferenciado.

Os salários dos trabalhadores terceirizados são inferiores aos daqueles que pertencem ao quadro próprio da empresa-tomadora, mesmo que desenvolvam as mesmas atividades. Ou seja, pessoas que se encontram em mesmas condições, prestando os mesmos serviços são tratadas com distinção.

Resta clara e límpida a discriminação existente no seio das contratações atípicas, em especial no caso da terceirização.

> V – Os entes integrantes da Administração Pública direta e indireta respondem subsidiariamente, nas mesmas condições do item IV, caso evidenciada a sua conduta culposa no cumprimento das obrigações da Lei n. 8.666, de 21.06.1993, especialmente na fiscalização do cumprimento das obrigações contratuais e legais da prestadora de serviço como empregadora. A aludida responsabilidade não decorre de mero inadimplemento das obrigações trabalhistas assumidas pela empresa regularmente contratada.

Já vimos que a Administração será responsabilizada subsidiariamente pelo inadimplemento das obrigações trabalhistas da empresa terceirizada para com os seus empregados. No entanto, essa responsabilidade só se concretizará se comprovado que a Administração Pública foi omissa quanto às suas obrigações de fiscalizar a conduta da empresa prestadora de serviços. Neste caso, a culpa não é objetiva, e sim, subjetiva, fundamentada em razão das culpas *in elegendo* e *in vigilando*.

> VI – A responsabilidade subsidiária do tomador de serviços abrange todas as verbas decorrentes da condenação referentes ao período da prestação laboral.

No caso de ter havido o reconhecimento da responsabilidade subsidiária da empresa tomadora de serviços ou da Administração Pública, não há limitação da responsabilidade quanto às verbas rescisórias. A totalidade dos créditos devidos ao reclamante poderá ser cobrada da empresa-cliente. Trata-se de uma garantia do trabalhador, o qual terá todos os seus créditos contemplados.

Após a breve análise da Súmula n. 331 do TST, com suas devidas alterações, podemos perceber que, de forma geral, a terceirização admitida e regulamentada pelo Estado, põe o direito ao trabalho à margem da proteção devida. Deixa-se de privilegiar um Direito Social ao trabalho digno e decente em prol de uma política cada vez mais preocupada em responder aos anseios econômicos.

A terceirização, com base em tudo que vimos, não dignifica o homem devido aos constantes descumprimentos de direitos trabalhistas e dos princípios fundamentais do trabalhador. O homem não pode ser objeto de contrato. Ele é peça importante nas organizações empresariais, por fazerem-na atingir seus fins.

Referências bibliográficas

BARROSO, Fábio Túlio. *Novo contrato de trabalho por prazo determinado.* Flexibilização laboral e internacionalização das relações de trabalho. Curitiba: Juruá, 2005.

BARROSO, Luís Roberto; BARCELLOS, Ana Paula de. O começo da história. A nova interpretação constitucional e o papel dos princípios no direito brasileiro. *In:* BARROSO, Luís Roberto (Org.). *A nova interpretação constitucional.* Ponderação, direitos fundamentais e relações privadas. 2. ed. Rio de Janeiro: Renovar, 2006.

BRITO FILHO, José Cláudio Monteiro de. Trabalho com redução à condição análoga à de escravo: análise a partir do trabalho decente e de seu fundamento, a dignidade da pessoa humana. In: VELLOSO, Gabriel (Coord.). *Trabalho escravo:* o desafio de superar a negação. São Paulo: LTr, 2006.

CANOTILHO, José Joaquim Gomes. *Direito Constitucional e Teoria da Constituição.* 5. ed. Coimbra: Almedina, 2002.

DELGADO, Gabriela Neves. *Direito fundamental ao trabalho digno.* São Paulo: LTr, 2006.

DELGADO, Mauricio Godinho. *Capitalismo, trabalho e emprego.* Entre o paradigma da destruição e os caminhos da reconstrução. São Paulo: LTr, 2007.

________. Direitos fundamentais na relação de trabalho. In: SILVA, Alessandro da *et al* (Coord.). *Direitos Humanos:* essência do Direito do Trabalho. São Paulo: LTr, 2007.

DERBLI, Felipe. *O princípio da proibição de Retrocesso Social na Constituição de 1988.* Rio de Janeiro: Renovar, 2007.

DIEESE. *Relações e condições de trabalho no Brasil.* São Paulo: Dieese, 2008.

FERRAZ, Fernando Bastos. *Terceirização e demais formas de flexibilização do trabalho.* São Paulo: LTr, 2006.

KANT, Immanuel. *Fundamentação da metafísica dos costumes.* São Paulo, 1980, *apud* SARLET, Ingo Wolfgang. *Dignidade da pessoa humana e direitos fundamentais na Constituição Federal de 1988.* Porto Alegre: Livraria do Advogado, 2004.

MEIRELES, Edilton. Princípio do não retrocesso social no Direito do Trabalho. *Revista de Direito do Trabalho*, Curitiba, n. 129, set. 2003.

MONEREO PEREZ, José Luís. El control colectivo de la subcontratación empresarial en el proceso permanente de reforma laboral. *In:* GIANIBELLI, Guillermo *et al* (Coords.). *Estudios de teoría crítica de Derecho del Trabajo.* Buenos Aires: Bomarzo Latinoamericana, 2006.

PAMPLONA, Rodolfo. Terceirização e responsabilidade patrimonial da Administração Pública. *Revista Diálogo Jurídico*, n. 11, Salvador, 2002.

POCHMANN, Márcio; BORGES, Altamiro. *Era FHC:* a regressão do trabalho. São Paulo: Anita Garibaldi, 2002.

RIBEIRO, Marcus Vinícius. *Direitos humanos e fundamentais.* 2. ed. Campinas: Russel Editores, 2009.

ROBORTELLA, Luiz Carlos Amorim. *O moderno Direito do Trabalho.* Flexibilização, terceirização, novas tecnologias, contratos atípicos, participação na empresa. São Paulo: LTr, 1994.

O Inquérito Civil sob o Enfoque Constitucional-Processual

Ulisses Dias de Carvalho(*)

1. Introdução

Faz parte do senso comum teórico dos juristas atribuir ao inquérito civil, instrumento criado pela Lei n. 7.347, de 24 de julho de 1985 (LACP), e alçado ao nível constitucional pelo art. 129, inciso III, da Constituição da República de 1988 (CF/88), a natureza de mero procedimento administrativo, destituído de maiores formalidades, em que não se faz necessária a aplicação do direito fundamental do contraditório, na medida em que não se impõe a quem é investigado nenhum gravame relevante ou sanção jurídica. Nesta perspectiva, ele seria apenas um instrumento extrajudicial para coleta de provas que viabilizaria a propositura de uma demanda judicial coletiva por parte do Ministério Público.

A questão que se discute neste texto é que toda a teoria criada sobre o referido instituto foi produzida antes da edição da CF/88 e não foi reformulada a fim de se adequar aos novos paradigmas constitucionais. Em sua maioria, os autores consultados limitam-se a repetir um discurso criado antes de 1985 e que foi fortemente influenciado pela teoria do inquérito policial, que era marcada pelas limitações de uma legislação editada durante a vigência de período político caracterizado pela centralização de poder, nacionalismo e autoritarismo.

Assim, a partir de uma perspectiva garantista do direito, que se preocupa com uma interpretação jurídica democrática e com a concretização dos direitos fundamentais, bem como que objetiva garantir o respeito à integridade e à coerência do direito e a possibilidade de que os cidadãos tenham seus conflitos solucionados a partir da Constituição, propõe-se o estudo do inquérito civil por meio da construção de um discurso jurídico-político que amplie o tradicional conceito dado ao referido instrumento processual, fazendo uma análise crítica da doutrina e jurisprudência predominantes e tentando demonstrar que o inquérito civil, para além de mero *procedimento investigatório informal e não contraditório*, por meio do qual o Ministério Público angaria elementos de convicção para a celebração de Compromisso de Ajuste de Conduta ou para o ajuizamento de Ação Civil Pública ou Coletiva, constitui-se em instrumento de resolução extrajudicial de conflitos de natureza coletiva, dando ensejo à proteção e efetivação de eventuais direitos fundamentais que sejam objeto de controvérsia, assim como ferramenta legitimadora da atuação do *Parquet*, na medida em que abre a possibilidade de discussão para tomada da melhor decisão possível em conflitos coletivos e demonstrando a inexistência de conflito entre o seu *modus operandi* e o seu mister constitucional, qual seja, a defesa da ordem jurídica e do regime democrático, evitando-se atuação sistemicamente paradoxal.

2. Doutrina e jurisprudência sobre o inquérito civil

Warat[1] afirma que o discurso jurídico, sob o paradigma liberal-individualista, é sustentado por um conjunto de saberes acumulados, apresentados por meio de práticas jurídicas institucionais, que expressam representações funcionais provenientes de determinados conhecimentos que os juristas aceitam em suas atividades por meio da dogmática jurídica. Em outras palavras, existiria um conjunto de crenças, valores e justificativas que legitimaria o discurso adotado em uma determinada comunidade jurídica. É o que ele chama de *sentido comum teórico dos juristas*.

Para Streck[2], a existência desse sentido comum teórico afasta do aplicador do direito uma faculdade cognoscitiva, institucionalmente conformada com todos os seus elementos fáticos, lógicos, científicos, epistemológicos, éticos e de qualquer outra espécie. O direito partiria de uma significação dada ou construída pelo sentido comum teórico, que possui um conhecimento axiológico que reproduz valores, mas não os explica, conduzindo a uma espécie de *conformismo* dos operadores do direito.

Essa poderosa força da manutenção do *status quo* parece ser a razão pela qual a doutrina nacional persiste em qualificar o inquérito civil como mero procedimento administrativo inquisitorial, unilateral e público[3], marcado

(*) Mestre em Direito pela Universidade Católica de Pernambuco. Especialista em Direito Processual Civil pela Universidade Católica de Pernambuco. Especialista em Direito Constitucional pela Universidade Católica de Brasília. Especialista em Direito Penal e Direito Processual Penal pela Escola Superior do Ministério Público do Estado do Mato Grosso. Procurador do Trabalho em Pernambuco.

(1) WARAT, Luis Alberto. *Introdução geral ao direito I*. Porto Alegre: Fabris, 1994. p. 57.

(2) STRECK, Lenio Luiz. *Hermenêutica jurídica e(m) crise:* uma exploração hermenêutica da construção do Direito. 8. ed. Porto Alegre: Livraria do Advogado, 2009. p. 66.

(3) SOUZA, Motauri Ciocchetti de. *Ação civil pública e inquérito civil*. 4. ed. São Paulo: Saraiva, 2011. p. 171.

pelo caráter não contraditório[4], pela informalidade e pela facultatividade, servindo apenas para levantar elementos para o futuro ajuizamento da ação civil pública[5].

Dissertando sobre o princípio do contraditório, Nelson Nery Junior[6] defende que o dito princípio não se aplica aos inquéritos policial e civil, pois não são casos de processo administrativo, mas de simples procedimento inquisitório que têm finalidade de aparelhar o Ministério Público para que possa, eventualmente, promover a ação penal ou civil, não se destinando à aplicação de sanção contra o investigado.

Os nossos Tribunais Superiores adotam esse mesmo posicionamento no que se refere ao conceito e aos limites do inquérito civil.

Para o Supremo Tribunal Federal, as garantias constitucionais da ampla defesa e do contraditório não são aplicáveis na fase do inquérito civil, que possui natureza administrativa, de caráter pré-processual, que somente se destina à colheita de informações para propositura da ação civil pública (ED no RE n. 481.955-PR, DJ 26.5.2011, entre outros).

A estreita vinculação entre o inquérito civil e o inquérito policial, bem como o seu caráter pré-processual, foram objeto de apontamento pelo STF no julgamento da Medida Cautelar na ADI n. 1.285-SP (DJ n. 58, de 23.3.2001).

O Superior Tribunal de Justiça segue a mesma orientação: para esta Corte, apesar de ser aconselhável a instauração do inquérito civil como forma de controle do Ministério Público, evitando, com a investigação prévia, que se dê à demanda civil um cunho individual do representante ministerial que nela atua, ele possui natureza jurídica de procedimento inquisitorial facultativo, cuja repercussão no processo judicial é meramente relativa, pois as provas nele produzidas podem ser contrastadas com contraprova colhida sob as garantias do contraditório, passando a ocupar posição de hierarquia superior (REsp n. 476.660-MG, DJ 4.8.2003; REsp n. 644.994-MG, DJ 21.3.2005). O inquérito civil público é procedimento informativo, destinado a formar a *opinio actio* do Ministério Público, tendo natureza inquisitiva (RMS n. 21.038-MG, DJ n. 1º.6.2009).

A despeito de ter identificado a sua natureza informativa, a Primeira Turma do STJ declarou ser direito do advogado do inquirido ter acesso aos autos do inquérito civil, porquanto tal medida poderia subtrair do investigado o acesso a informações que lhe interessam diretamente. Assim, é reconhecido ao investigado o direito de *ciência* dos elementos já documentados nos autos e que lhe digam respeito, para fim de estrita defesa do acusado (HC 123.343/SP, DJE de 9.12.2008 e RMS n. 28.949-PR, DJ n. 26.11.2009).

O Tribunal Superior do Trabalho, na mesma linha das outras cortes superiores, entende que as provas produzidas em inquérito civil, ante sua natureza e suas características inquisitiva, pública e auto-executável, possuem valor relativo, em função da não obrigatoriedade do contraditório. Essas provas poderiam ser afastadas por contraprova de valor superior, a saber, aquela produzida em juízo, sob o amparo da referida garantia constitucional (RO n. 2266-62.2011.5.04.0000, DEJT, 8.11.2012).

De todo o exposto, observa-se que o inquérito civil, como instrumento de atuação extrajudicial do Ministério Público, é entendido pela doutrina majoritária e jurisprudência de nossos tribunais como uma mera oportunidade, *absolutamente facultativa*, dispensável até, para a coleta unilateral de provas para futura demanda judicial. O contraditório nele é dispensado, apesar de, como documento público que é, presumirem-se legítimos e verdadeiros os fatos apurados na via administrativa. O inquirido possui direito de vista dos autos do inquérito civil, mas não lhe é formalmente concedida oportunidade para se manifestar e influenciar a decisão do membro ministerial.

3. O inquérito civil sob o enfoque constitucional-processual

Como visto, segundo o discurso dominante, ao inquérito civil, inicialmente previsto pelo art. 8º da LACP e, posteriormente, alçado ao nível constitucional (CF/88, art. 129, inciso III), no qual se exerce importante parcela da soberania estatal, a saber, a proteção administrativa de interesses e direitos coletivos (*lato sensu*), não se aplicam determinados direitos e garantias fundamentais. Apesar do indiscutível exercício de poder público, as imprescindíveis funções institucionais reservadas ao *Parquet*, quando instrumentalizadas neste instrumento, não devem tomar os direitos fundamentais como baliza e referencial, na medida em que o dito instituto constitui-se em mero procedimento administrativo, do tipo inquisitorial, que não está vinculado ao princípio do contraditório, por não se constituir em processo administrativo.

Ocorre que, a despeito dos Estados-nações não mais se constituírem como fundadores de referências sociais,

(4) MAZZILI, Hugo Nigro. *A defesa dos interesses difusos em juízo:* meio ambiente, consumidor, patrimônio cultura, patrimônio público e outros interesses. 22. ed. São Paulo: Saraiva, 2009. p. 448.

(5) MANCUSO, Rodolfo de Camargo. *Ação civil pública em defesa do meio ambiente, do patrimônio cultural e dos consumidores.* 6. ed. São Paulo: RT, 1999. p. 111.

(6) NERY JUNIOR, Nelson. *Princípios do Processo Civil na Constituição Federal.* 6. ed. São Paulo: Revista dos Tribunais, 2000. p. 135-136.

por conta da ruptura da noção de dois de seus grandes referentes, a saber, a terra, ante o *esfacelamento das fronteiras nacionais*, e o povo, em razão da *multiculturalidade das populações*(7), de sua *fragmentação política* decorrente da chamada Nova Ordem Mundial, em que os Estados são reduzidos a papéis cada vez menos relevantes, em razão da desregulamentação, liberalização, flexibilidade, fluidez e facilitação das transações comerciais, limitando-se a garantir um nível mínimo de ordem necessária para a realização de negócios(8), e apesar da *transnacionalidade dos conflitos* que envolvem direitos fundamentais(9), parece inegável que essa forma de organização do poder *ainda* permanece firme no seu intuito de organizar e dirigir a sociedade. *Ainda* é sob a batuta do poder estatal minimamente centralizado que as sociedades modernas vêm se desenvolvendo. Para tanto, foi criado um projeto de construção da sociedade, no qual foram incorporados compromissos ético-comunitários: a Constituição.

É por meio da Constituição que há a revelação normativa do *consenso fundamental*, que se confere *legitimidade* a uma ordem política e se dá legitimação aos respectivos titulares do poder político, bem como se garantem formalmente direitos e deveres para os indivíduos e são estabelecidas formas de distribuição e limitações ao exercício do poder, fora dos quais o dito exercício se torna ilegítimo(10). Esses direitos fundamentais passam a constituir os contornos estruturais da reprodução dos processos políticos de busca pelo poder e de tomada de decisões coletivas. Assim, Estado de direito, direitos fundamentais e democracia tornam-se conceitos que *se complementam e se autolegitimam*, a ponto de se afirmar que a noção de Estado Democrático de Direito está indissociavelmente ligada à realização dos direitos fundamentais. E tudo isso afeta diretamente a forma como a administração pública, por meio de seus órgãos e instituições, forma e manifesta a sua vontade.

É dentro deste contexto que surgem *instituições de controle*, como o Ministério Público, que, no Brasil, tem a função de defender a ordem jurídica, o regime democrático e os interesses sociais e individuais indisponíveis. Para tanto, foram colocados à disposição da instituição diversos instrumentos que viabilizam o cumprimento de seu mister, consoante se pode verificar das normas estampadas nos incisos I, III, IV, VI, VIII, do art. 129, CF/88.

Observe-se que todas essas ferramentas servem para o fiel desempenho daquelas funções superiores previstas no *caput* do art. 127 da CF/88, a saber, a defesa da ordem jurídica, do regime democrático e dos interesses sociais e individuais indisponíveis. E, como não poderia ser diferente, o MP também deve obediência ao rol de Direitos e Garantias Fundamentais previsto na CF/88, sob pena de ruptura do sistema jurídico: a instituição responsável pela defesa do regime criado pela Constituição não deve atentar contra os seus valores e limites, pois a racionalidade do direito de um país exige uma consistência constitucional do sistema jurídico(11).

Assim, em um paradigma em que se busca a consolidação da democracia como um dos vetores do Estado contemporâneo, não há mais como o poder público impor suas decisões de forma unilateral, sem prévia oportunidade de diálogo. É que os valores democráticos exigem que o Estado não só produza resultados conforme a lei, mas que também obedeça ao caminho legalmente disciplinado para produzir tais resultados, de forma concertada com os interessados no conteúdo do ato a ser exarado(12).

A partir deste ponto de vista, os influxos democráticos trazidos pela CF/88 demandam uma releitura das teses criadas em torno do inquérito civil, de tal forma que se faz necessário analisar a influência da *revolução dos direitos constitucionais* na teoria geral do inquérito civil.

3.1. Processo, procedimento e inquérito civil

Um dos primeiros argumentos para afastar a aplicação da garantia prevista no inciso LV do art. 5º da CF/88 diz que o inquérito civil não é processo administrativo, mas procedimento, que objetiva tão somente a coleta de provas para o ajuizamento de ação civil pública e não a aplicação de sanção ou penalidade.

Esse posicionamento, contudo, não se adéqua ao ordenamento jurídico pátrio. Explica-se:

Apesar da inexistência de consenso doutrinário acerca da distinção entre as noções de processo e procedimento (vide os diversos critérios diferenciados elencados por Medauar(13)), uma análise atenta de nosso sistema jurídico parece direcionar para o fato de que a solução para o problema em comento (diferenciação entre processo e

(7) DUFOUR, Dany-Robert. *A arte de reduzir as cabeças: sobre a nova servidão na sociedade ultraliberal.* Rio de Janeiro: Companhia de Freud, 2005.

(8) BAUMAN, Zygmunt. *Globalização:* as consequências humanas. Rio de Janeiro: Zahar, 1999. p. 76.

(9) NEVES, Marcelo. *Transconstitucionalismo.* São Paulo: WMF Martins Fontes, 2009.

(10) CANOTILHO, J. J. Gomes. *Direito Constitucional e Teoria da Constituição.* 7. ed. Coimbra: Almedina, 2007. p. 1.438-1.441.

(11) NEVES, Marcelo. *Transconstitucionalismo.* São Paulo: WMF Martins Fontes, 2009. p. 64.

(12) SCHIRATO, Vitor Rhein. O processo administrativo como instrumento do Estado de Direito e da Democracia. *In:* MEDAUAR, Odete; SCHIRATO, Rhein (Orgs.). *Atuais rumos do processo administrativo.* São Paulo: Revista dos Tribunais, 2010. p. 9-51.

(13) MEDAUAR, Odete. *A processualidade no direito administrativo.* São Paulo: Revista dos Tribunais, 1993. p. 31-33.

procedimento) é mais simples do que aparenta. Observando a Constituição Federal e os principais sistemas processuais em vigor, a saber, os Códigos de Processo Civil e Penal e a Consolidação das Leis do Trabalho, é possível verificar a existência de uma *regularidade*[14] no uso da palavra procedimento. Com efeito, ela é mencionada dez vezes no corpo permanente da Carta Constitucional com três sentidos distintos:

a) como *processo*, é referida no inciso XXIV, do art. 5º, que trata do *processo* de desapropriação; no inciso III do § 1º, do art. 41, ao se referir ao *processo* administrativo de avaliação de servidor público; na alínea *d*, do inciso II, do art. 93, que trata do *processo* administrativo para promoção de magistrados por antiguidade; e no inciso VI, do art. 129, que dispõe sobre a possibilidade de expedição de notificações nos *processos* administrativos de competência do MP;

b) com o significado de *rito processual*, aparece no inciso XI, do art. 24, que cuida da competência concorrente dos Estados, Distrito Federal e União para legislar sobre *ritos* de natureza processual; no inciso I, do art. 98, que trata da necessidade de criação de juizados especiais federais, que respeitarão os *ritos* oral e sumaríssimo; no § 3º, do art. 184, que, apesar da terrível redação, cuida do *rito* contraditório especial e sumário para o processo judicial de desapropriação; no inciso I, do art. 200, que disciplina a competência do Sistema Único de Saúde de fiscalizar *ritos* (*formar de produção de medicamentos*) de interesse para a saúde; e na alínea *b*, do inciso V, do art. 235, que trata do *rito* para escolha de promotores e advogados para compor os tribunais de justiça de novos Estados;

c) com o significado de *conduta*, a palavra procedimento aparece no inciso II, do art. 55, que disciplina hipótese de perda de mandato parlamentar.

No Código de Processo Penal (Decreto-lei n. 3.689/41), a palavra *procedimento* aparece predominantemente[15] com o significado de *rito processual*, conforme se pode verificar dos arts. 394 e 396.

No Processo Civil, apesar da tradicional doutrina que se criou a respeito, no sentido de o *processo* constituir-se em método ou sistema de compor um determinado conflito, enquanto que o *procedimento* seria a forma material com que o processo se realiza em cada caso concreto[16], a palavra *procedimento* é utilizada majoritariamente com o sentido de *rito*, conforme se verifica nos arts. 272 e 274 do CPC, mas também aparece com o sentido de *processo*, por exemplo, nos arts. 796, 798 e 809 do mesmo código. Observe-se que mesmo nos chamados Procedimentos Especiais (Livro IV do CPC), o que há são processos de jurisdição contenciosa ou voluntária com ritos (procedimentos) diferenciados em razão da natureza dos direitos materiais envolvidos.

Por fim, no sistema processual laboral, a palavra *procedimento* é utilizada com o sentido de *processo*, quando disciplina o processo fiscal trabalhista, no art. 420, parágrafo único, da Consolidação das Leis do Trabalho; com o sentido de *conduta* na alínea *b*, do art. 482, da CLT, quando trata da hipótese de *incontinência de conduta* ou *mau procedimento* como justas causas para rescisão do contrato de trabalho; e com sentido de *rito processual* no art. 852-A, quando disciplina o procedimento sumaríssimo.

Excluindo-se as hipóteses em que o sentido atribuído à palavra está ligado à ideia de conduta, comportamento social, observa-se que o sistema jurídico vincula a noção de procedimento ao processo. Não há processo sem um procedimento, na medida em que este se consubstancia na forma com que se realiza aquele. Não há referência a um procedimento como instituto processual autônomo, possuidor de uma forma e finalidade específicas. Nessa leitura, não há como se falar em um procedimento desvinculado de um processo.

Mais: não há nenhuma referência na Constituição a um procedimento (entendido como *processo* ou rito) destituído de contraditório, o que seria minimamente necessário para se afastar a força normativa do princípio do contraditório. O que se verifica, em verdade, é que os conceitos de processo e procedimento estão inter-relacionados: o procedimento é tido como a forma por meio da qual se manifesta o processo, que se dá necessariamente em contraditório.

Não havendo como se falar em processo sem contraditório, inviável defender-se a tomada de decisão

(14) Regularidade é entendida aqui no sentido proposto por Sobota (Don't Mention the Norm! *International Journal for the Semiotics of Law*, IV/10, p. 45-60, 1991. Trad. de João Maurício Adeodato. *In: Anuário do Mestrado da Faculdade de Direito do Recife*, Recife, Ed. UFPE, n. 7, p. 251-273, 1996) no sentido de padrões construídos por um observador dentro do próprio sistema. Não são estruturas ou regras, pois não dirigem ou controlam a natureza, nem fornecem qualquer descrição universal dela. Segundo a referida autora, o processo decisório jurídico não seria governado por normas universais, mas por padrões mutáveis e auto-organizados, que se encontram frequentemente articulados como regras, mas são de fato apenas "regularidades".

(15) No art. 736, a palavra aparece com o sentido de conduta: O Conselho Penitenciário, à vista dos autos do processo, e depois de ouvir o diretor do estabelecimento penal a que estiver recolhido o condenado, fará, em relatório, a narração do fato criminoso, examinará as provas, mencionará qualquer formalidade ou circunstância omitida na petição e exporá os antecedentes do condenado e seu procedimento depois de preso, opinando sobre o mérito do pedido.

(16) THEODORO JÚNIOR, Humberto. *Curso de Direito Processual Civil*. vol. I. 38. ed. Rio de Janeiro: Forense, 2002. p. 40.

administrativa sem a necessária abertura democrática. O processo administrativo é, essencialmente, um processo contraditório.

Ora, se não há de se falar na existência de um procedimento desvinculado de um processo, nem de um processo desvinculado da noção de contraditório, como aceitar-se a defesa da existência de um procedimento autônomo destituído de contraditório?

Por outro lado, devemos salientar que a diferenciação de processo e procedimento para efeito de aplicação de garantias fundamentais no inquérito civil pouco importa. Seja o inquérito entendido como processo, seja como procedimento, essas garantias são inafastáveis pela sua própria *fundamentalidade constitucional,* não podendo ser derrogadas pela mera utilização de álibis linguísticos ou retóricos.

3.2. O conteúdo do princípio do contraditório

Como limitação ao poder estatal, a Constituição determina que será garantido a todos os litigantes, em processo judicial ou administrativo, e aos acusados em geral, o respeito ao contraditório e à ampla defesa, com os meios e recursos a ela inerentes (art. 5º, inciso LV). Essas garantias visam assegurar o efetivo cumprimento do devido processo legal, entendido não apenas como a possibilidade de utilização da via processual para o pleito ou defesa de direitos, mas, em uma compreensão mais ampla, como forma de se viabilizar, no processo, e por intermédio do processo, ao litigante a demonstração dos fatos nos quais se fundamentam seus direitos. A utilização do processo sem a garantia absoluta do direito ao contraditório reduz esta ferramenta processual a uma garantia meramente formal, sem quaisquer desdobramentos de cunho material(17). O princípio cardeal do processo administrativo, e de qualquer procedimento de exercício do poder sobre um indivíduo ou grupo de indivíduos, é o devido processo, o procedimento leal e justo. Ouvir o interessado e o público antes de decidir algo que os afeta não é apenas um princípio de justiça, mas também um critério de eficácia política e administrativa, um verdadeiro dever ético(18).

Como decorrência da personalidade e da dignidade humanas, os indivíduos sujeitos ao poder estatal têm garantida a possibilidade de *trazer aos autos* de processos judiciais e administrativos todos os elementos tendentes a construir uma verdade dos fatos controvertidos. Mas não só isso: é desdobramento natural do princípio do contraditório a *ciência* sobre os fatos discutidos no processo, bem como o *acesso a seus autos* e a possibilidade de *manifestação* antes da decisão.

Nessa direção, o Plenário do STF já se manifestou no sentido de que a ampliação do direito de defesa formulada pela Carta Constitucional contempla todos os processos, judiciais ou administrativos, e não se resume a um simples direito de manifestação no processo (STF, MS n. 24.268-MG, DJ 17.9.2004, p. 53).

Na mencionada demanda, fundando-se na doutrina alemã sobre o tema, a Corte destrinchou o conteúdo do princípio do contraditório nos seguintes direitos: a) *Direito de informação*, que obriga o órgão julgador a informar à parte contrária dos atos praticados no processo e sobre os elementos dele constantes; b) *Direito de manifestação*, que assegura ao defendente a possibilidade de se manifestar oralmente ou por escrito sobre os elementos fáticos e jurídicos constantes do processo; e c) *Direito de ver seus argumentos considerados*, o que exige do julgador capacidade, apreensão e isenção de ânimo para contemplar as razões apresentadas. Este direito corresponde ao dever de o julgador tomar conhecimento e considerar séria e detidamente os argumentos apresentados pelos interessados.

Em outra ocasião o STF manifestou-se favoravelmente à aplicação do princípio do contraditório em *relações estritamente privadas*. Nos autos do Recurso Extraordinário n. 201.819-RJ, DJ 27.10.2006, reconheceu que a autonomia privada não pode ser exercida em detrimento ou com desrespeito aos direitos e garantias de terceiros, especialmente aqueles positivados em sede constitucional, na medida em que a autonomia da vontade não confere aos particulares, no domínio de sua incidência e atuação, o poder de transgredir ou de ignorar as restrições postas e definidas pela própria Constituição.

Ora, parece atentar contra a *coerência* do sistema jurídico fundado em um constitucionalismo garantista aceitar a existência de uma relação de exercício de poder (estatal) sem a observância dos direitos fundamentais, especialmente daqueles ligados ao devido processo legal. Ainda mais incoerente tornar-se essa situação quando o sistema impõe o respeito desses direitos nas relações entre particulares, onde não há a interferência estatal.

Pode-se argumentar, ainda, que a investigação realizada por meio do inquérito civil poderia ser inviabilizada se garantido contraditório prévio em todo e qualquer ato nele proferido.

Ocorre que, a despeito de o princípio do contraditório firmar-se como um dos fundamentos básicos de nosso

(17) CREUZ, Luís Rodolfo Cruz e; ANDRÉ FILHO, Pedro Felício; VILLARREAL, Gabriel Hernan Facal. Contraditório, ampla defesa e o direito à prova no processo administrativo. *Revista IOB de Direito Administrativo*, ano I, n. 9, p. 19-28, set. 2006.

(18) GALVÃO, Rodrigo. Devido processo legal, ampla defesa e contraditório no processo administrativo. *Revista IOB de Direito Administrativo*, ano II, n. 21, p. 121-132, set. 2007.

ordenamento processual, a sua inversão ou postergação não são estranhas ao sistema jurídico. Com efeito, apesar de figurar como regra da teoria geral do processo a exigência do contraditório prévio, não podemos negar a existência de formas processuais em que o contraditório se dá de forma *diferida* e *eventual*. Elas são destinadas a determinados tipos de tutela, reservados àqueles que possuem um título executivo extrajudicial, como a ação monitória (CPC, arts. 1.102-A a 1.102-C) e a execução por quantia certa fundada em título executivo extrajudicial (CPC, arts. 646 a 724), ou a antecipada (CPC, art. 273), em cujo procedimento o princípio do contraditório será observado não de maneira prévia, mas sim de forma diferida ou eventual.

Assim, não convence o argumento de que a produção de provas sem a participação concomitante do inquirido seja comprovação da inaplicabilidade do contraditório no inquérito civil, porque há formas processuais amplamente difundidas nas quais o interessado somente se manifesta após a produção do ato executivo ou da prova, como se dá também com o procedimento da produção antecipada de provas (CPC, arts. 846 a 851).

3.3. O Princípio do Contraditório na disciplina normativa do inquérito civil

A análise atenta da disciplina normativa do inquérito civil resulta em uma aparente contradição entre o discurso predominante e o marco legal que o rege. A despeito de ter sido criado sob a regência de um ordenamento jurídico não democrático, a observação da interação teórica do inquérito civil com as normas produzidas após 1988 resulta na necessidade de se rediscutir os fundamentos da teoria que cerca o instituto.

Vejamos:

Como já dito, o inquérito civil foi criado em 1985, pela Lei n. 7.347, que tratou de seus aspectos gerais, como a facultatividade de sua instauração, os poderes atribuídos ao *Parquet* na sua condução e o procedimento de arquivamento. Observa-se que norma que primeiramente previu o instituto (LACP, art. 8º, § 1º) é subdivisão da norma que tratava dos documentos que instruiriam a petição inicial da ação civil pública, principal objeto da lei analisada. Em artigo próprio (LACP, art. 9º), o legislador, de forma descontextualizada, estabeleceu o procedimento de arquivamento do inquérito civil.

Foi a partir da interpretação dessas normas que se formou a tradicional doutrina do inquérito civil, caracterizando-o como instrumento pré-processual acessório da ação civil pública, cuja finalidade é a coleta de provas para a fundamentação da dita demanda.

A CF/88, porém, alterou os rumos da discussão. Ao elevar à categoria de função ministerial a promoção do inquérito civil, a Carta Magna qualificou o aludido instituto, voltando-o para a proteção direta do patrimônio público e social, do meio ambiente e de outros interesses difusos e coletivos, conforme se verifica do art. 129, inciso III do aludido texto legal.

A proteção do patrimônio público e social, do meio ambiente e de outros interesses difusos e coletivos dar-se-á, a partir da edição da Constituição, por meio de dois instrumentos: o inquérito civil, de natureza administrativa, e a ação civil pública, de natureza judicial.

Assim, o inquérito civil não mais se constitui em uma faculdade atribuída ao Membro do *Parquet* para instrumentalizar sua ação civil pública. Ele se torna um instrumento jurídico extrajudicial para a proteção de direitos difusos e coletivos. Ele passa a ter autonomia, não mais se destinando a servir como uma mera oportunidade para coleta de provas para a ação civil pública.

O erro do legislador infraconstitucional foi manter nas leis produzidas posteriormente o disciplinamento do instituto sem adequá-lo ao novo modelo constitucional, em que o inquérito civil deixa de ser ferramenta de coleta de provas e passa a constituir-se em instrumento de tutela administrativa dos direitos coletivos. Esse equívoco pode ser verificado nas Leis ns. 7.853/89, 7.913/89, 8.069/90, 8.078/90 e 10.741/03, que se limitaram a repetir as regras já previstas na LACP sobre os poderes ministeriais na condução do inquérito e a forma de seu arquivamento, não fazendo qualquer referência aos avanços conceituais estabelecidos pelo Constituinte.

Com a edição da Resolução n. 23/2007, do Conselho Nacional do Ministério Público, que unificou o rito procedimental do inquérito civil para todos os ramos do MP brasileiro, foram estabelecidas diversas regras de conduta que nada mais são do que a efetivação do princípio do contraditório. Assim, ainda que o discurso dominante prevaleça na doutrina e jurisprudência, promotores e procuradores do MP, sob pena de responsabilidade administrativa (Lei n. 8.625/93, art. 43 e LC n. 75/93, art. 236), tem o dever de: a) editar portaria *fundamentada* para sua instauração e prorrogação, determinando a afixação da portaria em local de costume, bem como a remessa de cópia para publicação (art. 4º e 9º do referido ato normativo); b) dar *ciência* pessoal ao representante e ao *representado* da decisão, devidamente fundamentada, que indeferir o pedido de instauração de inquérito (art. 5º), cabendo recurso administrativo da mencionada decisão, como direito à apresentação de contrarrazões (art. 5º, §§ 1º e 3º); c) *documentar* mediante termo ou auto circunstanciado todas as diligências realizadas durante a instrução do inquérito (art. 6º, § 3º); d) aceitar eventuais contribuições, como documentos ou outros subsídios, apresentados por qualquer pessoa para melhor apuração dos fatos (art. 6º, § 5º); e) *fundamentar* e fazer acompanhar de cópia da portaria que instaurou o processo ou indicar o endereço eletrônico oficial em que tal peça esteja disponibilizada todos os ofícios requisitórios de informações ao inquérito civil (art. 6º, § 10); f) garantir a *ampla publicidade* do inquérito civil, sendo o sigilo medida excepcional que somente pode ser decretado fundamentadamente (art. 7º); g) *fundamentar* o arquivamento do inquérito civil e dar ciência pessoal aos interessados (art. 10).

Observe-se que todas essas regras são manifestações daquilo que se convencionou chamar de *núcleo duro* do princípio do contraditório (STF, MS n. 24.268-MG, DJ 17.9.2004): o direito de ser informado, a possibilidade de manifestação sobre o objeto do inquérito e a consideração dos argumentos levantados pelo investigado (dever de fundamentação das decisões). Ao determinar que seja garantida a ampla publicidade do inquérito, com a intimação do interessado de determinados atos do processo, a publicação de atos, a expedição de certidões e a concessão de vista dos autos, assim como a determinação de que os atos do inquérito sejam fundamentados, o CNMP acabou por contrariar o discurso dominante de que o inquérito civil é procedimento de natureza unilateral e não contraditória.

Mas há ainda um aspecto que parece afastar definitivamente o argumento da inaplicação do contraditório no inquérito civil: é que a Lei n. 11.417/06, em seu art. 7º, § 1º, determinou que a admissibilidade de reclamação dirigida ao Supremo Tribunal Federal contra ato ou omissão administrativa que contrarie enunciado de súmula vinculante está condicionada ao esgotamento das vias administrativas.

A despeito de possível questionamento acerca da constitucionalidade da referida regra (que parece afrontar a regra da inafastabilidade do controle jurisdicional prevista no inciso XXXV, do art. 5º, da CR), é indiscutível que ela acaba por criar um *direito subjetivo ao recurso administrativo*, que encontra bastante similitude com o direito de exceção[19], de defesa, do investigado.

Na hipótese, por exemplo, de o promotor presidente do inquérito civil indeferir ao investigado o amplo acesso aos elementos de prova já documentados, surgirá para o inquirido, por força da referida norma, o direito público subjetivo ao recurso administrativo, como forma de garantir o princípio do contraditório no inquérito. É que antes de ajuizar a reclamação no STF, por afronta à Súmula Vinculante n. 14[20], deve o interessado *exaurir as vias administrativas*, interpondo os competentes recursos administrativos. Ora, se o inquirido possui o direito de ter acesso a todos os elementos documentados no inquérito civil (por força da aplicação da dita súmula e das regras constantes da Res. n. 23/07, do CNMP), assim como o de recorrer administrativamente da decisão que eventualmente lhe negue esse direito, e até mesmo de ajuizar reclamação na Corte Suprema, parece inquestionável que o sistema prevê a aplicação da garantia do contraditório no inquérito de natureza civil, ainda que de forma diferida.

4. O formalismo do inquérito civil

Todo o apanhado de regras procedimentais acima realizado contraria outra característica atribuída pela tradicional doutrina ao inquérito: a da sua informalidade. Ainda que não se possa dizer que o inquérito é regido pelo *princípio da sequência legal*, em que a lei estabelece detalhada e previamente toda a dinâmica procedimental, também não se pode afirmar que o inquérito civil é regido pelo princípio oposto, qual seja, o da *sequência discricionária*.

A despeito da existência de uma margem de discricionariedade para o Membro do *Parquet* na escolha dos atos de instrução do inquérito, é inconcebível a alegação de sua completa informalidade, especialmente porque as expressões de poder que não consigam reunir um mínimo de formalidade não poderão ser consideradas expressão legítima do poder e, portanto, não poderão fazer surgir nos atingidos pela mesma um sentimento de adesão ou obediência[21].

Nesse sentido, a LACP já previa implicitamente três fases procedimentais: a instauração (art. 8º, § 1º), a instrução (art. 8º, §§ 1º e 2º) e o arquivamento (art. 9º). Por sua vez, a Resolução n. 23/07, do CNMP, também divide o rito procedimental do inquérito em três partes: instauração (capítulo II), instrução (capítulo IV) e arquivamento (capítulo V).

Assim, é de ser reconhecida a existência de um dever de obediência a determinadas *formas*, entendidas aqui como os invólucros dos atos processuais, a maneira como eles devem ser exteriorizados[22], porque *todas as diligências serão documentadas mediante termo ou auto circunstanciado* e todas as *declarações e os depoimentos*

(19) DIDIER JR., Fredie; CUNHA, Leonardo José Carneiro da. *Curso de Direito Processual Civil*. Meios de impugnação às decisões judiciais e processo nos tribunais. 8. ed. Salvador: JusPODIVM, 2010. p. 20.

(20) É direito do defensor, no interesse do representado, ter acesso amplo aos elementos de prova que, já documentados em procedimento investigatório realizado por órgão com competência de polícia judiciária, digam respeito ao exercício do direito de defesa.

(21) CADEMARTORI, Sergio. *Estado de direito e legitimidade — uma abordagem garantista*. 2. ed. Campinas: Millennium, 2006. p. 10.

(22) OLIVEIRA, Carlos Alberto Alvaro de. *Do formalismo no processo civil*. Proposta de um formalismo-valorativo. 4. ed. São Paulo: Saraiva, 2010. p. 26.

sob compromisso serão tomados por termo pelo membro do Ministério Público, assinado pelos presentes ou, em caso de recusa, na aposição da assinatura por duas testemunhas (art. 6º, §§ 3º e 4º, da Res. n. 23/07, CNMP).

Por outro lado, também deve ser identificada a existência de um formalismo em sentido amplo, caracterizada pela totalidade formal do processo, o que inclui não somente a forma dos atos, mas também a delimitação de poderes, faculdades e deveres dos sujeitos processuais, coordenação de sua atividade, ordenação do procedimento e organização do processo, com vistas a que sejam alcançadas suas finalidades primordiais[23], porque estão estampados no referido ato normativo inúmeros deveres, poderes e faculdades aos envolvidos no inquérito civil, prazo para sua conclusão, limites formais e materiais para decretação do sigilo do inquérito ou de parte dele etc.

5. A facultatividade do inquérito civil e o Princípio do Promotor Natural

O Princípio do Promotor Natural objetiva expurgar do ordenamento jurídico as designações casuísticas de membros do Ministério Público feitas pelas chefias da instituição, com propósitos de natureza metajurídica. Ele consiste na existência de um órgão do Ministério Público previamente estabelecido pela lei para oficiar nos casos afetos à instituição[24]. É garantia da ordem jurídica, destinada a proteger tanto o membro do *Parquet*, na medida em que lhe assegura a inamovibilidade e o exercício pleno e independente do seu ofício, quanto a própria coletividade, pois veda a figura do acusador de exceção[25]. Decorre das garantias ministeriais de independência funcional e inamovibilidade (CR, arts. 127, § 1º e 128, § 5º, inciso I, alínea *b*).

Por outro lado, a não obrigatoriedade da instauração de inquérito civil é regra dominante entre processualistas e tribunais nacionais. Segundo este entendimento, a demanda coletiva pode ser ajuizada diretamente pelo membro ministerial que tiver conhecimento do fato ilícito, sem a necessidade da abertura do inquérito se já existirem elementos necessários para propositura da ação. Funda-se este posicionamento no conteúdo do § 1º, do art. 8º, da LACP, que determina que o MP *poderá* instaurar, sob sua presidência, inquérito civil, ou requisitar, de qualquer organismo público ou particular, certidões, informações, exames ou perícias. A circunstância de o inquérito civil não se constituir condição de procedibilidade para o ajuizamento das ações a cargo do MP é regra expressamente prevista no parágrafo único, do art. 1º, da Res. n. 23/07, CNMP.

Entendemos, todavia, que este entendimento não se coaduna integralmente com o ordenamento jurídico em vigor. Isto ocorre porque mais do que mera oportunidade para produção de provas que irão fundamentar o ajuizamento de demanda coletiva, o inquérito civil, após a edição da CF/88, passou a ser verdadeiro instrumento autônomo de tutela (administrativa) dos direitos e interesses coletivos, visto ser definida como função institucional do MP a promoção do inquérito civil e da ACP, circunstância que exige seja respeitada uma *processualidade administrativa mínima* em respeito aos direitos fundamentais de quem é investigado.

Essa processualidade mínima, prevista na LACP e na Resolução n. 23/2007, do CNMP, exige para cada notícia de fato que chegue ao *Parquet* a abertura de expediente próprio que será submetido à imediata distribuição entre os membros ministeriais com atribuição para atuar no caso (CF/88, art. 129, § 5º), regra diretamente ligada ao princípio do promotor natural.

Dentro deste contexto, o promotor ou procurador, ao tomar ciência direta de lesão ou ameaça de lesão a direito ou interesse de natureza coletiva, não pode, a princípio, atuar diretamente sem a necessária e prévia distribuição de um feito (obviamente, diante da hipótese de perecimento do direito a ser tutelado, cabe a atuação direta do membro ministerial, com fundamento nos incisos XXXV e LXXVIII, do art. 5º, da CF/88, condicionada à futura distribuição do processo administrativo ou demanda judicial ajuizada ao membro competente). Este expediente inicial pode até não receber o nome de inquérito civil (fala-se em *notícia de fato, pedido de providências, representação*, entre outras denominações), e nesse sentido efetivamente a instauração de inquérito civil não se faz necessária. Todavia, o respeito a uma *processualidade mínima* deve sempre existir até para que seja garantido o respeito ao princípio do promotor natural: o processo aberto e previamente distribuído pode ser indeferido de plano (Res. n. 23/07, CNMP, art. 5º), pode ser convertido em procedimento preparatório de inquérito civil para *apurar elementos para identificação dos investigados ou do objeto* da investigação (Res. n. 23/07, art. 2º, § 4º) ou pode ser transformado diretamente em inquérito civil (Res. n. 23/07, art. 4º).

Assim, uma leitura constitucionalmente adequada da regra constante do § 1º, do art. 8º, da LACP, exige a mitigação da facultatividade do inquérito civil, seja como

(23) OLIVEIRA, ob. cit., p. 28.

(24) MAZZILI, Hugo Nigro. *Introdução ao Ministério Público*. 6. ed. São Paulo: Saraiva, 2007. p. 74.

(25) JATAHY, Carlos Roberto de Castro. *Curso de princípios institucionais do Ministério Público*. 3. ed. Rio de Janeiro: Lumen Juris, 2008. p. 22.

medida para garantir o respeito aos direitos fundamentais dos inquiridos (processualidade administrativa mínima), seja como forma de dar cumprimento à regra constitucional da distribuição imediata e do princípio do promotor natural. Isso significa, em síntese, que, se efetivamente um inquérito civil não precisa ser instaurado sempre e necessariamente em face da notícia de lesão ou ameaça a direito a ser tutelado pelo MP, algum processo, seja qual for o nome a ele atribuído, precisa ser aberto e distribuído ao promotor competente, dentro do qual devem ser respeitados os direitos fundamentais de quem é investigado. O inquérito civil é facultativo; o respeito a uma processualidade limitadora da atividade administrativa, não.

6. Conclusões

Na atualidade, as Constituições consubstanciam-se em instrumentos de limitação do poder estatal, que se instrumentalizam por meio da distribuição de competências, a transmissão e o exercício da autoridade e a formulação de direitos e garantias individuais e coletivas.

Partindo dessa premissa, concluímos que o inquérito civil, do ponto de vista da máxima efetivação dos direitos fundamentais, é muito mais do que um procedimento, não contraditório, facultativo e informal. Ele é instrumento jurídico que, sob o ponto de vista formal e material, serve para tutelar extrajudicialmente direitos de natureza coletiva, dentro de uma visão de respeito aos princípios que vinculam o Ministério Público no exercício de seu dever-poder.

A partir de uma perspectiva principiológica, que reconhece uma normatividade forte aos princípios constitucionais, não há como se afastar a incidência do princípio do contraditório do inquérito civil. A utilização da clássica distinção entre processo e procedimento não pode servir como álibi argumentativo para se afastar um direito constitucionalmente assegurado do cidadão em suas relações com o *Parquet*. Ademais, conforme se comprovou, dentro do sistema jurídico as noções de processo e procedimento estão umbilicalmente ligadas. Não há processo sem um procedimento e não há um procedimento como instituto processual autônomo, distinto de um processo. Reconhece-se, assim, a garantia do investigado em inquérito civil de a) ser informado acerca do objeto da investigação, b) poder se manifestar sobre esse objeto e c) ter seus argumentos considerados na decisão final.

Outro argumento rebatido no presente estudo foi o de cuidar-se o inquérito civil de procedimento informal. Estipulado o sentido de formalismo como a totalidade formal do processo, comprovou-se que a legislação em vigor cria inegáveis formalidades para a tramitação regular do inquérito civil, todas detalhadas na Resolução n. 23/2007 do CNMP.

Também se verificou que a não obrigatoriedade do inquérito civil atenta contra a regra constitucional da distribuição imediata dos processos aos membros do MP, contra o princípio do promotor natural e contra a necessidade de respeito a uma processualidade administrativa mínima necessária para a garantia dos direitos fundamentais do cidadão investigado.

Analisados os contornos do inquérito civil sob o prisma constitucional, parece que o respeito a uma necessária *abertura cognitiva* proporciona o fortalecimento da *integridade* do direito aplicado pelos membros do *Parquet*, legitimando a sua atuação extrajudicial e indo ao encontro das exigências sociais e políticas por mais respeito aos direitos fundamentais.

7. Referências bibliográficas

BAUMAN, Zygmunt. *Globalização:* as consequências humanas. Rio de Janeiro: Zahar, 1999.

CADEMARTORI, Sergio. *Estado de direito e legitimidade — uma abordagem garantista.* 2. ed. Campinas: Millennium Editora, 2006.

CANOTILHO, J. J. Gomes. *Direito Constitucional e Teoria da Constituição.* 7. ed. Coimbra: Almedina, 2007.

CREUZ, Luís Rodolfo Cruz e; ANDRÉ FILHO, Pedro Felício; VILLARREAL, Gabriel Hernan Facal. Contraditório, ampla defesa e o direito à prova no processo administrativo. *Revista IOB de Direito Administrativo*, ano I, n. 9, set. 2006.

DIDIER JR., Fredie; CUNHA, Leonardo José Carneiro da. *Curso de Direito Processual Civil.* Meios de impugnação às decisões judiciais e processo nos tribunais. 8. ed. Salvador: JusPODIVM, 2010.

DUFOUR, Dany-Robert. *A arte de reduzir as cabeças: sobre a nova servidão na sociedade ultraliberal.* Rio de Janeiro: Companhia de Freud, 2005.

GALVÃO, Rodrigo. Devido processo legal, ampla defesa e contraditório no processo administrativo. *Revista IOB de Direito Administrativo*, ano II, n. 21, set. de 2007.

JATAHY, Carlos Roberto de Castro. *Curso de princípios institucionais do Ministério Público.* 3. ed. Rio de Janeiro: Lumen Juris, 2008.

MANCUSO, Rodolfo de Camargo. *Ação civil pública em defesa do meio ambiente, do patrimônio cultural e dos consumidores.* 6. ed. São Paulo: RT, 1999.

MAZZILI, Hugo Nigro. *A defesa dos interesses difusos em juízo:* meio ambiente, consumidor, patrimônio cultura, patrimônio público e outros interesses. 22. ed. São Paulo: Saraiva, 2009.

________. *Introdução ao Ministério Público.* 6. ed. São Paulo: Saraiva, 2007.

MEDAUAR, Odete. *A processualidade no direito administrativo.* São Paulo: Revista dos Tribunais, 1993.

NERY JUNIOR, Nelson. *Princípios do Processo Civil na Constituição Federal.* 6. ed. São Paulo: Revista dos Tribunais, 2000.

NEVES, Marcelo. *Transconstitucionalismo.* São Paulo: WMF Martins Fontes, 2009.

OLIVEIRA, Carlos Alberto Alvaro de. *Do formalismo no Processo Civil.* Proposta de um formalismo-valorativo. 4. ed. São Paulo: Saraiva, 2010.

SCHIRATO, Vitor Rhein. O processo administrativo como instrumento do Estado de Direito e da Democracia. *In:* MEDAUAR, Odete; SCHIRATO, Rhein (Orgs.). *Atuais rumos do processo administrativo.* São Paulo: Revista dos Tribunais, 2010.

SOBOTA, Katharina. Don't Mention the Norm! *International Journal for the Semiotics of Law*, IV/10, 1991. Trad. de João Maurício Adeodato. *Anuário do Mestrado da Faculdade de Direito do Recife*, n. 7. Recife: Ed. UFPE, 1996.

SOUZA, Motauri Ciocchetti de. *Ação civil pública e inquérito civil.* 4. ed. São Paulo: Saraiva, 2011.

STRECK, Lenio Luiz. *Hermenêutica jurídica e(m) crise:* uma exploração hermenêutica da construção do Direito. 8. ed. Porto Alegre: Livraria do Advogado, 2009.

THEODORO JÚNIOR, Humberto. *Curso de Direito Processual Civil.* vol. I. 38. ed. Rio de Janeiro: Forense, 2002.

WARAT, Luis Alberto. *Introdução geral ao direito I.* Porto Alegre: Fabris, 1994.

Projeto Gráfico e Editoração Eletrônica: Peter Fritz Strotbek
Projeto de Capa: Fabio Giglio
Impressão: Paym Gráfica e Editora